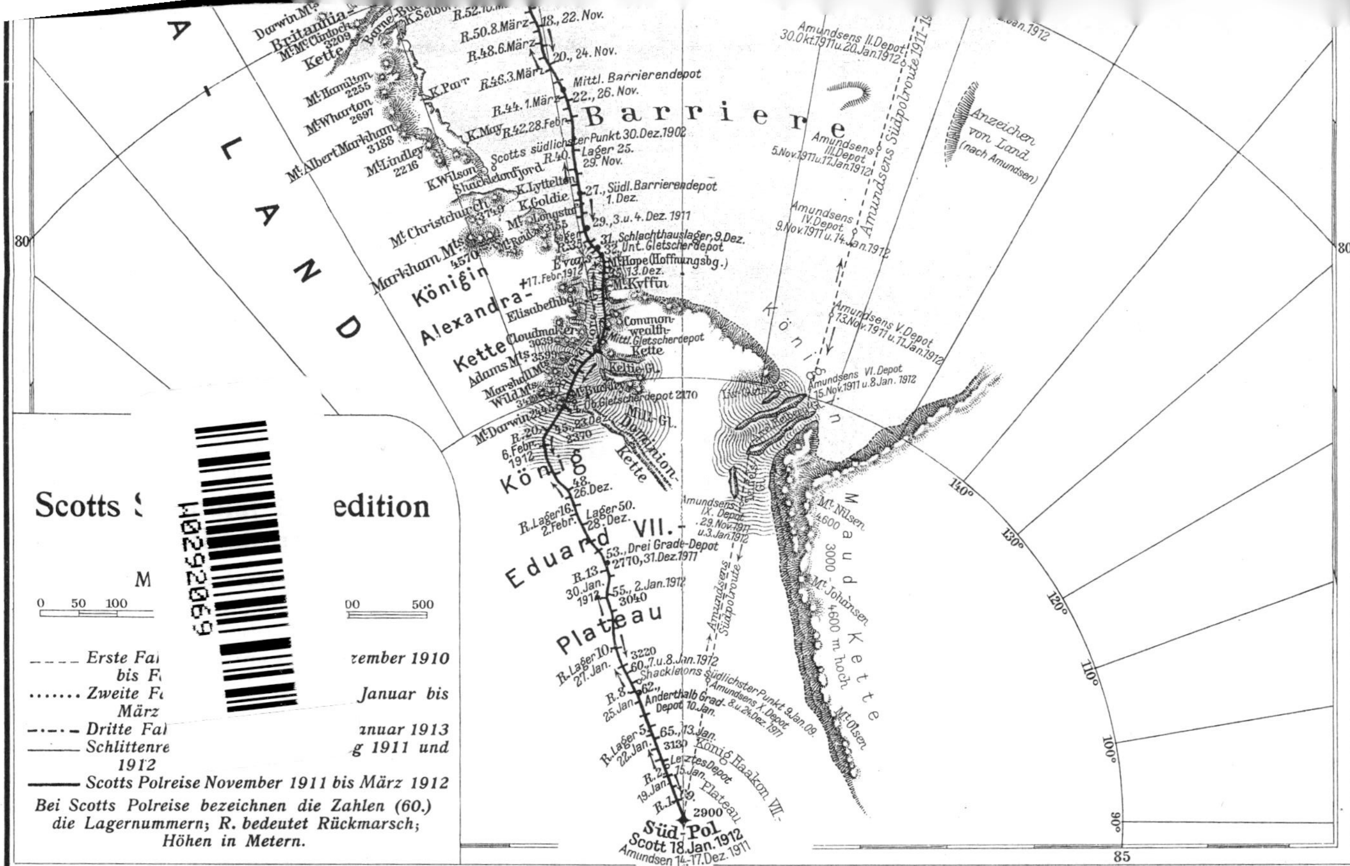

Scotts S… edition

M…

0 50 100 … 500

- - - - Erste Fa… …vember 1910 bis F…
.... Zweite F… Januar bis März …
-·-·- Dritte Fa… …anuar 1913
——— Schlittenre… …g 1911 und 1912
——— Scotts Polreise November 1911 bis März 1912

Bei Scotts Polreise bezeichnen die Zahlen (60.) die Lagernummern; R. bedeutet Rückmarsch; Höhen in Metern.

ALTE ABENTEUERLICHE REISEBERICHTE

Robert Falcon Scott

Letzte Fahrt

Kapitän Scotts Tagebuch

Tragödie am Südpol

1910 – 1912

Mit 18 Abbildungen und 1 Karte

EDITION ERDMANN

Der Neubearbeitung liegt die 1913 bei R. Brockhaus in Leipzig
erschienene deutsche Erstausgabe zugrunde.
Herausgegeben und neu bearbeitet von Dr. Ernst Bartsch

Die Deutsche Bibliothek – CIP-Einheitsaufnahme

Scott, Robert Falcon:
Letzte Fahrt: Tragödie am Südpol 1910 – 1912 / Robert Falcon Scott.
Ernst Bartsch (Hrsg.). – Stuttgart; Wien; Bern; Ed. Erdmann, 1997
Einheitssacht.: Last expedition <dt.>
ISBN 3-522-60960-3 Gewebe

Umschlaggestaltung: Rainer Simon in Böblingen
Typographie des Umschlags: Michael Kimmerle in Stuttgart
Reproduktion des Umschlags: DIE REPRO in Tamm
Gesetzt in der Stempel Garamond
Satz: KCS GmbH in Buchholz/Hamburg
Druck und Bindung: Friedrich Pustet in Regensburg

Printed in Germany
5 4 3 2 1

INHALT

TEILNEHMER AN SCOTTS SÜDPOLAREXPEDITION 1910–1912

Offiziere

Robert Falcon Scott
Kapitän, C.V.O., Royal Navy

Edward R. G. R. Evans
Kapitän (während der Expedition: Leutnant), R. N.

Victor L. A. Campbell
Leutnant, R. N.

Henry R. Bowers
Leutnant, R. I. M.

Lawrence E. G. Oates
Rittmeister, 6. Inniskilling-Dragoner

G. Murray Levick
Arzt, R. N.

Edward L. Atkinson
Arzt, R. N., Parasitologe

Wissenschaftlicher Stab

Edward Adrian Wilson
B. A., M. B., Chef des Wissenschaftlichen Stabes, Zoologe

George C. Simpson
D. Sc., Meteorologe

T. Griffith Taylor
B. A., B. Sc., B. E., Geologe

Edward W. Nelson
Biologe

Frank Debenham
B. A., B. Sc., Geologe

Charles S. Wright
B. A., Physiker

Raymond E. Priestley
Geologe

Herbert G. Ponting
F. R. G. S., Fotograf

Cecil H. Meares
Führer der Hundeabteilung

Bernard C. Day
Ingenieur

Apsley Cherry-Garrard
B. A., Zoologe

Tryggve Gran
Unterleutnant der Norweg. Flotte, B. A.

Mannschaft

W. Lashly
Oberheizer, R. N.

W. W. Archer
Obersteward, früher R. N.

Thomas Clissold
Koch, früher R. N.

Edgar Evans

Robert Forde

Thomas Crean

Thomas S. Williamson

Patrick Keohane

George P. Abbott

Frank V. Browning
Deckoffiziere, R.N.

Harry Dickason
Matrose, R. N.

F. J. Hooper
Steward, früher R. N.

Anton Omelchenko
Pferdebursche

Dimitri Gerof
Hundetreiber

SCOTTS TAGEBUCH

UNHEILVOLLE AUSFAHRT

Die »Terra Nova« hatte am 1. Juni 1910 mit meiner Expedition an Bord London verlassen und ich folgte ihr am 16. Juli nach Neuseeland. Als das Schiff in Lyttelton, dem Hafen der Stadt Christchurch auf der Südinsel von Neuseeland, anlangte, zeigte es ein Leck und musste auf drei Wochen ins Dock.

Wir hatten unsere Abfahrt für Sonnabend, den 26. November, nachmittags 3 Uhr angekündigt, und drei Minuten vor dieser Zeit legte die »Terra Nova« vom Hafendamm ab. Eine große Volksmenge hatte sich am Ufer versammelt, und unzählige kleine Boote und zwei Schleppdampfer begleiteten unser Schiff hinaus, sodass unser Fotograf Ponting mit seinen kinematographischen Aufnahmen alle Hände voll zu tun hatte.

Ich fuhr mit hinaus, bis wir die »Cambrian«, das einzige anwesende englische Kriegsschiff, passiert hatten, kehrte dann auf dem Hafendampfer wieder zurück, da noch einige Geschäfte in Christchurch zu erledigen waren, und bestieg am Montag mit Dr. Wilson, dem Leiter des wissenschaftlichen Stabes meiner Expedition, den Schnellzug nach Port Chalmers, wo wir an Bord gehen wollten. Ein Telegramm hatte mir gemeldet, dass die »Terra Nova« Sonntagnacht dort eingelaufen sei.

Dienstag, 29. November, nachmittags 1/2 3, verließen wir bei strahlendem Sonnenschein den Kai zur endgültigen Abfahrt nach Süden. Womöglich begleiteten uns noch mehr Fahrzeuge als in Lyttelton, und mit dem Reservekanonenboot der Freiwilligen Flotte folgten uns mehrere Schlepper weit hinaus.

Donnerstag, 1. Dezember. Das Schiff stampfte gestern sehr infolge südwestlicher Dünung. Über Nacht wurde der Wind stärker, ich erwachte von der Bewegung; jetzt bläst er steif aus Nordwesten, und die See geht hoch.

Unter diesen Umständen bietet das Schiff einen seltsam bunten, nicht gerade erfreulichen Anblick. Der Raum unter uns ist dank der Geschicklichkeit unseres Proviantmeisters Leutnant Bowers so dicht voll gepackt, wie es menschliche Geschicklichkeit nur ersinnen kann, und auf Deck ist's kaum anders. Der Raum unter der Großluke enthält alle Vorräte für unsere Landung und einen Teil der Hütten; über ihm auf dem Hauptdeck sind der Rest des Holzwerkes für die Hütten, die Schlitten, die Ausrüstung für die Landreise und alle Instrumente und Maschinen für die Männer der Wissenschaft wundervoll gedrängt verpackt. Das beengt zwar den Platz der Leute sehr, aber sie haben selbst gebeten auf sie keine Rücksicht zu nehmen; sie würden sich schon behelfen.

Unter der Back sind Stände für fünfzehn meiner mandschurischen Ponys, das Äußerste, was der Raum fassen konnte. Sieben auf der einen Seite, acht auf der anderen, die Köpfe einander zugewandt. Durch ein Loch im Schott sieht man die Reihe der Pferdeköpfe mit traurigen, geduldigen Augen emporschaukeln, jetzt die von der Steuerbordseite, dann die auf der Backbordseite, und dazwischen Anton, den Wärter, mit der Bewegung des Schiffes einträchtig hin und her schwanken. Die wochenlange Fahrt wird eine schlimme Probe für die armen Tiere sein und sie sehr herunterbringen. Der übrige Raum der Back ist mit 5000 Kilo Futter dicht voll gepackt, und dazwischen haust der immer achtsame Anton, der russische Pferdeknecht, der arg an Seekrankheit leidet. Trotzdem rauchte er gestern Abend eine Zigarre; er rauchte immer ein wenig, dann kam eine Pause, wo sich sein Magen umkehrte, darauf griff er wieder zu seiner Zigarre. »Nicht gut!«, klagte er Rittmeister Oates, indem er sich den Magen rieb. Ein tapferer kleiner Kerl!

Die vier übrigen Ponys stehen außerhalb der Back auf der Leeseite der Vorluke in einem starken hölzernen Bau. Unter ihrem wasserdichten Segeltuchdach haben sie es jedenfalls besser als ihre fünfzehn Kameraden.

Unmittelbar hinter dem Schott der Back ist die kleine Achterluke, bei schlechtem Wetter der einzige Zugang zur Mannschaftsmesse. Dann kommt der Fockmast, und zwischen ihm und der Vorluke die Kombüse und der Kran. Hinter der Vorluke ist das Eishaus, das drei Tonnen Eis, 162 geschlachtete

Hammel und drei Rinder nebst einigen Büchsen Kalbsmilch und Nieren enthält. Die geschlachteten Tiere sind lagenweise, mit Holzlatten zwischen den einzelnen Lagen, verstaut – ein Triumph guter Verpackung, und ich denke, dass uns den Winter hindurch frisches Hammelfleisch verbürgt ist.

Unmittelbar hinter dem Eishaus und zu beiden Seiten der Großluke stehen zwei ungeheure Packkisten, die sich mehrere Zentimeter hoch über dem Deck erheben und schrecklich viel Platz wegnehmen, jede mehr als 9 Kubikmeter; sie enthalten zwei Motorschlitten. Der dritte ruht quer über der Hinterdecköffnung, da wo bisher die Achterwinde war. Die Kisten sind mit kräftigem Segeltuch überdeckt und mit schweren Ketten und Tauen festgemacht, damit sie unter allen Umständen sicher sind. Das Petroleum zu diesen Schlitten enthalten Blechkannen und -fässer, die in starke Holzkisten verpackt sind, im Ganzen 2 1/2 Tonnen Öl, das den Raum unmittelbar vor dem Hinterdeck und den Motorschlitten gegenüber arg beeinträchtigt. Der Rest der Behälter mit Petroleum, Paraffinöl und Alkohol steht zwischen der Großluke und dem Fockmast und längs der beiden Kühlgänge.

Um diese Packkisten herum, von der Kombüse nach vorn bis an das Steuerbord achteraus, steht das Deck voll aufgestapelter Kohlensäcke, die aber bald verschwinden werden, denn die »Terra Nova« frisst entsetzlich viel Kohlen: wie mir schon gestern gemeldet wurde, acht Tonnen am Tag!

Die Wasserbehälter sind mit Pressheu gefüllt, bis auf einen, der 12 Tonnen Süßwasser enthält; genug hoffentlich, bis wir das Eis erreichen. Ich hatte ursprünglich nur 30 Tonnen gepresstes Haferstroh bestellt, aber Oates überzeugte mich, dass dies zu wenig sei, und unser Ponyfutter macht daher jetzt im ganzen gegen 50 Tonnen aus. Das Extrafutter besteht aus 5 Tonnen Heu, 5 bis 6 Tonnen Ölkuchen, 4 bis 5 Tonnen Kleie und etwas Haferschrot. Korn nehmen wir nicht mit.

Die anscheinende Verwirrung auf Deck vervollständigen unsere dreiunddreißig Hunde; sie sind, zwei ausgenommen, sibirischen Ursprungs; Meares hat sie ausgesucht und mit Hilfe des Hundeführers Dimitri Gerof quer durch Sibirien nach Wladiwostok getrieben, von wo er sie per Dampfer nach Sydney und von da nach Lyttelton brachte. Sie sind, was bei der Wildheit der Tiere unbedingt nötig ist, zwischen den Motorschlitten an den Pfosten und Riegeln des Eishauses und der Großluke angekettet und haben allen Schutz, der sich auf Deck bieten lässt, aber ihre Lage ist nicht beneidenswert. Die Wellen brechen sich unaufhörlich an der Wetterseite des Schiffes und das Spritzwasser regnet auf alles, was sich auf das Mitteldeck wagt, in dichten Wolken herunter. Die Schwänze diesem Regen zugekehrt, sitzen die Hunde trübselig umher, ihre Decken triefen, und ab und zu lässt eins der Tiere ein wehmütiges Winseln hören. Ihre Nahrung, ungefähr 5 Tonnen Hundekuchen, haben wir in die Lücken zwischen dem Gepäck eingekeilt; Meares ist nicht dafür, die Hunde mit Seehundfleisch zu füttern, während ich das, im Winter wenigstens, für besser halte.

Wie wir es fertig bringen, an unserem Kajütentisch für vierundzwanzig Offiziere Platz zu finden, ist mir noch unerklärlich. Meist sind zwar einer oder zwei auf Wache, was die Sache erleichtert, aber es ist trotzdem ein heilloses Gedränge.

Die »Terra Nova« ist mit Matrosen so gut besetzt, dass jede Wache ihrer neun zählt, und Meares und Oates haben ihre Gehilfen zur Beaufsichtigung der Hunde und der Ponys. Die Seekrankheit zeigt sich am stärksten bei dem Geologen Priestley, aber auch unser Fotograf Ponting will vom Essen nichts sehen, sondern bleibt bei seiner Arbeit; gestern sah ich ihn beim Entwickeln seiner Platten, die Schlüssel zum Entwickeln in der rechten Hand – ein anderes Gefäß in der linken.

Heute haben wir 350 Kilometer zurückgelegt, ein guter Anfang.

Freitag, 2. Dezember. Ein großer Unglückstag! Um 4 Uhr nachts frischte der Wind mit großer Heftigkeit auf, und wir waren bald nur noch unter Mars-, Klüver- und Stagsegel. Die See ging plötzlich hoch, das Schiff stampfte schwer und nahm über die Reling viel Wasser ein. Petroleumbehälter und Futterkisten begannen sich auf dem oberen Deck zu lösen, die Kohlensäcke wurden von den Sturzseen hochgehoben, gegen die angeseilten Kisten geworfen und drohten sie zu zertrümmern. Alle Säcke mussten woanders verstaut werden, was eine ungeheure Arbeit machte. Von Stunde zu Stunde wurden Seegang und Wind stärker und das Schiff stampfte immer wütender; wir minderten die Segel bis auf das große Marssegel und das Stagsegel, stoppten die Maschinen und drehten bei, aber nichts half. Oates und unser Arzt Atkinson hatten die ganze Nacht zu tun die Ponys auf den Beinen zu halten oder wieder aufzurichten.

Das Schlimmste aber sollte noch kommen: die Meldung aus dem Maschinenraum, dass die Pumpen verstopft seien und das Wasser schon über den Feuerungsrost steige! Von diesem Augenblick an war der Maschinenraum der Mittelpunkt der allgemeinen Aufregung. Lashly stand bis an den Hals in strömendem Wasser und arbeitete unverdrossen und heiter, um die Ansauger der Pumpen zu reinigen. Aber das Wasser stieg immer höher, und wenn auch hin und wieder die Pumpen ansogen, in fünf Minuten waren sie wieder verstopft. Höher und höher kroch das Wasser, zuletzt kam es mit dem Kessel in Berührung, wurde wärmer und wärmer und dann so heiß, dass keiner mehr an den Ansaugern arbeiten konnte und nichts übrig blieb, als das Feuer ausgehen zu lassen.

Die See ging höher als je; wie viel Wasser wir einnahmen, war gar nicht festzustellen, ein grüner Strom rollte über Reling und Achterdeck und ein großes Stück des Geländers wurde von den Sturzwellen fortgerissen. Die Petroleumfässer trieben auf dem Deck umher und einige wurden über Bord geschwemmt. Die Sodpumpe, die von der Hauptmaschine unabhängig ist, half uns auch nicht, denn vorn, wo sie stand, fegten immer die schwersten Sturzseen über die Reling und rauschten hoch über das Achterdeck hinweg; einmal stand ich bis unter die Arme im Wasser. Die Szene auf Deck wurde immer düsterer und im Maschinenraum strömte das Wasser beängstigend. Und mitten hinein in diese Verwirrung plötzlich der furchtbare Ruf, dass durch die Ritzen des Achterraumes Rauch emporsteige! Der Achterraum war mit Kohlen angefüllt und lag unmittelbar neben dem Maschinenraum und das auf Deck stehende Wasser machte ein Öffnen der Luke zum Herauslassen sich entwickelnder Gase unmöglich. Und doch wäre, um das Feuer zu unterdrücken, keine andere Hilfe gewesen, als die Luken zu öffnen, die Sturzseen hineinfluten zu lassen und so das Schiff zum Sinken zu bringen. Es waren furchtbare Augenblicke, ehe wir die Gewissheit hatten, dass der

Rauch in Wirklichkeit nur Dampf war von dem im Maschinenraum befindlichen Schlagwasser, das bis in die erhitzten Kohlen gestiegen war.

Die vierundzwanzig Mann Achterwache bildeten zwei Reihen und begannen nun mit den Schöpfeimern zu arbeiten, während die Matrosen an den verstopften Handpumpen beschäftigt waren. Wenn wir auf diese Weise nicht Herr des Wassers wurden, waren das Schiff und wir alle verloren! So sonderbar es erscheinen mag, wir mussten versuchen es auszuschöpfen. Und unsere Anstrengung blieb nicht ganz fruchtlos. Vier Stunden lang gingen die Schöpfeimer von Hand zu Hand, vom untersten Feuerraum auf kleinen Eisenleitern nach dem obersten Deck hinauf, zusammen mit dem Tröpfeln der Pumpen, und wenn das Wasser auch nicht sank, so stieg es doch nur noch sehr wenig.

Unterdes kommen wir auf ein Mittel, um an das Saugwerk der Pumpen zu gelangen: wir schlagen ein Loch in das Schott des Maschinenraumes, die Kohlen zwischen diesem und dem Wasserschacht der Pumpen werden entfernt und ein Loch in den Schacht gebrochen. Den Lukendeckel über dem Schacht können wir nicht öffnen, da zu viel Wasser an Bord kommt. Wir sind zwar noch nicht über den Berg, aber ich fasse wieder Mut, wenn auch unsere Rettung ein halbes Wunder sein wird. Offiziere und Matrosen arbeiten verzweifelt, aber sie singen dabei Matrosenlieder und keiner hat den Mut verloren.

Ein Hund ist ertrunken, ein Pony ist tot und zwei andere werden auch nicht mehr lange mitmachen. Der Sturm fordert schweren Tribut von uns, aber wenn wir nur des Wassers Herr werden, wird schon alles gut. Noch ein Hund, höre ich, ist eben über Bord geschwemmt worden – o weh!

Gott sei Dank, der Sturm nimmt ab! Die See geht zwar noch bergehoch, aber das Schiff hält sich schon besser. Ich flehe zu Gott, dass wir vor Morgengrauen wieder unter Segel sein möchten!

Sonnabend, 3. Dezember. Gestern Abend nahm der Wind langsam ab und die Schöpfarbeit wurde mit zweistündiger Ablösung ununterbrochen fortgesetzt. Es war eine unheimliche Nachtarbeit, bei dem heulenden Sturm, der Dunkelheit, den alle paar Minuten über das Schiff hinrollenden ungeheuren Sturzseen, ohne Maschinen und ohne Segel, die Männer der Wissenschaft zum Teil unten im Maschinenraum, schwarz vom Maschinenöl und Schlagwasser, die überlaufenden Eimer weitergebend, ohne Rücksicht auf die Köpfe der Tieferstehenden; dabei nass bis auf die Haut, so nass, dass einige es vorzogen, nackt wie chinesische Kulis zu arbeiten, während die anderen in Trikotjacken, Schifferhosen und Seestiefeln hantierten. Alle zwei Stunden eilten die Abgelösten in ihre Koje, um dort im Regenrock eingewickelt zu ruhen; aber nach zwei Stunden wurden sie wieder geweckt, schlüpften in das triefend nasse Zeug und eilten wieder an die Arbeit. Und sie blieben Sieger: das Hin- und Herrauschen der Wellen auf dem Boden des Maschinenraumes bei dem trüben Licht zweier Petroleumlampen wurde von Stunde zu Stunde geringer. Um 10 Uhr abends war das Loch im Schott des Maschinenraumes gebrochen – Leutnant Evans kletterte über die Kohlen hinüber und fand seinen Weg zu dem Pumpenschacht und in ihn hinein. Bald hatte er den Ansauger gereinigt, und mit Freudenrufen wurde der erste tüchtige Wasserstrahl aus der Pumpe begrüßt. Von diesem Augenblick an waren wir gerettet. Alle Mann mussten nun abwechselnd an der Pumpe arbeiten, und obwohl sie sich noch mehrere Male wieder verstopfte, sank das Wasser im Maschinenraum gleichmäßig, und heute Morgen konnte man sich wieder darin aufhalten. Am Vormittag wurde wieder geheizt, die Ventile sind gereinigt und jetzt segeln und dampfen wir bereits wieder in bester Ordnung südwärts, zwei Striche von unserem Kurs. Mit einem Schlag sind wieder alle voller Hoffnung, die gestern Abend noch, wie sie mir heute gestanden, im Stillen an unserer Rettung verzweifelten.

Unser Verlust ist nicht so groß, wie ich befürchtete, aber doch immer ernst genug. Abgesehen von der Zertrümmerung der Reling, haben wir zwei Ponys, nur einen Hund, 300 Liter Petroleum, 10 Tonnen Kohlen und einen Spiritusbehälter des Biologen eingebüßt. Das dritte Pony hat sich wieder erholt; es sieht ein wenig steifbeinig aus, wird aber wohl durchkommen, wenn wir keinen neuen Sturm bekommen. Osman, unser bester Schlittenhund, war heute früh sehr elend.

See und Wind scheinen wieder stark zu werden und wir haben schwere, südliche Dünung.

Montag, 5. Dezember. 56° 40′ südlicher Breite. Wir haben noch immer Dünung aus Südwest, wenn auch nicht mehr so heftig wie gestern, aber ich wünsche von Herzen, dass sie endlich ganz aufhören möge, und ich bete, dass keine Stürme mehr kommen! Auch die vier Ponys an der Backbordseite sind von dem furchtbaren Wetter sehr mitgenommen und es hängt so viel, ja alles von gutem Wetter ab.

Dienstag, 6. Dezember. Die Dünung hat weiter abgenommen und wir kommen bei ruhigem Wetter tüchtig weiter. Ich bin hauptsächlich der Tiere wegen dafür aufrichtig dankbar. Noch ein Tag und wir sind aus dem Bereich der Weststürme heraus.

Mittwoch, 7. Dezember. 61° 22′ südlicher Breite, 179° 56′ westlicher Länge. Ein scharfer Südwestwind trieb uns drei Striche aus unserem Kurs heraus, aber die See blieb ruhig, ein Zeichen, dass das Eis nicht mehr fern ist. Am Nachmittag betrug die Luft- und Wassertemperatur 1 Grad Celsius und ein günstiger Wind hat uns wieder in unseren Kurs hineingetrieben. Viele Vögel umflattern das Schiff; die ersten Eissturmvögel und die ersten Raubmöwen erscheinen und gestern Abend zeigten sich Delphine in der Nähe; dunkle, finster blickende Albatrosse und Seeschwalben begegnen uns unaufhörlich.

Nach dem Sturm hatte das Hauptdeck unter dem Packraum, wo die Ponys untergestellt sind, ein böses Leck und der Stallschmutz tropfte auf Hängematten und Bettstücke, ohne dass einer von der Mannschaft ein Wort darüber gesagt hätte. Mit Segeltuch und Ölleinwand suchten sie sich die Plage vom Leib zu halten; es war schon sowieso im Mannschaftsraum ungemütlich genug. Alles war durcheinander geworfen, allenthalben hatte das Wasser seinen Weg dorthin gefunden, dabei Mangel an Luft, die nur durch die kleine Vorluke hereinkam, kein Tageslicht, sondern nur Lampenlicht, das allerhand Scherereien machte, die Männer alle nass bis auf die Haut, ohne Gelegenheit ihr Zeug zu trocknen – kurz, ihre fröhliche Standhaftigkeit ist geradezu bewundernswert.

Gestern Abend trieb weit hinten im Westen der erste Eisberg vorüber und glänzte hin und wieder auf, wenn die Sonne aus den Wolken hervortrat.

Donnerstag, 8. Dezember. Der Wind wuchs über Nacht zu einem mäßigen Sturm an und heute haben wir den ganzen Tag hindurch gegen eine steife Brise und hohen Seegang anstampfen müssen. Am Abend hielten wir ein wenig ostwärts von unserem Kurs und konnten so wenigstens Vorder- und Achtersegel gefüllt bekommen. Aber dieser Gegenwind stellt meine Geduld sehr auf die Probe, zumal unser Kohlenverbrauch größer ist, als ich berechnet hatte.

Das Stampfen und Schlingern des Schiffes störte mich die ganze Nacht hindurch, und bei jedem Stoß musste ich an die armen Ponys denken. Wie lange mögen sie wohl die Erinnerung an diese entsetzlichen Tage bewahren? Die Hunde sind wieder obenauf; für sie ist die Nässe das Schlimmste. Sie hätte uns beinahe unseren besten Leithund Osman gekostet. Er lag nach dem letzten Sturm so erschöpft da, dass er kaum noch ein wenig zitterte und sein Leben an einem Haar zu hängen schien. Er wurde in Heu warm eingepackt und lag so vierundzwanzig Stunden ohne Nahrung, die er beharrlich zurückwies; dann aber zeigte sich die wunderbare Zähigkeit seiner Rasse: er war hinterher wieder so kräftig wie zuvor.

Freitag, 9. Dezember. 65° 8' südlicher Breite, 177° 41' westlicher Länge. Heute früh 6 Uhr wurden Eisberge und Packeis gemeldet; anfangs glaubte ich, das Packeis bestehe nur aus Bruchstücken der Berge, aber dann fuhren wir in einen Eisstrom von kleinen, abgezehrten Eistafeln hinein, die nicht mehr als 60 bis 90 Zentimeter dick waren. Wir steuerten deshalb nach Süden und Westen und konnten im offenen Wasser ziemlich geraden Kurs halten, obgleich wir fünf oder sechs weitere Eisströme durchquerten, von denen keiner mehr als 300 Meter breit war.

Wir fuhren heute an mehreren schönen, meist tafelförmigen Eisbergen vorüber, deren Höhe bis zu 25 Meter ging. Einer kam so dicht heran, als ob er gefilmt werden wollte, und schien ziemlich frisch gekalbt zu sein. Zwischen den oberen Teilen des Eisberges und den unteren war eine Verschiedenheit des Ursprungs deutlich erkennbar, als ob ein Landgletscher von einer Lage periodischen Schnees nach der anderen bedeckt worden sei. Zwischen diesen waagerechten Schichten harten, weißen Firnschnees zeigten sich eingesprengte Lagen aus blauem Eis.

Ein anderer Eisberg zeichnete sich durch unzählige senkrechte Risse aus, die kreuz und quer liefen, sodass die einzelnen Klötze sich willkürlich bogen und formten, wodurch der ganze Berg ein überaus zerfetztes Aussehen erhielt.

Wir beobachteten in diesen Tagen zahlreiche Walfische von der Art der Riesenwale *(Balaenoptera Sibbaldi)*, die als die größten Säugetiere gelten. Zuerst sieht man einen kleinen dunklen Höcker auftauchen und gleich darauf spritzt eine Fontäne grauen Nebels ungefähr zwei Meter hoch senkrecht in die kalte Luft empor. Wilson ist mehrmals von diesen Wasserstrahlen erreicht worden; sie hinterlassen einen Übelkeit erregenden Geruch nach ranzigem Öl. Dann verlängert sich der Höcker und empor wälzt sich ein ungeheuer großer, schwarzgrauer runder Rücken mit einem schwachen Wulst längs des Rückgrates, auf dem eine kleine hakenähnliche Rückenflosse erscheint. Dann verschwindet das Tier wieder in der Tiefe. Auch Vögel zeigen sich, antarktische Sturmschwalben, ein Eissturmvogel und heute Morgen Kaptauben.

Es ist ganz unerklärlich, dass das Packeis uns so viel nördlicher begegnet, als wir erwartet haben. Wir haben den Tag über gute Fortschritte gemacht, aber am Abend verdichten sich die Eisströme zu beiden Seiten des Schiffes mehr und mehr und das Packeis zeigt sich in bedenklich großen Feldern. Noch immer begegnen uns viele Eisberge, teils tafelförmig, teils phantastisch zernagt. Der Abendhimmel war wundervoll, mit jeder möglichen Wolkenform und mit jeder Art Licht und Schatten; die Sonne trat von Zeit zu Zeit aus den Wolkenlücken hervor und beleuchtete mit blendendem Glanz irgendein Eisfeld, einen steil abfallenden Eisberg oder ein Fleckchen blauer See und Sonnenlicht und Schatten jagten sich beständig über unsere Bahn, die das Schiff auf glattem Kiel und gleichmäßig durchstrich, nur hin und wieder poltern treibende Eisschollen dagegen.

Eisberg

Sollte das Packeis dick werden, so lasse ich das Feuer unter den Kesseln ausgehen und warte, bis sich das Eis wieder öffnet. Lange kann es auf diesem Meridian nicht geschlossen bleiben.

Sonnabend, 10. Dezember. Ich blieb gestern Abend bis Mitternacht auf Deck. Die Sonne tauchte gerade unter den südlichen Horizont; der Nordhimmel flammte in prachtvollem Rosa und spiegelte sich in der ruhigen See zwischen dem Eis wider, während das Eis in allen Farben spielte. Eisberge und Packeis zeigten nach Norden hin einen blassen, grünlichen Farbton mit tiefen, purpurroten Schatten, während die Farbe des Himmels zwischen safrangelb und blassgrün wechselte.

Der heutige Morgen fand uns so ziemlich am Ende des offenen Wassers und wir schafften von einem Eisfeld acht Tonnen Eis herauf. Leutnant Rennick lotete 3585 Meter Tiefe und das Lot brachte zwei Stückchen vulkanischer Lava herauf. Unser Biologe Nelson fing mit einem vertikalen Schleppnetz einige Krustentiere und anderes und nahm eine Wasserprobe und Temperaturen aus 400 Meter Tiefe. Wilson schoss antarktische Sturmvögel und schneeweiße Sturmschwalben.

Gegen 1/2 2 kamen wir durch leichtes Packeis, dann aber tiefer in alte, dicke Felder hinein, die sich um einen großen Eisberg gruppierten. Wir machten schleunigst kehrt, um einen anderen Weg einzuschlagen, aber je weiter wir nach Süden vordrangen, desto dicker wurde das Packeis.

Um 3 Uhr stoppten wir und schossen vier Krabbenfresserrobben, deren Leber zum Abendessen vorzüglich schmeckte.

Heute Nacht stecken wir in dichtem Packeis, es verlohnt sich kaum der Mühe, weiter vorzudringen! Zwar lässt ein bogenförmiges Stück klaren Himmels, das sich den ganzen Tag im Süden zeigte, auf offenes Wasser in jener Richtung schließen. Vielleicht ist das offene Wasser nur 40 Kilometer entfernt – aber 40 Kilometer wollen in unserer augenblicklichen Lage sehr viel besagen!

IM PACKEIS GEFANGEN

Sonntag, 11. Dezember 1910. Das Eis schloss sich während der Nacht enger zusammen und um 6 Uhr erschien jeder Versuch, vorwärts zu kommen, aussichtslos; wir ließen also das Feuer ausgehen. Die Eisfelder sind fast einen Meter dick, sehr fest und eng aneinander gedrängt. Die Fläche, die dieses Eis jetzt einnimmt, ist viel größer als zu der Zeit, wo es noch eine einzige Tafel bildete. Wenn also das Ross-Meer im Frühling ganz zugefroren ist, muss die Masse des aus ihm stammenden Packeises im Norden ungeheuer sein. Jedenfalls kommt das Eis um uns aus dem Ross-Meer, nur ist das Fehlen von Pressungen unerklärlich.

Am Abend liefen die Matrosen auf Schneeschuhen übers Eis und genossen diese herrliche Körperbewegung ausgiebig.

Montag, 12. Dezember. Das Packeis war heute Morgen etwas lockerer und eine lang gezogene Dünung deutlich bemerkbar. Oates, Bowers und Gran begaben sich auf Schneeschuhen nach einer angeblichen Insel, die sich aber, wie ich gleich vermutet hatte, als ein seltsam kuppenförmiger Eisberg mit niedrigen Klippen ringsum herausstellte.

Um Mittag haben wir wieder angeheizt und machen gute, aber ungleichmäßige Fortschritte. Bald dünne Eisfelder, die sich leicht zerbrechen lassen, bald ältere, die uns völlig lahm legen; hin und wieder auch ein massiger aufgepresster Eisberg. Trotzdem sind wir 27 Kilometer südwestwärts getrieben, wenn auch sehr langsam.

Wir probieren heute Atkinsons Speckofen mit gutem Erfolg. Das Innere enthält ein Rohr mit nur einer Windung, die an der Unterseite durchlöchert ist, und aus diesen Löchern tropft der Tran auf einen Asbestbrenner. Der Speck befindet sich in einem den Schornstein umgebenden Behälter und ein Hahn reguliert das Einfließen des Trans in das Zufuhrrohr. Sehr einfach, aber wirkungsvoll; der Ofen heizt sehr gut, allerdings riecht er auch etwas nach Tran. Aber man würde mit solchen Öfen weder warmes Essen noch eine warme Hütte unten im Süden zu entbehren brauchen.

Ich sprach heute mit Wright, einem unserer Geologen, über

die merkwürdige Erscheinung, die für Reisen im Eismeer von großer Wichtigkeit ist: Wenn das Meereis zu Hügeln emporgepresst ist, scheiden diese Eishügel, falls sie vom Seewasser nicht mehr erreichbar sind und nicht wieder davon durchtränkt werden können, ihr Salz vollständig aus; durch Schmelzen kann aus ihnen Süßwasser gewonnen werden, das zum Trinken, zum Füllen der Dampfkessel usw. durchaus brauchbar ist.

Dienstag, 13. Dezember. Ich war fast die ganze Nacht auf den Beinen und habe eine so schnelle, immer währende Veränderung aller Aussichten noch nie erlebt. Frisch gebildeter Eisschlamm, in dem das Schiff unter vollen Segeln 7 bis 9 Kilometer in der Stunde machte, wechselte mit festem Eis, gegen das aller Kampf vergeblich war. Dann kamen offene Kanäle und leicht überfrorene Rinnen, die uns guten Raum gaben, aber mit einem Mal saßen wir wieder in mächtigen Feldern mit höckrigem Buchteis fest, das zwei bis drei Meter über dem Wasser emporragte und sehr tief hinabreichte, uns aber wenigstens Gelegenheit bot das Schiff mit Wasser zu versorgen. Schließlich konnten wir nicht mehr von der Stelle und mussten die Feuer ausgehen lassen. Gerade solchem Eis begegneten wir vor neun Jahren mit der »Discovery« bei König-Eduard-Land und es fragt sich immer wieder, ob es auch richtig war, so weit im Osten südwärts zu gehen. Was soll unter diesen Umständen aus unseren Kohlenvorräten werden? Während der letzten Tage sind wir nach Osten abgedrängt worden. Ist das die normale Stromrichtung hier oder die Wirkung vorherrschender Westwinde? Vielleicht ist diese Tatsache für den Zeitpunkt unserer Befreiung von größter Wichtigkeit. Jedenfalls aber ist nichts nervenaufregender und anspannender als dieser stündliche Wechsel aller Möglichkeiten.

Einstweilen können wir nicht vorwärts und nicht rückwärts und die großen Eisfelder scheinen sich aneinander schließen zu wollen. Geduld! Inzwischen können wir Lotungen und manche biologische Arbeit ausführen.

Mittwoch, 14. Dezember. Vom »Krähennest« (der Ausgucktonne) aus ist an mehreren Seiten offenes Wasser zu sehen, im Übrigen aber ist die Szene unverändert: ödes, hügeliges Packeis. Das Schiff dreht sich mit dem Wind und die Eisfelder ringsum sind in ständiger Bewegung; sie wechseln ihre Lage in langsamer, verstohlener, schleichender Weise. Die Lufttemperatur ist 2 Grad Celsius über null, die des Wassers ungefähr 1 Grad unter Null.

Das Packeis ist in der Regel ein sonnenloser Ort; nach einigen Stunden Sonnenschein gestern Morgen bewölkte sich der Himmel und es schneite trostlos. In solchen Stunden vergegenwärtigt man sich die entsetzliche Eintönigkeit langer Gefangenschaft im Packeis, wie Nansen und andere sie kennen gelernt haben, und die Phantasie dehnt solche Tage zu endlosen Monaten und Jahren aus. Heute aber haben wir prächtigsten Sonnenschein, und wir waren alle mit Schneeschuhen auf dem Eisfeld, an dem wir uns heute Morgen verankerten. Es war so heiß, dass ein Kleidungsstück nach dem anderen abgelegt wurde und Oates und Atkinson einige Zeit nackt bis zum Gürtel umherliefen.

Wenn unsere Gefangenschaft nicht zu lange dauert, ist sie uns ganz willkommen; sie übt uns in der Anwendung unserer Tiefseeausrüstung und wir brennen alle darauf, von dem Norweger Gran Schneeschuhlaufen zu lernen. Von Ungeduld ist daher noch nichts zu spüren. Die Dünung ist heute bedeutend stärker geworden, aber aus welcher Richtung sie kommt, ist unbestimmt.

Donnerstag, 15. Dezember. Meares brachte heute zweimal sieben Hunde mit einem Schlitten auf das Eis, und zwar die, die am schlechtesten aussahen. Sie atmeten schwer und es ist ganz unverständlich, wie sie so fett werden konnten, denn sie bekommen täglich höchstens zweieinenhalb Hundekuchen.

Wir treiben beständig nordwärts, was recht ärgerlich ist, aber doch wenigstens nicht nach Osten. Unsere Beobachtungen ergaben bisher, dass die Eisfelder bei Nordwest- und Westwind sich zusammendrängen und bei Windstille auseinander gehen. Wir hoffen nun, dass sie sich bei Ost- oder Südostwind öffnen werden. Rennick lotete heute 3370 Meter Tiefe.

Sonnabend, 17. Dezember. Gestern Morgen setzte der Wind aus Nordosten ein und brachte Schnee, leichten Hagel und Regen, der bis heute Morgen währte. Es ist, glaube ich, das erste Mal, dass ich jenseits des Südpolarkreises Regen erlebe. Das Eisfeld, auf dem wir Schneeschuh liefen, hat sich zerteilt; wir zogen daher gestern die Eisanker wieder ein und mit Hilfe der Segel drängte sich das Schiff langsam durch die umfangreichen Eisfelder. Im Ganzen kamen wir etwa 6 Kilometer vorwärts, mussten aber schließlich wieder an einem ungeheueren Eisfeld anlegen, wo das Schiff unter Segel nicht durchkam, und heute haben wir uns den ganzen Tag kaum von der Stelle gerührt. Aber Eisberge, die uns im Lauf der Woche schon alte Freunde wurden, setzen sich in Bewegung; einer hat sich genähert und uns fast umkreist. Sie bewegen sich sehr unregelmäßig, müssen aber, genauso wie wir, in den letzten zwei Tagen etwas ostwärts gewandert sein.

Sonntag, 18. Dezember. Was ist das doch für ein aufregendes Spiel! Nichts lässt sich für eine halbe, ja für eine Viertelstunde voraussagen! Eben sieht noch alles günstig aus – im nächsten Augenblick schon möchte man wieder verzweifeln!

Um 3 Uhr früh wurde gemeldet, dass das Eis auseinander gehe, und daraufhin sofort angeheizt. Anfangs sah es schlimm aus, es dauerte mehr als eine halbe Stunde, ehe wir in Gang kamen, um uns nach einem großen Eisfeld hinzuarbeiten, das das Schiff unter Dampf voraussichtlich zerbrechen konnte. Dann aber weigerte es sich zu meinem Entsetzen, den Kampf mit dem Eisfeld aufzunehmen, und wir mussten unter endlosen Schwierigkeiten eine Rinne aufsuchen, die das Feld durchsetzte. Ein neues Feld stellte sich uns entgegen, es wurde umfahren und nun waren wir von 6 Uhr an ziemlich imstande unseren Kurs zu halten. Um 8 Uhr erreichten wir sogar eine lange Durchfahrt offenen Wassers und frohlockten schon, aber dann stießen wir wieder auf mächtiges Buchteis. Unzweifelhaft verursacht dieses Buchteis die offenen Rinnen.

Schneeböen sind in Pausen vorübergezogen, der Wind bleibt nordwestlich und es ist verhältnismäßig warm. Heute Abend sahen wir den ersten Kaiserpinguin.

Montag, 19. Dezember. In der Nacht drängten wir uns durch einige der ungeheuersten Eisfelder, die ich je gesehen habe. Die Presseisrücken überragten die Oberfläche um 7 Meter, das Eis musste also mindestens 9 Meter in die Tiefe gehen, und die Stöße, die wir erhielten, machten den Eindruck unwiderstehlicher Festigkeit. Später kamen wir in lange Wasserkanäle und dünnes loses Packeis und machten Fortschritte. Aber der Ausblick heute Morgen ist der schlimmste, den wir bisher hatten. Ringsum mächtiges, aufgepresstes Packeis, so weit das Auge reicht, und überall gleich beunruhigend! Dabei fürchte ich, dass wir unser Steuer überanstrengt haben; nach einer Richtung hin funktioniert es nicht mehr! Wohl oder übel habe ich mich jetzt entschlossen nach Westen vorzudringen – bloß heraus aus diesen fürchterlichen Eisfeldern! Es ist wirklich Pech!

Mittags. 67° 54 1/2' südlicher Breite, 178° 28' westlicher Länge. Schon wieder alles verändert! Ich weiß nicht, ob zum Guten oder Bösen! Das alte Eis ist weniger geworden, aber die Jungeisfelder, die ohne Zweifel alte Schollen umschließen, sind ungeheuer an Umfang gewachsen. Eines, das wir gerade passiert haben, muss fast 2 Kilometer breit sein; also ist die Dünung gleich null und das offene Wasser sehr fern!

Nachmittags 5 Uhr 30. Wir fuhren an zwei ungeheueren Eisbergen vorüber, die lange Furchen offenen Wassers im Packeis hinterließen. Durch diese Furchen kamen wir mit fast 6 Kilometer Geschwindigkeit vorwärts, aber leider nach Südosten und mit schwerem Herzen beobachtete ich das Anwachsen der Eisfelder auf beiden Seiten unserer Kanäle zu riesigen Dimensionen. Nur eins überraschte mich angenehm: Sie nahmen an Dicke ab. Gegen 1/2 5 Uhr kamen wir an einem halben Dutzend tafelförmiger Eisberge von 5 bis 6 Meter Höhe vorüber.

Jenseits dieser Berge, wurde dann gemeldet, gäbe es kein offenes Wasser mehr! Was nun? Mich packte die heftigste Unruhe. Ich sah uns schon auf endlose Wochen im Eis gefangen und nordwärts treiben und schließlich in weit vorgeschrittener Jahreszeit erst wieder frei werden. Umso erfreulicher war dann der Kontrast dieser trübseligen Vorstellungen mit der Wirklichkeit. Das Eis ringsumher erwies sich als kaum einen Meter dick, Wassertümpel standen darauf und allenthalben öffneten sich Durchfahrten mit leichtem und losem Packeis. Welch eine Erleichterung! Es schien uns fast wie eine Erlösung aus langer, grauenhafter Gefangenschaft. Evans riet zweimal dringend Halt zu machen, und dreimal schwankte ich selbst! Welch ein Glück, dass ich mich nicht habe umstimmen lassen! Wenigstens liegt jetzt wieder eine gewaltige Fläche gefügigen Eises hinter uns!

Wir sahen heute Morgen einen jungen Kaiserpinguin; als wir ihn zu fangen versuchten, tauchte ein Walfisch mit einer über einen Meter hohen, säbelförmigen Rückenflosse dicht neben dem Schiff auf; Wilson hält ihn für eine neue Art. Am Abend sahen wir zwei Seeleoparden; der eine machte kurze, lässige Tauchversuche unter den Eisfeldern und hatte schöne schlängelnde Bewegungen. Ein hübscher Anblick ist es auch, wenn die Schneesturmschwalbe und der Eissturmvogel in ihrer geduckten Haltung auf umgeschlagenen, überfluteten Schollen tauchen.

Dienstag, 22. Dezember. Wir scheinen uns wieder in Geduld üben zu müssen. Das Eis hat sich abermals geschlossen und wir haben das Feuer ausgehen lassen müssen! Die Anzeichen von Pressungen haben sich wieder vermehrt. Eisberge waren die vorige Nacht nur wenige sichtbar, aber heute erscheinen sie wieder. Der Wind weht aus Westsüdwest mit Stärke 6; wenn er sich legt, wird sich das Eis wohl wieder öffnen!

Mittwoch, 21. Dezember. Wilson ging über das Eisfeld, um einige Pinguine zu fangen. Er legte sich der Länge nach auf den Boden und begann zu singen, worauf die Tiere eilig auf ihn zuwatschelten; aber sobald er aufhörte, machten sie sich wieder davon. Es waren lauter einjährige Vögel, deren unüberwindliche Neugierde stark mit Furcht gemischt war. Gesang übt auf sie die größte Anziehungskraft aus; Meares mit seiner vollen, wohlklingenden Stimme lockt sie am besten. Wenn er sein »Gott erhalte unseren König« anstimmt, stürzen sie sich fast regelmäßig ins Wasser.

Ponting hat wunderschöne Fotografien aufgenommen und Wilson ebenso entzückende Bilder des Packeises und der Eisberge gemalt. Auch von den Übrigen entpuppen sich Day, Taylor, Debenham und Wright als talentvolle Zeichner.

Donnerstag, 22. Dezember. Die Glücksgöttin scheint uns jede Art Hindernis in den Weg legen zu wollen. Alles ist unverändert, nur haben wir das Feuer ausgehen lassen, obgleich sich Eisberge dem Schiff nähern. Aber wir müssen es darauf ankommen lassen, wie wir ihnen entwischen, wir dürfen keine Kohlen mehr vergeuden. Auch mit den Ponys geht es beständig bergab.

Freitag, 23. Dezember. Gestern Abend gegen 10 Uhr wurde der Wind gelinder und das Schiff drehte sich um seinen Anker. Die Segel wurden auf dem Fockmast gesetzt und wir drangen ein paar hundert Meter nordwärts vor, aber dann war es wieder aus.

Heute Morgen sah ich einen von Wilsons neuen Walfischen von etwa 8 oder 10 Meter Länge. Adeliepinguine begegnen uns in Scharen von zwanzig und mehr; ich erinnere mich nicht, im Packeis je so viel beisammen gesehen zu haben.

Sonntag, 25. Dezember, Weihnachten. 69° 5' südlicher Breite, 178° 30' westlicher Länge. Es ist etwas allzu weihnachtlich um uns. Eis umgibt uns, niedrige Regenwolken verdunkeln den Himmel und streuen von Zeit zu Zeit leichte Schneeflocken hernieder. Hier und dort bilden kleine Tümpel offenen Wassers schwarze Schatten, aber leider herrscht dieses Schwarz nur in der Richtung vor, aus der wir gekommen sind, sonst leuchtet überallhin eine einzige weiße Nebelfläche. Wir sind regelrecht gefangen und können weder unter Segel noch unter Dampf einen Schritt vorwärts. Wieder heißt es Geduld und abermals Geduld! Doch sind wir hier wenigstens in ziemlicher Sicherheit. Das Eis ist so dünn, dass sein Pressen uns nichts anhaben kann, und Eisberge sind nur in weiter Ferne zu sehen. Meine feste Absicht war, westwärts zu gehen, weil auf dieser Seite die meisten Durchfahrten liegen, und nie ist ein Schiff in eine so schlimme Lage geraten, wie das unsrige. Soll ich nun versuchen mich ostwärts zu wenden? Es wird wohl nichts anderes übrig bleiben.

Trotz unserer traurigen Lage ist an Bord alles heiter. Die Offiziersmesse ist zur Feier des Weihnachtstages mit bunten Fahnen geschmückt und heute Morgen war allgemeiner Gottesdienst, wobei die Kirchenlieder kräftig über das Eis schallten. Unser festliches Abendessen bestand aus Tomatensuppe, gedämpfter Pinguinbrust als Vorgericht, Rinderbraten, Plumpudding, kleinen Pasteten, Spargel, dazu Champagner, Portwein und Liköre, ein wahres Festmenü. Fünf Stunden lang hat die Gesellschaft unter fröhlichen Gesängen bei der Tafel gesessen. Die Mannschaft hatte ihr Festmahl mit ungefähr den gleichen Speisen um Mittag, aber mit Bier und etwas Whisky, und sie schien ebenfalls sehr vergnügt dabei zu sein.

Auf dem Eisfeld dicht neben dem Schiff hausen drei Gruppen Pinguine, im Ganzen neununddreißig Vögel; sie müssen daher im Packeis genügend Nahrung finden. Heute Abend beobachtete ich, wie sich eine Skuamöwe auf den Rand einer Scholle niedersetzte, wo verschiedene Pinguine sich zur Nachtruhe vorbereiteten. Zwischen diesen begann eine lärmende Konferenz, deren Gegenstand offenbar die Möwe war, und endlich fassten sie sich ein Herz und rückten in geschlossener Phalanx auf sie los. Ein paar Schritte von ihr entfernt machte der vorderste Pinguin kehrt, und so sehr die anderen auch nachdrängten, scheute sich immer wieder der vorderste als Erster an den Feind heranzukommen. Die Möwe saß auf einem Eisblock und tat sehr gleichgültig. Als schließlich die Pinguine sich immer näher herandrängelten, flatterte sie ein paar Meter weiter auf die andere Seite der angreifenden Schar. Diese drehte sich nun um und wiederholte ihre frühere Taktik, bis die Skua schließlich endgültig fortflog. Es war wirklich hochinteressant, die schüchternen Protestbewegungen der Pinguine zu beobachten.

Auf der anderen Seite des Schiffes zankten sich mehrere Pinguine um den Besitz eines kleinen Eisblocks, der noch dazu einen sehr unsicheren Sitzplatz bot. Es war ungemein unterhaltend, wie jeder Vogel sich aufs Äußerste anstrengte, um sich den Platz zu sichern, der eine den anderen fortstieß und der glückliche Sieger, sobald er den Gipfel seines Ehrgeizes erreicht hatte, sofort wieder das Gleichgewicht verlor und der Kampf aufs Neue begann.

Mittwoch, 28. Dezember. Wir haben gestern und heute einige Kilometer gewonnen und das Packeis scheint sich wirklich beträchtlich gelockert zu haben. Selbst das dicke Eis scheint zu brechen. Wir können unmöglich von der Südgrenze des Packeises noch weit entfernt sein, ich habe deshalb befohlen anzuheizen.

Gestern Abend stürzte ein Pony und ich ließ das Tier heute ins Freie bringen. Es ist in traurigster Verfassung, sehr mager, sehr schwach auf den Hinterbeinen und leidet an einer lästigen Hautkrankheit, durch die es die Haare in großen Mengen verliert. Ein paar Tage in frischer Luft werden ihm gut tun, und solange wir noch im Packeis sind und das Schiff infolgedessen nicht schwankt, wäre das offene Deck ein gewisser Spielraum zur Bewegung der Tiere. Ihre Erhaltung ist jetzt genauso wichtig wie der Kohlenverbrauch.

Heute Morgen tauchten um das Schiff herum und unter ihm eine Anzahl Pinguine. Es ist das erste Mal, dass sie so dicht herankamen; die Bewegungslosigkeit der Schraube hat sie kühn gemacht. Der Adeliepinguin ist gar zu drollig, ob er nun schläft, zankt oder spielt, ob er neugierig, erschrocken oder böse ist; aber im Wasser ist er etwas ganz anderes; wenn er in drei, vier Meter Tiefe unter dem Wasser pfeilschnell umherschießt, sich wie ein Delphin in die Luft schnellt und leicht über die gekräuselte Fläche einer Wasserrinne hinschwimmt, erregt er ausschließlich Bewunderung. Seine Geschwindigkeit wird vermutlich überschätzt, aber seine Geschicklichkeit im Drehen und Wenden und seine vollkommene Herrschaft über alle seine Bewegungen sind ebenso schön wie erstaunlich.

Blickt man über die öden Strecken des Packeises hin, so kann man sich schwer vergegenwärtigen, wie viel fruchtbares Leben unmittelbar unter seiner Oberfläche existiert. Ein Schleppnetz füllt sich in kurzer Zeit mit Diatomeen, woraus hervorgeht, dass das schwimmende Pflanzenleben hier viel reicher ist als in den Meeren der gemäßigten oder der tropischen Zone. Meist bestehen diese Algen aus drei oder vier bekannten Arten. Von diesen leben wieder tausende kleiner Krebse *(Euphausia)*, die am Rande jedes Eisfeldes schwimmen und von den umgekippten Schollen heruntergespült werden. Diese Krebse sind wieder die Nahrung der Krabbenfresser-Seehunde, Pinguine, Eissturmvögel und Schneesturmschwalben und einer Unzahl großer und kleiner Fische. Auch diese Fische müssen sehr zahlreich sein; wir fingen einen auf einer umgekippten Scholle und als vor zwei Tagen mehrere Matrosen am Heck des Schiffes lehnten, schrien sie plötzlich alle auf: sie hatten ein halbes Dutzend oder mehr Fische von etwa 30 Zentimeter Länge gesehen, die unter einem Eisfeld verschwanden. Diese Fische werden von Robben und Pinguinen, aber auch von Raubmöwen und Sturmvögeln gefangen.

Und dann die größeren Säugetiere. Da ist zunächst der lange, geschmeidige Seeleopard, der ohne Zweifel einen Pinguin oder zwei und vielleicht sogar einen jungen Krabbenfresser-Seehund im Magen hat, denn er ist mit fürchterlichen Reißzähnen bewaffnet. Der gefräßige Schwertwal *(Orca gladiator)*, der jedes kleinere Tier verschlingt, zeigt sich weniger häufig im Packeis, sondern ist an den Küsten stark verbreitet. Überaus zahlreich sind aber hier draußen die anderen Wale, vom Riesenwal *(Balaenoptera Sibbaldi)*, dem größten Säugetier der Welt, bis zu dem kleineren Schnabelwal und anderen Arten. Wenn man diese riesigen Tiere umherschwimmen sieht, kann man sich vergegenwärtigen, welche Unmasse Nahrungsmittel zu ihrer Erhaltung erforderlich ist und wie ungeheuer groß daher in diesem Meer der Vorrat an kleinen Seetieren sein muss. So tobt unter den riesigen Eisfeldern und in den Wasserflächen unaufhörlich der alte Kampf ums Dasein.

Abends 10 Uhr. Wir fuhren um 8 Uhr los; bis jetzt scheint noch alles gut zu gehen. Das Eis ist verhältnismäßig dünn, die Eisfelder höchstens einen Meter dick, die hügeligen Stellen natürlich ausgenommen. Zwischen ihnen liegen Eisschichten, die nur 15 bis 30 Zentimeter dick sind, und auch zahlreiche Wasserlöcher. Wenn das Schiff auch oft durch dickere Schollen zum Stillstand gebracht wird, legt es doch etwa 6 Kilometer in der Stunde zurück. Der Himmel ist bewölkt und es weht aus Nordnordwest, beides ein Vorteil für uns, da die Segel mithelfen können und der Offizier auf Wache leichter beobachten kann, wenn ihm die Sonne nicht in die Augen scheint. Während ich dies schreibe, sieht das Packeis etwas loser aus. Wenn es sich nur nicht wieder zusammenschließt – nach Süden hin ist leider kein Zeichen offenen Wassers zu sehen!

Donnerstag, 29. Dezember. Endlich ist der lang ersehnte Umschwung eingetreten! Wir dampfen zwischen Eisfeldern von geringem Umfang, die augenscheinlich infolge der Dünung geborsten sind und deren Ränder sich durch Reibung abgeschliffen haben. Der Übergang vollzog sich urplötzlich. Einmal hatten wir in der Nacht eine Stunde lang gar kein Eis, sodass wir trefflich vorwärts kamen. Heute Morgen durchbrachen wir große, zusammenhängende Eisfelder und jetzt werden die Eisschichten immer dünner. Sie sind in ziemlich regelmäßige Figuren zerborsten, von denen keine mehr als 30 Meter Durchmesser hat – der beste Beweis für die Nähe offenen Wassers. Der Wind bleibt nördlich und hilft uns vorwärts, der Himmel ist bewölkt, und leichter Graupelregen fällt; die Sonne versuchte ein- oder zweimal vergeblich, die Wolken zu durchbrechen. In der letzten Nacht hatten wir Glatteis; das Schiff war überall, auf jeder Planke und auf jedem Tau, von einer dünnen Eisschicht überzogen infolge des gefrierenden Regens.

Es ist kein Zweifel mehr: unsere Gefangenschaft geht zu Ende! Alles in allem haben wir zwanzig Tage und einige Stunden gebraucht, um durch das Packeis hindurchzukommen, und in gerader Linie mehr als 680 Kilometer zurückgelegt, 34 Kilometer am Tag. Aber wir haben auch 61 Tonnen Kohlen verbraucht, um uns diesen Weg zu bahnen, also auf 11 Kilometer durchschnittlich eine Tonne. Von zwanzig Tagen waren wir neun unter Dampf. Diese Zahlen sind nicht gerade sehr günstig, aber wenn man die außergewöhnlichen Verhältnisse erwägt, in die wir hineingeraten sind, darf man wohl sagen, dass es noch viel schlimmer hätte kommen können.

AUF DER SUCHE NACH EINEM WINTERQUARTIER

Freitag, 30. Dezember. 72° 17′ südlicher Breite, 177° 9′ östlicher Länge. Endlich sind wir aus dem Packeis heraus! Diese Nacht um 1 Uhr steuerte Bowers die »Terra Nova« durch den letzten Eisstrom und heute früh um 6 schwammen wir in offener See. Der gestrige Schneefall hatte aufgehört, aber der Himmel war noch grau und wolkig und hier und dort lagen Nebelstreifen. Um Mittag brach die Sonne durch Wolken und Nebel. Der Schneesturm der letzten Tage hatte alles Tauwerk mit einer Eisschicht bedeckt – jetzt blätterte sie ab und fiel klirrend auf das Deck, wo in der warmen Luft der feuchte Eisschlamm schnell verdunstete. Nach dem gestrigen Abend, wo alles triefte und man überall auf schlüpfrigen Schnee trat, war jedes trockene Fleckchen heute ein freudiges Ereignis.

Vom Packeis befreit waren wir während des Tages tüchtig vorwärts gekommen und ich berechnete schon, dass wir am Neujahrstag auf der Höhe von Kap Crozier, unserem voraussichtlichen Winterquartier, sein müssten – da erhob sich um 3 Uhr nachmittags eine scharfe Brise aus Südsüdwest, die uns gerade entgegenwehte und sich zu einem regelrechten Südsturm entwickelte. Abends um 8 schlichen wir nur noch mit 3 1/2 Kilometer Geschwindigkeit vorwärts! Schon wieder ist das Glück uns entgegen! Der kurze, scharfe Seegang ist für die Ponys das reine Gift und auch für uns nicht gerade ermunternd. Der Gefangenschaft des Packeises endlich entronnen zu sein, ist gewiss ein herrlicher Gedanke – aber an die Eingriffe, die der Kampf der letzten vierzehn Tage in unsere Kohlenvorräte gemacht hat, darf ich gar nicht denken!

Heute früh passierten wir einen kleinen Eisberg, auf dessen einer Seite sich ein Schwarm Eissturmvögel niedergelassen hatte, auf der anderen saßen Schneeschwalben. Augenscheinlich sind diese Vögel auf die Nahrung angewiesen, die ihnen See und Dünung auf die Eisränder hinaufwirft; nur wenige finden ihren Unterhalt im Packeis selbst, wo er zwar auch reichlich vorhanden, aber schwer zu erlangen ist. Eine Schar Eissturmvögel begleitete unser Schiff eine Strecke weit, indem sie es unermüdlich umkreisten! Die nördlicher lebenden Seevögel pflegen im Kielwasser zu folgen.

Sonnabend, 31. Dezember, Silvesterabend. Die vorige Nacht war entsetzlich! Wir hatten Vorder- und Achtersegel gesetzt und damit unsere Geschwindigkeit, aber nicht unsere Behaglichkeit vergrößert. Schlafen konnte ich nicht, denn ich musste immer an die schauderhafte Lage der armen Ponys denken, und so schleppte sich die Nacht endlos hin. Während der Morgenwache nahmen Wind und Seegang noch zu und um 6 wurde wieder Eis vor uns gesichtet. Unter gewöhnlichen Umständen wäre nichts sicherer gewesen, als schnell ostwärts zu steuern, aber uns musste alles daran liegen, der Ponys wegen glatteres Wasser zu erreichen – also vorwärts durch den Eisstrom, über dem Wasser stark brandete! Bei so hohem Seegang zwischen losem Eis zu fahren, war überaus gefährlich; aber bald kamen wir an ein kompakteres Eisfeld und als wir es glücklich hinter und hatten, fanden wir zu unserer Überraschung verhältnismäßig glatte See.

So weit war alles gut. Der Gefahr waren wir entronnen, aber nun erhob sich die Frage: Was wird länger dauern: der Sturm oder unser zeitweiliges Obdach, das uns zu dauerndem unnützen Kohlenverbrauch zwang?

Im Laufe des Tages wurde unsere Zuflucht unsicherer. Aus Süden und Westen kamen Anzeichen von Packeis und um 8 Uhr abends mussten wir westwärts dampfen, um anderswo Schutz zu suchen, in dem böigen Wind ein bedenkliches Unternehmen. Aber jetzt nahm der Wind von Minute zu Minute ab und legte sich schließlich ganz, und als sich um 10 Uhr die Wolken im Westen verzogen hatten, bot sich uns ein zwar ferner, aber herrlicher Anblick: alle Berge des Südviktorialandes lagen im prächtigsten Sonnenschein! Mount Sabine und Mount Whewell traten am deutlichsten hervor, Letzterer von hier aus als ein schönes, scharfes Horn, eine ebenso auffallende Landmarke wie Mount Sabine, der 204 Kilometer entfernt war, als wir ihn sahen; aber die Luft war so klar, dass er auch in 270 Kilometer Entfernung ebenso gut sichtbar gewesen wäre.

Der Sturm scheint nun endlich vorüber und das neue Jahr

uns holder zu sein als das alte. Dann schreibe ich mit Vergnügen: *Finis 1910*!

Sonntag, 1. Januar 1911. 73° 5' südlicher Breite, 174° 11' östlicher Länge. Um 4 Uhr morgens dampften wir langsam nach Südwesten und um 8 waren wir aus dem Eis heraus und steuerten unter Fock- und Achtersegel südwärts. Um diese Zeit klärte sich der Himmel auf und wir hatten den ganzen Tag über strahlenden Sonnenschein; noch jetzt, um 11 Uhr abends, sonnen sich die Leute bei gänzlicher Windstille und sitzen lesend auf Deck. Das Land ist völlig klar: die Coulmaninsel ist 140 Kilometer im Westen sichtbar.

Die Dünung hat nachgelassen, aber nicht so schnell, wie ich erwartete. Doch sollen die Ponys sich gut gehalten haben, wie Oates meldet.

Montag, 2. Januar. Eine herrliche Nacht! Und ein herrlicher Vormittag! Die Sonne schien fast unausgesetzt und einige von uns zogen Eimer voll Seewasser herauf, um auf Deck ein Bad mit Salzwasserseife zu nehmen. Das Wasser war natürlich eiskalt, aber sich hinterher von der Sonne trocknen zu lassen, war ein Genuss. Seit wir den Südpolarkreis überschritten haben, ist die Gewohnheit, auf Deck zu baden, eingeschlafen; nur Bowers ist ihr bei jedem Wetter treu geblieben.

Abends 8 Uhr 30 sichteten wir den Mount Erebus in etwa 210 Kilometer Entfernung. Der Himmel ist mit leichten Haufenwolken bedeckt und der Wind weht aus Osten mit Stärke 2 bis 3. Da alle Segel gesetzt sind, kommen wir tüchtig vorwärts.

Dienstag, 3. Januar. Meine nächste Hoffnung ist bereits zuschanden geworden: Kap Crozier mit all seinen Anziehungspunkten bleibt uns versagt!

Schon am Morgen, als wir bei schönstem Wetter nur 45 Kilometer vom Kap entfernt waren und das Land immer deutlicher vor uns aufstieg, während der Erebus sich hinter Wolken verbarg, ahnte ich nichts Gutes: Wind und Dünung hatten zwar auf das fahrende Schiff wenig Einfluss, versprachen aber für die Landung die größten Schwierigkeiten. Bald nach Mittag kamen wir 9 Kilometer östlich von Kap Crozier an die Eisbarriere heran, die sich von dieser Ecke der Ross-Insel aus weithin nach Osten bis König-Eduard-Land erstreckt. Sie war nicht höher als 18 Meter und vom »Krähennest« aus gut zu überblicken; nach dem Rand zu senkte sich ein wenigstens 2 Kilometer langer sanfter Abhang, und dahinter war deutlich erkennbar, wie das Land der Schwarzen (oder Weißen?) Insel die ungeheuren Reihen der Presseisrücken überragte. Seit den Tagen der »Discovery« hatte sich hier nichts verändert; wir sahen unsere alte Posthausstange noch so gerade stehen, wie wir sie vor acht Jahren eingerammt hatten, und haben alles mit unseren alten Fotografien verglichen: nichts ist anders geworden, was bei dem Barrierenrand sehr überraschend ist. Wilson meinte sogar, dass die Barriere noch an derselben Stelle mit den Klippen des Kaps zusammenstoße und er zeichnete dieses Stück des Barrierenrandes, von da, wo wir herangekommen waren, bis zu den Crozierfelsen. 4 oder 5 Kilometer vor den Felsen macht die Barriere eine scharfe Wendung rückwärts, etwa einen Kilometer weit, dann läuft sie mit ziemlich regelmäßiger Oberfläche weiter nach Westen, bis sie einige hundert Meter vor den Klippen aufhört. Den Zwischenraum zwischen Barriere und Felsen nimmt ein besonders hoher Presseisrücken ein; doch waren die Anzeichen der Pressung am Rand weniger stark ausgeprägt, als ich erwartet hatte.

Inzwischen war eins der Walfischboote ins Wasser gelassen worden und Wilson, Griffith Taylor, Priestley, Evans und ich ruderten an Land. Die Achterwache, Oates, Atkinson und Cherry-Garrard, wollte es sich nicht nehmen lassen, die Riemen selbst zu führen; so konnte die Mannschaft an Deck bleiben und Cherry-Garrard fing bei dieser Gelegenheit einige Taschenkrebse.

Ich wollte die Möglichkeit einer Landung prüfen; vor allem hoffte ich festzustellen, ob zwischen dem Presseisrücken und den Felsen, auf dem Weg, den einst Royds zum Brutplatz der Kaiserpinguine hinuntergestiegen war, durchzukommen sei. Aber als wir uns der Ecke näherten, stellte sich heraus, dass sich eine große schmutzige Scholle Meereis zwischen Barriere und Felsen eingeklemmt und so stark aufwärts gekrümmt hatte, dass sie über einen Meter hoch über dem Wasser stand. Dabei brandete die Dünung so heftig zwischen den treibenden

Eisblöcken längs des wirklichen Strandes und seines Eisfußes, dass von Landen gar keine Rede sein konnte; es wäre nur unser Boot zerschellt und wir alle wären miteinander ins Wasser gefallen.

Ich litt Tantalusqualen – nicht nur wegen der Unmöglichkeit der Landung überhaupt. Gerade auf diesem Stück alten Buchteises, etwa 2 Meter über uns, war ein lebendiges Pinguinküken trostlos gestrandet und dicht neben ihm schlief eines der getreuen Pinguineltern. Das Küken aber war in einem Alter und einem Entwicklungsstadium, in dem noch keiner von uns den Kaiserpinguin gefangen oder untersucht hatte: Es war im Begriff seine Daunen zu verlieren, die Flügelstummel waren bereits ganz daunenfrei und genauso gefiedert wie die der ausgewachsenen Vögel; teilweise hatten auch schon der Kopf und, wie bei der gewöhnlichen Mauserung, ein senkrecht die Brust hinunterlaufender Streifen die Daunen abgeworfen. Es wäre also ein Triumph gewesen, dieses Küken dingfest zu machen, aber wir konnten nicht heran und ich durfte seinetwegen nicht unser aller Leben aufs Spiel setzen. So musste es denn bleiben, wo es war, da oben auf der einen Quadratmeter großen Eisscholle, dem verlassenen Überbleibsel einer blühenden Pinguinkolonie, die vor etwa Monatsfrist auf dem schwimmenden Buchteis nordwärts in See gegangen war. Rings war so viel blitzsauberes Eis, wie sie sich nur wünschen konnten – aber diese beiden Zurückgebliebenen hatten geduldig auf ihrer schmutzigen Scholle, die jetzt über dem Wasserspiegel emporgepresst war, gewartet und sich wohl alle Tage gewundert, dass sie sich nicht endlich auch der allgemeinen Auswanderung anschließen sollten. Der Vorfall war in jeder Beziehung interessant und führte auf allerlei Mutmaßungen über die langsame Gehirnarbeit dieses merkwürdigen Völkchens.

Aus der unteren Seite dieser etwa einen halben Meter dicken Scholle hingen Beine und untere Körperhälften toter Kaiserpinguinküken heraus, an einer Stelle auch Kadaver eines ausgewachsenen Pinguins. Diese traurigen Reste früheren friedlichen Lebens dort oben waren augenscheinlich auf der Oberfläche des Eisfeldes eingefroren und wurden jetzt von unten allmählich wieder herausgespült. So bot diese alte, schmutzige, eingeklemmte Scholle des abgetriebenen Buchteises einen förmlichen Abriss der Lebensgeschichte dieser seltsam primitiven Vögel.

Da eine Landung infolge der Dünung unmöglich war, ruderten wir eine Strecke an den Felsen entlang. Diese Crozierklippen sind sehr interessant. Sie bestehen hauptsächlich aus vulkanischem Tuff, schließen aber mächtige Schichten von säulenförmigem Basalt ein und zeigen prächtige Muster von eingeklemmten und gewundenen Säulen und von Höhlen mit ganzen und halben Pfeilern, die fast wie eine Miniaturnachbildung des Giant's Causeway aussahen, des Riesendammes an der Nordostspitze von Irland mit seinen 40 000 Basaltsäulen.

Wenig fehlte und diese Kahnpartie hätte unserer ganzen Polwanderung ein vorschnelles Ende bereitet. Als wir unter einem der überhängenden Felsblöcke entlangruderten, meinten wir scherzend, wenn solch ein Block auf uns herunterfalle, würden wir den Spaß wohl nicht lange überleben. Doch war uns dabei etwas beklommen zumute und wir waren froh, dass wir uns von hier wieder zum Schiff hinwenden konnten. Kaum waren wir etwa zwei-, dreihundert Meter von jener Stelle entfernt, als plötzlich ein donnerähnliches Krachen hinter uns ertönte und etwas mit laut klatschendem Schlag in die See stürzte, die hoch aufspritzte. Eine erstickende Wolke Gesteinsstaub hatte sich erhoben gleich dem Rauch bei einer Explosion und als sie sich verzog, sahen wir, welch einem Unheil wir entgangen waren: derselbe Block, über dessen bedrohliches Herabhängen wir gescherzt hatten, war abgestürzt und würde, wenn wir noch in seinem Bereich gewesen wären, uns alle vernichtet haben!

Überhaupt war diese Ruderfahrt mehr als aufregend. Ehe wir wieder an Bord gelangten, hatten wir noch das Vergnügen, es mit ansehen zu müssen, wie ein mächtiger Gürtel Packeis die »Terra Nova« so dicht an jene Klippen herandrängte, dass ihr nur die Wahl zu bleiben schien, entweder an den Felsen zu zerschellen oder sich dem Eise gefangen zu geben. Zu wenden oder die Maschine rückwärts zu stellen und mit dem Heck voran den Packeisgürtel zu durchbrechen, dazu war weder Zeit noch Raum, denn so schnell funktionierte leider die Maschine nicht. Als sich das Schiff schließlich doch noch durchzwängte, erhielt es schwere Stöße unter dem Heck und gegen das Steuer, denn die Schollen waren mächtig und die Dünung sehr stark.

Nachdem unser Walfischboot wieder glücklich an Bord gebracht war, fuhr die »Terra Nova« zum Pinguinbrutplatz. Die Hoffnung auf eine günstige Landungsstelle war so gut wie aufgegeben und belebte sich auch nicht wieder.

Die Pinguine waren vom Schiff aus deutlich zu erkennen. Auf dem großen Brutplatz bedeckten sie einen ungeheueren Flächenraum; sie hatten sich dort so weit ausgedehnt, wie sich nur irgend Schutz finden ließ. Ich beobachtete sogar zahlreiche Gruppen dieser Vögel auf den fern von den Brutplätzen hoch über der See emporragenden Schneehängen, was mich sehr wunderte. Was für ein gutes Leben müssen hier die Schwertwale haben, von denen sich mehrere dicht neben dem Schiff aus dem Wasser erhoben. Auf dem kleinen Brutplatz bildeten die Tiere vorläufig nur vereinzelte Flecke und hier war noch reichlich Platz zur Ausdehnung der Kolonien. Solche unbenutzten Stellen hätten eine ideale Winterstation für uns abgegeben und jede Einzelheit des Ufers sah vorteilhaft für eine Überwinterung aus. Jammerschade ist es, dass ich diesen, uns allen schon lieb gewordenen Plan, hier zu überwintern, widerwillig und betrübt aufgeben muss.

Mittwoch, 4. Januar, 1 Uhr nachts. Auf der Höhe des Kap Bird trafen wir auf Packeis, fuhren durch mehrere Eisströme und konnten dann einer offenen Wasserrinne dicht in der Nähe der eisgepanzerten Küstenlinie folgen. Kap Bird ist ein rundes Vorgebirge mit zahlreichen Landzungen, sodass es schwer zu sagen ist, welche von ihnen das eigentliche Kap ist. Westlich von ihm dehnt sich eine weite braunrötliche Landfläche aus mit zahlreichen grauen Flecken; es sind erratische Blöcke aus Granit. Mit Hilfe des Fernrohrs sahen wir einen diese Blöcke auf einem Gipfel in mindestens 400 Meter Höhe über der See liegen.

Auch auf dieser Landfläche des Kap Bird befinden sich ein größerer und mehrere kleine Pinguinbrutplätze und auch hier waren die Schwertwale zur Stelle. Wir beobachteten einen alten mit einer hohen Rückenflosse und verschiedene junge. Eine kleine Gesellschaft Pinguine schoss durch das Wasser ihren Feinden gerade entgegen; sie mussten bei ihren häufigen Luftsprüngen die dunkeldrohenden Flossen der Wale gesehen haben, nahmen aber nicht die geringste Notiz davon – ja sie huschten sogar über die Walfische hinüber, ohne dass ein Tumult im Wasser bemerkbar war, und schwammen dann auf der anderen Seite weiter. Wir konnten uns diese spielende Verträglichkeit der beiden Erzfeinde nur dadurch erklären, dass die Wale von ihrer letzten Mahlzeit noch übersättigt waren.

Als wir heute Kap Bird umfuhren, wurden in der nebligen Luft undeutlich unsere alten unvergesslichen Landmarken, der Mount Discovery und die Westberge, sichtbar; mit herzlicher Freude erkannte ich sie wieder. Es mutete so heimatlich an, die von der Fahrt der »Discovery« so vertrauten Schauplätze wieder zu sehen. Am Ende sind wir auf dieser Seite der Ross-Insel doch besser aufgehoben! Kap Royds ist nur noch 9 Kilometer entfernt – dort müssen wir hin!

4 Uhr nachmittags. Diese Fahrt ist voller Überraschungen! Früh um 6 kamen wir 5 Kilometer nördlich von Kap Royds durch das letzte Packeis der Meerenge und steuerten nach dem Kap hin, in der festen Erwartung den Rand des Packeises westwärts von ihm zu finden. Zu unserem größten Erstaunen fuhren wir aber über das Kap hinaus in freiem Fahrwasser, das nur stellenweise dünnen Eisschlamm führte. So ging es an Kap Royds, dann an Kap Barne vorüber, an der Südseite des Gletschers entlang, schließlich um Inaccessible Island herum und darüber hinaus noch gut 4 Kilometer südlicher; ja wir hätten noch weiter fahren können, aber dann schien der Eisschlamm dicker zu werden und außer Kap Armitage, der noch 22 Kilometer entfernten äußersten Südspitze der Ross-Insel, auf deren kleiner Landzunge »Hut Point« (Hüttenspitze) ehemals die Hütte der Discovery-Expedition stand, gab es hier keinen Ort, der zum Überwintern geeignet gewesen wäre. Niemals habe ich das Eis dieser Meerenge so harmlos gesehen und das Land so frei von Schnee. Offenbar war der letzte Sommer ungewöhnlich warm und wir hatten nunmehr eine sehr reiche Auswahl bei der Entscheidung über unser Winterquartier. Wir konnten auf einer der kleinen Inseln landen, an der Gletscherzunge, am Festland, überhaupt überall, ausgenommen an der Hüttenspitze. Ich wünschte vor allem einen Platz, an dem wir nicht leicht von der Eisbarriere abgeschnitten werden konnten, und meine Wahl fiel auf ein Vorgebirge etwas hinter uns, das wir das »Raubmöwenheim« zu nennen pflegten. Es war von der alten Discoverystation durch zwei tiefe Meeresbuchten auf beiden Seiten der Gletscherzunge getrennt, die voraussichtlich bis spät in den Sommer hinein zugefroren blieben und deren Eis außerdem, wenn sie einmal zufroren, bald fest zu werden versprach.

Ich berief eine Ratsversammlung und unterbreitete ihr meine Vorschläge: entweder zur Gletscherzunge vordringen und dort überwintern – oder westwärts nach dem »Grabsteineis« und an der Nordseite des »Raubmöwenheims« einen Weg zu einem einladenden Platz bahnen. Ich war für das Letztere, und nach einer gründlichen Diskussion stimmten alle meinem Vorschlag zu. Wir wendeten also, fuhren dicht am Land um Inaccessible Island herum und steuerten in voller Fahrt nach dem festen Eis quer vor dem genannten Kap.

Ungefähr 3 Kilometer vom Ufer stieß das Schiff auf hartes Buchteis, das eine Straße nach dem Kap und eine haltbare Oberfläche zum Ausschiffen unserer Vorräte bot. Hier machten wir uns mit Eisankern fest und Wilson, Evans und ich gingen zum Kap, das ich zunächst, unserem trefflichen Kommandanten zu Ehren, in Kap Evans umtaufte. Ein Blick auf das nahe Land zeigte einen idealen Platz für unsere Winterstation. Das Gestein dieses Vorgebirges besteht vorwiegend aus stark verwittertem Olivinkenyt, und die Zersetzung hat große Mengen groben Sandes gebildet. Ein nach Nordwest gelegener Strand, der im Rücken durch zahlreiche Hügel geschützt war, schien alle Vorzüge für eine Winterstation in sich zu vereinigen und diesen Platz wählten wir deshalb zur Errichtung unseres Hauses.

Nach langem Grollen hat uns Fortuna mit ihrem freundlichsten Lächeln beglückt! Seit vierundzwanzig Stunden haben wir Windstille mit glänzendem Sonnenschein, können uns daher in dieser Gegend der Welt nicht gut behaglicher fühlen. Der warme Sonnenglanz, verbunden mit der scharfen Kälte der Luft, hat etwas ungemein Stärkendes, während das goldene Licht auf dieser wundervollen Berg- und Eislandschaft auch die höchste Anforderung an Großartigkeit der

Szenerie befriedigt. Ponting, unser Fotograf, ist ganz hingerissen und gebraucht Ausdrücke, die überall anderswo hochgradig überspannt genannt werden müssten, und mir fehlen die Worte, um das Ergreifende dieses wundervollen Panoramas, das sich vor unseren Augen entfaltet, auch nur anzudeuten.

DIE LANDUNG AN KAP EVANS

Während wir am Ufer von Kap Evans waren, begann Campbell schon mit der Ausschiffung. Zuerst wurden zwei Motorschlitten hervorgeholt und standen bald blitzsauber und tadellos auf dem Eis; das Seewasser, das bei dem stürmischen Seegang auf der Herfahrt oft tonnenweise über ihre Kisten spülte, hatte ihnen also nichts geschadet. Dann kam die Reihe an die Ponys, die in Kästen von der Höhe des Schiffs herunterbugsiert wurden. Manche ließen sich nur durch freundliches Zureden oder durch die starken Arme der Matrosen in die Gestelle hineinbringen und begannen sogar zu bocken, so mager und kraftlos sie auch aussahen. Von dem Augenblick an, wo sie Schnee unter den Füßen spürten, schienen sie wieder aufzuleben. Welch ein Genuss muss es für sie sein, sich endlich wieder niederlegen oder aneinander reiben zu können; sie haben gewiss all die Wochen über an qualvollem Hautreiz gelitten, ohne sich helfen zu können, und sind nun eifrig dabei, durch gegenseitiges Benagen ihrer Flanken sich die so lange entbehrten Liebesdienste zu erweisen. Und auch ich atmete wie nach einem langen Alpdruck wieder auf, als ich sie alle siebzehn auf dem Eisfeld angepflockt sah.

Die Hunde gingen unter Meares' Führung mit leichten Lasten gleich ins Geschirr, zeigten aber schon am ersten Tag eine Demoralisation, die uns viel Ärger bereitete. Schuld daran waren die maßlos dummen Pinguine, die in Scharen auf unser Eisfeld losschossen. Mit dem Kopf in der Luft hin und her stoßend, watschelten sie heran, voll verzehrender Neugier und stumpfsinniger Gleichgültigkeit gegen die heulenden Hunde, die an ihren Leinen zerrten und zu ihnen hinstrebten.

»Hallo!«, schienen die Pinguine zu sagen, »das ist lustig –

was wollt denn ihr lächerlichen Geschöpfe hier bei uns? Lasst euch mal anschauen!«

Dann kamen sie näher, und wenn die Hunde, soweit die Leinen nachgaben, auf sie zusprangen, sträubten sie das Gefieder, aber nicht aus Furcht, sondern nur aus Ärger, und in einer Haltung, als ob sie einem unmanierlichen Fremden den Standpunkt klarmachen wollten, schienen sie zu schreien:

»Oho! Ihr seid ja eine saubere Sorte! Na, da seid ihr aber an die Unrechten gekommen! Wir lassen uns nicht verblüffen! Den Schwindel kennen wir!«

Noch ein paar Schritte näher – ein Sprung – ein Aufschrei – und ein gräulicher roter Fleck auf dem Schnee ist das Ende. Aber nichts konnte die dummen Vögel abschrecken; scheuchte man sie fort, so duckten sie sich und wichen seitwärts aus, als ob sie sagen wollten: »Was fällt dir ein, alberner Esel? Lass uns in Frieden!«

Sobald ein Opfer am Boden liegt, sammeln sich die Skuamöwen, die auf die Hunde keinen aufreizenden Eindruck machen, und warten, bis die blutige Mahlzeit beendet ist; dann stürzen sie sich schreiend und zankend auf den Rest der Beute. So ging es den ganzen Nachmittag und Meares war außer sich über die Zügellosigkeit seiner Schützlinge. Jetzt, am Abend, liegen sie, an einer langen Kette angebunden, zusammengerollt im Ufersand und scheinen sich recht wohl zu fühlen.

Der ersten Fahrt der Motorschlitten sahen wir natürlich alle mit großer Spannung entgegen. Day lenkte den einen, Nelson den anderen. Ohne einige kleine Unglücksfälle ging es nicht ab, und von einem glatten Erfolg lässt sich noch nicht reden. Aber sie haben schon tüchtige Lasten ans Ufer befördert und ich verspreche mir von ihnen Außerordentliches.

Welch ein anderer Anblick jetzt ringsum als vor vierundzwanzig oder achtundvierzig Stunden! Der Baugrund für die Hütte ist bereits geebnet; das notwendige Bauholz ist alles am Ufer und die Bauabteilung haust dort ebenfalls schon in unserem großen grünen Zelt mit Lebensmitteln für acht Tage. Die Ponys sind unter der Obhut von Oates und Anton auf einem Schneeabhang angepflockt, damit sie keinen Sand fressen. Um mich herum tönt, während ich dies schreibe, das laute Schnarchen von Männern, die sich von einem anstrengenden Tage-

Ausschiffung der Ponys

werk für das morgige ausruhen und auch mir fallen die Augen zu, denn ich habe seit achtundvierzig Stunden kaum geschlafen – heute kann ich es, und fröhlich mag ich träumen.

Donnerstag, 5. Januar 1911. Als ich heute ziemlich spät – die Ladearbeit war schon seit 6 Uhr im Gang – auf der Bildfläche erschien, wurde ich Zeuge eines aufregenden Vorganges.

Etwa fünf oder sechs Schwertwale, alte und junge, streiften in der Nähe des Schiffes herum; sie schienen in großer Aufregung, tauchten hastig auf und nieder, streckten die Mäuler aus dem Wasser hervor und kamen bis dicht an das Eisfeld heran. Ich hatte zwar allerhand unheimliche Geschichten von diesen Tieren gehört, ihnen aber niemals etwas sonderlich Schlimmes zugetraut. Unmittelbar am Rand des Eisfeldes lag das Hecktau des Schiffes und an diesem Drahtseil waren die beiden Eskimohunde festgebunden. Aber ich verfiel gar nicht darauf, dass sie etwa die Aufregung der Schwertwale könnten verursacht haben, und rief nur eilig nach Ponting, weil die Tiere gar zu schön nahe waren. Ponting rannte mit seiner Kamera herbei, bereit, sie beim nächsten Auftauchen auf die Platte zu bringen; soeben waren sie verschwunden, aber im nächsten Augenblick wölbte sich das Eisfeld unter ihm und den Hunden und zerbarst in Stücke! Man hörte deutlich das dröhnende Geräusch, als die Walfische sich unter dem Eis aufrichteten und mit dem Rücken dagegen prallten. Dann tauchten sie einer nach dem anderen in den Spalten, die sie gebrochen hatten, hervor und streckten ihre hässlichen Riesenköpfe zwei, drei Meter über das Wasser, wobei ihre braungelbe Kopfzeichnung, ihre kleinen, funkelnden Augen und ihr schreckliches Gebiss – bei weitem das größte und furchtbarste auf der Welt – deutlich zu sehen waren. Die Bestien sahen sich offenbar mit größtem Interesse danach um, was aus Ponting und den Hunden geworden war.

Ponting war glücklicherweise auf den Füßen geblieben und hatte sich mit ein paar Sprüngen auf festes Eis retten können, und auch von den beiden Hunden war keiner ins Wasser gefallen, da das Eis zufällig um sie herum und zwischen ihnen geborsten war, aber sie winselten und heulten nicht schlecht, als der Kopf eines Schwertwales keine zwei Meter vor ihnen auftauchte. Ob dann den Räubern das Spiel zu unbedeutend vorkam, weil ihnen Ponting dabei fehlte oder was sonst der Grund sein mochte: Sie verschwanden nach anderen Jagdgründen hin und wir konnten die Hunde, und was fast noch wichtiger war, mehrere Tonnen Petroleum, die auf einem nicht mit abgesplitterten Eisstück lagen, in Sicherheit bringen. Dass die Wale jeden, der etwa das Unglück hatte, ins Wasser zu stürzen, wegschnappen würden, darauf waren wir natürlich gefasst, aber dass sie mit so überlegter List handeln, gemeinsam vorgehen und Eis von fast einem Meter Dicke zertrümmern könnten, war uns etwas völlig Neues.

Ich kann also nur bestätigen, was die naturwissenschaftlichen Handbücher vom Schwertwal oder Mörder *(Orca gladiator)* vermelden, dass er an Kraft, Wildheit und Gefräßigkeit alle anderen Walarten übertrifft. Die ausgewachsenen Männchen sind durchschnittlich 6, die Weibchen 4 1/2 Meter lang, doch soll man in Greenwich einen von 9 1/2 Meter erlegt haben. Ihre Zähne – elf oder zwölf auf jeder Seite – sind 8 Zentimeter lang und stehen 6 Zentimeter über den Kinnbacken; sie sind überaus stark und scharf und die kegelförmigen Spitzen greifen ineinander. Man hat den Schwertwal beobachtet, wie er mit einem Seehund zwischen den Kinnbacken über der Oberfläche auftauchte, sein Opfer schüttelte, mit Leichtigkeit zermalmte und mit Behagen verschluckte. Im Magen eines dieser Raubtiere fand man die Überreste von dreizehn Delphinen und vierzehn Robben. Drei oder vier Schwertwale zusammen besinnen sich keinen Augenblick, die größten Bartenwale anzugreifen, die, vor Schreck gelähmt, oft gar keinen Versuch machen zu entrinnen; ja, sie verbinden sich zu Genossenschaften, um ganze Herden Wale zu jagen, in eine Bucht zu treiben und buchstäblich in Stücke zu zerreißen. Es sind Fälle vorgekommen, dass eine Schar Schwertwale über erbeutete Walfische herfiel, die an Fangschiffen vertäut waren; obwohl man sie mit Lanzen angriff und mit Schiffshaken verwundete, schleppten sie dennoch ihre Beute fort. An Intelligenz sind sie allen übrigen Walarten überlegen und nach der heutigen Probe haben sie auch uns Achtung und Vorsicht eingeflößt; wir wissen jetzt, was wir von ihnen zu halten – und wessen wir uns zu versehen haben.

Heute besuchte ich einen gestrandeten Eisberg, in dem Ponting gestern eine wunderbare Grotte entdeckt hatte; durch ihre Rückwand leuchtete der Himmel wie durch einen Lichtschirm aus herrlichen Eiszapfen, und zwar mit einer königlichen Purpurfarbe, die durch den Kontrast mit dem Blau der Grotte oder durch optische Täuschung entstanden sein mag. Durch eine größere Öffnung konnte man, teils auch durch Eiszapfen hindurch, das Schiff, die Westberge und einen violetten Himmel erblicken – ein hinreißendes Bild, von dem Ponting mehrere prächtige Aufnahmen gemacht hat.

Im Übrigen ging die Arbeit heute trefflich vonstatten, wenn auch eine bessere Organisation und größere Vertrautheit mit den verschiedenen Aufgaben noch günstigere Resultate liefern werden. Der Bau der Hütte ist schon fast beendet; sie steht etwa 3 Meter über dem Wasser, ist also vor Spritzwellen geschützt, auch wenn wir bei eisfreier See Nordsturm haben sollten. Petroleum und das übrige Öl, Haferschrot für die Ponys und tausend andere Dinge sind schon an Land und morgen sollen die Ponys mit der Arbeit beginnen. Den Hunden wird das Ziehen am warmen Tag sehr schwer; Meares will sie jetzt nachts arbeiten lassen. Die Motorschlitten fuhren heute unablässig hin und her und Day und Nelson sind voller Optimismus, dass sie Wunderdinge damit verrichten werden. Ich fürchte nur, dass sie so schwere Lasten, wie ich mir gedacht hatte, doch nicht bewältigen können.

Freitag, 6. Januar. Ich ging heute zu Fuß über unsere Halbinsel, um ihre Südseite auszukundschaften. Hunderte von Skuamöwen nisten dort und griffen mich, wenn ich vorüberging, in ihrer gewöhnlichen Weise an: Unter wildem Geschrei flogen sie im Kreis umher und sausten dann aus einer bestimmten Höhe mit großem Ungestüm herunter, bis etwa ein paar Handbreit von meinem Kopf; dann schwangen sie sich wieder empor; die am kecksten waren, schlugen mich sogar mit den Flügeln. Im Anfang ist das eine etwas aufregende Sache; aber weiter geht der Angriff der Tiere nie.

Sonnabend, 7. Januar. Mit der Zeit werden die Ponys wohl Leben in die Bude bringen, besonders wenn sie erst wieder kräftiger werden. Schon jetzt gefallen sie sich in allerhand Kapriolen; die Glätte des Eises und der Schlitten hinter ihnen, den sie nicht loswerden können, macht sie nervös, störrisch und unlenksam. Ich hatte heute sieben Ponyfuhren und kam mit einer Beule und etlichen Schrammen davon. Das Pony Debenhams riss mit seinem Schlitten aus, aber gerade in die Station hinein – sehr unklug von dem Tier, denn Oates nahm es gleich wieder zu einer neuen Fuhre mit. Mehrere andere rannten den Hügel hinauf, als sie angeschirrt werden sollten, und so passierte allerlei, was Tiere und Menschen gefährden konnte; doch ging noch alles ohne ernsten Unfall ab. Auch ein Hundegespann brannte durch und ein Hund, der sich überschlug, wurde einen Kilometer weit im Galopp mitgeschleift; es scheint ihm aber nicht weiter geschadet zu haben. Wenn ich nur wüsste, wo wir die Ponys im Winter unterbringen!

Auch sonst haben sich allerhand kleine Plagen eingefunden. Die Sonne strahlte heute heller als je mit blendendem Glanz, infolgedessen haben die Fälle von Schneeblindheit sehr zugenommen und an aufgesprungenen Gesichtern und Lippen, Blasen an den Füßen, Schnittwunden und Abschürfungen ist kein Mangel; fast jeder hat etwas abgekommen. Aber derlei gehört schließlich zum »Geschäft«.

Gleichwohl bekommt die Station schon das Aussehen eines geordneten Lagers und wir finden immer neue Vorteile ihrer Lage heraus. Der lange flache Strand ermöglicht es Bowers, unserem Proviantmeister, seine Vorratskisten übersichtlich aufzustellen, sodass alles gleich zur Hand ist. An der Hütte wird schon die Bretterverschalung aufgenagelt. Es soll hübsch warm und gemütlich bei uns werden; abgesehen davon, dass der Zwischenraum der Isolierung mit trockenem Seegras in abgesteppter Sackleinwand gefüllt ist, will ich auch noch alles Futter für die Ponys ringsum aufschichten lassen.

Nur eine Schattenseite hat unsere augenblickliche Lage. Das Eis in den Spalten und auch hier und dort auf den Feldern selbst wird schon dünn und schlammig; die Ponys treten oft mit den Füßen durch. Sie machen sich zwar nichts daraus und waren offenbar schon daran gewöhnt, aber Eile scheint mir doch dringend geboten und der morgige Sonntag kann kein Ruhetag sein. Ponting hatte schon ein sehr bedenkliches Erlebnis. Immer darauf erpicht, von eigenartigen Eisbildungen und überraschenden Wasserspiegelungen künstlerische Bilder zu bekommen, war er, seine Apparate auf seinem kleinen Schlitten hinter sich herziehend, wieder dem gestrandeten Eisberg zugewandert. Gerade war seine Schneebrille angelaufen, als er plötzlich das Eis unter sich nachgeben fühlt. Niemand ist in der Nähe, der ihm hätte beispringen können. Instinktiv eilt er vorwärts, bei jedem Schritt glaubt er durchzubrechen, der Schlitten schleift schon durch Wasser! Ein paar Minuten dauerte diese lebensgefährliche Situation – dann trat sein Fuß wieder auf eine feste Oberfläche. Es sei ein niederträchtiges Gefühl, dieses nachgebende Eis unter jedem Tritt, versicherte er, und als er endlich aufatmen konnte, war er in Schweiß gebadet. Wir haben uns diesem morsch werdenden Eis vielleicht doch etwas unvorsichtig mit unserer ganzen Habe anvertraut. Also Eile!

Sonntag, 8. Januar. Das Unglück ist schon geschehen: Wir sind vom Schiff abgeschnitten und, was weit schlimmer ist, ein Motorschlitten liegt auf dem Grund des Meeres! Ich gab dummerweise heute früh die Erlaubnis, den dritten Motor auszupacken, und obgleich einer der Leute beim Überschreiten einer etwa 200 Meter vom Schiff entfernten Schlammstelle mit einem Bein eingebrochen war, hielt ich das doch nicht für bedenklich, da ich annahm, der Mann habe nur die Oberflächenkruste durchgetreten. Campbell sollte den Schlitten an Land bugsieren, stattdessen aber kam die Meldung, der Motorschlitten sei eingebrochen! Campbell hatte zur Vorsicht ein Tau an dem Schlitten befestigt, das von den Matrosen gezogen wurde. Plötzlich brach einer von diesen bis an die Schulter ein und während er herausgezogen wurde, gab das Eis unter dem Schlitten nach, versank plötzlich und mit ihm der Motor! Die Leute hielten das Tau fest, aber vom Gewicht des schweren Schlittens gestrafft, schnitt es immer schneller durch die Eisdecke bis an sie heran und zwang einen nach dem anderen loszulassen. Eine halbe Minute später war nichts mehr zu sehen als ein großes Loch! Wir können noch von Glück sagen, dass den Leuten nichts zugestoßen ist, aber der Verlust eines der beiden besten Schlitten, auf die so viel Zeit und Mühe verwendet wurde, ist ein harter Schlag für mich! Noch gestern ist der andere Motorschlitten mit schwerer Last und sind zahlreiche Ponyfuhren dort hinübergegangen.

Kaum hatte uns diese Unglücksbotschaft erreicht, als auch schon die Nachricht folgte, das Eis in der Nähe der Unfallstelle werde mit jeder Stunde unsicherer; seitdem sind wir vom Schiff so gut wie abgeschnitten und ich verlebe meine erste Nacht im Zelt am Land. Die Uferabteilung hat gearbeitet, aber die Leute an Bord haben einen unfreiwilligen halben Feiertag gehabt.

Um 6 Uhr ging ich zu dem Eisrand weiter nördlich und fand eine Stelle, wo Schlittenfahren noch möglich ist und das Schiff anlegen soll, auch wenn es unter Dampf dorthin fahren muss. Wir haben den neuen Weg mit Petroleumkannen bezeichnet und müssen uns nun in Geduld fügen.

Geduld erfordert auch der Bau der Hütte; es dauert schon noch einige Zeit, ehe sie fertig ist. Aber wir müssen vor dem Ende des Sommers unbedingt noch mit der Errichtung der Depots beginnen! Heute war der heißeste Tag bisher; als ich beim zweiten Frühstück in der Sonne saß, fühlte man sich ganz wie an einem warmen Tag in England.

Montag, 9. Januar. Ich stecke die Nase erst um 3/4 7 aus dem Zelt, und das Erste, was ich sah, war das Schiff, das sich mit einiger Schwierigkeit längs des Eisrandes vorwärts bewegte und 8 Uhr 15 an der gestern bezeichneten Stelle anlegte. Der neue Weg erwies sich als ausgezeichnet und den ganzen Tag sind die Schlitten hin- und hergefahren. Die Ponys haben bis zu 18 Zentner Gewicht gezogen und die Hunde, je fünf in einem Gespann, schaffen 5 bis 6 Zentner fort, während die Leute fast 3 Zentner auf jeden Mann rechnen. Heute kamen Schornstein, Ventilatoren und die vielen Vorräte für die Hütte an, dann 2 1/2 Tonnen Karbid, die Ausrüstung der Biologen – ein hoher Stapel! – und der Naturforscher, die Arzneivorräte, Futter, und was weiß ich sonst noch! Auch von den Kohlen sind schon zehn Tonnen an Land. Kurz, es war ein lustiges Ausräumen.

Dienstag, 10. Januar. Heute Abend kann ich sagen: Wir sind gelandet! Wenn wir auch nichts mehr vom Schiff herschaffen könnten, jetzt kann es kommen wie es will. Nie ist solch eine

Arbeit so schnell und tüchtig geleistet worden! Futter und Feuerung, kurz alles Notwendige ist am Ufer und auch der Bau der Hütte schreitet rüstig fort. Die Seitenwände haben doppelte Verschalung und sind mit Seegras isoliert. Das Dach ist innen mit Brettern verschalt; auf der Außenseite liegt ebenfalls zuerst eine Schicht solcher Bretter, dann eine Lage doppelt gefaltetes Ruberoid, Seegras, wieder eine Bretterverschalung und schließlich dreifaches Ruberoid. Der erste Fußboden ist schon gelegt; darüber kommt Seegras, dann eine Filzlage, eine zweite Verdielung und schließlich Linoleum. Der vulkanische Sand wird ringsum hoch aufgehäuft, sodass unmöglich Zugluft in die Hütte dringen und ebenso wenig Wärme entweichen kann und an der West- und Südseite sind obendrein Ballen mit Pressfutter hoch aufgestapelt, während an der Nordseite, zwischen der Hüttenwand und einer Mauer aus Futterballen, ein Winterstall für die Ponys gebaut werden soll. Leider haben wir nicht mehr genug Bretter und müssen das Dach aus Sparren und geteerter Segelleinwand herstellen. Viel Schnee darf sich auf diesem Dach nicht ansammeln; aber sonst ist alles vortrefflich angeordnet.

Donnerstag, 12. Januar. In einer festen Schneewehe hinter unserem Lager stießen wir beim Graben auf Eis und haben hier unsere Speisekammer ausgehauen, einen drei Meter langen Tunnel, der noch Seitengänge erhalten soll.

Ich kutschiere heute meine Hunde zum ersten Mal in sibirischer Weise. Schwer war es nicht, aber ich vergaß in kritischen Momenten stets die russischen Ausdrücke; wir werden auf der Depotreise noch viel lernen müssen. Am Nachmittag kam vom Schiff die Meldung, dass nur noch das Hammelfleisch, Bücher, Bilder und das Pianola abzuholen seien; sonst ist alles an Land und auch die Hütte ist so weit fertig, dass wir einziehen könnten. Doch soll das erst in acht Tagen geschehen; unterdes kann der Zimmermann mit Ruhe arbeiten, die Dunkelkammer, Simpsons meteorologische Ecke und die anderen Nebenräume herrichten. Von morgen ab müssen wir Ballast aufs Schiff schaffen, Gesteinsschutt, den wir ja hier reichlich haben, und in zehn Tagen soll die Depotreise beginnen.

Sonnabend, 14. Januar. Ich schlief die letzte Nacht an Bord und fand es dort viel kälter als im Lager; die Temperatur in den Kabinen hielt sich die ganze Nacht über unter dem Gefrierpunkt und das Wasser gefror im Kessel, sodass heute Morgen Feuer gemacht werden musste.

Als ich wieder an Land kam, war die Speisekammer so stattlich erweitert, dass sie all unser Hammelfleisch und einen großen Vorrat Robben und Pinguine aufnehmen kann. In der Hütte werden jetzt Schornsteine eingebaut; Küchenraum und Herd sind fertig, die Veranda am Eingang ebenfalls. Der Zimmermann hat nur noch allerlei Wünsche der einzelnen Bewohner auszuführen.

Morgen wird unser erster Ruhetag sein und dann beginnen die Vorbereitungen für die Depotreise. Ich habe schon heute allerhand Anordnungen dafür getroffen, die zur Führung der Hunde und Ponys nötigen Leute bestimmt usw. Ich habe auch schon meine Wünsche niedergeschrieben wegen des Tierfutters, das uns die »Terra Nova« im nächsten Jahr mitbringen soll. Bis dahin wird es sich entschieden haben, ob ich mein Ziel erreiche oder nicht.

EINZUG INS WINTERQUARTIER

Sonntag, 15. Januar 1911. Ein prächtiger Ruhetag mit glänzendem Sonnenschein und ohne Wind! Wir standen heute erst spät auf, da das Frühstück nicht vor 9 Uhr angesetzt war. Um 10 strömten Offiziere und Matrosen vom Schiff herüber und ich hielt am Strand unseren ersten Feldgottesdienst ab, der auf uns alle einen tiefen Eindruck machte.

Campbell wollte mit Gran und Nelson über den Gletscher nach Kap Royds gehen und ich begleitete sie ein Stück, um mich zu vergewissern, ob der Weg stark mit Spalten durchzogen sei. Als wir dann aber oberhalb der schneefreien Hügel unseres Vorgebirges die Schneedecke erreichten, bot sich ein so guter und spaltenfreier Weg, dass ich einen tüchtigen Marsch mit ihnen machte und sie erst verließ, als ich überzeugt war, dass der Ausflug nach Kap Royds keine Gefahr habe, und die drei Gefährten sich angeseilt hatten und auf Schneeschuhen weiterliefen. Taylor und Wright gingen ihnen auf einem anderen Weg nach und hatten das gleiche Ziel.

Ich kehrte zum Lager zurück, um nach dem zweiten Frühstück mit einem Schlitten, neun Hunden und Meares als Lenker über das Meereis nach der Hüttenspitze zu wandern. Einen Weg über das Vorgebirge, der bis auf etwa 100 Meter mit dickem Schnee bedeckt war, hatte Meares ausgekundschaftet und da die Hunde gut zogen, erreichten wir in schnellem Tempo die Gletscherzunge, wo einige vom Wind zerwühlte Schneewehen lagen, während sonst das Eis ziemlich schneefrei war. Als wir den Gletscher erstiegen hatten, sahen wir ein wenig rechts das alte, vom »Nimrod« auf Shackletons Expedition im Jahre 1908 angelegte Depot und gingen drauflos. Wir hatten vergebens gehofft eine Schrotmühle zu finden; dagegen entdeckten wir viel Pressheu und mehrere Büchsen Mais. Das offene Wasser reichte tatsächlich schon bis an die Gletscherzunge.

Nun fuhren wir einen bequemen Abhang hinunter, sahen uns aber durch eine 5 Meter breite Spalte abgeschnitten, mussten also den Gletscher wieder hinauf und ein paar hundert Meter nach links gehen. Auch hier trafen wir auf eine Spalte, konnten aber an ihrem Rand entlangziehen und hatten von da ab eine glatte Fahrt ohne Hindernisse bis zur Hüttenspitze. Erst vor ihr zeigten sich Tümpel offenen Wassers und eine lang gezogene Spalte, bei deren Überschreitung ich mir sehr nasse Füße holte. Allenthalben an den Spalten lagen hunderte von Robben.

Meine alte, im Februar 1902 erbaute Hütte fanden wir zu unserem Verdruss mit Schnee gefüllt. Shackleton erzählt, die Tür sei vom Wind gesprengt gewesen und er habe sich durch das Fenster einen Eingang verschafft; außer ihm haben andere Mitglieder seiner Gesellschaft sie als Obdach benutzt. Aber sie haben, als sie fortgingen, das erbrochene Fenster offen gelassen und infolgedessen war fast die ganze Hütte mit eishartem Schnee gefüllt. An einen Unterschlupf war nicht zu denken! Meares und ich konnten nur eben ein paar Schritt weit über den Schnee klettern und den Kistenstapel in der Mitte untersuchen, wobei wir etwas von der Asbestverkleidung der alten magnetischen Hütte an uns nahmen; dann mussten wir sehen, wie wir uns einen geschützten Winkel zum Kochen unseres Kakaos zurechtmachen konnten.

Montag, 16. Januar. Die Nacht war unter diesen Umständen wenig erfreulich und wir standen ziemlich spät auf. Als wir dann aber in scharfem Südostwind, doch bei hellem Sonnenschein den Hügel hinaufgingen, war mein Ärger verraucht, wenn auch die Instandsetzung der Hütte eine böse Arbeit für uns werden wird. Auf dem alten Observationshügel, in der Schlucht: Überall lag viel weniger Schnee, als ich erwartet hatte, und auf den Kraterhöhen zeigte sich ein ungeheures schneeloses Tafelland, das mich in früheren Tagen, als ich 1903 zum ersten Mal hier war, entzückt hätte. Der Teich war aufgetaut, und Fadenalgen grünten im Süßwasser. Ein Loch, das wir damals in den Wall des Teiches gegraben hatten, war noch dort, eine Entdeckung, die Meares machte, indem er bis an den Gürtel hineinfiel und sehr nass wurde. Auf der Südseite sahen wir jenseits der Prahmspitze, wie ehemals, die Presseisrücken; ein neuer Rücken erstreckte sich etwa 3 Kilometer entfernt um Kap Armitage herum. Die alten Thermometerröhren guckten noch aus dem Schneehang heraus, als ob sie gestern erst hineingesteckt worden seien, und ein Kreuz, das wir zum Gedächtnis unseres damals verunglückten Gefährten Vince errichtet hatten, hätte auch erst gestern aufgestellt sein können – so frisch war die Farbe und so deutlich die Inschrift. Wir luden die Asbestbekleidung auf unseren Schlitten, um sie Simpson mitzubringen, und erreichten auf demselben Weg um die Teestunde unser Lager, wo die Ausstattung der Hütte und der Nebenräume unterdes erfreulich fortgeschritten war. Auch Campbell und seine Gefährten waren von ihrem Sonntagsausflug nach Kap Royds ohne Unfall heimgekehrt.

Die heutige Wanderung hat mir aber doch zu denken gegeben. Wenn auch das Eis dieser beiden Buchten schon zeitig im März zufrieren mag – um diese Zeit schon Ponys hinüberzuführen, dürfte denn doch recht schwer werden. Wir müssen uns deshalb darauf gefasst machen, auf unserer Depotreise länger vom Winterquartier abgeschnitten zu werden, als ich mir gedacht hatte.

Dienstag, 17. Januar. Heute war feierlicher Einzug in die Hütte. Wir sind alle geradezu überwältigt von ihrer praktischen Anlage und ihrer Bequemlichkeit. Es ist wirklich eine Freude, zu sehen, wie jeder eifrig dabei ist, seinen Winkel in Ordnung zu bringen; noch ein paar Tage und unsere Hütte wird das gemütlichste Haus von der Welt sein. Vierzehn Tage erst sind wir im McMurdo-Sund und schon so weit, dass ich ruhig die Depotreise antreten kann; so über Erwarten schnell sind wir mit allem fertig geworden!

Gestern schneite es die ganze Nacht hindurch und heute ist alles weiß; draußen beim Schiff soll der Schnee 15 Zentimeter hoch liegen und Südwind und Schneegestöber währen den ganzen Tag.

Mittwoch, 18. Januar. Wie ich voraussah: Der »Terra Nova« war eine unruhige Nacht beschieden. Um 1 Uhr begann das Eisfeld schnell zu bersten und das Hantieren mit den Eisankern war eine endlose Arbeit. Gerade als ich die Nachricht erhielt, dass angeheizt sei, sahen wir, wie das Schiff ins Treiben geriet. Doch konnte es sich am Morgen wieder am Eisrand festmachen, und zwar einige hundert Meter näher dem Lager. Ich ging nun hinüber, und auf meinen Rat fuhr Pennell langsam um die Ecke herum in die Bucht hinein. Jetzt liegt unser Schiff in nächster Nähe, 180 Meter vom Eisfuß und 350 Meter von der Hütte entfernt. Südsturm kann ihm über das Vorgebirge weg nicht gefährlich werden; Nordwind könnte es höchstens etwas zu nahe ans Ufer treiben, wo nur 5 1/2 Meter Tiefe gelotet wurde. Allerdings ist in diesem Schlupfwinkel, bei dem ausgedehnten Eisfeld, ohne vorherige Anzeichen kaum starker Seegang zu erwarten. Aber allzu sicher dürfen wir doch nicht sein. Überraschungen sind erfahrungsgemäß nie ausgeschlossen. Kommandant Pennell eignet sich übrigens zu seiner Aufgabe ganz vortrefflich; er ist jederzeit heiter und unermüdlich wachsam und jeder, auch der kompliziertesten Situation gewachsen, sodass ich blindes Vertrauen auf ihn setzen kann.

Bowers ist unerschöpflich in Vorschlägen zur Ausstattung der Hütte; jetzt hat er an der Südseite einen Raum für die Vorräte zu unseren Schlittenreisen eingerichtet und Simpson und

Im Winter-quartier (Cherry-Garrard, Bowers, Oates, Meares, Atkinsons)

Wright sind schon so weit, dass sie in kurzem mit ihrer regelmäßigen Tagesarbeit beginnen können. Der Robbenbraten, das Pinguin- und Möwenfleisch unseres Kochs Clissold haben mir noch nie so gut geschmeckt und erst seine Seehundsfrikadellen sind genau, als wenn sie aus Rindfleisch zubereitet seien, ohne jeden tranigen Beigeschmack, und selbst den weiß er noch erträglich zu machen.

Freitag, 20. Januar. Unsere Hütte, der wir übrigens noch keinen Namen gegeben haben, nimmt große Dimensionen an und streckt schon nach allen Seiten ihre Glieder aus. Bowers Anbau an der Südseite, ein Aufbewahrungsraum für schnell herbeizuschaffende Vorräte, Pelzsachen, überflüssige Kleidungsstücke usw. springt so weit vor, dass die Eingangsveranda der Hütte dadurch vollkommenen Schutz erhält. Auch die Ställe an der Nordseite sind so gut wie fertig; einer hat ein festes Dach erhalten und ist durchaus widerstandsfähig. Nelson hat einen kleinen Ausbau an der Ostseite und Simpson einen Vorsprung an der Südostecke. Ponting hat sich eine Dunkelkammer eingerichtet und alle Zimmermannsarbeit dazu mit staunenswerter Gewandtheit selbst ausgeführt; gestern brachte er noch ein Fenster darin an. Meares hat sich in das Grammophon verliebt, für das wir eine sehr schöne Auswahl Platten haben, und Rennick hat heute das Pianola aufgestellt, das, in einzelne Teile zerlegt, aus dem Schiff herübergebracht wurde, obgleich es sich eigentlich nicht der Mühe verlohnt.

Ich habe gestern und heute viel über unsere Depotreise nachgedacht und nun meine Anordnungen getroffen. Deckoffizier Evans setzt schon die Schlitten zusammen und zeigt sich dabei überaus geschickt; Bowers hat den Proviant zu verteilen. Schlittenanzüge, Filzstiefel und -schuhe, Sommerwindanzüge, Fausthandschuhe aus Pelz, für jeden Reisenden ein paar Finnenschuhe, Pelzstiefel, die beim Schneeschuhlaufen gebraucht werden, die Pelzschlafsäcke – alles Fabrikate ersten Ranges – sind schon ausgegeben, und wir denken an nichts als an Einrichtungen und Erfindungen zur Erleichterung unserer Fahrt. Mir macht die Möglichkeit, auf unserer bevorstehenden Herbstreise vom Winterquartier abgeschnitten zu werden, am meisten Kopfzerbrechen; wir werden ziemlich viel Lebensmittel für Tiere und Menschen mitnehmen müssen. Day ist noch immer voller Hoffnung wegen der Motorschlitten; ich bin etwas zweifelnder. Hunde und Ponys vertragen die Kälte gut; nur der Wind macht Letzteren zu schaffen. Doch können wir sie nicht verzärteln und sie werden sich wohl daran gewöhnen, hat doch die Natur selbst schon für sie gesorgt, indem sie ihnen mit wunderbarer Schnelligkeit dicke Pelze wachsen lässt; schon jetzt scheinen sich ihre zottigen Röcke zu glätten. Die Westabteilung, Griffith Taylor und Genossen, hat sich heute bei Wilson über ihre Aufgabe, die Erforschung der Gletscher an der Küste des Viktorialandes, Rat geholt und der gute Bill hat sein Bestes getan, um ihnen alles Nötige einzupauken.

Wenn wir nur die Ponys und unsere Vorräte glücklich über die Gletscherzunge hinausbringen, dann habe ich die schönsten Hoffnungen. Der Beginn unserer Schlittenreise ist nunmehr auf den 25. d. M. angesetzt.

ABSCHIED VON DER »TERRA NOVA«

Sonnabend, 21. Januar 1911. Die Sorge um das Schiff ließ mich nicht ruhen, und als ich während der Nacht die Hütte verließ, um Ausschau zu halten, sah ich gleich, dass es sich in der übelsten Lage befand. Bei anschwellendem Wind und nördlicher Dünung begann das Eis aufzubrechen und die »Terra Nova« war völlig dem Wind ausgesetzt. Zum Glück hielten noch einige der Eisanker, und die Mannschaft war dabei, sie anderswo zu befestigen. Pennell hatte anheizen lassen und ich weckte unsere Leute zur Hilfe. Um 6 war Dampf auf und ich sah mit Freude, dass das Schiff sich windwärts bewegte, das Sammeln der Eisanker und Taue uns überlassend. Es hielt nach Westen ab und fast unmittelbar hinterher trieb ein großer Eisberg heran und geriet an der Stelle, wo es noch eben gelegen hatte, auf Grund.

Nachmittags kehrte das Schiff an den nördlichen Eisrand zurück. Der Wind war noch immer stark und längs des Randes schwamm überall loses Eis; meine Leute liefen mit den Eisankern hin und ich sah das Schiff wieder westwärts gehen.

Als ich aber nachher auf das Eisfeld hinausging, erhielt ich die erschreckende Nachricht, die »Terra Nova« sei auf Grund geraten! Ich eilte mit Evans zum Vorgebirge und sah nun, dass die Nachricht nur allzu richtig war. Das Schiff saß gründlich fest und schien in sehr bedenklicher Lage zu sein. Wie ich hinterher hörte, wollte es hinter den Eisberg steuern und war dabei plötzlich aufgerannt, obgleich Pennell schon eine Weile die Maschine hatte rückwärts arbeiten lassen.

Ich sandte Evans zum Sondieren im Walfischboot hinaus, ließ die Eisanker wieder einsammeln und beobachtete mit größter Aufregung jede Bewegung unseres Schiffes. Wenn es zugrunde ging oder nicht mehr nach Neuseeland zurückkehren konnte und hier sechzig Menschen vergebens auf Erlösung warteten – Vorstellungen dieser Art zermarterten mein Gehirn, und der einzige Trost, den ich aus diesen Schreckbildern der Phantasie ziehen konnte, war der feste Vorsatz mein Ziel trotz alledem zu erreichen und mich in meiner Aufgabe durch nichts irremachen zu lassen.

An Bord rannte alles hastig hin und her; die Ladung wurde achtern umgestaut und da das Schiff während der Flutzeit aufgerannt war, fand ich mich schon mit dem Gedanken ab, die ganze Ladung mit Hilfe von Booten löschen zu müssen, um es wieder flott zu machen – eine niederschmetternde Aussicht.

Da begann sich das Schiff langsam zu drehen. Man sah die Matrosen von der einen Seite zur anderen laufen, um es abzubringen, und durch das Seitwärtsrollen verstärkte sich auch die Drehbewegung. Aber dann saß es wieder fest. Bange Minuten vergingen – die Maschine arbeitete immerfort rückwärts und endlich wurde eine leichte Bewegung bemerkbar. Ein Hurra an Bord und ein noch lauteres aus dem Walfischboot – die »Terra Nova«, an deren glücklicher Heimkehr unser aller Schicksal hing, war wieder flott!

Jetzt liegt sie sicher verankert am Rand des nördlichen Eises und die Mannschaft ruht von der übergroßen Anstrengung, die sie mit bewundernswerter Ausdauer und Geduld geleistet hat, vom Offizier bis zu jedem Matrosen, Pennells gar nicht zu gedenken, und es macht mich wahrhaft stolz, der selbstlosen, treuen Hilfe all dieser Tapferen hier danken zu können.

Montag, 23. Januar. Gestern war ein überaus friedlicher Tag, den wir zur Vollendung unserer Ausrüstung und Instandsetzung unserer Kleidung alle fleißig nähend zubrachten. Aber solche Idyllen dauern hierorts nicht lange. Als ich heute früh um 5 bei schönstem windstillen Wetter aufstand, sah ich zu meinem Erstaunen, dass sich zwischen Land und Buchteis eine Wasserrinne geöffnet hatte und das Buchteis Miene machte, als feste Masse ins Meer hinauszutreiben. Auf dem Schiff hatte man das natürlich auch bemerkt; man machte die Eisanker los, sandte ein Boot an Land und ging in See, um mit dem Schleppnetz zu fischen. Bald darauf aber brachte Meares die Nachricht, auch das Eis der südlichen Bucht gerate ins Treiben! Das stellte sich zwar bei näherem Zusehen als Übertreibung heraus, aber ein ungeheures Stück des Eisfeldes hatte sich doch schon vom Land gelöst. Immerhin zog es sich noch etwa 4 Kilometer weit längs der Klippen unseres Vorgebirges hin und wir entdeckten bei dieser Gelegenheit auch einen Weg, auf dem die Ponys auf das Eis hinuntergelangen konnten. Aber nur die Ponys, nicht auch das Gepäck! Dieses muss uns die »Terra Nova« zur Gletscherzunge bringen.

Als ich mir darüber klar geworden war, wurde Hand angelegt und alles ging mit Dampf. Sämtliche Schlitten, unsere ganze Ausrüstung, selbst die Hunde mit den Ponygeschirren wurden auf das Schiff gebracht, und nur die Ponys sollen schon morgen versuchen auf der Südstraße zur Gletscherzunge zu gelangen. Dort werden sie dann wieder beladen und wir beginnen mit dem Marsch zur Hüttenspitze unsere Depotreise. Zu warten, bis alles Eis hinaustreibt und dem Schiff gestattet bis zur Hüttenspitze vorzudringen – diese lange Ungewissheit und mögliche Verzögerung können wir nicht riskieren. Ich bete zu Gott, dass sich die Ponystraße noch die wenigen Stunden über halten möge!

Dienstag, 24. Januar. Fast die ganze Nacht durch wurde in der Hütte fleißig gearbeitet und um 9 Uhr brachen wir auf. Ein Boot der »Terra Nova« holte die Westabteilung und mich ab, als eben die Ponys aus dem Stall geführt wurden und Meares und Wilson schon vorausgingen, um den Pfad zu untersuchen. An Bord musste ich zunächst Lillies Ausbeute an Seetieren auf dem gestrigen Fang bewundern: große Mengen Schwämme, Isopoden, Pentapoden, mächtige Krabben, Korallen und so weiter – aber die *pièce de résistance* waren mehrere Eimer voll *Cephalodiscus*, von dem bisher nur sieben Exemplare gefangen worden waren. Lillie ist überglücklich und meint, dieser Fang allein müsse schon das ganze Unternehmen bezahlt machen.

Während des Vormittags steuerten wir an der Küste der Ross-Insel entlang und loteten im Norden und Westen des kleinen Inaccessible Island 55 bis 73 Meter Tiefe. Durch unser Fernrohr konnten wir die lange Reihe der Ponys auf dem Meereis gleichmäßig vorrücken sehen und sobald sie schon ziemlich weit gekommen waren, dampften auch wir zur Gletscherzunge hin. Das offene Wasser reichte gerade noch um die Ecke herum und die »Terra Nova« legte in dem engen Winkel an, den das Eis mit dem Gletscher bildete, wobei ihre Backbordseite sich in gleicher Höhe mit der Gletscheroberfläche befand.

Ich ging hinüber, um die Ponys zu erwarten, die auch ohne viel Schwierigkeit an den Gletscher herankamen, ihn überschritten und dann neben dem Schiff auf dem Meereis angepflockt wurden. Campbell untersuchte derweil eine Spalte, die sich auf dem Eis der südlichen Bucht hinzog und sich als unüberschreitbar herausstellte. Er musste deshalb einen anderen Weg über den Gletscher ausfindig machen, bis er über die Spalte hinaus war, und steckte diesen mit Pflöcken ab. Den Ponys wurde alles Gepäck abgenommen, sie sollten nun diesen spaltenlosen Weg entlanggeführt werden. Alles ging gut, bis die Tiere auf das Niveau des Eisfeldes hinunterkamen und Oates sie über eine alte, zugeschneite Spalte leitete. Sein Pony und das nächste kamen hinüber, das dritte aber machte einen Sprung nach dem Rand hin und sank mitten in der Spalte bis an den Bauch ein. Alle Anstrengungen, die es machte, brachten es nur noch tiefer hinunter, bis schließlich nur noch sein Kopf und die Vorderbeine aus dem Eisschlamm hervorsahen. Wir legten mit beträchtlicher Mühe Kopf und Beine in Seilschlingen und zogen alle Mann das arme Tier wieder heraus; es sah nach dieser Prozedur sehr schwach und elend aus und zitterte vor Schreck am ganzen Leib.

Doch schließlich waren sie alle glücklich auf das Eisfeld heruntergekommen. Wir gaben ihnen ein wenig zu fressen, packten ihnen ihre Lasten wieder auf und ließen sie dann weiterziehen. Inzwischen kamen die Hunde an die Reihe und verursachten uns viel Ärger. Da ihre Last leicht war, stürmten sie über alles hinweg und waren kaum zu halten; Wilson und ich lenkten ein Gespann, Evans und Meares das andere und es war ein wahres Wunder, dass wir alle unversehrt das Eisfeld erreichten. Wilson hält sehr viel von den Hunden, aber ich zweifle, dass sie sich gut machen werden. Dagegen arbeiten die Ponys mit außerordentlicher Sicherheit, marschieren flott und munter und folgen einander auf dem Fuß. Sie haben nur einen Nachteil, dass sie im weichen Schnee leicht einsinken und schon da durchbrechen, wo ein Menschenfuß kaum einen Eindruck auf die Oberfläche macht. Zwar arbeiten sie sich wieder mutig heraus, aber es gehört eine immense Geduld dazu, sie vor solchen Unfällen zu behüten.

Dann wurde unser ganzes Gepäck aus dem Schiff geholt und etwa 10 Kilometer weit vom Gletscher und 4 Kilometer von der Hüttenspitze aus das erste Lager der Depotreise aufgeschlagen.

Morgen soll nun die Herbstabteilung ihre Wanderung beginnen. Wir sind im ganzen zwölf Mann: Atkinson und Crean, Leutnant Evans, Forde und Keohane, Meares und Wilson mit den Hunden, und ich; und schließlich Bowers, Oates, Cherry-Garrard und Gran. Dazu acht Ponys und sechsundzwanzig Hunde. Ehe wir all unsere Lasten in Sicherheit haben, werden wohl noch drei Tage vergehen; das Aufbrechen des Meereises darf uns bis dahin nicht über den Hals kommen. Lebensmittel und Feuerungsmaterial habe ich auf 14 Wochen berechnet. An Pressheu, Hundekuchen und Haferschrot haben wir zusammen 7550 Kilo. Dazu die Schlitten mit Geschirr, Riemen und Wasserbehälter, Zelt mit Stangen, Seil, Öl, Spirituskocher und Primusapparate, Schlafsäcke und Schneeschuhe und die zahlreichen Werkzeuge, die Reserveausrüstung für jeden Mann an Kleidern und was sonst noch jeder Einzelne an Unentbehrlichem mitzunehmen hat – alles in allem ein Transport, mit dem Ponys und Hunde ihre Arbeit haben werden.

Donnerstag, 26. Januar. Der letzte Tag auf der »Terra Nova«. Gestern begab ich mich mit einem Hundegespann aufs Schiff. Die Fahrt ging so weit ganz gut, bis die Hunde in der 9 Meter breiten Spalte, die wir vorgestern hatten umgehen müssen, einen Wal erblickten und sofort drauflosstürmten! Es gelang uns nur noch eben, sie zum Stehen zu bringen, ehe sie das Wasser erreichten.

Den Tag verbrachte ich mit Briefschreiben und Anordnungen für das Schiff. In der Nacht erhob sich eine frische nördliche Brise, und die »Terra Nova« stieß gegen den Gletscher, bis Packeis herantrieb, das sich als Schutz gegen die Dünung erwies.

Heute Mittag um 1 Uhr kamen Ponys und Hunde wieder an und um 5 begaben wir uns alle hinaus, um endgültig aufzubrechen. Kurz vorher hatte Pennell die Mannschaft auf dem Achterdeck antreten lassen und ich dankte ihnen allen für ihre tüchtigen Leistungen. Sie haben sich sämtlich als tapfere Kerle benommen, eine prächtigere Gesellschaft ist nie zusammen auf einem Schiff gesegelt. Ihre herzlichen Lebewohlrufe taten mir wahrhaft wohl.

ERSTER VORSTOSS NACH SÜDEN: DAS EIN-TONNEN-DEPOT

Sonnabend, 28. Januar 1911. Langsam, aber sicher entgehen wir der Gefahr mit dem Meereis fortgetrieben zu werden. Heute holten die Ponys die letzte Last aus Lager 1, und ich ging aus, um einen Weg um den großen neuen Presseisrücken zu finden, der mir am 16. bei meinem Ausflug zur Discoveryhütte aufgefallen war. Das Eis auf der Höhe von Kap Armitage, von dem wir anderthalb Kilometer entfernt sind, schien gefährlich dünn und war nach Süden hin mit unregelmäßigen Schneefahnen bedeckt, es galt also einen Umweg nach Osten zu machen, um auf die Barriere hinauf und dort in Sicherheit zu gelangen. Das zerbrochene Eis jenes Rückens endete im Osten in einer unheimlich großen Welle, deren Tal zu meiner Linken seichtes

Wasser zeigte, worin unzählige Seehunde umherplätscherten. Aber dieser Weg schien für die Ponys gangbar, ich kehrte daher ins Lager zurück, wo ich hörte, dass eins der Tiere, das »Jakobsschwein«, lahm geworden war und Oates sehr pessimistisch in die Zukunft sah, während er noch gestern stolz auf seine Schützlinge war, die ohne Mühe Lasten von 360 bis 400 Kilo gezogen hatten. Dagegen waren die Hunde gestern Abend sehr müde und ich habe den Befehl über das zweite Gespann endgültig an Wilson abgegeben, der sehr erpicht darauf war und gewiss seine Sache gut machen wird; aber ebenso gewiss werden die Hunde keine großen Lasten ziehen; 220 Kilo haben ihnen gestern beinahe den Rücken gebrochen und die 350 Gramm Hundekuchen, auf die Meares ihr tägliches Futter veranschlagt hat, werden auch schwerlich reichen. Auch Bowers' Pony leidet an Schwäche in den Vorderbeinen, so kräftig es sonst ist; doch das wusste ich längst; bei ihm fragt es sich nur, wie lange es überhaupt noch aushalten wird.

Sonntag, 29. Januar. Lager 2. Heute nach dem Frühstück hielt ich Gottesdienst, und dann begann ein famoser Tag. Die sieben gesunden Ponys machten zwei Fuhren nach der Barriere und legten dabei 33 Kilometer zurück, die Hälfte davon schwer beladen, und doch war keines erschöpft.

Wilson hatte, wie er mir erzählte, mit seinen Hunden eine endlose Schererei. Wenn sie Seehunde witterten oder sahen, waren sie wie toll und dabei lagen Robben zu hunderten umher und reckten oft urplötzlich aus irgendeinem Luftloch im Eis ein paar Meter weit vor dem Gespann ihren Kopf heraus. Im selben Augenblick stürmten auch schon die Hunde drauflos. Wenn dann Wilson mit der Peitsche dazwischenfuhr, verwickelten sich Geschirr und Leinen und während er sie wieder zu entwirren suchte, sauste auf einmal das ganze Elfergespann davon; er konnte höchstens eine Leine oder ein Stück des Schlittens erwischen und wurde nun im Karacho mitgeschleift, bis die Köter des Galopps überdrüssig waren und er sich wieder auf die Füße emporarbeiten konnte. Aber er ließ sich das nicht verdrießen, passte scharf auf und brauchte fleißig seine russischen Kutscherausdrücke, die alles umfassen, was man im Verkehr mit einem Hundegespann zu sagen hat.

Montag, 30. Januar. Lager 3, Sicherheitslager; 77° 55' südlicher Breite. Als wir heute an dem auf der Barriere aufgestapelten Pressheu vorbei zum Sicherheitslager zogen, hatten wir einen großen Schrecken: die Ponys sanken sehr tief ein und die letzten drei Kilometer griffen sie mehr an als der ganze übrige Marsch. Wir hielten deshalb nach dem zweiten Frühstück Kriegsrat und beschlossen mit Proviant auf fünf Wochen für Menschen und Tiere weiter vorzudringen, nach zwölf oder dreizehn Tagen ein Depot anzulegen, das Lebensmittel auf zwei Wochen enthält, und dann wieder zurückzukehren.

Donnerstag, 2. Februar. Lager 4. Endlich auf dem Marsch – nach zwei verlorenen Tagen!

Als wir nun heute Vormittag 1/2 11 glücklich aufbrachen, war es mir eine angenehme Enttäuschung, dass die Ponys wenigstens in der ersten Stunde gar nicht tief einsanken und auch später, trotz schlechterer Oberfläche, gut vorwärts kamen, sodass wir 9 Kilometer zurücklegten. Bowers' Pony überanstrengte sich aber dabei so, dass es schließlich ganz mit Schaum bedeckt war. Der heutige Marsch brachte mich aber auf den Gedanken, dass bei größerer Kälte während der Nacht und am Morgen zu dieser Zeit auf bessere Eisverhältnisse zu rechnen sein müsse, und mein Vorschlag, von jetzt an Nachtmärsche zu machen, fand allgemeinen Beifall. Die Tiere werden sich dann in den warmen Tagesstunden weit besser ausruhen können.

So warten wir denn einstweilen in unserem Zelt bis zum Abend. Auf der großen weiten Straße liegt unser kleines grünes Zelt wie ein winziger Punkt. Der Lärm des Marsches, die überlauten Worte, wenn jeder sein Pferd anfeuert oder schilt, das eilfertige Trippeln der Hundepfoten, das scharfe Aufschlagen der Ponyhufe und das Sausen der nachfolgenden Schlitten ist verhallt. Schweigen herrscht in der weißen Wüste, nur ab und zu unterbrochen vom Winseln eines Hundes, Wiehern eines Pferdes oder vom Krachen eines Fußtritts, der die Schneekruste durchbricht. Leicht flattern die Wände unserer Leinwandbehausung, das Summen des Primusofens dringt herüber, und aus dem Ventilator strömt der willkommene Duft des Spirituskochers. Aus Süden treiben Schneewolken heran, bleiche gelbe Girlanden, die nahen Sturm verkünden und die scharfen Konturen des Landes nach und nach verwischen. Ein Orkan, der Protest der Natur, ist im Anzug. Schneepuder wirbelt umher, wie feinstes Mehl dringt er durch jede Ritze und in jede Ecke, sogar unter die Kopfbedeckung, und sticht wie Sand. Die Gestalt der Sonne wird immer verzerrter, sie blickt scheu durch das auf und nieder tanzende Gestöber und spendet nur fahles, schattenloses Licht. Einer nach dem anderen verschwindet in den verführerischen Falten seines Schlafsackes.

Freitag, 3. Februar. Lager 5. Gestern Abend weckte ich um 10, und um 1/2 1 begann der Marsch. Nach und nach besserte sich die Oberfläche, aber als wir nach 16 Kilometer Weg mit zweistündiger Zwischenrast Halt machen wollten, sank Bowers mit seinem Pony plötzlich in weichen Schnee ein; was ihm auf dem Fuße folgte, teilte sein Schicksal und im Handumdrehen zappelten drei Tiere in einer Schneewehe.

Welche Summe von Ungewissheit birgt doch unsere Aufgabe! Jeder Tag bringt eine neue Überraschung, jede Stunde kann ein neues Hindernis drohend heraufsteigen. Aber vielleicht ist es gerade dieser stete Wechsel der Gefahr, der das Spiel so spielenswert macht!

Sonnabend, 4. Februar. Lager 6, Ecklager. Ein guter Nachtmarsch von fast 20 Kilometern. Im Anfang mussten sich die Ponys auf schlechter Oberfläche sehr abschinden, dann aber besserte sich das Eis, nur dass jetzt mehrere Spalten zu überschreiten waren, in die ein Pony zweimal hineingeriet.

Sonntag, 5. Februar. Ecklager. Gestern Nachmittag um 4 überfiel uns ein Orkan, der noch jetzt unser kleines schwaches Zelt tüchtig hin und her rüttelt. Auch er wird vorübergehen, aber man denkt dabei an all das, was über die Dauer der Orkane in der Nähe des Kap Crozier berichtet wird. Wir schlafen und essen und unterhalten uns in den Zwischenpausen so gut wie möglich.

Je mehr ich über unsere Ausrüstung nachdenke, desto überzeugter bin ich, dass sie für zivilisierte Leute in unserer Lage nicht vollkommener sein kann. Die Grenzlinie zwischen Notwendigem und Luxus ist zwar recht undeutlich gezogen, und wir hätten auf Kosten unserer Behaglichkeit wohl etwas Gepäck ersparen können.

Auch könnte man sagen, wir hätten zu viel Lebensmittel mitgenommen, nämlich pro Mann täglich 900 Gramm. Aber ich erinnere mich zu deutlich der großen Schwäche, die uns im Jahre 1903 infolge des Hungers überfiel, als wir vier bis fünf Wochen hindurch von nur 630 Gramm täglich leben mussten und von Tag zu Tag mehr abfielen.

Mittwoch, 8. Februar. Lager 7; 78° 13' südlicher Breite. Fünfundsiebzig Stunden hat der Orkan geweht und unsere Geduld auf eine schreckliche Probe gestellt! Die Schneewehen um das Lager herum waren sehr hoch, und die Schlitten mussten gestern geradezu ausgegraben werden. Außerhalb des Zeltes konnte man sich kaum aufhalten; aber die Ponys mussten gefüttert und die Hunde versorgt werden und bei uns gibt es keine Drückeberger. Im Übrigen bestand unsere Tagesordnung aus Essen und Schlafen, Schlafen und Essen – merkwürdig, wie viel man schlafen kann!

Gestern Nachmittag erst legte sich der Sturm, die Sonne kam wieder hervor und bald war der ganze südliche Himmel wolkenlos. Die Ponys hat der Orkan sehr angegriffen, das merkten wir auf unserem heutigen Nachtmarsch, der jetzt geradewegs südwärts führte. Vermutlich haben sie zu wenig geschlafen; alle sehen stumpfsinnig aus und zwei oder drei sind sichtlich magerer geworden. Bei gutem Extrafutter werden sich die Tiere hoffentlich wieder erholen, aber weitere Orkane werden sie schwerlich aushalten. Ich fürchte, wir werden nicht allzu weit kommen, müssen aber auf jeden Fall die Mehrzahl der Ponys am Leben erhalten. Den Hunden geht es gut; sie haben sich während des Orkans unter dem Schnee zusammengerollt und kamen zu den Mahlzeiten aus dampfend warmen Höhlen heraus, für sie war der Sturm nur eine angenehme Ruhepause.

Freitag, 10. Februar. Lager 9. Unsere Gesellschaft macht sich wieder heraus: vorgestern 19, gestern 20, heute 22 Kilometer bei guter Oberfläche und teilweise sonnigem Wetter. Allmählich lernt man, wie wir die Sache im nächsten Jahr anfangen müssen, wenn die Ponys aushalten. Wenn –!

Abends 9 Uhr kriechen wir aus unseren Schlafsäcken. Gegen 1/2 12 brülle ich Oates, dem »Soldaten«, zu: »Wie steht's draußen?« Die Antwort lautet, alles sei bereit, und nun hantieren eilfertige Gestalten zwischen Schlitten und Ponys – eine kalte Arbeit für die Finger und auch keine warme für die Füße. Den Tieren werden die Decken abgenommen und die Geschirre angelegt, Zelte und Lagereinrichtung auf die Schlitten geladen. Futterbeutel für die nächste Rast gefüllt und den Ponys die Schlitten angehängt. Wer zuerst fertig ist, wird beim Warten auf die Übrigen leicht ungeduldig. Wilson und Meares gehen umher, überall hilfreich Hand anlegend.

Aber noch immer geht es nicht los! Die Stricke müssen eingesammelt, die Riemen einiger Ponys zurechtgerückt werden und einige aus der Gesellschaft haben sich beim Zusammenpacken ihres Zeltes verspätet. Mit erstarrten Fingern hält man den Zügel seines Pferdes, das seinen Kopf vom Wind wegdreht und hier und da knurrt einer.

Endlich heißt es: »Fertig; Bowers voran!«, und »Birdie« (Vögelchen), wie sein Spitzname lautet, führt sein großes Tier vorwärts, immer gleichmäßigen Schrittes. Auch die Pferde sind kalt geworden und sobald das Kommando ertönt, ziehen sie los, einige sogar so stürmisch, dass ihre Begleiter kaum Schritt halten können, denn die Finnenschuhe fassen auf den schlüpfrigen Sastrugi* schlecht. Bewegung erwärmt und in zehn Minuten hat sich die ganze Kolonne in ein gleichmäßiges Tempo einmarschiert.

Im Anfang geht es noch lebhaft; die Beleuchtung ist schlecht, dann und wann tritt einer auf eine schlüpfrige Stelle und fällt hin. Das sind die einzigen wirklichen Ereignisse auf dem Marsch – im Übrigen vergeht er in gleichmäßigem Dahintrotten bei geringfügiger Veränderung der Oberflächengestalt. Die schwächeren Ponys bleiben ein wenig zurück, kommen aber, wenn Rast gehalten wird, bald wieder in Marschlinie.

Wenn wir den halben Marsch hinter uns haben, gebe ich auf meiner Signalpfeife ein Zeichen. Dann wendet Bowers ein we-

* gefrorene Meereswellen

nig nach links, seine Zeltkameraden gehen jeder einige Schritte weiter rechts, um die nötige Entfernung zwischen den Ponys einzuhalten; Oates und ich machen hinter Bowers und Evans Halt, die beiden anderen Schlitten unserer Abteilung hinter Bowers' beiden anderen. So ist die Lagerformation fertig. Die Seile zum Festmachen werden im rechten Winkel quer über unseren Weg gezogen und an den beiden Schlitten an jedem Ende befestigt. In wenigen Minuten sind die Ponys festgebunden und zugedeckt, die Zelte aufgeschlagen und die Kochapparate angezündet.

Inzwischen haben die Hundelenker nach langer kalter Wartezeit im alten Lager den letzten Schlitten gepackt und kommen auf unserer Spur angetrabt. Sie möchten möglichst gleich hinter uns ankommen, und meist gelingt es ihnen auch.

Die Rast dauert eine bis anderthalb Stunden, dann geht es weiter. Das Nachtlager wird gewöhnlich gegen 8 Uhr aufgeschlagen und nach anderthalb Stunden stecken die meisten von uns schon im Schlafsack.

Während des langen Aufenthalts am Tage bauen wir Schneewälle für die Ponys, versorgen sie mit Decken und tun für sie, was nur irgend möglich ist. Damit ist einstweilen unsere Tagesordnung erschöpft.

Sonntag, 12. Februar. Lager 11. Die Oberfläche ist so schlecht geworden, dass Evans, Forde und Keohane mit ihren drei schwachen Ponys zurückgehen müssen! Wir kommen mit solchen Nachzüglern nicht vorwärts; gestern 20, heute nur 18 Kilometer. Dabei haben wir im Lager 7 zwei Ballen Pressheu deponiert und lassen im heutigen wieder einen Ballen zurück. Wir müssen unbedingt sehen, so weit wie möglich an den 80. Breitengrad heranzukommen. Wir sind jetzt in der Nähe des 79. Grades; dieser Ort soll »Blufflager« heißen.

Der Himmel war den ganzen Tag überzogen; im Süden sieht es bedenklich nach Schnee aus und einen Kurs zu steuern ist fast unmöglich.

Montag, 13. Februar. Lager 12. Wir haben wirklich Pech! Schon wieder liegen wir im Zelt, von einem Schneesturm festgehalten, nachdem wir heute nur 17 Kilometer weiter gekommen sind. Vorübergehend hellte es sich auf und wir konnten wenigstens eine genaue Peilung vornehmen mit Hilfe der Südecke des Bluff, die in einer Linie mit dem Mount Discovery lag, während sich die Weiße Insel ziemlich klar gegen den östlichen Abhang des Mount Erebus abhob. Wilson mit den Hunden ist noch nicht da; er hat im vorigen Lager erst den Aufbruch der Zurückkehrenden abwarten wollen. Wenn er nur überhaupt hat marschieren können.

Dienstag, 14. Februar. Lager 13. Wieder ein Tag voller Enttäuschungen! Das Wetter hatte sich aufgeklärt, die Nacht war schön, wenn auch kalt, die Temperatur ziemlich weit unter -18 Grad Celsius, und aus Südwesten wehte es scharf, wie überhaupt alle Winde aus dieser Richtung kommen; dadurch bekommen auch die Sastrugi eine deutliche Richtung nach Südwesten. Infolge des Orkans lag der Schnee in sandartigen Haufen und die Ponys sanken oft bis über das Sprunggelenk ein. Gran musste mit seinem »müden Willy« als Nachhut zurückbleiben. Als ich aber dann Oates über die zurückzulegende Entfernung zu Rate zog, meinte er ganz vergnügt: 27 Kilometer am Tag! Das reizte mich ein wenig und ich marschierte drauflos, bis der Geschwindigkeitsmesser meines Schlittens fast 13 Kilometer anzeigte. Inzwischen war aber der »müde Willy« wohl anderthalb Kilometer weit zurückgeblieben und die Hundegespanne näherten sich.

Freitag, 17. Februar. Lager 15, Ein-Tonnen-Lager; 79° 28 1/2' südlicher Breite. Die Ponys können nicht weiter und wir müssen umkehren. Die Oberfläche wurde vorgestern geradezu scheußlich, allenthalben Schneewehen, die sich an die Kufen der Schlitten hefteten, und leichte Eiskrusten, die unter jedem Schritt der Tiere zerbrachen.

Die Temperatur sank während des gestrigen Nachtmarsches auf 29 1/2 Grad unter null. Einige Mitglieder meiner Gesellschaft scheinen solche Frühlingsreisen etwas angreifend zu finden. Oates' Nase ist immer drauf und dran zu erfrieren und Meares hat eine widerspenstige Zehe, die ihm viel zu schaffen macht. Selbst Bowers' Übermut rächte sich gestern. Wie gewöhnlich zog er mit seinem Filzhütchen und bloßen Ohren daher. Auf dem Marsch sah ich ihn mir einmal an und wie ich gefürchtet hatte: seine Ohren waren ganz weiß! Cherry und ich rieben sie, bis das Blut zurückkehrte, während der Patient dabei nichts weiter empfand als Verwunderung und Ärger über die Tatsache, dass er solch widerspenstige Ohren besaß. Auch bei mir zeigte sich eine leichte Froststelle in der Backe, und Cherry-Garrard ging es ebenso. Also kehrt!

Es ist zwar schade, dass wir nicht bis zum 80. Breitengrad gekommen sind und das Ein-Tonnen-Depot schon auf 79° 28′ südlicher Breite errichten müssen, aber wir werden auch hier einen guten Stützpunkt im nächsten Jahr haben und können auf alle Fälle bis hierhin die Ponys ausreichend füttern. Wir haben also heute hier deponiert: Proviant auf 7 Wochen, Öl auf 12 Wochen, ferner Schiffszwieback, Haferschrot, Hundekuchen und Pressheu, im Ganzen 990 Kilo; außerdem zwei Paar Schneeschuhe und zwei Schneeschuhstäbe, zwei 3 1/2 Meter lange Schlitten und ein Ponygeschirr, ein Minimumthermometer, eine Blechdose mit Zündhölzern und eine mit Kakao, sind also beim Aufstapeln dieser Vorräte bedeutend mehr als eine Tonne Gepäck losgeworden.

Schließlich haben wir unser Depot so gut markiert, dass es viele Kilometer weit zu sehen sein muss. Der Depothügel ist etwa 2 Meter hoch. Außer der Fahnenstange mit der schwarzen Flagge haben wir volle und leere Zwiebackdosen aufgestapelt, die als Reflexspiegel dienen sollen, und auch an den aufrecht in den Schnee gestellten Schlitten Teebüchsen befestigt. Zudem ist das Ein-Tonnen-Depot ziemlich stattlich und sehr fest und die Ponywälle ringsum sind auch noch da.

MIT DEN HUNDEN IN EINER EISSPALTE

Sonnabend, 18. Februar 1911. Lager 12. Ich streute 50 Meter östlich vom Ein-Tonnen-Depot etwas Hafer aus, um bei meiner Wiederkehr Wind- und Schneebewegungen dadurch feststellen zu können, und dann verließen wir das Lager, die Ponys voraus, und Wilson, Meares, Cherry-Garrard und ich mit den Hunden eine halbe Stunde hinterdrein. Mir lag jetzt

Meares und Osman

vor allem daran, schnellstens vorwärts zu kommen, um über das mich etwas beunruhigende Schicksal der fünf zurückgekehrten Kameraden und ihrer drei Ponys Gewissheit zu erhalten.

In kurzer Zeit hatten wir die Vorhut mit den Pferden überholt, aber als wir nach einem Marsch von 19 Kilometer Rast machten, erschienen auf einmal zu unserem größten Erstaunen unsere Ponys, die sich tüchtig ins Geschirr gelegt hatten und deren Führer ohne Aufenthalt noch einige Kilometer weiterziehen wollten. Sehr vergnügt über diese überraschende Leistungsfähigkeit der Tiere fuhren wir mit unserem Hundegespann weiter und kamen trotz schlechter Oberfläche und obgleich immer der eine oder der andere lange Strecken nebenher laufen musste, bis zu unserem Lager 12, machten also an einem Tag drei Märsche von insgesamt 43 Kilometer. Wir haben Hundefutter für vier Tage und werden damit bequem bis zum Sicherheitslager auskommen. Aber es ist heute Abend sehr kalt und die Witterung auf der Barriere beginnt schon recht rau zu werden. Ich will froh sein, wenn ich die Ponys wieder glücklich in einem warmen Quartier untergebracht weiß!

Sonntag, 19. Februar. Zwischen Lager 10 und 9. Heute 48 Kilometer ins Kreditkonto! Beim Lager 11 stießen wir auf Evans' Spur; Lager 10 war sehr verschneit.

Die Ausdauer der Hunde ist bewundernswert. Ihre Beine scheinen aus Stahl zu sein, Ermüdung etwas Unbekanntes; noch am Ende des anstrengendsten Marsches regt jeder außergewöhnliche Vorfall sie zur Entfaltung ihrer ganzen Kraft an. Und wie wichtig sich der Leithund Osman fühlt, ganz seiner Würde und Verantwortung bewusst! Nur der alte Stareek, ebenfalls Leithund, bleibt ruhig wie immer. So ist das Hundekutschieren sehr ergötzlich. Es hat nur eine unangenehme Seite. Obgleich die Tiere immer gute Rationen Futter erhalten, sind sie stets verzweifelt hungrig und fressen sogar ihre eigenen Exkremente auf. Die Ponys tun dasselbe, aber bei ihnen ist es nicht so scheußlich, weil noch eine Menge unverdauten Kornes darin sein muss.

Wir vier sind nun schon wie berufsmäßige Schlittenreisende

eingearbeitet. Eins, zwei, drei steht das Zelt hoch und ist der Kochapparat angezündet, und ebenso schnell ist wieder alles aufgepackt. Cherry-Garrard macht als Koch seine Sache ausgezeichnet und hat nun auch gelernt als unser Zeltgenosse mehr auf seine Fußbekleidung zu achten. Zuerst kam er immer mit ganz vereisten Stiefeln ins Zelt, während Wilson und ich fast stets trockene Strümpfe und Pelzstiefel anziehen können. Erfahrung ist hier die beste Lehrmeisterin und jede Minute, die man darauf verwendet, sein Zeug trocken und schneefrei zu halten, macht sich gut bezahlt.

Montag, 20. Februar. Gestern Abend beim Aufbruch und auch während des Nachtmarsches war es sehr kalt. Gegen Morgen wechselte der Wind und als wir unser Lager aufschlugen, kam es uns fast schwül vor. Wir hatten 54 Kilometer hinter uns und sind bis Lager 7 gekommen. Die Hunde sind müde, aber keineswegs erschöpft; noch während des letzten Teils der Fahrt trabten sie in wunderbar gleichem Rhythmus vorwärts. Ich habe manchen Kilometer nebenher laufen müssen und erwarte einen tiefen, traumlosen Schlaf.

Der schnelle Wechsel des Wetters hier muss von anderwärts herrschenden Umständen abhängig sein. Oft sieht es im Süden drohend finster aus, aber in einer halben Stunde hat sich wieder alles verändert, je nachdem sich der Wolkenschleier hebt oder senkt. Während des Marsches zeigten sich am südlichen Himmel, über den die tief stehende Sonne ihren Halbkreis zog, herrliche Farbspiele; leuchtend rosige Wolken schwebten auf graublauem Hintergrund und durch die Wolken hindurch erhaschte der Blick oft hell von der Sonne bestrahlte Berge.

Dienstag, 21. Februar. Wir brachen heute wie gewöhnlich um 10 Uhr abends auf. Im Anfang war es noch einigermaßen hell, aber dann wurde es plötzlich so finster, dass wir fast nichts mehr vor uns sehen konnten. Nach anderthalb Stunden kamen wir an Presseisrücken mit nebelhaften Umrissen. Die Hunde schienen heute nicht mehr so frisch zu sein und wir liefen neben dem Schlitten her. Plötzlich schrie Wilson: »Den Schlitten fest halten!«, und schon sah ich ihn mit einem Bein in einer Spalte. Ich sprang sogleich auf meinen Schlitten, konnte aber nichts weiter sehen. Fünf Minuten später, als unsere Gespanne nebeneinander herliefen, versanken plötzlich die mittleren Hunde meines Gespanns, und einen Augenblick hinterher waren sie alle wie fortgeblasen; immer zwei und zwei verschwanden in einem Abgrund, nachdem sie sich vergeblich bemüht hatten festen Fuß zu fassen. Nur Osman, der Leithund, spannte seine mächtige Kraft zum Äußersten an und es war wundervoll anzusehen, wie er sich krampfhaft oben hielt.

Der Schlitten stand und im nächsten Augenblick war uns die Situation klar. Wir waren über die Schneebrücke einer Eisspalte gefahren, der Schlitten war am Rand stehen geblieben, Osman war glücklich hinübergekommen, während die übrigen Hunde in ihrem Geschirr über dem Abgrund baumelten, zwischen Schlitten und Leithund aufgehängt. Dass wir selbst und der Schlitten den Hunden nicht nachstürzten, war geradezu ein Wunder; vielleicht hätte ein viertel Pfund Mehrgewicht uns unbarmherzig hinabgerissen.

Wir verankerten sogleich den Schlitten auf dem festen Eis und sahen dann in die Tiefe der Spalte hinunter. Die Hunde heulten unheimlich, wie sie so in allen möglichen phantastischen Stellungen aufgehängt waren, und ängstigten sich offenbar grässlich. Zwei waren aus ihrem Geschirr herausgeglitten und noch weiter hinuntergestürzt; wir konnten sie undeutlich tiefer drunten auf einer anderen Schneebrücke liegen sehen.

Im ersten Augenblick waren wir ratlos. Durch das schwere Gewicht der Hunde hatten sich die Zugleinen so tief in den Schnee des Spaltenrandes eingeschnitten, dass sie gar nicht zu fassen und zu halten waren. Mein armes Gespann schien unrettbar verloren!

Wilson und Cherry-Garrard hatten den Unfall gesehen und eilten nun zu Hilfe herbei. Glücklicherweise hatte ich mich vor unserer Abfahrt erkundigt, ob auch das Seil nicht vergessen sei, und nun brachte Cherry-Garrard dieses notwendigste Hilfsmittel schnell herbei.

Auch die größte Geistesgegenwart bedarf bei so plötzlichen Unglücksfällen einiger Überlegung und die ersten Minuten hindurch war alles, was wir hastig zugreifend versuchten, durchaus nutzlos. Wir konnten weder den Hauptstrang des

Schlittens noch das Leitseil, das den armen Osman mit erdrosselndem Druck an den Schnee fesselte, einen Zoll breit lockern.

Dann kam uns plötzlich ein rettender Gedanke. Wir rissen das Gepäck vom Schlitten herunter und brachten Schlafsäcke, Zelt und Kochapparat in Sicherheit. Erstickende Töne von Osman herüber verrieten deutlich, dass er schnellstens von dem ihn erdrosselnden Seil befreit werden müsse. Ich ergriff einen Riemen von Meares' Schlafsack, schob die Zeltstangen quer über die Spalte und brachte es mit Meares' Hilfe fertig, das Leitseil ein paar Zentimeter hoch festzubinden. Dann wurde Osmans Geschirr sofort zerschnitten und er war erlöst.

Hierauf befestigten wir das Seil am Hauptstrang und begannen gemeinsam zu ziehen. Ein Hund kam ans Tageslicht und wurde sofort losgeschirrt, aber nun hatte sich auch das Seil so weit in den Rand der Spalte eingeschnitten, dass jeder Versuch, es weiter hochzuziehen, vergeblich war.

Aber wozu hatten wir den Schlitten? Jetzt konnten wir ihn losmachen und das tun, was wir sofort hätten tun sollen, nämlich den Schlitten über die Spalte schieben und von ihm aus arbeiten. Bald stand er fest, während unsere Finger dabei erstarrten. Wilson blieb bei dem verankerten Hauptstrang, während wir drüben an dem Leitseil zogen. Aber diese Leine war sehr dünn, sie konnte die ganze Last unmöglich lange tragen, und Meares wurde deshalb einen Meter in die Spalte hinabgelassen, um das wieder losgemachte Seil am Leitende des Hauptstranges zu befestigen.

Nun ging das Rettungswerk in besserer Ordnung vor sich. Wir zogen die Tiere je zwei und zwei zum Schlitten hinauf und schnitten eins nach dem anderen aus seinem Geschirr heraus. Mit den beiden letzten Hunden, die am Geschirr hingen, ging es am schwersten, weil sie sich dicht unter dem überhängenden Rand des Abgrundes befanden und dort von den in den Schnee einschneidenden Leinen fest gehalten wurden. Schließlich hatten wir mit Hängen und Würgen das letzte der armen Geschöpfe wieder auf festem Schneeboden. Elf von unseren dreizehn Hunden waren gerettet!

Jetzt blieben nur noch die beiden letzten übrig, die tiefer drunten lagen. Aber wie an sie herankommen? Ich wäre schon vorher am liebsten in die Spalte hinuntergeklettert, aber die anderen rieten mir dringend ab; jetzt bestand ich darauf.

Wir ließen zunächst das Seil hinunter, um zu sehen, ob es bis auf die Schneebrücke reichte, auf der die beiden Hunde niedergeduckt lagen. Das Seil war 30 Meter lang und zwei Drittel seiner Länge reichte auf die Schneebrücke hinunter, die also etwa 20 Meter tief lag. Ich legte mir das Seil um und die anderen ließen mich hinab.

Die Schneebrücke war fest und die beiden Hunde lagen friedlich zusammengerollt und schliefen; sie hatten sich wunderbarerweise kein Glied gebrochen und freuten sich sehr, als sie mich erblickten. Ich band den einen an das Seil, er kam glücklich hinauf, und dann auch den zweiten. Als der Letzte eben über dem Rand der Spalte verschwand, erhob sich droben ein Geheul und Geschrei, das undeutlich zu mir in die Tiefe hinunterdrang. Eine Weile lang waren das rettende Seil und die Köpfe der Kameraden verschwunden, und ich wollte mich schon in der Spalte ein wenig weiter umsehen, denn eine solche Gelegenheit kehrte wohl so bald nicht wieder. Ich hätte gar zu gern gewusst, warum sie sich gerade in dieser ungewöhnlichen Richtung hinzog; auch war die Temperatur da unten entschieden höher, aber ich hatte kein Thermometer bei mir.

Doch nun kehrten die anderen wieder an den Rand der Spalte zurück und zogen mich, zu dritt, mit großer Anstrengung heraus.

Jetzt hörte ich auch, warum ich da unten einige Augenblicke verlassen hatte warten müssen. Die geretteten Hunde, die noch frei umherspazierten, hatten die Gelegenheit benutzt, mit dem zweiten Gespann anzubinden, und mit einem Mal hatte sich eine allgemeine Beißerei entwickelt, sodass alle Anwesenden zusammen kaum imstande waren die Kämpfer auseinander zu bringen.

Doch Ende gut, alles gut – diese sehr ernste Episode hatte ein überraschend glückliches Ende genommen; nur hatten wir einige Erholung nötig, ruhten daher eine Weile aus und aßen. Wir durften uns Glück wünschen, der Gefahr auf wunderbare Weise entronnen zu sein. Wäre der Schlitten mit hinuntergestürzt, so wäre es ohne schwere Verletzungen für Meares und mich nicht abgegangen, wahrscheinlich aber wären wir sofort tot gewesen. Die Hunde haben sich tapfer gehalten, aber das Ereignis hat doch ziemlich verheerend auf sie gewirkt: drei verloren Blut und haben mehr oder weniger innere Verletzungen.

Nach dem zweiten Frühstück zogen wir weiter und kamen bald auf eine glatte Oberfläche mit weichem Schnee, wo weitere Spalten kaum mehr zu befürchten waren. Aber die Hunde waren von ihrem Unfall sehr angegriffen und auch wir selbst recht erschöpft. Sie sind überhaupt in den letzten Tagen bedeutend schwächer geworden; ich fürchte, ihr Futter reicht nicht aus, sie sind immerfort heißhungrig. Wir können froh sein, wenn sie sich einigermaßen wieder erholen.

Glücklicherweise begünstigte uns das Wetter. Auf einen scharfen Südsturm folgte strahlender Sonnenschein, der mein Zelt überflutet, während ich dies schreibe. Es ist der windstillste und wärmste Tag, den wir seit Beginn unserer Schlittenreise erlebten. Noch ungefähr 22 Kilometer, dann haben wir das Sicherheitslager erreicht.

Mittwoch, 22. Februar. Sicherheitslager. Die Hunde sind dünn wie Besenstiele, dazu hungrig und sehr müde. Wir müssen im nächsten Jahr größere Rationen für sie mitnehmen und eine eigene Kost für sie ausdenken; Hundekuchen allein genügt nicht. Auch müssen wir sie alle lehren, ordentlich im Geschirr zu laufen, und wir dürfen nicht mehr nach russischer Sitte bei dem Gepäck auf dem Schlitten sitzen. Meares kennt die Witterungsverhältnisse zu wenig, er dachte sich, wir würden mit den Hundeschlitten bis zum Südpol hin- und zurückfahren können.

Heute früh 4 1/2 Uhr erreichten wir das Sicherheitslager und trafen dort Evans, Keohane und Forde in bestem Gesundheitszustand, aber zu meinem Schrecken nur mit einem Pony, statt der drei, die sie mit zurückgenommen hatten! Fordes Pony war nur noch 7 Kilometer über das Blufflager hinaus gekommen und dem nächsten Orkan zum Opfer gefallen; es stürzte, war durch nichts mehr auf die Beine zu bringen und starb bald darauf. 20 Kilometer weiter war es mit dem zweiten Pony ebenso ergangen. Es hatte sich noch ein paar hundert

Meter vorwärts geschleppt und war dann stehen geblieben, die Beine von sich gestreckt und die Nase am Boden. Alles Füttern und Zudecken half nichts. So musste auch das zweite auf unserem Weg nach Süden zurückgelassen werden. Ein schwerer Verlust für uns! Aber es waren die beiden ältesten Tiere, die nach Oates' Ansicht am wenigsten taugten. Dagegen hat sich Keohanes Pony, das »Jakobsschwein«, merkwürdig gut gehalten.

Abends 10 Uhr. Heute Mittag gingen Wilson, Meares, Evans, Cherry-Garrard und ich nach der Hüttenspitze und stießen dort auf ein großes Rätsel: Die Discoveryhütte war vom Eis befreit und bewohnbar, aber kein Mensch in ihrer Nähe zu sehen. Einige Bleistiftzeilen an der Wand sagten, dass ein Beutel mit Briefen für mich in der Hütte liege, aber auch davon war keine Spur zu finden. Wir rieten hin und her und kamen schließlich auf die richtige Lösung des Rätsels: Atkinson und Crean waren jedenfalls, während wir zur Hüttenspitze gingen, nach dem Sicherheitslager zurückgekehrt und bald nachher sahen wir denn auch ihre Schlittenspur in rundem Bogen auf dem Meereis entlangführen. Auch wir eilten nun schnell zum Sicherheitslager zurück, aber die Stunde bis dahin werde ich nicht leicht vergessen. Das Eis um Kap Armitage herum war überaus schwach, ich hatte noch nie so ungeheure Wasserlöcher vor diesem Vorgebirge gefunden und als wir uns dem Sicherheitslager näherten, waren nur unsere beiden glockenförmigen Zelte zu sehen; keine Spur von dem dritten domförmigen Zelt, von Atkinson und Crean!

Wie atmete ich auf, als ich zuletzt auch das dritte Zelt richtig im Sicherheitslager fand! Aber jede Begebenheit des heutigen Tages verblasste vor dem überraschenden Inhalt des Briefbeutels, den mir Atkinson übergab: er enthielt einen Brief von Campbell, der mir über seine Tätigkeit Bericht erstattete und mir unter anderem mitteilte, dass er in der Walfischbucht Amundsen im Winterquartier gefunden habe! Zweifellos ist Amundsens Erscheinen für meine Pläne eine ernstliche Störung. Sein Abstand vom Pol ist 110 Kilometer kürzer als der meinige und ich hätte nie gedacht, dass er so viele Hunde sicher auf die Eisbarriere hätte bringen können. Sein Plan, mit ihnen zu fahren, scheint ausgezeichnet; vor allem kann er seine

Reise schon früh im Jahr antreten, was mit Ponys unmöglich ist. Ich weiß schon jetzt kaum, wie ich die Ponys von hier aus in Sicherheit bringe.

Aber gleichviel: Ich darf mich durch Amundsens Vorgehen nicht beirren lassen und bleibe bei meinem ursprünglichen Plan, als wenn ich nichts von Amundsen wüsste. Vorwärts also ohne Zaudern und Furcht, und die beste Kraft eingesetzt zur Ehre meines Landes!

Sonnabend, 25. Februar. Wir machten uns Donnerstag zu sieben Mann mit zwei Schlitten, einem Zelt und Keohanes Pony nach dem Ecklager auf, um noch mehr Vorräte dort zu deponieren und Bowers mit der Nachhut und ihren fünf Ponys zu erwarten. In der Nacht um 3 Uhr stand ich auf; die Unruhe ließ mich nicht schlafen und als ich nach der Weißen Insel hinübersah, bemerkte ich einen kurzen schwarzen Strich am Horizont. Ein sonderbarer Platz für nacktes Gestein!, dachte ich, dann aber zeigte sich, dass der Strich sich bewegte und als ich 3 Kilometer auf ihn zugegangen war, überzeugte ich mich, dass es Bowers, Oates, Gran und die Ponys waren. Sie schienen sehr schnell zu marschieren, ohne aber unser Lager zu bemerken. Heute kamen wir denn auch auf ihre Spur – wenn mich nicht alles täuscht, haben sie nur noch vier Ponys!

Montag, 27. Februar. Wir erreichten gestern das Ecklager und sahen, dass Bowers mit der Nachhut hier kampiert hatte. Gottlob waren fünf Ponywälle aufgeworfen! Nachdem wir noch weiteren Proviant auf sechs Wochen, ferner Haferschrot und Pressheu dort abgeladen hatten, kehrte ich mit Cherry-Garrard und Crean sogleich um und überließ es Evans, mit Atkinson, Forde und Keohane das eine Pony in kleinen Märschen nach der Hüttenspitze zu bringen; denn ich habe keine Ruhe, bis ich die Nachhut wieder vor mir sehe. Aber heute liegen wir auf halbem Weg wieder im Zelt, von einem furchtbaren Orkan festgehalten. Der Schneesturm ist so stark, dass wir kaum unser Kochgeschirr hereinholen konnten. Derselbe Sturm muss auch die Nachhut überrascht haben – ich fürchte das Schlimmste!

Dienstag, 28. Februar. Sicherheitslager. Gott sei Dank, die Nachhut ist da! Die fünf Tiere sehen zwar traurig aus, sind aber doch wenigstens noch alle am Leben! Bowers und Wilson, kurz alle, klagen über das schlechte Wetter, frieren und sind etwas niedergedrückt.

Heute sollte der allgemeine Marsch zur Hüttenspitze vor sich gehen. Wilson und Meares mit den Hundegespannen voraus, die Ponys in ihrer Spur hinterher. Ich wollte zuletzt aufbrechen, die Ponys einholen und sie über das Meereis führen, dessen Zustand mich sehr besorgt macht.

Gegen 4 kamen die Hunde auch glücklich auf den Weg. Als aber die Ponys angeschirrt wurden, traten die Verheerungen, die der Orkan der letzten Tage angerichtet hat, offen hervor. Die Tiere waren sämtlich furchtbar mager, und der »müde Willy« in einem kläglichen Zustand. Er sollte unbeladen als letzter hinter dem Schlitten gehen, aber er stürzte sofort und konnte trotz aller Anstrengungen nicht weiter.

Nun mussten wir die Marschordnung ändern. Bowers, Cherry-Garrard und Crean zogen mit den vier leistungsfähigen Ponys ab, während Oates und Gran bei mir blieben. Mit vereinten Anstrengungen brachten wir den armen Willy noch einmal auf die Beine, fütterten ihn mit heißem Haferbrei, packten dann den Schlitten und folgten auf Schneeschuhen; aber ein paar hundert Meter weiter stürzte das Tier wieder hin und obgleich es die kläglichsten Versuche machte, sich wieder aufzurichten, blieb es liegen. Wir schaufelten ihm einen Schneewall, wickelten es so warm ein wie möglich und müssen nun abwarten.

Mittwoch, 1. März. Vormittags. Das Pony starb über Nacht. Die Orkane töten uns alle Tiere und wir müssen im nächsten Jahr noch später aufbrechen. Diese Erfahrung haben wir teuer erkauft. Jetzt bleibt unsere wichtigste Aufgabe die übrigen Ponys zu retten. Wir können keins von ihnen entbehren und müssen mindestens vier oder wenigstens drei gesund nach Kap Evans zurückbringen!

EINE FURCHTBARE NACHT

Donnerstag, 2. März 1911. Ich schreibe die Begebenheiten der letzten Nacht nieder, so, wie sie mir noch frisch im Gedächtnis haften. Wenn es so weitergeht, wie in den letzten achtundvierzig Stunden, ist meine Expedition zugrunde gerichtet! Mein einziger Trost ist, dass wenigstens kein Menschenleben dabei verloren ging.

Oates, Gran und ich zogen gestern Morgen, nachdem wir den toten Willy begraben hatten, unseren Schlitten zum Ponyfutterdepot, das nicht ganz einen Kilometer vom Rand der Barriere entfernt ist. Der Himmel war ganz schwarz und wir tappten in der Finsternis mühsam einher.

Als wir uns dem Depot näherten, wurden nach und nach riesige, zertrümmerte Eisfelder sichtbar. Im Anfang hielt ich sie für eine der in diesen Gegenden so häufigen Luftspiegelungen, aber als wir vor dem Depot standen, war jeder Zweifel ausgeschlossen: Das Meer war voller Eisstücke, die vom Rand der Barriere abgebrochen waren!

Eine furchtbare Besorgnis befiel mich: Wo waren die Ponys und die Hundegespanne nebst ihren Begleitern?

Wir wendeten sofort nach rechts, um am Rand der Barriere entlangzuziehen. Plötzlich sahen wir uns vor einer sich bildenden Spalte. So schnell wir konnten, eilten wir darüber weg und mäßigten unseren Schritt erst, als wir 500 Meter weiter waren. Aber dann zeigten sich immer neue Spalten und so ging es im Laufschritt weiter, bis wir uns auf der Linie zwischen dem Sicherheitslager und dem Burgfelsen befanden.

Zuerst musste Evans gewarnt werden, der vom Ecklager aus meiner Spur folgen sollte. Wir schlugen das Zelt auf, ich schrieb ein paar Warnungszeilen an ihn und Gran brachte diese Mitteilung zum Ponyfutterdepot zurück, während Oates und ich trostlos unsere Lage überdachten.

So viel war gewiss: Wenn eine der beiden Gesellschaften, die Hundegespanne oder Bowers mit den Ponys schon in Sicherheit an der Hüttenspitze waren, dann hätten sie sofort einen Boten zum Sicherheitslager geschickt, um mich zu warnen. Dieser Bote hätte längst bei uns sein müssen – beide Abteilungen waren also noch auf dem Weg!

Eine gute halbe Stunde verging in ratloser Überlegung. Da erschienen plötzlich in der Richtung der Prahmspitze zwei dunkle Flecke. Sie kamen näher und näher – ich eilte ihnen entgegen – Gott sei Dank, es waren Wilson und Meares. Sie waren sehr erstaunt und erfreut, mich zu sehen, denn sie hatten gefürchtet, dass ich es sei, der mit den Ponys auf dem Meereis forttrieb.

Wilson und Meares waren am 28. Februar mit den beiden Hundegespannen unserer alten Spur gefolgt und glücklich über die Eiswälle gelangt, wo die vielen Robben lagen. Dicker schwarzer Nebel verdeckte ihnen jede Aussicht, aber je näher sie Kap Armitage kamen, umso zahlreicher wurden die feinen, augenscheinlich ganz frischen Risse im Eis und bei genauer Untersuchung blieb ihnen kein Zweifel mehr, dass diese Risse eine Folge der Dünung waren. Bei der nächsten Flut, die vielleicht schon in einer halben Stunde eintreten konnte, musste jeder Riss sich zu einem breiten Spalt mit offenem Wasser erweitern, und was dann ihrer wartete, war klar: sie trieben im besten Fall auf einer isolierten Scholle ins Meer hinaus.

Sie machten also sofort kehrt und steuerten auf die Schlucht unterhalb des Burgfelsens los. Unterdessen war es 9 oder 10 Uhr abends geworden und auf einmal sahen sie die Ponyabteilung, wie sie glauben mussten, unter meiner eigenen Führung, nur etwa 800 Meter von ihren Gespannen entfernt. Zwischen ihnen lag nur der Presseisrücken mit den Robben und sie waren fest überzeugt, dass die Ponyabteilung sie gesehen haben müsse, als sie so plötzlich im rechten Winkel von ihrem Kurs abbogen. Auch waren sie infolge der überall liegenden Robben so angestrengt mit ihren Hunden beschäftigt, dass sie sich nicht mehr umsehen konnten nach dem, was hinter ihnen vorging; die anderen hätten, meinten sie, obendrein das Knallen ihrer Peitschen deutlich hören müssen.

Sie kamen mit ihren Gespannen glücklich an die Schlucht, mussten vor dem Eisfuß gräuliches Presseis und große, gähnende Risse überschreiten, brachten aber mit Hilfe des Seils und nach wiederholtem Anlauf das erste Gespann und dann auch das zweite auf das Randeis hinüber und waren nun auf der Hüttenspitze in Sicherheit.

Sie glaubten nicht anders, als dass die Ponyabteilung ihnen

folgen würde, brachten ihre Gespanne auf ebenes Eis, pflockten sie dort an und schlugen ihr Zelt auf, da die Hütte selbst noch einen Kilometer entfernt war und der Weg dahin über Felsen ging, wobei die Schlitten getragen und die Hunde angekoppelt paarweise geführt werden mussten.

Als sie mit dem Aufschlagen des Zeltes fertig waren, nahmen sie Eishacke und Schaufel und kehrten nach dem Eisfuß zurück, um einen Weg für die Ponyabteilung vorzubereiten, die jeden Augenblick eintreffen musste. Aber von den Ponys war weit und breit nichts zu sehen. Auf einmal entdeckten sie sie draußen auf dem Meereis, eben da, wo sie, Wilson und Meares, alle dreißig Schritt weit eine tätige Spalte gefunden hatten!

Eben als sie in größtem Schrecken die Ponyabteilung durch das Fernglas beobachteten, schien deren Führer der Gefahr innezuwerden, in der er schwebte. Er machte kehrt – aber statt sich der Schlucht zuzuwenden, schlug er die Richtung südwärts nach dem Barrierenrand und der Weißen Insel ein. Dort musste er allerdings auf sicheres Eis stoßen und die beiden am Land beruhigten sich daher, aßen in ihrem Zelt zu Abend und legten sich zwischen 11 und 12 nieder, nachdem Wilson noch einmal nach der Ponyabteilung ausgeschaut und sich vergewissert hatte, dass sie in 11 Kilometer Entfernung auf, wie er wenigstens glaubte, festem Barriereneis kampierte.

Um 5 Uhr morgens wachte Wilson auf. Die Unruhe trieb ihn sofort aus dem Zelt und er ging die Schlucht entlang bis zu einer Stelle, wo er das Lager der Ponyabteilung mit seinem Fernglas deutlich sehen konnte. Entsetzt fuhr er zusammen: Das ganze Meereis war in Bewegung, viele Kilometer weiter über die Stelle hinaus, wo er mit den Hundegespannen nach dem Land hin abgebogen war, und auf den wogenden Schollen trieb in weiter Ferne die Ponyabteilung fort. Wilson beobachtete deutlich, wie Ponys und Schlitten von einer Scholle auf die andere übersetzten, um sich so dem festen Barriereneis wieder zu nähern.

Natürlich war sein erster Gedanke irgendwie zu helfen. Aber ein Boot war nicht in der Nähe und sie mussten annehmen, dass außer Evans, Atkinson, Forde und Keohane, die mit ihrem Pony auf dem Rückweg vom Ecklager waren, wir Übrigen alle mit der Ponyabteilung auf dem Treibeis verloren seien. Nun sahen sie im Sicherheitslager mein Zelt und in dem Glauben, es sei das von Evans und seinem Gefährten, waren sie herbeigeeilt, um eine gemeinsame Hilfsaktion ins Werk zu setzen. Das Eis, auf dem sie gestern bis zur Schlucht gekommen waren, hatten sie heute nicht mehr beschreiten können, es war ebenfalls allenthalben aufgebrochen und nach dem Meer zu in Bewegung. Sie waren deshalb über den Kraterhügel nach der Prahmspitze geklettert und kamen von dort über den Presseisrücken nach der Barriere und zu uns hin. Aber zu Fuß, denn mit Hundeschlitten war dieser Weg unmöglich, und zum Schutz gegen die Spalten des Presseises hatten sie das Seil mitgenommen.

Es war kurz nach Mittag, als sie in meinem Zelt anlangten und nun statt Evans und seiner Abteilung mich mit Gran und Oates ohne jedes Pony antrafen.

Ohne Frühstück waren sie fortgeeilt; wir bereiteten ihnen schnell eine Tasse Kakao und nun hieß es: was beginnen? Da gewahrte Wilson plötzlich eine Gestalt, die von Westen her, dem Schauplatz der Katastrophe, schnell auf das Ponyfutterdepot zueilte. Gran wurde auf Schneeschuhen ausgeschickt, um sie abzufangen. Es war Crean. Völlig erschöpft kam er an und berichtete mir nun ziemlich unzusammenhängend das Vorgefallene.

Die Ponys hatten gestern Abend spät auf dem Meereis kampiert, ziemlich weit jenseits der Robbenrinne, an der sie vorher entlanggezogen waren. Mitten in der Nacht …

Freitag 3. März, vormittags. Ich wurde gestern im Schreiben unterbrochen und fahre heute in meiner Geschichte fort.

Mitten in der Nacht, um 1/2 5, entdeckte Bowers, als er aus seinem Zelt trat, dass rings umher das Eis aufgebrochen war. Eine Spalte lief unter der Halteleine der Ponys hin und ein Pony war verschwunden! Hals über Kopf wurde zusammengepackt und nun versuchten die drei Männer die Tiere von einer Scholle zur anderen springen zu lassen. Das Gepäck zogen sie selbst hinterdrein, eine Arbeit, die ihren Mut und ihre Ausdauer auf die furchtbarste Probe stellte.

Schon hatten sie sich nach den dickeren Eisfeldern nahe dem

Rand der Barriere hingearbeitet und glaubten, auf die Barriere hinaufgelangen zu können, als sich herausstellte, dass vor der Vorderseite der Barriere überall breite Spalten klafften, deren Überschreitung mit den Tieren völlig unmöglich war.

In dieser verzweifelten Situation hatte sich Crean erboten, einen Versuch zu machen, mich zu erreichen. Als er aufbrach, war das Meer wie ein schäumender Kessel gewesen und an allen Seiten der Eisschollen hatten sich Schwertwale gezeigt, ohne dass jedoch die Ponys scheu wurden. Ohne Gepäck, von Scholle zu Scholle springend, hatte er eine große Strecke auf dem Treibeis zurückgelegt und schließlich ein dickes Eisfeld erreicht, von dem aus er mit Hilfe seines Schneeschuhstockes den Barrierenrand hatte erklettern können. Es war ein kühnes, ja verzweifeltes Wagnis, aber er hatte es mit Gefahr seines Lebens durchgesetzt, mir die Nachricht von der furchtbaren Lage der Ponyabteilung zu überbringen.

Da wir nur drei Schlafsäcke zur Verfügung hatten, schickte ich sofort Gran mit Wilson und Meares nach der Hüttenspitze zurück, um nach den Hunden zu sehen, während ich selbst mit Crean und Oates nach der Unglücksstelle aufbrach.

Im Sicherheitslager hielten wir einen Augenblick, um etwas Proviant und Öl aufzuladen, und näherten uns dann mit größter Vorsicht dem Eisrand. Bald hatten wir die verlorene Abteilung entdeckt und das Rettungswerk wurde begonnen.

Mit Hilfe des Seiles zogen wir zunächst Bowers und Cherry-Garrard herauf und schlugen dann in sicherer Entfernung vom Rand ein Lager auf. Dann machten wir uns alle an die Rettung des Gepäcks.

Das Eis hatte aufgehört zu treiben und lag jetzt in ziemlicher Ruhe dicht am Barrierenrand. Wir hatten die beiden Männer am Nachmittag um 1/2 6 Uhr oben; ehe Schlitten und Gepäck ebenfalls in Sicherheit waren, wurde es 4 Uhr morgens. Als wir die letzten Lasten hinaufschleppten, begann das Eis sich wieder in Bewegung zu setzen und an eine Rettung der Ponys war einstweilen nicht zu denken. Die drei armen Tiere mussten, gut gefüttert, vorerst auf ihrer Scholle bleiben. Keiner von uns hatte die Nacht vorher geschlafen, und wir waren so todmüde, dass wir zunächst Ruhe haben mussten.

Als wir uns gestern Morgen um 8 Uhr wieder erhoben,

waren die Ponys fort! Wir hatten in der Nacht ihre Eisscholle mit dem Seil festgemacht, aber sie hatte sich losgerissen und trieb nun irgendwo im Meer herum.

Ein furchtbarer Augenblick! Ein Verlust, der gar nicht mehr gutzumachen war!

Wir frühstückten in Eile und beschlossen zusammenzupacken und am Rand der Barriere entlangzuziehen. Vielleicht ...

Am anderen Morgen. So war unsere Lage, als ich das Letzte schrieb. Mit einem Mal nahm sie eine andere Wendung, als Bowers uns plötzlich zurief, dass er mit dem Krimstecher die Ponys ungefähr 2 Kilometer weiter nach Nordwesten hin sähe. Eine gnädige Vorsehung hatte die Strömung längs des Barrierenrandes hintreiben lassen, statt sie direkt seewärts zu führen. Mit neuer Hoffnung machten wir uns auf den Weg und gelangten ohne Schwierigkeit zu den armen Tieren hinunter. Wollten wir sie am Leben erhalten, so mussten wir sie so schnell wie möglich auf die Barriere schaffen.

Aber nun ereignete sich ein unglückliches Missverständnis: Ich ging am Rand der Barriere entlang und fand einen gangbaren Weg, auf dem ein Pony auf die Barriere heraufgeschafft werden konnte. Aber die Kameraden, überarbeitet und überlastet wie sie waren, verstanden mich falsch und ließen eins der Tiere über eine Spalte springen. Es fiel hinein und es blieb nichts anderes übrig, als es zu töten. Es war entsetzlich! Nun rief ich alle Mann herbei. Bowers und Oates kletterten mit einem Schlitten den von mir gefundenen Pfad hinunter, arbeiteten sich auch glücklich zu den beiden überlebenden Ponys hin und kehrten auf demselben Weg mit ihnen zurück. Cherry-Garrard und ich ebneten mittlerweile am Rand der Barriere den Weg weiter.

Schon hoffte ich, dass wir wenigstens diese beiden Tiere behalten würden, da glitt ein Pony bei einem Sprung aus und stürzte ins Wasser. Wir zogen es noch auf eine halb lose Scholle herauf, während uns die Schwertwale von allen Seiten in größter Aufregung umdrängten; aber das arme Tier konnte sich nicht wieder erheben und so war das Einzige, was wir ihm noch Gutes antun konnten, seinem Leben ein Ende zu machen.

Halb verzweifelt zogen wir mit dem einen geretteten Pony um 5 Uhr abends zu dem Zeltlager zurück, das wir zuerst aufgeschlagen hatten. Nachdem ich die Gegend noch vier Kilometer weit auf Spalten untersucht hatte, legten wir uns gegen Mitternacht schlafen.

Heute also zur Hüttenspitze – es wird ein trauriger Marsch!

EINSTWEILEN IN SICHERHEIT

Montag, 6. März. Gestern Morgen begab sich Atkinson nach der Hüttenspitze, um Wilson von unserer Ankunft zu benachrichtigen. Evans kam uns mit seinen Leuten entgegen und war uns bei dem steilen und anstrengenden Aufstieg zu seinem Lager unterhalb des Burgfelsens behilflich. Oates führte unser Pony ohne große Schwierigkeiten hinauf und als wir oben frühstückten, kam Atkinson bereits von der Hüttenspitze zurück, und mit ihm Gran, den er mit Wilson und Meares auf halbem Wege getroffen hatte. Gran schickte ich zum Sicherheitslager, um noch ein wenig Zucker und Schokolade zu holen, ließ dann Evans, Oates und Keohane zurück und zog mit den anderen sechs nach der Hüttenspitze.

In Evans' Lager war es völlig windstill, aber auf der Höhe wehte es heftig, und auf der Hüttenspitze noch stärker. Die Hütte fanden wir in ziemlicher Ordnung und verbrachten hier die Nacht. Wilson hatte sich mit Gran und Meares notdürftig eingerichtet und die ganze Zeit über heftig unter der Kälte zu leiden gehabt. An Feuerung hatten sie nur ein wenig Holz vorgefunden und waren damit so sparsam wie möglich umgegangen, ebenso mit den Zündhölzern, da sie ja nicht wissen konnten, wo Bowers' Gepäck geblieben war, das die Vorräte enthielt, von denen unter Umständen zwölf Personen zwei Monate lang leben mussten. Infolgedessen hatten sie nur je eine Stunde am Tag zum Kochen ihrer Mahlzeit geheizt; dabei hatten sie zu drei Mann nur zwei Schlafsäcke gehabt, mussten also abwechselnd schlafen und da auch in der Hütte nichts war, worin sie sich hätten einhüllen können, hatten sie die Nächte über vor Kälte gezittert. Einen Teil der Hunde hatten sie paarweise zusammengekoppelt aus der Schlucht herauf glücklich zur Hütte gebracht.

Am anderen Morgen ging ich mit Wilson, Bowers und Cherry-Garrard zu dem ungefähr 5 Kilometer entfernten Burgfelsen. Evans hatte mittlerweile unser ganzes Gepäck zu seinem Lager hinaufgeschleppt und Oates und Keohane übernahmen die Führung der beiden Ponys. Oben auf der Höhe spannten wir Menschen und Ponys vor die Schlitten, bis wir an den Schneehang kamen, wo Wilson die beiden Tiere vorsichtig von einer Stelle schneefreien Gesteins zur anderen hinunterführte, während wir einen Schlitten und andere unentbehrliche Dinge den Abhang hinuntergleiten ließen. Nachher holten wir den Rest der Hunde, die noch in der Schlucht waren, herbei und einen zweiten Schlitten von der Höhe herunter und erreichten alle wohlbehalten die Hütte. Die Ponys erwartete ein gutes Quartier unter der Veranda, das mittlerweile Wilson und Meares für sie bereitet hatten, und ich konnte die vergangene Nacht, wo ich alle meine Leute und die Tiere in Sicherheit wusste, wieder einmal in Ruhe schlafen.

Donnerstag, 9. März. Als ich Dienstag mit Wilson zur Prahmspitze hinüberging, war das Meereis der Prahmspitzenbucht nicht fortgetrieben. Es wimmelte von Seehunden; wir erlegten einen jungen und kamen mit einer stattlichen Beute Fleisch und Speck zur Hütte zurück. Unterdes hatten die Übrigen mit dem Säubern und Einrichten der Hütte einige Fortschritte gemacht und seitdem sind wir alle miteinander überaus fleißig gewesen.

Die Temperatur in der Hütte ist natürlich niedrig. Wir haben sie mit unserer alten Schutzbekleidung von der Discovery-Expedition her überzogen und die sich im Innern entwickelnde Hitze kann nun nicht mehr so leicht entwichen. Im Übrigen haben wir es ganz behaglich. Schiffszwieback ist in unbegrenzter Menge vorhanden, Kakao, Kaffee und Tee ziemlich viel und Salz und Zucker werden ausreichen. Die Robben an der Prahmspitze müssen uns mit frischem Fleisch versorgen und ein kleines Lager von Delikatessen wie Schokolade, Linsen, Rosinen, Hafermehl, Sardinen und Marmelade wird einige Abwechslung in unsere Küche bringen. Schiffszwieback in Robbenspeck gebraten schmeckt uns sogar köstlich und wir brauchen nur noch etwas mehr Erfahrung, um unsere Hilfsquellen richtig auszunutzen. Als vorläufige Unterkunft wird uns die Hütte schon genügen.

Das Wetter war während der letzten Tage wunderschön – vielleicht eine üble Vorbedeutung! Das Meer ist bereits einige Male gefroren, aber immer wieder aufgebrochen, doch bot uns der warme Sonnenschein eine heiß ersehnte Gelegenheit endlich wieder einmal alle unsere Kleidungsstücke gründlich zu trocknen.

Sonnabend, 11. März. Am Mittwoch sind Bowers und Evans mit vier Mann südwärts gegangen, um den Rest des Gepäcks, das wir in der vorigen Woche auf dem Eisfeld geborgen hatten, zu holen. Sie hätten schon gestern wieder hier sein müssen und ich ging heute Abend nach dem Burgfelsen, um Ausschau zu halten. Es war aber nichts von ihnen zu sehen. Erst nach dem Abendbrot stellten sie sich wohl und munter ein; sie hatten zwar schwere Arbeit gehabt bei Temperaturen von 23 bis 26 Grad Kälte, aber der Ausflug und das Ziehen auf Schneeschuhen hatte ihnen großes Vergnügen gemacht.

Montag, 13. März. Unser Speckofen macht uns Verdruss. Sonnabend hat er so geraucht, dass wir alle schwarz wurden wie Schornsteinfeger, und unsere Anzüge mit einer schmierigen Rußschicht bedeckt sind. Wir sehen aus wie eine Bande Strolche. Die Rückkehr nach Kap Evans steht bei solchem Wetter noch in weiter Ferne und unser ganzes Denken konzentriert sich daher auf den Ofen, die Kocherei und die verschiedenen häuslichen Arbeiten. Die Hütte stinkt gräulich nach Tran und Speck und wenn wir mit unserer Garderobe wieder ins Winterquartier kommen, werden die daheim wohl in großem Bogen um uns herumgehen.

Donnerstag, 16. März. Es weht unausgesetzt aus Süden; ich kann mich nicht erinnern, je einen so hartnäckigen Südwind hier erlebt zu haben. Alle Tage ging ich zum Kraterhügel hinauf voller Furcht, dass unser Eisfeld an der Prahmspitze wegtreiben werde. Dann wäre es aus mit unseren Seehundsbraten und wir wären schön in der Klemme. Aber einstweilen ist es noch an seiner alten Stelle und wir machten gestern im großen Jagd auf die Seehunde. Wir erlegten nicht weniger als elf Stück und schleppten 5 Zentner Speck und Fleisch zur Hütte hinauf. Auf vierzehn Tage wird der Vorrat reichen, aber ich wünsche nichts dringender, als dass das ergiebige Eisfeld uns bleiben möge.

Das junge Eis treibt hin und her, aber das Meer will noch nicht zufrieren, ausgenommen in der Gegend der Prahmspitze, wo die Bucht mehrere Stücke des abgesplitterten Barriereneises vier Tage lang mit sicherem Griff fest gehalten hat. Einige dieser Barrierenstücke zerbröckeln schon und man kann auf ihrer Oberfläche eine hohe, schnell gebildete Schneeablagerung bemerken, woraus sich ergibt, dass sie nicht länger als ein oder zwei Jahre altes Meereis sind, das unmittelbar an dem alten Barrierenrand gelegen hat.

Montag, 20. März. Bei dem Nordwind am Freitag muss das Eis an der Hüttenspitze ins Pressen geraten sein. Eine große Scholle aufgepressten jungen Eises ist vor der Spitze auf Grund geraten und Sonnabend fanden wir darauf einen Seehund. Kaum aber kamen wir in seine Nähe, um ihm das Lebenslicht auszublasen, da glitt er ins Wasser; er hatte gerade ausgeschlafen. Heute hatten wir mehr Glück. Das Eis ist an der Hüttenspitze hängen geblieben und bildet eine kleine vorspringende Plattform; auf ihr fanden wir heute zwei Seehunde, die uns einen guten Vorrat an Fleisch für die Hunde und auch Speck zum Heizen verschafften. Während die beiden Tiere abgehäutet wurden, kletterten noch Gefährten von ihnen auf das Eis hinauf, sodass wir hoffen dürfen unseren Bedarf an Seehundsfleisch hier auch weiterhin decken zu können.

Dienstag, 21. März. Die See tost und brandet unaufhörlich auf dem Eisfuß; das Spritzwasser ging gestern direkt über die Spitze weg, setzte alle Sachen draußen unter Wasser und regnete aufs Hüttendach.

Am meisten haben unter diesem außerordentlich schlechten Wetter die Hunde zu leiden und ich verliere allmählich all mein Zutrauen zu ihnen. Vor allem fürchte ich, dass sie nie die Geschwindigkeit erreichen werden, die unbedingt wünschenswert ist. Wenigstens vier sehen ganz traurig aus, sechs bis sieben sind auch nicht recht auf dem Posten, aber merkwürdigerweise ist von den übrigen wohl ein Dutzend so gesund, wie sie nur sein können. Ob hier Naturanlage oder Zufall eine Rolle spielt, lässt sich nicht sagen. Es ist absolut unmöglich, ihnen bei diesem steten Wechsel des Windes einen für alle Fälle passenden Schutz zu verschaffen, und sie immer wieder anderswohin zu bringen, ist eine zu ermüdende Arbeit. Wir lassen deshalb die meisten frei umherlaufen; nur die stärksten und die zänkischen Hunde bleiben angebunden. Es soll mich wundern, wenn es nicht zu einer Mordtat oder mehr kommt. Das Übelste, was den armen Tieren passieren kann, ist das Vereisen ihres Hinterteils; dringt das Eis erst ordentlich in ihren Pelz ein, so sind ihre Hinterbeine von der Kälte wie gelähmt. Das freie Umherlaufen wird ihnen daher gut tun.

Donnerstag, 23. März. Von der letzten Depotabteilung ist noch nichts zu sehen. Sie ist heute schon eine Woche fort.

Gestern Morgen war es windstill und ich ging den Kraterhügel hinauf. Eine Menge Schichtwolken hing wie ein Vorhang über der Meerenge, südlich und östlich davon war der Himmel blau und die sich im Sonnenschein badenden Westberge waren klar und scharf zu erkennen, ein großartiges, wunderbares Bild, das der Wolkenvorhang allmählich verschleierte. Die Meerenge weigert sich noch immer hartnäckig zuzufrieren.

Freitag, 24. März. Die Depotabteilung kehrte gestern zurück. Sie hatte beim Ausmarsch mit Nebel zu kämpfen und die Spur verloren, sodass sie zwischen Sicherheitslager und Ecklager mehr als 50 Kilometer hat umherwandern müssen.

Gestern sahen wir zum ersten Mal den Eisfuß auf der Südseite der Bucht, einen Wall, der bis zu zwei Meter hoch aus dem Wasser hervorragt und wohl vier Meter in die Tiefe hinuntergeht; der Meeresgrund, auf dem diese weiße Mauer ruht, war ganz klar zu sehen. Dies muss der typische Eisfuß längs der ganzen Küste sein und nur die ausgewaschenen Höhlungen auf dem Meeresspiegel lassen die Eismasse überhängend erscheinen.

Wir haben unsere Lebensmittel gezählt und uns auf weitere zwanzig Tage Hierbleibens eingerichtet. Ja, das Glück lächelt mir nicht gerade! Dieser Monat hat uns traurige Erfahrungen gebracht. Aber es könnte noch schlimmer stehen. Wenn ich nur nicht des Wartens so überdrüssig wäre! Und wenn das ewige Grübeln nicht wäre über das Unheil, das unsere Transportmittel getroffen hat! Mein ursprünglicher Marschplan muss völlig geändert werden! Aber auch im Winterquartier werde ich vor Ungeduld vergehen. Bis an den Pol ist noch ein weiter, weiter Weg!

DAS LEBEN AUF DER HÜTTENSPITZE

Sonntag, 26. März. Es fehlt jetzt nur noch eine Woche bis zu dem Tag, wo ich wieder in Kap Evans sein wollte. Aber das Eis macht noch keine Miene fest zu werden. Wir hatten sogar eine Zeit lang überraschend warmes Wetter und in der Hütte war es infolgedessen recht unbehaglich feucht. Zwar scheint die Sonne alle Kraft verloren zu haben, aber um Mittag ist sie immer noch wirksam genug die Oberfläche des Eises wieder in Schlamm und Tümpel zu verwandeln. Als wir gestern Abend vom Observationshügel heruntergingen – es war ein herrlicher Abend und so windstill, dass der Rauch kerzengerade in die Luft stieg –, war zwar das Meer mit Eis bedeckt, aber in der Nacht kam Südostwind, der am ganzen Ufer entlang das junge Eis wieder losriss und bis heute Mittag hielten Wind und Schneegestöber an. Ich ging am Nachmittag zur Schlucht hinüber und kam über die Kraterhöhen zur Ankunftshöhe. Im Osten des Kap Armitage ist die See schon recht gut mit Eis bedeckt und im Westen des Vorgebirges sind die eisfreien Striche wieder zugefroren. Aber dicht am Ufer bis an den Burgfelsen sind noch offene Straßen. Die Buchten zu beiden Seiten der Gletscherzunge, unser Heimweg, sehen zwar so aus, als ob sie schon ziemlich fest seien; aber ich habe noch kein rechtes Vertrauen dazu.

*Presseis-
rücken nach
Kap Barne
hin*

Heute Morgen hielt ich Gottesdienst in der Hütte. Von den Wahrzeichen des offenen Wassers, den Skuamöwen, ließ sich heute nur eine sehen.

Montag, 27. März. Mein Misstrauen hat sich leider bestätigt: Südlich von der Hüttenspitze hat sich das Eis gehalten, aber nach Norden, also gerade in unserer Richtung, hat es sich auf anderthalb Kilometer weit geöffnet und auch zu beiden Seiten der Gletscherzunge soll es an vielen Stellen offen sein. Recht verdrießlich!

Die Hunde erholen sich von Tag zu Tag und haben bis auf zwei sämtlich ausgezeichnete Pelze. Einer oder zwei begleiten uns jetzt ganz von allein auf unseren Spaziergängen, was uns viel Spaß macht. Sie so gegen das heftige Schneegestöber antraben zu sehen, ist immer famos.

Dienstag, 28. März. Langsam, langsam friert das Meer zu! Im Süden der Hüttenspitze hält das Eis und wird allmählich stärker, trotz des heftigsten Ostwindes und obgleich einzelne Wasserlöcher, die ich mir nicht erklären kann, hartnäckig offen bleiben.

Heute tauchten dicht neben der Hüttenspitze zwei Finnwale auf. Obgleich das Eis nirgends dick ist, war es doch seltsam, sie zum Atemholen immer nach den offenen Rinnen und dünnen Stellen hinschwimmen zu sehen.

Sonnabend, 1. April. Vorgestern war das Eis an einigen Stellen östlich von Kap Armitage 20 und in unserer Bucht 15 Zentimeter dick. Im Süden der Gletscherzunge, wurde mir berichtet, sei es bis weit über die Schildkröteninsel und nach Norden bis über die kleinen Inseln hinaus fest, einen Streifen offenen Wassers unmittelbar auf der Nordseite abgerechnet. Als ich heute zum dritten Krater neben dem Burgfelsen ging, konnte auch ich sehen, dass die Eisfläche von einer Spitze in der Nähe der Hultonfelsen bis an den Gletscher fest war, also in der ganzen Nordbucht mit Ausnahme einer Zunge offenen Wassers nördlich vom Gletscher; gestern Abend ging ich zum ersten Mal um Kap Armitage herum nach der Prahmspitze übers Eis, das allenthalben hielt, nur nicht vor dem Kap selbst, wo zahl-

Spitze des Barnegletschers

reiche offene Rinnen waren. Ich kann sie mir nur als Schichten verhältnismäßig warmen Wassers erklären, das Untiefen an die Oberfläche bringen.

Vor dem Kap erlegte ich einen Kaiserpinguin und sah verschiedene Skuamöwen. Gestern zeigte sich auf dem Eis unserer Bucht ein Seehund und wurde erlegt. Heute kamen sogar drei und auch vor der Prahmspitze im Schutz der Hufeisenbucht tummelten sich mehrere herum. Und sehr viele Fische finden sich eingefroren im Eis, mehrere auf sehr geringem Flächenraum, wie Taylor feststellte. Die meisten sind klein, aber eine Art ist 13 bis 15 Zentimeter lang; vermutlich werden sie von Robben gejagt und flüchten dann in bröckliges Eis, aus dem sie nicht wieder herauskönnen.

Sonntag, 2. April. In der Nacht hatten wir ein wunderbares Südlicht. Ein breites Lichtband zog sich von Südsüdwest nach Ostnordost über den Himmel, mit zwei flimmernden Spiralen 10 Grad vom Zenit entfernt. Die Minimumtemperatur betrug in der Nacht 21 Grad unter null und das Meer war heute Morgen nach Norden hin mit Eis bedeckt. Bis nach Kap Evans bildet es jetzt schon eine zusammenhängende Straße, nur ist es bis zur Gletscherzunge noch sehr dünn. Ein paar windstille Tage und wir wären erlöst!

Mittwoch, 5. April. Der Ostwind hat mit kurzer Unterbrechung am Sonntag fünf Tage unausgesetzt geweht, ist immer heftiger und kälter geworden und hat immer neue Schneewolken herangetrieben, bis wir gestern einen nebligen, bewölkten Tag mit Schneefall und 24 Grad Kälte hatten.

Die Skuamöwen scheinen endgültig abgezogen zu sein, Sonntag wurde die letzte gesehen. Diese Tiere waren hier sehr scheu; sie hatten dunkles Gefieder; hungrig schienen sie nicht zu sein, obgleich sie sich ihr Futter doch nur sehr schwer verschaffen können. Die Robben kommen jetzt häufig in unsere Bucht hinein, gestern Abend fünf. Die Hunde haben glücklicherweise noch nichts von ihnen gemerkt, auch sind sie noch nicht dahinter gekommen, dass das Eis sie schon tragen kann.

Donnerstag, 6. April. Vom frühen Morgen an schien die Sonne ununterbrochen, bis sie gegen 5 Uhr nachmittags hinter den nördlichen Höhen verschwand. Das Meer fror vollständig zu, aber nach Norden hin nur in einer dünnen Schicht; ein heftiger Nordwind, der sich auf einmal erhob, brachte diese Schicht ins Treiben, wodurch sie sich übereinander schob und in der Nähe des Landes mehrere offene Rinnen bildete. Vormittags ging ich mit Wright, der einen scharfen Blick für Eisbildungen hat und über die Veränderungen genau Buch führt, am Rand des neuen Eises entlang, aber wir konnten uns nicht weit hinauswagen und standen bald an der äußersten Grenze der Sicherheit. Das Übereinanderschieben des Eises war interessant zu beobachten. Der Rand einer Schicht hebt sich, bricht ab und kriecht nun in langen Zungen auf die nächste Schicht hinauf. Solange die Bewegung dauert, ertönt beständig Musik, ein Durcheinander von Klängen in hoher Tonlage, als ob kleine Vögel in einem nahen Wald zwitscherten. »Das Eis singt«, sagen wir dann.

Abends. Heute Nachmittag ging ich noch zweimal auf dem jungen Eis nordwärts und fand es ungefähr 8 Zentimeter dick. Beim Abendessen machten wir das Programm für unsere Übersiedlung nach Kap Evans. Die Leute sollen am Sonnabend aufbrechen, die Hunde am Sonntag, die Ponys am Montag – aber natürlich hängt alles von der Dauer des guten Wetters ab.

Freitag, 7. April. Als ich heute mit Atkinson, Taylor und Cherry-Garrard nordwärts über das Eis ging, stellten wir fest, dass es überall etwa 13 Zentimeter dick war, ausgenommen in den Wasserrinnen, die vielfach ganz offen waren. Je weiter wir vom Land abkamen, umso eigenartiger wurde die Eisfläche. Sie zeigte kleine, eierkuchenartige Eisscheiben, die kreuz und quer übereinander geschoben und zu einer Art Mosaik emporgepresst waren. Dies war das Eis, das von der Leeseite der Meerenge aus entstanden war und sich gegen die Montag und Dienstag herrschenden starken Winde über das Wasser hin ausgedehnt hatte. Interessant war auch die Art, wie die sich übereinander schiebenden Eisschichten die Eisfläche unter ihnen geschrammt hatten.

Ohne Unfall ging unsere Wanderung aber nicht ab. Taylor war unvorsichtig genug eine dünn überfrorene Rinne überschreiten zu wollen – und schon lag er im Wasser, wobei er im ersten Augenblick ein merkwürdig erstauntes Gesicht machte; als wir ihm aber zu Hilfe eilen wollten, half er sich ohne uns mit seinem Eispickel wieder heraus und kehrte mit Cherry-Garrard nach der Hüttenspitze zurück. Wir anderen gingen weiter bis an die Schwefelkegel unterhalb des Burgfelsens. Hier wandten wir uns dem Ufer zu und erkletterten mit gegenseitiger Hilfe die Felsenklippen, um zu Land zurückzukehren.

So weit wäre für unsere morgige Heimreise alles in Ordnung; aber heute Abend überzieht sich der Himmel so dunkel, dass ein Wetterumschlag zu befürchten steht. Mehr als drei schöne Tage hintereinander scheint es hier unten nicht zu geben.

Wir sammelten auf unserem Weg viele im Eis eingefrorene Fische; die größeren waren ungefähr so lang wie ein Hering, die kleinen wie eine Elritze. Mit unserer Vermutung, dass sie durch Robben in den Eisschlamm hineingejagt würden, scheint es aber nichts zu sein. Gran fand heute einen großen Fisch, der in dem Augenblick einfror, als er einen kleineren verschlang. Sie fangen sich also selbst in dem Eisschlamm, wenn einer den anderen verfolgt.

In unserer Hütte ist es unterdes so behaglich geworden, dass man fast ungern von ihr fortzieht und es verlohnt sich, unseren Tageslauf in seinen Einzelheiten zu schildern.

Am Morgen versammeln wir uns um das Feuer und erhalten, auf Packkisten sitzend, Schiffszwieback mit einem großen Stück Butter und ein dampfendes Kännchen Tee. Dann scheint uns das Leben überaus schön. Bis Mittag beschäftigen wir uns in der Hütte; aber allzu viel gibt es nicht, was zum längeren Verweilen im Haus veranlassen könnte.

Nach dem zweiten Frühstück bewegen wir uns im Freien, und diese Stunden bedeuten für uns alle Kräftigung und Erholung. Das Herumklettern auf den nächsten Höhen ist eine ausgezeichnete Übung; wir werden an Kap Evans in dieser Beziehung manches vermissen.

Das abnehmende Tageslicht und die Stunde des Abendessens treibt uns gegen 5 oder 6 Uhr wieder heim und dann wetteifern die Köche miteinander in der Bereitung schmackhafter Gerichte aus gebratener Seehundsleber. Man könnte denken, dass ein einziges Gericht nicht viel Möglichkeit zur Abwechslung biete; aber mit etwas Mehl, einer Hand voll Rosinen, einem Teelöffel Currypulver oder Erbsmehl als Zusatz lassen sich Wunder tun. Jedenfalls werden wir dieses Gerichtes niemals überdrüssig und Ausrufe der Befriedigung ertönen jeden Abend, oder doch fast jeden Abend, denn vor einigen Tagen hat sich Wilson, der sonst als ein Genie im Erfinden »kleiner Schüsseln« gilt, fast um seinen Ruf gebracht. Wir hatten gerade einen Kaiserpinguin erbeutet, der über 40 Kilo wog, der größte, den wir bis dahin erwischt hatten, und Wilson schlug vor als neue Nuance die Seehundsleber in Pinguinschmalz zu braten; er hoffte, dieses von seinem ranzigen Geschmack befreien zu können. Das Fett wurde mit großer Sorgfalt geschmolzen und schien auch köstlich rein und geruchlos zu sein. Aber der Schein trog. Der Braten duftete derart nach Pinguin, als ob die Köche den schon immer unvermeidlichen Beigeschmack des Pinguinfleisches künstlich konzentriert und verstärkt hätten. Drei aßen mit heldenhafter Überwindung ihre Pfännchen leer, aber wir anderen erklärten, als wir einen Löffel voll probiert hatten, dass wir uns lieber mit Kakao und Schiffszwieback bescheiden würden. Wilson musste selbst zugeben, dass sein Präparat verzweifelt nach ranzigem Sardinenöl schmeckte.

Sonntag, 9. April. Freitagabend überzog sich der ganze Himmel mit Wolken, der Wind schlug nach Süden um und bis heute früh wehte ein mäßiger Orkan. Die höchste Temperatur war 15 Grad unter null und vorgestern Abend trieb das Eis, sobald der Wind einsetzte, sofort etwas über einen Kilometer von der Hüttenspitze nach dem Ufer zu ab. Vor der Hüttenspitze öffnete sich, nach Nordwesten umbiegend, eine 6 Meter breite Spalte. Merkwürdig genug, dass dieses Eis hier geblieben ist.

Unser Marsch nach Kap Evans bleibt also nach wie vor noch immer ein gefährliches Unternehmen. Die Unsicherheit der Witterung hier spottet jeder Beschreibung. Aber keinesfalls dürfen wir uns nochmals leichtsinnig auf junges Eis hinauswagen und die Rückkehr der Ponys zum Winterquartier wird sich wohl noch weit hinausschieben. Gestern wurden sogar noch einige Skuamöwen gesehen. Dagegen machen sich die Seehunde überaus rar; seit drei Tagen hat sich keiner mehr bei uns blicken lassen.

Geduld heißt es demnach noch immer. Und dabei kann ich die Zeit nicht abwarten, wo ich wieder unser Heim auf Kap Evans vor mir sehe. Nichts geht mir so im Kopf herum als die Sorge, ob auch die Hütte den Nordstürmen der letzten Wochen widerstanden hat, und ob nicht die Wellen bis auf unseren Strand hinaufgeschlagen sind.

ZURÜCK ÜBER DAS EIS NACH KAP EVANS

Montag, 10. April 1911, abends. Ich wollte heute nach Kap Evans aufbrechen, aber als wir marschbereit waren, bewölkte sich der Himmel vollständig, es begann zu schneien und der Schnee hörte erst auf, als die Sonne unterging. Ein Glück, dass wir nicht schon auf dem Marsch waren, wir wären kaum ein paar hundert Meter weit gekommen. Ein ungünstigeres Wetter für unser an sich schon gefährliches Vorhaben lässt sich gar nicht denken!

Donnerstag, 13. April. Heute endlich verließen wir die Hüttenspitze! Um 9 Uhr morgens brachen wir auf; ich, Bowers, Taylor und Deckoffizier Evans mit einem Zelt, Leutnant Evans, Debenham, Gran und Crean mit dem anderen. Wilson blieb als Kommandant auf der Hüttenspitze, und mit ihm Meares, Atkinson, Cherry-Garrard, Oates, Forde und Keohane; ebenso die Hunde und die Ponys.

Wir marschierten bis über die Ostseite des Burgfelsens hinaus; der Schnee auf seinen Abhängen war weich, was darauf schließen ließ, dass er hier sehr geschützt lag. Dann überstiegen wir zum ersten Mal den Bergrücken, fanden eine gute, ganz vom Wind rein gefegte Oberfläche und zogen an den beiden Felskegeln an der Westseite des Rückens weiter.

Ich wollte bis Kap Evans weitergehen, aber als wir um 6 Uhr

Halt machten, um Tee zu trinken, wurde es plötzlich ganz dunkel. Trotzdem marschierten wir noch einige Stunden mühsam auf dem Eis weiter, bis wir um 10 Uhr dicht an der Kleinen Finnwalinsel kaum mehr die Hand vor Augen sehen konnten und Halt machen mussten. Um 1/2 12 krochen wir in unsere Zelte.

In der Nacht erhob sich ein Orkan und am Morgen begann uns das Eis, auf dem unser Zelt stand, zu beunruhigen. Bowers und Taylor erstiegen die Höhe der Insel und berichteten, da oben sei der Sturm fürchterlich, er fege auf beiden Seiten wütend herunter, aber unmittelbar leewärts sei es verhältnismäßig windstill. Von Stunde zu Stunde warteten wir auf das Abflauen des Orkans; aber vergeblich. Am Nachmittag ging ich daher mit Bowers ein Stück um die Insel herum und fand dicht unter ihrer Wetterseite eine kleine Eisplattform, die mir haltbar erschien; wir verlegten nun unser Lager dorthin. Das kostete zwei kalte Stunden, aber wir gewannen dadurch wirklich Schutz vor dem Sturm, denn die Felsenklippen stiegen hinter unseren Zelten fast senkrecht empor. Nur dann und wann stieß ein Wirbelwind auf die Zelte herab, die aber gut befestigt waren. Das Toben in den Felsenklüften über unseren Köpfen war betäubend; wir konnten kaum unsere Worte verstehen. Gleichwohl schliefen wir in dieser Nacht ein gut Teil ruhiger, denn wir brauchten wenigstens nicht zu befürchten ins Meer hinausgetrieben zu werden. Bedenklicher war es jetzt um unsere Lebensmittel bestellt: Sie reichten nur noch für eine Mahlzeit!

Während der Nacht legte sich der Wind etwas und als ich am Morgen um 7 weckte, konnten wir wenigstens Land vor uns sehen. Aber es war noch verzweifelt kalt und das Zeug fror uns am Leibe, als wir unser Lager abbrachen und beim Morgengrauen unsere Schlitten mit erfrierenden Händen wieder beluden.

Als wir uns dem Vorgebirge näherten, wurden einige tröstliche Lebenszeichen sichtbar: einige alte Fußstapfen im Schnee, ein langer Seidenfaden vom Ballon des Meteorologen – aber weiter sahen wir nichts. Auf einmal erblickten wir den Wetterschirm auf dem Windfahnenhügel; einen Augenblick später trat ein kleines Vorland zurück und wer beschreibt meine Erleichterung, als jetzt die Hütte völlig unversehrt vor uns lag – Ställe, Nebengebäude, nichts war von der See beschädigt worden.

In der Nähe der Ställe gewahrten wir zwei arbeitende Gestalten und fragten uns, wann sie uns wohl erblicken würden. Nach wenigen Augenblicken schon hatten sie uns bemerkt und liefen in die Hütte hinein, um unsere Ankunft zu melden. Drei Minuten später stürmten alle Bewohner mit lautem und herzlichem Willkommensgruß über das Eisfeld uns entgegen.

Nach den ersten Erkundigungen über das gegenseitige Befinden erfuhr ich nun, was sich an wichtigen Ereignissen in meiner Abwesenheit zugetragen hatte. Diese Ereignisse bestanden in dem Tod eines Ponys und eines Hundes, zwei Unfälle, die mit Rücksicht auf den schon erlittenen Verlust bedauerlich genug waren.

Diese beiden Unfälle waren das Schlimmste aus dem kleinen Vorrat von Neuigkeiten, der meiner wartete; im Übrigen war die Einrichtung der Hütte wunderbar fortgeschritten und die tägliche Erledigung der wissenschaftlichen Arbeiten in vollem Gang.

Welch ein wunderbarer Kontrast, nach unserem primitiven Leben auf der Hüttenspitze wieder in unser warmes, trockenes Heim auf Kap Evans einzuziehen! Der kleine Raum, der jedem zur Verfügung stand, weiterte sich zu einem Palast, die Beleuchtung erschien über alle Beschreibung glänzend und die Bequemlichkeit luxuriös. Nach drei Monaten konnten wir wieder einmal auf zivilisierte Weise essen, uns den Genuss eines Bades gestatten und mit reiner, trockener Kleidung in Berührung kommen. Diese Stunden physischer Zufriedenheit lassen alle Entbehrungen der Vergangenheit vergessen und sind Lichtpunkte in der Erinnerung jedes Polarreisenden; nur sind sie leider zu flüchtig, denn die Gewohnheit nimmt ihnen bald ihre Süße.

Ich war noch kaum eine Stunde, ja nicht einmal einige Minuten in der Hütte, als man mich schon herumführte, um mir die Umwandlung zu zeigen, die das Innere während meiner Abwesenheit erfahren hatte, und auf die jeder zu seinem Teil mit Recht nicht wenig stolz war.

Simpsons Ecke wurde zuerst besucht. Hier schweifte das Auge über zahllose Wandbretter hin, die mit einer Überfülle selbst registrierender Instrumente, elektrischer Batterien und Umschalter besetzt waren, während das Ticken vieler Uhren, das leise Schwirren eines Motors und ab und zu der zitternde Ton einer elektrischen Klingel die Luft erfüllten. Alle diese Instrumente gaben eine überwältigende Vorstellung von der verwickelten Einrichtung einer erstklassigen meteorologischen Station, der ersten und einzigen dieser Art, die je in Polarregionen errichtet wurde, und ich brauchte Tage, ja Monate dazu, um mir die Ziele unseres Meteorologen und die peinliche Genauigkeit klarzumachen, mit der er den täglichen und stündlichen Wechsel der Witterung registrierte.

Nie hat die Kunst der Fotografie innerhalb der arktischen Region eine so großartige Behausung gefunden und auch anderwärts selten solch ein palastartiges Zimmer zur Entwicklung der Negative und der Kopien besessen. Aber es war der Arbeit, die darin geleistet wurde, und eines Künstlers wie Ponting würdig. Mit wahrer Künstlerfreude zeigte er mir die Resultate seiner Sommerarbeit und zwischendurch betrachtete ich die saubere Ausstattung, die Apparate, den Porzellanausguss, den automatischen Wasserhahn, die beiden Acetylengaslampen mit ihren Lichtschirmen und die allenthalben auffallenden Einrichtungen zur Gewinnung echt künstlerischer Fotografien.

Ich hatte mich an den Schätzen der Dunkelkammer noch lange nicht satt gesehen, als ich in das Gemach des Biologen geführt wurde: Nelson und Day, die beide an methodische Ordnung gewöhnt waren, hatten von Anfang an beschlossen, zusammen zu wohnen, um der Möglichkeit zu entgehen, vielleicht mit einem unordentlichen Kameraden hausen zu müssen. Zu Beginn meiner Herbstreise war ihre Zelle noch nicht eingerichtet, aber jetzt war sie ein Muster an Ausnutzung des verfügbaren Raumes und zugleich an Ordnung und Zierlichkeit. Das Mikroskop des Biologen stand auf einer niedlichen Bank mitten unter verschiedenem Emaillegeschirr, unter Gefäßen und Büchern, alles ordentlich aufgestellt und hingelegt. Im Rücken des Arbeitenden waren die Schlafkojen, mit Schubladen für die Garderobe, durch freundliche Gardinen verdeckt. Über den Kojen hingen eine zierliche Einrichtung zum Trocknen der Strümpfe und verschiedene Netze und von den hübschen Wandsimsen strahlte das Licht der Kerzen wider. Von Days Geschicklichkeit waren alle des Lobes voll, dankbar für die Hilfe, die er ihnen bei der Justierung der Instrumente und überhaupt überall geleistet hatte. Sein Amt war die Heizungs-, Beleuchtungs- und Ventilationsanlage, die sich zur Zufriedenheit aller bewährt hatte.

Von der Heizungsanlage wandte sich meine Aufmerksamkeit naturgemäß dem Kochofen und seinem Hüter, Clissold, zu. Von den hervorragenden Proben seiner Kochkunst war mir schon berichtet worden und jetzt führte man mich in die Küche mit ihrem Hauptherd und den anderen Öfen, ihren Töpfen und Pfannen, ihren Seitentischen und wohl bedeckten Borden. Das sprach schon sehr für den Küchenmeister, wenn auch eine gute Mahlzeit keineswegs von einer bequem eingerichteten Küche abhängt.

Besonders am Herzen lag mir natürlich die Unterkunft unserer Tiere und ich konnte sowohl den russischen Wärtern als auch meinen englischen Landsleuten gleiches Lob dafür spenden. Anton hatte mit Lashlys Hilfe die Einrichtung der Ställe vervollständigt. Saubere Stände nahmen die ganze Länge des Anbaues ein, einer war vom anderen durch Bretter getrennt, sodass die Ponys sich nicht schlagen konnten; die Front war mit Blech beschlagen, zum Schutz gegen die »Krippensetzer«. Ich freute mich, die uns noch gebliebenen acht Tiere hier so gut untergebracht zu wissen, wenn ich auch seufzend daran denken musste, wie viel Stände jetzt leer bleiben würden. Dafür konnten wir aber den übrigen Tieren bis auf zwei oder drei doppelten Raum gewähren, sodass sie sich nach Belieben hinlegen konnten.

Für die knappen Futterrationen, auf die die Ponys gesetzt waren, sahen sie recht leistungsfähig aus; mit den beiden auf der Hüttenspitze zurückgelassenen verglichen, war ihr Fell überraschend langhaarig und wollig, und Lashly, Anton, Dimitri, Hooper und Clissold hatten dafür gesorgt, ihnen Bewegung zu verschaffen. Sie wurden regelmäßig am Strand geritten, da das Meer hierherum erst vor kurzem zugefroren war. Die Reitbahn lag auf dem mit Blöcken besäten Sand

Dr. Simpson in seinem Laboratorium

unseres Strandes nach dem Skuasee hin und hier sah ich jetzt alle Tage Gestalten auf ungesattelten Pferden einherjagen und oft genug Ross und Reiter ganz plötzlich sich voneinander trennen. Mir schien das zwar nicht gerade die wünschenswerte Art der den Pferden nötigen Bewegung, aber ich ließ die Sache so lange laufen, bis unser Ponydirektor Oates zurückkehrte.

Dimitri hatte ein halbes Dutzend Hunde unter seiner Aufsicht behalten, und diese sahen sehr leistungsfähig aus. Er hatte ihnen ein Schutzdach verschafft, ja ihnen sogar einen kleinen Anbau gezimmert, der den Tieren, deren Magen oder Pelz der Pflege bedurfte, als Krankenhaus dienen sollte.

Dies waren die Eindrücke, die mich bei der Rückkehr in unsere Winterstation empfingen. Mit Ausnahme der beiden oben erwähnten Unfälle waren sie alle durchaus erfreulich, standen also im glücklichsten Gegensatz zu den Befürchtungen, mit denen ich mich auf dem Heimweg gequält hatte. Nach und nach hatte ich mich dann genauer mit diesen Details zu beschäftigen, Verbesserungen zu überwachen und die Entwicklung neuer Einrichtungen zu beobachten, und ich wurde mir dadurch alle Tage stärker bewusst, für welch eine umfangreiche und verwickelte, aber überaus glückliche Organisation ich mich selbst verantwortlich gemacht hatte.

ZUM ENTSATZ NACH DER HÜTTENSPITZE

Sonnabend, 15. April 1911. Das Wetter ist fortgesetzt grundschlecht, der Wind weht den ganzen Tag mit 50 bis 70 Kilometer Geschwindigkeit und heute Abend schneit es. Ich warte mit Ungeduld auf das Abflauen des Sturmes, um mit Entsatzproviant nach der Hüttenspitze zurückzukehren. Heute Abend ließ ich ein Signalfeuer aufleuchten, um die Besatzung von unserer glücklichen Ankunft zu unterrichten; als Antwort zeigte sich ein hell aufflackernder Lichtschein.

Ostersonntag, 16. April. Gegen 6 Uhr wurde es, bis auf gelegentliche Windstöße aus Norden, endlich ruhig. Ich habe mir heute die Ponys zum ersten Mal ordentlich angesehen und mag mich kaum über die gemischten Gefühle aussprechen, die der Anblick dieser Reste in mir erregte.

Montag, 17. April. Ich brach heute von Kap Evans mit zwei Abteilungen auf. Day, Lashly, Dimitri und ich gingen voran; Bowers, Nelson, Crean und Hooper folgten mit einem zweiten Schlitten. Wir nahmen nichts weiter mit als die notwendigste Ausrüstung, Lebensmittel für uns auf eine Woche und einen für die Hüttenspitze bestimmten Vorrat an Hafer- und Weizenmehl, Schweinespeck, Butter, Schokolade usw.

Bis auf 2 Kilometer vor der Gletscherzunge zogen zwei Ponys die Schlitten; dann sprang plötzlich der schneidend kalte Wind, der bisher aus Norden gekommen war, nach Südosten um, der Himmel bewölkte sich und es wurde ziemlich dunkel. Als wir eine geeignete Stelle zum Aufstieg auf den Gletscher gefunden hatten, ließ ich die Ponys umkehren.

Wir hatten diesmal aber nicht so viel Glück wie auf dem Herweg. Wir verirrten uns bald, zogen kreuz und quer, gerieten zwischen zahlreiche Spalten, kamen in der Nähe offenen Wassers wieder auf das Buchteis hinunter und mehr als einmal entschwand ich als Führer plötzlich den Augen meiner Gefährten, die oft nicht wenig bestürzt darüber waren. Das Ziehen auf dem Meereis strengte stark an und Wind und Schneetreiben waren uns stets entgegen. Jeder von uns hatte Frostbeulen im Gesicht und mehrere litten an eiskalten Füßen, sodass wir mehrfach Rast machen mussten. Da, wo wir das vorige Mal auf das Eis heruntergekommen waren, strömte loser Schnee von der Klippe herunter, ein neuer Rand hatte sich gebildet und unser Seil, das wir auf unserem Herweg dort zurückgelassen hatten, war an beiden Enden in Schnee und Eis begraben.

Wir schlugen hier zunächst unser Lager auf, da wir alle froren, tranken Tee und wechselten die Fußbekleidung. Unterdessen gingen Bowers und ich erst südwärts, dann nordwärts an den Klippen entlang, um eine neue Stelle zum Hinaufklettern zu finden. In der Nachbarschaft der Huttonfelsen, wie auch im Norden, schien der Aufstieg überall unmöglich; aber schließlich fanden wir nicht allzu weit von unserem Seil eine vorstehende Kante, mit der wir es zu versuchen beschlossen.

Wir luden einen Schlitten ab. Wenn ihn vier Mann der Länge nach hochhielten, reichte er gerade bis an diese Kante und nachdem ich über die Rücken der Männer und die Länge des Schlittens hinweg hinaufgeklettert war, schlug ich mit dem Eispickel Stufen in die Eiskante und kam so weiter hinauf. Bowers folgte mir auf dem gleichen Wege und dann auch die Übrigen. Unser Gepäck wurde Stück für Stück hinaufgezogen und für Crean, den letzten Mann, ließen wir den Schlitten über die Kante hinabhängen und zogen ihn am Seil empor. Grinsend vor Vergnügen kam er herauf und wir alle waren überzeugt, dass unser Aufstieg ein schlaues Stück gewesen sei. Es war zwar eine fürchterlich kalte Arbeit, aber da jeder mit voller Energie und Geistesgegenwart dabei half, hatten wir schließlich alles oben und beluden den Schlitten von neuem, froh uns wieder anschirren zu können und in Bewegung zu kommen.

Nun aber begann ein mühsames Ziehen bei halber Dunkelheit einen steilen Abhang hinauf. Um den zahlreichen Spalten auszuweichen, mussten wir einen Umweg nach links machen. Wir erreichten schließlich die Höhe und gingen so nahe wie möglich an den Kratern vorüber, geradeso wie auf unserem früheren Marsch. Aber wir waren diesmal alle ziemlich erschöpft und völlig nass geschwitzt und als wir bei etwas besserem Wetter auf dem Barriereabhang im Norden des Burgfelsens angekommen waren, schlugen wir unser Lager auf und schliefen recht gut, obgleich es sehr kalt, aber windstill war. Die Nachttemperatur betrug 39 Grad unter null.

Dienstag, 18. April. Früh um 7 Uhr frühstückten wir bei schönem Mondschein und brachen schnell das Lager ab, wobei Lashly, wie immer, sich durch seine Gewandtheit und Fixigkeit auszeichnete. Dann begann wieder ein anstrengendes Ziehen zum Burgfelsen hinauf und um 1 Uhr Mittags gelangten wir glücklich an die Hüttenspitze.

Hier war alles wohl und munter und keiner schien sonderlich Sehnsucht nach uns gehabt zu haben. Seit unserem

Abmarsch war hier sehr schlechtes Wetter gewesen, auf einen kalten Orkan war beständiger Südwestwind bei 29 Grad und darunter gefolgt. Das offene Wasser reichte bis dicht an die Hüttenspitze, da der Wind alles Zufrieren am Ufer völlig unmöglich gemacht hatte.

Wilson berichtete am Montag Skuamöwen gesehen zu haben. Der Vorrat der Besatzung an Robbenspeck war viel geringer, als ich erwartet hatte. Sie hatten eben erst bei unserer Ankunft einen Seehund erlegt und einen anderen vor zwei Tagen; das war alles.

Mittwoch, 19. April. Während der Nacht herrschte Windstille und schon gegen Mittag überzog sich das Meer mit einer Eisschicht, die vor der Hüttenspitze 11 Zentimeter dick war, ein Beweis, dass das Meer leicht zufriert, sobald die Umstände es erlauben.

Die Meldung, dass drei Robben auf dem Eis lägen, trieb uns alle gleich nach dem Frühstück hinaus und bald waren Leber und Speck der drei Tiere zur Stelle, also Vorrat auf zwölf Tage; bis dahin werden wohl neue Robben auftauchen. Diese Vergrößerung der Vorräte befreite mich von einiger Besorgnis und ich denke morgen wieder abzuziehen.

Heute Abend ist alles in der vorigen Nacht gefrorene Eis fortgetrieben, das Meer versuchte hinterher wieder zuzufrieren, aber der ewige Südwind ließ es nicht dazu kommen. Den Ponys wurde gestern und heute Bewegung verschafft; sie sehen recht leistungsfähig aus, aber ihr Fell ist nicht so gut wie das ihrer Kameraden im Winterquartier; sie brauchen fetteres Futter. Den Hunden geht es mit Ausnahme von zweien gut. Vor allem aber fühlt sich die Besatzung in der Discoveryhütte sehr wohl und behaglich. Ich werde mit Ruhe wieder fortgehen können.

Donnerstag, 20. April. Heute früh wollten wir abmarschieren, aber ein Orkan mit Schneegestöber aus Süden machte unsere Abreise unmöglich. Der um das Vorgebirge wehende Wind ist geradezu gefährlich, er hat die Stärke 7, und die Temperatur ist dabei unter 34 Grad. Solches Wetter schiebt die Eisbildung noch immer weiter hinaus.

Freitag, 21. April. Heute um 1/2 11 Uhr marschierten wir ab. Ich ließ Meares als Kommandanten der Hüttenspitze zurück, mit Dimitri als Hilfe bei den Hunden, Lashly und Keohane zum Überwachen der Ponys, Nelson, Day und Forde, damit sie hier einen Begriff vom Leben in der Antarktis erhalten und Erfahrungen sammeln können. Die nach Kap Evans zurückreisende Gesellschaft bestand daher jetzt aus mir selbst, Wilson, Atkinson und Crean mit dem einen, Bowers, Oates, Cherry-Garrard und Hooper mit dem anderen Schlitten.

Wie gewöhnlich zogen alle Mann die Schlitten ohne zu verschnaufen den Schneeabhang hinauf und Lashly und Dimitri begleiteten uns bis fast an den Burgfelsen. Ein kalter Wind wehte von der Seite und bald hatten einige von uns wieder Frostbeulen. Wir erreichten den hinunter führenden Abhang gegen 1/2 3, und am Rand der Klippen fanden wir, dass die Eiskante, über die wir heraufgekommen waren, verschwunden war. Der Wind war noch stärker geworden, das Schneetreiben wurde immer wilder und wir standen Tantalusqualen aus, ehe es gelang, das Seil festzumachen, und Bowers und einige andere glücklich auf das Eisfeld hinunterkamen. Dann wurden zunächst die beladenen Schlitten niedergelassen und ich glitt als Letzter am Seil herunter. Es war doppelt um einen eingerammten Schneeschuhstock aus Holz geschlungen, sodass wir es hinterher leicht herunterziehen konnten. Auch das alte Seil konnten wir wieder ausgraben, bis auf ein Stück, das im Meereis unter dem Schnee fest eingefroren war, genau so wie ehemals die Boote der »Discovery«, die gleichfalls in festen Eisschlamm eingefroren und nicht mehr zu retten waren.

Schnell schirrten wir uns wieder an und stürmten vorwärts, um unter den Klippen Schutz zu suchen, denn die Kälte war unerträglich. Bald wurden die Zelte aufgeschlagen und so schnell wie möglich heißer Tee bereitet; nachdem wir das Schuhwerk gewechselt hatten, ging alles wieder besser. Um 1/2 5 zogen wir weiter, aber bei dem trüben Tageslicht verirrten wir uns auf dem Gletscher wie gewöhnlich und stolperten in viele kleine Spalten, bis wir schließlich an der alten Stelle wieder hinabstiegen.

Bald kamen wir bei der Kleinen Finnwalinsel an; unser Schlitten zog sich fürchterlich schwer und Crean behauptete, dass die beiden Schlitten sehr verschieden schwer seien, obwohl wir die Lasten gleichmäßig verteilt hatten. Bowers gab uns, wenn auch höflich, zu verstehen, dass unsere Klage wohl nur eine Folge unserer Müdigkeit sei. Wir bestanden aber darauf, es auszuprobieren, und er war sofort einverstanden, dass wir die Schlitten tauschten. Der Unterschied war außerordentlich groß; der neue Schlitten kam uns, mit dem anderen verglichen, federleicht vor, wir stürmten mit großer Schnelligkeit heim und kamen an unserem Winterquartier zehn Minuten früher an als die anderen, die sich mittlerweile davon überzeugt hatten, dass die Schlitten wirklich verschieden schwer waren. Der Unterschied zeigte sich übrigens nur dann auffällig, wenn es über mit Salz bedecktes Meereis ging; über Schnee zogen sie sich beide ziemlich gleich. Die Ursache ist die Faserung des Kufenholzes.

Bei unserer Ankunft waren wir alle wie in Schweiß gebadet und als wir unseren Windanzug auszogen, rieselten Eiskristalle in unglaublicher Menge auf den Fußboden nieder. Hätten wir in diesem Zustand im Freien kampieren müssen, so wäre es uns gewiss allen schlecht bekommen; im Winter und im Frühling darf man sich hier nicht erlauben, so heiß zu werden, wenn man seine Gesundheit einigermaßen erhalten will.

Unser trefflicher Koch hatte gerade das richtige Essen für uns bereitet: ein mächtiges Gericht aus Reis und Feigen und dazu einen ganzen Eimer voll Kakao. Die Zurückgebliebenen freuten sich sehr, uns wieder zu sehen, und die Neuangekommenen sind über die Einrichtung und Bequemlichkeiten der Hütte nicht weniger überrascht als ich es war.

Sonnabend, 22. April. Die Zeit für die Schlittenfahrten ist zu Ende und ich habe eben meine Papiere geordnet, um alles für die Winterarbeit vorzubereiten. Wir erfreuen uns hier ganz außerordentlicher Windstille. Das Meer friert zu, aber leider ist unsere Aussicht vom Observationshügel aus sehr begrenzt.

Sonntag, 23. April. Heute nahm die Sonne Abschied und bot uns noch einmal den herrlichen Anblick ihres goldenen Lichtes über dem Barnegletscher. Sie selbst war durch den Gletscher verdeckt, dessen schöne Eisklippen in tiefen Schatten unter den rosigen Strahlen lagen. Nun beginnt das lange, milde Zwielicht, das gleich einer silbernen Spange das Heute mit dem Gestern verbindet.

Ich hielt heute Gottesdienst. Leider haben wir nur sieben Gesangbücher, denn ein Teil ist dummerweise wieder auf das Schiff zurückgeschafft worden.

Fast kommt es mir so vor, als ob wir es in der Hütte allzu bequem hätten, und als ob das gute Leben hier uns schlapp machen könnte, aber andererseits macht es wieder Freude zu sehen, wie wohl gelaunt alle sind und bisher hat sich noch nicht der geringste Misston in unsere Gesellschaft eingeschlichen.

STILLE WINTERARBEIT

Montag, 24. April 1911. Wir haben einen Nachtwächterposten eingerichtet, hauptsächlich zur Beobachtung des Südlichtes, das sich bisher erst schwach gezeigt hat. Der Beobachter hat sich alle Stunden oder öfter draußen umzusehen, ob sich etwas zeigt. Ihm sind Kakao und Sardinen mit Brot und Butter bewilligt; Kakao kann er sich auf einem Acetylen-Bunsenbrenner aus Simpsons Ausrüstung bereiten. Ich übernahm gestern Abend als Erster dieses Amt; die hier anwesenden Mitglieder der Achterwache folgen dann der Reihe nach. Die langen Nachtstunden geben willkommene Zeit zum Aufarbeiten einer Menge kleiner Dinge und die Hütte bleibt über Nacht ganz warm, obgleich das Feuer ausgelöscht ist.

Simpson hat während unserer Abwesenheit Versuche mit Ballons gemacht. Heute Morgen ließ er probeweise einen aufsteigen. Der Ballon ist aus Seide und fasst einen Kubikmeter; man füllt ihn mit Wasserstoffgas, das auf sehr einfache Weise hergestellt wird. In einem Gefäß mit Wasser befindet sich, die Mündung nach unten, ein zweites Gefäß, das durch ein Rohr mit dem Ballon verbunden ist, und aus einer Gummiröhre lässt sich, je nach Belieben, viel oder wenig Kalziumhydrat in den Gaserzeuger bringen. Das sich bildende Gas steigt durch das Rohr in den Ballon oder sammelt sich im Innern des leeren Gefäßes, wenn der Verschlusshahn des Ballons zugedreht ist.

Auch die Einrichtungen zur Nutzbarmachung des Ballons sind sehr hübsch. Ein Instrument, das nur 64 Gramm wiegt und Temperatur und Luftdruck registriert, wird unter einer kleinen Flagge befestigt und hängt an einem Faden aus Ballonseide 3 bis 5 Meter unterhalb des Ballons; der Faden ist so fein, dass 9000 Meter davon nur 113 Gramm wiegen, während seine Zerreißfestigkeit 560 Gramm beträgt. Der untere Teil des Instruments ist wieder an dem Seidenfaden befestigt, der um konische Röllchen gewickelt ist, von denen der Ballon ihn im Aufsteigen ohne Stockung oder Reibung abrollen lässt.

Um der Seide beim Freilassen des Ballons jeden Ruck zu ersparen, tragen zwei mit einer Zündschnur verbundene Bindfaden die Spannung zwischen Instrument und Ballon, bis die Zündschnur verbrannt ist.

Das Füllen des Ballons dauert ungefähr eine Viertelstunde; dann wird die Zündschnur in Brand gesetzt und der Ballon freigelassen; mit seinen 227 Gramm Gewicht und seinem Auftrieb von 1 Kilo steigt er reißend schnell. Wenn er dem unbewaffneten Auge entschwunden ist, kann man noch mit dem Fernglas einen Kilometer nach dem anderen abrollen sehen. Der Theorie nach soll der Seidenfaden bei eintretender Spannung zwischen Instrument und Ballon reißen und Ersteres herabfallen; man kann dann dem Faden nachgehen und findet das Instrument mit seiner Registrierung wieder.

Heute probierten wir das mit einer Attrappe statt eines wirklichen Instruments, aber der Faden riss dicht an den Röllchen. Nachmittags wurde es mit einem doppelten Faden versucht und dieser bewährte sich gut.

Dienstag, 25. April. Gestern den ganzen Tag hindurch und die letzte Nacht war es verhältnismäßig windstill und heute hat nur ein leichtes Lüftchen aus Süden geweht. Die Temperatur, die mit ihren 21 Grad unter null anfangs hoch war, ist allmählich auf 25 Grad gefallen; infolgedessen ist die Meerenge endlich zugefroren und die Hüttenspitzenabteilung dürfte jetzt bald bei uns eintreffen können. Wenn die Orkane nur noch drei Tage ausbleiben, muss sich das Eis ohne alle Gefahr überschreiten lassen; aber Meares wird es schwerlich so eilig haben.

Auf der Hüttenspitze hatten wir wunderschöne Sonnenuntergänge, während uns hier an Kap Evans zum größten Bedauern Pontings und einiger andern solche Lichtwirkungen fehlten, wahrscheinlich infolge des Frostrauchs, der stets dazwischentritt. Auch dachte ich, dass unsere Winterspaziergänge hier nicht so interessant sein würden wie auf der Hüttenspitze; aber dem ist nicht so; wir vermissen hier zwar das Herumklettern auf den Bergen, aber sonst ist eine Fülle interessanter Dinge zu finden.

Simpson und Bowers ließen heute einen Ballon mit doppelten Faden und angehängtem Instrument steigen; der Faden rollte etwa 5000 Meter lang ab, wurde dann gehemmt und bald darauf sahen wir das Instrument niederfallen. Nachmittags gingen Simpson und Bowers aus, um ihren Schatz wiederzuholen, aber im Süden des Inaccessible Island fanden sie den Faden zerrissen und es war zu dunkel, um noch zu suchen.

Ponting hat einige farbige Fotografien angefertigt, aber das Resultat ist wenig befriedigend und die Platten sind sehr fleckig. Wilson ist mit Pinsel und Palette tätig. Atkinson packt aus und stellt seine Sterilisatoren und Keimapparate auf. Wright müht sich mit elektrischen Instrumenten ab. Evans betreibt fleißig die Vermessung des Vorgebirges und der Umgegend. Oates reorganisiert den Stall, macht die Stände größer usw. Cherry-Garrard baut ein steinernes Haus zum Ausbalgen, Ausstopfen und Aufbewahren erlegter Tiere, in der Erwartung eines Winkes, dass er während des Winters auch einen Unterschlupf am Kap Crozier bauen solle. Debenham und Taylor benutzen das letzte Licht, um das Gelände der Halbinsel zu untersuchen. So ist jeder außerordentlich tätig.

Donnerstag, 27. April. Die Hüttenspitzenabteilung ist noch immer nicht da! Die Temperatur bleibt auf etwa 21 Grad und das Eis muss jetzt schnell dicker werden. Heute Abend kommt der Wind aus Norden.

Heute habe ich für den Winter eine Reihe Vorträge organisiert; die Leute scheinen sehr erpicht darauf zu sein und auch ich denke es mir außerordentlich interessant, so viele verschiedenartige Fragen mit Sachverständigen besprechen zu können. Wir haben unter uns eine außergewöhnliche Mannigfaltigkeit an Talent und Ausbildung; eine zweite Gesellschaft von so vielseitiger Erfahrung aus jedem Land und jedem Klima dürfte schwer zu finden sein.

Freitag, 28. April. Die Eisgrotten des Gletschers im Süden des Vorgebirges sind wirklich ganz wundervoll. Ponting machte heute einige lange exponierte Aufnahmen und Wright nahm einige feine Eiskristalle auf.

Das Meer scheint jetzt endgültig zuzufrieren.

Heute zeigte sich über dem Erebus ein Südlicht in prächtiger Entfaltung; tatsächlich sieht man nach der Lichtbewegung eine rote Färbung.

Sonnabend, 29. April. Wilson begleitete mich nach Inaccessible Island. Die Agglomerate, Kenyte und Laven sind dort ungefähr dieselben wie am Kap Evans. Die Insel ist 165 Meter hoch und man klettert steil bergauf, bis man über losen Sand und Steinblöcke auf den Gipfel gelangt. Dort hat man eine vorzügliche Aussicht über unsere Umgebung; das Eis in der Meerenge schien sich weit über Kap Royds hinaus zu erstrecken, zeigte aber jenseits der Insel einige gräuliche Spalten.

Dienstag, 2. Mai. Gestern war es windstill. Am Morgen stieg ein Ballon auf, kam aber nur 2000 Meter hoch, als das Instrument sich durch die Zündschnur ablöste. Nachmittags ging ich mit Bowers und seinem Pony fort, um das Instrument zu suchen, wir fanden es in der Südbucht dicht am Ufer.

Am Abend eröffnete Wilson die Reihe der Vorträge mit einer Abhandlung über »Antarktische Vögel«.

Heute spielten wir zum ersten Mal Fußball; dabei erhob sich ein lästiger Südwind, der meiner Partei dreimal zum Gewinn verhalf. Derselbe Wind brachte uns klaren Himmel; er sprang während des Nachmittags an Stärke auf und nieder, legte sich jedoch heute Abend.

Mittwoch, 3. Mai. Heute Abend hielt uns Simpson seinen ersten meteorologischen Vortrag – das Thema war »Südliche

Kronen, Mond- und Sonnenhöfe, Regenbogen und Südlichter«. Er besitzt eine merkwürdige Darstellungskraft und hat mich binnen einer Stunde mehr über diese Erscheinungen gelehrt, als alles frühere eifrige Studium.

Freitag, 5. Mai. Wieder folgte ein windstiller Tag einer ruhigen Nacht. Ein- oder zweimal in der Nacht erhob sich ein leichter Wind aus Norden, der jedoch bald wieder erstarb. Die Temperatur war auf 24 Grad heruntergegangen. Wenn ich nur die Leute von der Hüttenspitze hier hätte, besonders aber die beiden Ponys! Zwar werden sie bei so windstillem Wetter Robben auf dem Eis gefunden haben und schwerlich in Verlegenheit geraten sein.

Ich glaube nicht, dass sich irgendein Leben stärker durch Bescheidenheit kennzeichnen kann als das auf solchen Expeditionen. Dabei geht eine merkwürdige Umwertung aller Werte vor sich. Unter gewöhnlichen Verhältnissen ist es leicht, seinen Zweck durch etwas Unverschämtheit zu erreichen; Anmaßung ist eine Maske, die manche Schwäche bedeckt; meist fehlen Zeit und Wunsch, hinter die Maske zu sehen, und man lässt daher die Leute als das gelten, was sie zu sein vorgeben. Hier ist es anders; der äußere Schein gilt hier gar nichts, nur der innere Wert. So schrumpfen die »Götter« zusammen und die Demütigen treten an ihre Stelle.

Simpson, Meister in seinem Fach, ist unermüdlich bei seinen zahlreichen selbst registrierenden Instrumenten, beobachtet alle Veränderungen mit wissenschaftlichem Eifer und leistet als Observator so viel Arbeit wie sonst kaum zwei. So werden die laufenden meteorologischen und magnetischen Observationen hier mit einer Sorgfalt ausgeführt, wie das noch niemals auf Polarexpeditionen geschah.

Der gutherzige, kräftige und eifrige Wright ist bestrebt, seinen Geist mit den Eisproblemen dieses wunderbaren Gebiets zu sättigen. Er hat alles, was sich auf Elektrizität, auch in Verbindung mit Radioaktivität, bezieht, in die Hand genommen.

Leutnant Evans, der sich seiner Arbeit mit verstandesklarem Eifer hingibt, leistet sie mit all dem Erfolg, der ehrlichem Fleiß nie fehlen wird. Die Zeit wird bei uns außerordentlich gut ausgenutzt, was für jede Arbeit wichtig ist, besonders aber bei physikalischen Beobachtungen. Evans' Verdienst ist die genaue Vermessung unserer nächsten Umgebung und seine Kartenaufnahmen sind von unbedingter Zuverlässigkeit. Gran assistiert ihm.

Taylors Intellekt ist vielseitig und verschlingt alles – sein Verstand ist unaufhörlich tätig, seine Fassungskraft groß. Was er auch schreibt, es wird immer interessant sein – er hat einen flüssigen Stil.

Debenhams Stil hat den Vorzug der Klarheit. Er ist ein gut geschulter, hartnäckiger Arbeiter mit ruhigem Denkvermögen, das zu überzeugen versteht; in ihm vereinen sich Gründlichkeit und Gewissenhaftigkeit.

Bowers' praktischer Genialität verdanken wir vor allem, dass die Arbeit auf unserer Station so glatt vor sich geht. Wohl nie hat es eine glücklichere Mischung von tätigem Geist und tätigem Körper gegeben. Es ist eine ruhelose Tätigkeit, die keine müßigen Augenblicke duldet und sich immerfort zu neuen Formen entwickelt. So sehen wir die Ballons unter seiner Leitung aufsteigen und sofort läuft er über das Eisfeld, der Spur des Leitfadens folgend, der das Instrument hält. Ist das besorgt, so eilt er seinem Pony Bewegung zu verschaffen. Dann muss er mit den Hunden gehen, weil gerade niemand da ist, der sich um die Tiere kümmert. Eine Weile später ist er am Thermometerstand beschäftigt. Freie Luft ist sein Element und er scheint gar nicht zu verstehen, dass sie auch Unbehagen verursachen kann. Jede Stunde im Hause füllt er mit gleicher, rastloser Tätigkeit. Für alle Fragen der Beköstigung und Kleidung auf Schlittenreisen ist er nachgerade eine Autorität geworden und wenn es sich um zuverlässige Berichte über unsere Erlebnisse handelt, wird er mir eine Hilfe sein wie kein anderer.

Neben der Ecke des Naturforschers lebt Atkinson mit seinen Parasiten wie in einer anderen Welt. Alles, was die Fischfalle ans Tageslicht befördert, ist sein Arbeitsfeld. Beständig kommt er, mich zu fragen, ob ich nicht irgendeine neue Form sehen wolle, und nimmt mich dann mit, um mir irgendein Urtierchen oder eine Aszidie zu zeigen, die er unter seinem Mikroskop hat. Die Fische sind für die Wissenschaft ziemlich neu; seltsam, dass ihre Parasiten so früh untersucht worden sind.

Ponting verbringt den größten Teil seines Lebens in der Dunkelkammer und die Welt, in der wir leben, ist ihm etwas ganz anderes als uns – er kennt nur den Maßstab des malerisch Schönen –, und seine ganze Energie konzentriert sich mit wahrer Hingabe auf jede Einzelheit seines Berufs.

Cherry-Garrard ist auch einer der Freiluftmenschen und bescheidenen, stillen Arbeiter. Im Hause ist er Herausgeber unserer Polarzeitung, im Freien beschäftigen ihn Versuche steinerne Hütten zu bauen und Specköfen zu konstruieren, hauptsächlich wohl für die beabsichtigte Winterreise nach Kap Crozier. Aber diese Experimente sind lehrreich für jede Abteilung, denn jede kann, von der Heimatstation abgeschnitten, in eine schwierige Lage geraten und es ist von großem Wert, zu wissen, wie sich die spärlichen Hilfsquellen der Antarktis im Notfall ausnutzen lassen. Seine Versuche haben mich veranlasst in unserer arktischen Bibliothek mich über alle Einzelheiten des Schneehüttenbaues und über die dazu nötigen Hilfsmittel zu unterrichten.

Oates' ganzes Herz gehört den Ponys und ihre Pflege geht ihm über alles, während sein Diener, der tüchtige kleine Anton, in den Ställen tätig ist.

Deckoffizier Evans schließlich und Crean bessern Schlittenbeutel aus, beziehen Filzstiefel und nähen neue Reiseanzüge. So gibt es hier tatsächlich keinen, der müßig ginge, und keinen, der die geringste Aussicht auf faule Tage hätte.

Sonntag, 7. Mai. Das Tageslicht ist jetzt sehr kurz. Warum nur die Hüttenspitzenabteilung noch immer nicht kommt!

Gestern stieg ein Ballon auf und erreichte eine hübsche Höhe (wahrscheinlich 4000 bis 5000 Meter), ehe das Instrument sich ablöste; der Ballon stieg fast senkrecht empor und der seidene Faden fiel wie Girlanden auf den felsigen Teil des Vorgebirges, was das Nachgehen sehr erschwerte; doch während Bowers suchte, sah Atkinson das Instrument einige hundert Meter weit draußen in der Bucht niederfallen – es wurde geholt und gibt uns zum ersten Mal wichtige Auskunft über die Temperatur der oberen Luftschichten.

Atkinson und Crean stellten vor dem Weststrand die Fischfalle etwa 5 Meter tief unter dem Wasser auf; sowohl gestern

Morgen wie gestern Abend enthielt sie über vierzig Fische, während heute die Ausbeute an derselben Stelle zwanzig bis fünfundzwanzig betrug. Wie aßen heute Fische zum Frühstück, aber weit ergiebiger war der Fang für Atkinsons Mikroskop. Er hat eine ganze Anzahl neuer Parasiten entdeckt und nun Arbeit für lange Zeit.

Clissold überrascht uns noch immer mit neuen Gerichten; heute Abend hatten wir Robbenfleisch in Gelee – es war ausgezeichnet!

Montag, 8. Mai, bis Dienstag, 9. Mai. Montag Abend trug ich meine Pläne für die Schlittenfahrt zum Pol in großen Umrissen vor. Natürlich interessierte das alle sehr. Meiner Meinung nach ist das Problem der Erreichung des Pols am besten dadurch zu lösen, dass man sich auf die Ponys und auf menschliche Zugkraft verlässt. Mit dieser Ansicht schien die ganze Gesellschaft einverstanden; alle misstrauen offenbar den Hunden, soweit es sich um Überwindung der Gletscher und der Höhen handelt. Ich habe jeden gebeten über das Problem nachzudenken, es ungeniert zu erörtern und etwaige Vorschläge zu meiner Kenntnis zu bringen.

Die Meerenge ist jetzt schon eine Woche zugefroren und ich begreife nicht, warum die Hüttenspitzenabteilung noch nicht da ist! Windstilleres Wetter wie in den letzten Tagen konnte sie sich nicht wünschen! Ehe sie nicht wieder hier ist, lässt mich die Sorge nicht los!

Mittwoch, 10. Mai. Die vermisste Gesellschaft kommt noch immer nicht! Ich ging heute weit über Inaccessible Island hinaus, bis Hüttenspitze und Burgfelsen jenseits der Zeltinsel sichtbar wurden, also bis an die Stelle, wo wir zuletzt offenes Wasser gesehen hatten. Das Eis ist 22 Zentimeter dick, was nach acht- oder neuntägigem Frost gerade nicht viel ist; aber es ist sehr fest – die Oberfläche nass, aber recht glatt. Meares will wohl erst 30 Zentimeter Dicke abwarten oder er fürchtet, dass das Eis für die Ponys zu glatt ist. Dennoch wünschte ich, dass er käme.

Freitag, 12. Mai. Heute hat es den ganzen Tag heftig geweht, mit 55 bis 110 Kilometer Geschwindigkeit in der Stunde und ich war einmal sehr in Furcht, dass das Eis in der Meerenge weggetrieben sein könne. Als dann am Abend der Wind schwächer wurde, bestieg ich den Windfahnenhügel und überzeugte mich, dass das Eis fest geblieben ist.

Sonnabend, 13. Mai. Heute Morgen war es windstill und klar, bis auf einen leichten Nebelschleier aus Eiskristallen, durch den der Mond mit kaum getrübtem Glanz hindurchschien, dabei aber einen hellen kreuzförmigen Hof und einen weißen Nebenmond zeigte.

Nach dem Tee stürzte Atkinson mit der frohen Botschaft ins Haus, die Hundegespanne von der Hüttenspitze seien da! Sofort waren wir draußen auf dem Eis, um den letzten Rest unserer Überwinterungsabteilung willkommen zu heißen. Meares meldete, alles sei in Ordnung, und die Ponys seien nur wenig zurückgeblieben.

Die Hunde wurden abgeschirrt und an den Ketten angebunden; sie sahen alle erstaunlich gut aus. Alle unsere zehn Ponys jetzt während des Winters in warmen Ställen untergebracht zu wissen, ist mir die größte Beruhigung. Von diesen Tieren dürfte der ganze Erfolg meiner Expedition abhängen.

Am 22. April, dem Tag nach unserer Abreise, wurden auf der Hüttenspitze vier Robben erlegt, und seitdem noch mehrere, sodass die Hütte wieder reichlich Vorrat an Speck und Fleisch enthält; die übrigen Vorräte scheinen ziemlich aufgezehrt zu sein. Etwas Ponyfutter war noch aus dem Depot geholt worden. Vor drei Tagen wurde auf dem Meereis in der Nähe des Burgfelsens ein junger Seeleopard getötet, dies ist erst der zweite, den wir in der Meerenge gefunden haben.

Merkwürdig ist, dass keiner der Zurückgekehrten die üppige Kost, die sie hier erhalten, sonderlich zu würdigen scheint. Es wäre uns wohl ebenso ergangen, wenn wir nicht vor unserer Ankunft ein paar Tage hätten im Zelt hausen müssen. Ich überzeuge mich immer mehr davon, dass hier gar keine andere als ganz einfache Kost notwendig ist – reichlich Robbenfleisch, Mehl und Fett, dazu Tee, Kakao und Zucker; dies sind die einzigen wirklichen Erfordernisse, um in körperlichem Wohlbefinden zu leben.

Sonntag, 14. Mai. Am Morgen war es grau und trübe. Aber mittags klärte sich der Himmel auf und heute Nachmittag ging ich über die Nordbucht zu den Eisklippen. Es war ein schöner Nachmittag und Abend: alles von Mondlicht überflutet, das rein und glänzend fast wie goldenes Licht aussah. In solchen Stunden fühlt man sich in der Bucht seltsam angeheimelt, besonders wenn das Auge auf unserem Lager mit der Hütte und ihren erhellten Fenstern ruht.

Montag, 15. Mai. Wilson hielt einen interessanten Vortrag über die Pinguine.

Während unserer Depotreise zeichnete sich Vaida, einer unserer Hunde, besonders aus durch hitziges Temperament und rohe Manieren. Auf der Hüttenspitze wurde er infolge seines dürftigen Pelzes ein elendes Wrack und ich pflegte ihn deshalb zu massieren; zuerst misstraute er dem Verfahren und knurrte dabei sehr laut, aber später begann er die wärmende Wirkung der Massage gern zu haben und machte sich an mich heran, sobald ich aus der Hütte trat, obgleich immer noch mit einigem Argwohn. Jetzt, bei seiner Rückkehr hierher, erkannte er mich sofort wieder und wenn ich mich draußen blicken lasse, kommt er heran und steckt seinen Kopf zwischen meine Beine; ohne den geringsten Protest lässt er sich von mir kraulen und fortdrängen und springt um mich herum, wenn ich draußen umhergehe. Ein seltsames Tier – und jedenfalls so wenig an Freundlichkeit gewöhnt, dass er Zeit brauchte, um sie würdigen zu lernen.

EINE MODERNE POLARSTATION

Dienstag, 16. Mai 1911. Der Nordwind hielt die ganze Nacht an, flaute aber heute Vormittag ab. Gegen Mittag wurde es windstill und wir konnten großartig Fußball spielen. Das Licht ist dazu gerade gut genug, aber auch nicht mehr.

Ich berechne heute mit Day unseren Karbidverbrauch und bin froh, dass wir auf zwei Jahre genügend Vorrat haben. Aber wir erzählen das nicht jedem, denn es gibt wenig Dinge, mit denen man leichter verschwenderisch ist, als gerade mit Beleuchtung.

Mittwoch, 17. Mai. Zum ersten Mal in dieser Jahreszeit haben wir steigende Temperatur bei Südwind. Die Windstärke betrug seit gestern Abend etwa 55 Kilometer in der Stunde; die Luft ist schneedick und die Temperatur von 28 Grad auf 21 Grad gestiegen.

Mitten in der Nacht hörte ich einen Hund bellen und erfuhr, dass es einer der weißen sibirischen Hunde war, der ins Krankenhaus gebracht wurde. Heute Morgen fand man ihn tot. Die Sektion ergab nichts. Auf die Hundegespanne wird wenig Verlass sein!

Ich ging heute Morgen zur Rampe hinauf. Es war hell genug, um unser Lager sehen zu können, das mich überaus anheimelt. Ich weiß nicht, wie es kommt, aber wir treten hier mehr hervor, als am Kap Armitage; wir kommen uns bedeutender vor. Es muss am Größenverhältnis liegen; die höheren Berge lassen das unbedeutende menschliche Element immer zwerghaft erscheinen.

Sonnabend, 20. Mai. Es weht heftig aus Süden, schneit etwas und ist sehr kalt. Wenige von uns wagten sich weit hinaus; Wilson und Bowers erkletterten die Höhe der Rampe und fanden dort einen Wind von Stärke 6 bis 7 bei 31 Grad; das Resultat war, dass sie Frostbeulen mit nach Hause brachten.

Sonntag, 21. Mai. Heute Nacht hatten wir wieder ein herrliches Südlicht. Einmal war der Himmel von Nordnordwest bis Südsüdost bis zum Zenit hinauf mit Lichtbogen, Bändern und Vorhängen bedeckt, die sich fortwährend rasch hin und her bewegten, und glänzende Lichtwellen huschten von einem Ende zum anderen hinüber.

Das Südlicht hat eine blassgrüne, geisterhafte Farbe, aber jeder Lichtwelle geht ein rotes Aufflammen vorher, als ob das grüne Licht mit rosigem Erröten lebendig werde. Es liegt unendlich viel Suggestion in dieser Erscheinung und darin beruht sein Zauber; es suggeriert Leben, Form, Farbe und Bewegung, wenn auch nie anders als schnell dahinschwindend und geheimnisvoll – ohne Wirklichkeit. Es ist die Sprache geheimnisvoller Zeichen und Vorbedeutungen – die Eingebung der Götter – ganz durchgeistigt. Sollten am Ende die Bewohner irgendeiner anderen Welt, des Mars, die über gewaltige Kräfte verfügen, auf diese Weise unseren Erdball mit feurigen Symbolen umgeben, mit einer goldenen Schrift, zu deren Entzifferung wir nicht den Schlüssel besitzen?

Montag, 22. Mai. Wilson, Bower, Atkinson, Deckoffizier Evans, Clissold und ich gingen nach Kap Royds mit einem »Handwagen«, der unsere Schlafsäcke, einen Kochapparat und einen kleinen Proviantvorrat beförderte. Der »Handwagen« besteht aus einem Gestell aus Stahlröhren, das auf vier Fahrradrädern ruht. Das Eis hat 3 bis 5 Zentimeter Schnee, der kaum die Salzeisblumen bedeckt; bei solcher Oberfläche macht sich dies von Day erfundene Fuhrwerk vorzüglich. Es bewährt sich auch dann, wenn die Salzkristalle den Holzkufen der Schlitten eine große Reibung entgegenstellen.

Wir erreichten Kap Royds in 2 1/2 Stunden, nachdem wir in der hinter Kap Barne liegenden Bucht einen Kaiserpinguin erlegt hatten; er hatte ein herrliches Gefieder und seine Brust warf das matte Licht im Norden wie ein Spiegel zurück.

Als wir über die Felsen hinstolperten und auf Shackletons Hütte losstürzten, war es schon ziemlich dunkel; Clissold brachte das Kochgeschirr in Ordnung, während ich mit Wilson nach dem Schwarzen Strand hinüberging und über den Blauen See zurückkehrte. Die Temperatur war auf 35 Grad gesunken und im Innern der Hütte war es kalt.

Dienstag, 23. Mai. Wir verbrachten den Morgen mit Durchsicht der Vorräte innerhalb und außerhalb der Hütte, nachdem wie die kalte Nacht ganz behaglich in unseren Schlafsäcken verbracht hatten. Wir fanden eine Menge Mehl und dänische Butter vor, ziemlich viel Paraffinöl und die verschiedensten kleineren Vorräte – alles in allem genug, um bei einiger Sparsamkeit einer Gesellschaft wie der unsrigen sechs bis acht

Monate Lebensunterhalt zu gewähren. Im Notfall würde dies ein nützlicher Reservevorrat sein, an den man sich halten könnte.

Nach einer Tasse Kakao hielt uns dort nichts mehr zurück, und wir traten den Heimweg an, nachdem wir als einzige für uns brauchbare Gegenstände ein oder zwei Stück Leder und fünf Gesangbücher aufgepackt hatten; dieser Zuwachs wird unserem sonntäglichen Gottesdienst sehr zugute kommen.

Freitag, 26. Mai. Heute Nachmittag suchte ich mir Schneeschuhe heraus und machte einen kurzen Lauf über das Eis. Die Oberfläche ist seit dem letzten Wind, der Schnee gebracht hat, ganz gut. Jetzt können wir ordentliche Schlittenkurse einrichten und die einzelnen Abteilungen können sich im Ziehen der Schlitten auf Schneeschuhen üben. Der Verdruss mit dem jungen Eis im April und Mai ist jetzt vorüber.

Wir leben für unsere Verhältnisse außerordentlich gut. Gestern Abend hatten wir eine ausgezeichnete Seehundssuppe, die sehr an Hasensuppe erinnerte; ihr folgte ein ebenso schmackhafter Seehundsbraten, darauf Nierenpastete und zuletzt Obstgelee. Heute Morgen begrüßte uns beim Erwachen Bratengeruch und beim Frühstück erhielt jeder von uns nach seinem Teller Mehlsuppe zwei unserer lieben kleinen Nototheniafische; diese Fischlein haben einen außerordentlich süßen Geschmack. Brot, Butter und Marmelade machten den Beschluss der Mahlzeit. Zum Lunch hatten wir Brot, Butter, Käse und Kuchen und heute Abend wittere ich einen im Schmoren begriffenen Hammelbraten. Mit unseren Mitteln lassen sich kaum appetitanregendere Mahlzeiten und zugleich auch keine Nahrungsweise denken, die dem Skorbut besser vorbeugen könnte. Ich hoffe, wir werden von dessen Symptomen nichts zu sehen bekommen.

Sonntag, 28. Mai. Gestern Abend große Aufregung! Eines der Ponys war entweder gefallen oder hatte versucht sich niederzulegen, obwohl sein Kopf an den Ständern auf beiden Seiten festgemacht war. Glücklicherweise wurde sein Herumwirtschaften gehört; Oates durchschnitt sofort die Kopfriemen

Kapitän Scott auf Schneeschuhen

und brachte es wieder auf die Beine. Jetzt ist es wieder wohlauf.

Montag, 29. Mai. Wieder ein schöner, windstiller Tag. Heute Morgen ging ich mit Wilson und Bowers zum Thermometer vor Inaccessible Island. Unterwegs schlug mein Begleithund plötzlich an und verschwand im Nebel; wir gingen ihm nach und fanden, dass er einen jungen Seeleoparden gestellt hatte. Dies ist der dritte, den wir in diesem Jahr in der Meerenge fanden, und wir beschlossen uns seiner als eines Probeexemplar zu versichern; leider mussten wir ihn deshalb töten. Der lange, geschmeidige Körper dieser Robbe ist, mit den dicken aufgeblähten gemeinen Seehunden verglichen, fast schön zu nennen. Das arme Tier drehte sich flink von einer Seite zur anderen, als wir es mit einem Schlag auf die Schnauze zu betäuben suchten, und während es sich drehte, riss es seine Kinnbacken weit auseinander, aber merkwürdigerweise kam kein Laut hervor, nicht einmal ein Zischen. Nach dem zweiten Frühstück wurde ein Schlitten mitgenommen, um den Schatz in Sicherheit zu bringen, nachdem er mit Blitzlicht fotografiert war.

Heute Abend hielt uns Ponting eine bezaubernde Vorlesung über Japan mit wundervollen, selbst angefertigten Lichtbildern.

Dienstag, 30. Mai. Atkinson meldete, ein Seeleopard sei in der Flutrinne; es war aber ein junger, sehr lebendiger Krabbenfresser und er bildete zu dem gestrigen Seeleoparden einen seltsamen Gegensatz, denn beim Umsichschnappen machte er großen Lärm und knurrte uns mit keuchenden Kehllauten an.

Ich ging zu dem äußeren Eisberg, wo sich eine ganze Volksversammlung eingefunden hatte, hauptsächlich, um Ponting dort mit Kamera und Blitzlicht hantieren zu sehen. Es war wunderschön windstill und verhältnismäßig warm. Fröhliches Schwatzen und Lachen erfüllte die Stille und wenn die Ponys mit ihren Führern aus dem Dunkel auftauchten, gewann das ganze Landschaftsbild das anziehendste Leben. Der Himmel war um Mittag ungewöhnlich klar und im Norden sehr hell.

Wir hatten während der letzten drei Tage eine außerordentlich hohe Flut; sie hat unsere Flutmesser in Unordnung gebracht und uns ein wenig an der Genauigkeit der angewandten Methode zweifeln lassen. Auf dem Ufereis haben sich infolge der hohen Flut Tümpel von Salzwasser gebildet und bei der Jagd auf den Krabbenfresser sahen wir heute in diesen Tümpeln oft ein glänzendes phosphoreszierendes Licht aufflammen. Wir führen es auf einen kleinen Ruderfüßer zurück.

Eine zweite interessante Erscheinung, die auch heute beobachtet worden ist, war eine durch Sonnenlicht erhellte Zirruswolke. Wilson und Bowers sahen sie 5 Grad über dem nördlichen Horizont – die Sonne ist 9 Grad unter unserem Horizont; eine Wolke, ohne Brechung gesehen, müsste sich in einer Höhe von 22 000 Metern befinden. Berücksichtigt man die Brechung, so scheint das Phänomen gut möglich zu sein.

Mittwoch, 31. Mai. Nach tiefster Windstille erhob sich plötzlich um 5 Uhr Nachmittags ein Sturm aus Süden, der mit 72 Kilometer Stärke in der Stunde wehte, und seitdem tobt ein Orkan; stoßweiser Wind, dessen Geschwindigkeit zwischen 36 und 108 Kilometer in der Stunde wechselt. Ich habe noch nie solch ein Unwetter so plötzlich eintreten sehen; es zeigt, wie leicht Leute selbst in kurzer Entfernung von der Hütte verloren gehen können.

UNIVERSITAS ANTARCTICA

Donnerstag, 1. Juni 1911. Der Wind wehte die ganze Nacht heftig, einige Windstöße hatten sogar 133 Kilometer Geschwindigkeit in der Stunde.

Sonnabend, 3. Juni. Gestern Abend legte sich der Wind, aber um 4 Uhr morgens schwoll er wieder auf 55 Kilometer in der Stunde an und sofort, in höchstens einer Minute, hob sich die Temperatur bei Südwind um 5 Grad – das ungewöhnlichste Beispiel steigender Temperatur bei Südwind, das mir je vorgekommen ist. Wie ist das nur zur erklären? Vielleicht ist die kalte Luftschicht auf der Oberfläche bei Windstille nur sehr dünn und es findet eine rasche Temperaturumkehrung statt. Als der Wind sich hob, war der Himmel klarer als je, die Sternbilder strahlten und die Milchstraße glich einem hell leuchtenden Südlicht.

Simpson las uns in der regelmäßigen Vortragsreihe einen Aufsatz über seine Instrumente vor.

Sonntag, 4. Juni. Ein windstiller, schöner Tag, ein typischer Sonntag in unserer Hütte mit folgender Tagesordnung:

Frühstück. Etwa eine halbe Stunde wähle ich Gesänge aus und bereite mich auf den Gottesdienst vor, während in der Hütte rein gemacht wird. Dann Gottesdienst: ein Kirchenlied, Morgengebet aus den Psalmen, noch ein Gesang; Abendmahlsgebete und Litanei; dann Schlussgesang und unser besonderes Gebet. Wilson gibt die Melodie der Kirchenlieder an und ich versuche mit zweifelhaften Erfolg den richtigen Ton zu treffen! Nach dem Gottesdienst gehen die Leute mit ihren Ponys ins Freie.

Wilson, Bowers, Cherry-Garrard, Lashly und ich versuchten heute, unseren ersten »Iglu«, wie die Schneehütte bei den Eskimos genannt wird, zu bauen. Über das beste Werkzeug zum Schneiden der Schneeblöcke herrscht noch große Meinungsverschiedenheit. Cherry-Garrard benutzte ein Messer, das ich gezeichnet und Lashly angefertigt hatte, Wilson eine Säge und Bowers eine große Maurerkelle. Jedenfalls wird das Messer am wirksamsten sein, aber noch geben die anderen das nicht zu; es müsste nur noch einen längeren Stiel und gröbere Zacken am Rande haben; auch könnte die Klinge dünner sein. Wir müssen dieses Bauen ordentlich üben; es kann uns von größtem Wert sein. Wir hatten bis zur Teezeit erst drei Runden Schneeblöcke gelegt und hinterher war es nicht mehr hell genug dazu.

Der Sonntagnachmittag ist für alle Hüttenbewohner die Zeit zu »weiten Spaziergängen«. Ich lief auf Schneeschuhen über das Eisfeld und hatte infolge der letzten Stürme bis an Inaccessible Island die denkbar beste Oberfläche. Hier, und ohne Zweifel an vielen Stellen längs des Ufers ist also die erste Juniwoche das Datum, an dem die nassen, harten Salzkristalle vom Schnee zugedeckt werden und Holzkufen über die Oberfläche gleiten können. Jenseits der Insel liegt der Schnee noch sehr dünn.

Ponting war fortgegangen, um Eisberge mit Blitzlicht zu fotografieren. Trotzdem ich weit gelaufen war und die Insel zwischen mir und ihm lag, sah ich das Magnesiumlicht wiederholt aufflammen; es erhellte den Himmel wie wirkliche Blitze und anscheinend auch Gegenstände, die sehr weit von der Kamera entfernt waren. Für Signalzwecke bietet dieses Licht große Möglichkeiten; ich werde Versuche damit anstellen.

Montag, 5. Juni. Der Wind kam den ganzen Tag aus Süden, der Himmel war überzogen und die neblige Luft mit Schneekristallen gefüllt. Die Temperatur hob sich gleichmäßig und stieg heute Abend auf 9 Grad unter null. Alles deutet auf einen drohenden Orkan, aber er kommt nicht. Wie sich diese außerordentlich hohe Temperatur erklären lässt, mag der Himmel wissen!

Taylor hielt einen Vortrag über den Beardmoregletscher und bemühte sich brauchbare Mitteilungen zu geben. Im Vergleich zum Ferrargletscher scheint der Beardmoregletscher nur eine schwache Neigung zu haben. Wenn seine Spalten so zahlreich sind, wie berichtet wird, dann muss die Bewegung des Gletschers sehr beträchtlich sein. Er scheint drei sehr zerklüftete Stellen zu haben, und zwar immer da, wo er eingeengt ist und das Gefälle stärker wird.

Die Gesteinsunterlage scheint nach Norden hin rötlicher und grauer Granit und metamorphischer Schiefer zu sein, der möglicherweise Versteinerungen enthält. Der Mount Cloudmaker (Wolkenmacher) ist wahrscheinlich aus Diorit und der Mount Buckley aus Sedimentgestein. Man behauptete, es fänden sich mehrere Kohleschichten mit Sandstein darüber und darunter. Es wird interessant sein, festzustellen, ob das alles stimmt, und die Kohle zu untersuchen. Versteinertes Koniferenholz scheint von dort zu stammen, doch wird es empfehlenswert sein, Nadeln zu finden. Den Mount Dawson beschrieb Taylor als hellrosa Kalkstein mit einem Keil aus dunklem Gestein; dies scheint mir sehr zweifelhaft. Kalkstein sei von großem Interesse, weil er Fossilien aus dem Kambrium *(Archaeocyathus)* enthalten könnte.

Bemerkenswert war die Angabe, dass man hier, wie im Trockental, vulkanische Kegel neueren Datums findet, die jünger sind als der Rückgang des Eises. Alles noch ungelöste Probleme!

Dienstag, 6. Juni. Die Temperatur ist heute 7 Grad unter null; der Südwind wehte hartnäckig bis zum Abend, aber der Himmel war klar, bis auf wunderhübsche, rings um den Erebus aufgetürmte Wolken. Der Mond tauchte heute Nacht hinter dem Berge auf und segelt über den wolkenlosen Nordhimmel; der Wind ist abgeflaut, das Landschaftsbild herrlich!

Heute ist mein Geburtstag; fast hätte ich ihn vergessen, nicht so meine Kameraden. Beim zweiten Frühstück erschien ein mächtiger Geburtstagskuchen und zunächst wurden wir, um ihn herumgruppiert, alle zusammen fotografiert. Clissold hatte ihn mit allerlei Verzierungen aus Schokolade und mit eingemachten Früchten, Fähnchen und Fotografien von mir geschmückt.

Nach einem Spaziergang entdeckte ich, dass große Vorbereitungen zu einem besonders festlichen Mittagessen getroffen wurden und als die Stunde kam, setzten wir uns an einen üppig gedeckten Tisch, um den herum unsere Schlittenbanner aufgehängt waren. Clissolds stets vortreffliche Robbensuppe, Hammelbraten und rotes Johannisbeergelee, Obstsalat, Spargel und Schokolade – das war unser Menü. Als Getränke hatten wir Apfelwein, etwas Sherry und einen Likör.

Nach diesem luxuriösen Mahl war jeder festlich gestimmt und zu allerhand freundschaftlichen Gesprächen angeregt. Während ich dies schreibe, debattiert in der Dunkelkammer eine Gruppe lebhaft über politischen Fortschritt – eine andere am Esstisch kramt ihre Ansichten über den Ursprung der Materie und die Wahrscheinlichkeit, ihn schließlich doch noch zu entdecken, aus, und eine dritte diskutiert militärische Probleme. Was von diesen Unterhaltungen bruchstückweise an mein Ohr klingt, fügt sich oft ganz lächerlich aneinander. Hin und wieder höre ich den triumphierenden Klang einer Stimme, deren Besitzer sich einbildet, eine wohl abgerundete Periode oder einen schlagenden Beweis von sich zu geben. Jedenfalls macht die Polemik den Beteiligten sehr viel Spaß. Sie sind ja

Scotts letzter Geburtstag

alle noch so jung und alle gutmütig; in all diesen Wortgefechten zeigt sich weder Schärfe noch Ärger, kein einziger Misston, alle enden mit Lachen. Nelson hat Taylor ein Paar Socken angeboten, wenn er ihn ein wenig Geologie lehre!

Mittwoch, 7. Juni. Abends trug ich eine Abhandlung über »Die Eisbarriere und das Inlandeis« vor. Ich habe ziemlich viel neue Punkte aneinander gereiht und das Interesse an der Diskussion war allseits so aufrichtig und eifrig, dass wir erst kurz vor Mitternacht zu Bett gingen.

Sonnabend, 10. Juni. Das Wolkengewebe über uns verdichtet und verdünnt sich, steigt und fällt mit verwirrender Unberechenbarkeit. Seit gestern drohte ein Orkan, erst heute Morgen um 9 Uhr 30 brach er ganz plötzlich aus.

Wir haben begonnen über Einzelheiten der Ausrüstung für unsere nächsten Schlittenfahrten nachzudenken. Steigeisen, Ausbesserungen der Finnenschuhe mit Seehundsleder und ein doppeltes Zelt wurden heute besprochen. Deckoffizier Evans und Lashly führen jede Anweisung mit prächtigem Verständnis aus.

Montag, 12. Juni. Das Wetter ist uns herzlich ungnädig. Heute hatten wir zwar wenig Wind, aber der Mond verbirgt sich hinter einer Wolkenschicht und man fühlt sich wie betrogen, wenn man das Mondlicht entbehren soll. Im nächsten Monat soll eine Schlittenabteilung Kap Crozier besuchen; was kann sie ausrichten, wenn sie nicht mehr Glück hat!

Debenham und Gran sind vor fünf Tagen nach der Hüttenspitze gegangen und noch immer nicht zurück!

Bowers und Cherry-Garrard begaben sich heute Abend nach Kap Royds, um die Nacht dort zu bleiben. Taylor und Wright gingen heute Morgen ebenfalls dorthin, waren aber schon bald nach Mittag wieder hier.

Dienstag, 13. Juni. Ein herrlicher Tag. Wir schwelgen in dem stillen, klaren Mondschein; die Temperatur ist auf 32 Grad gesunken. Die Oberfläche des Eisfeldes eignet sich großartig zum Schneeschuhlaufen – ich machte heute Vormittag eine

Partie nach der Südbucht und begab mich am Nachmittag wieder hinaus, in langem Bogen um Inaccessible Island herum. Bei solchem Wetter ist der kalte Glanz der Landschaft unbeschreiblich schön; jede Einzelheit befriedigt, von dem tiefen Purpur des Sternenhimmels bis zu den leuchtenden Eisbergen und dem Funkeln der Eiskristalle unter unseren Füßen. Über der Südschulter des Berges zeigten sich glänzende Flecke eines Südlichtes und ich gewahrte einen stark leuchtenden Meteor, der quer über den Himmel nordwärts schoss.

Als ich zurückkehrte, fand ich Debenham und Gran, die von Kap Armitage wiedergekommen waren. Sie hatten den Heimweg schon am Sonntag antreten wollen, waren aber durch schlechtes Wetter verhindert worden.

Mittwoch, 14. Juni. Heute Morgen bedeckte den Himmel eine dünne Wolkenschicht, die Schlimmes verkündete. Gleich nach Mittag kam der Wind angesaust, und zwar wie immer ganz plötzlich. Anfangs war das Schneegestöber arg, jetzt ist es vorüber, aber die Windstöße betrugen 120 Kilometer in der Stunde.

Ich musste mich mit Umherschlendern in der Nähe der Hütte begnügen; wie schnell verändern sich doch hier die Dinge, wenn man an die schönen Stunden des gestrigen Tages denkt!

Freitag, 16. Juni. Nachmittags ging ich um die Eisberge herum. Von den unregelmäßigen ist eine Menge Eis herabgefallen; das beweist, dass Verwitterung der Eisberge auch im Winter anhält, dass also die Lebensdauer eines Eisberges auch dann begrenzt ist, wenn er in höheren Breiten bleibt.

Heute Abend sprach Debenham über Vulkane. Seine Bearbeitung des Themas war sehr gut, aber seine Stimme klang etwas zu eintönig, sodass etliche der Zuhörer einzunicken begannen; als aber dem Vortrag eine lebhafte, erheiternde Diskussion folgte, wachten sie wieder auf.

MITTWINTERFEST

Montag, 19. Juni 1911. Eine angenehme Abwechslung, die Luft auf einmal windstill und den Himmel klar zu finden – die Temperatur beträgt 33 Grad unter null. Um 1 Uhr 30 verschwand der Mond hinter den Westbergen, worauf es trotz des klaren Himmels sehr dunkel auf dem Eis wurde.

Unsere Tagesordnung ist seit langer Zeit durchaus regelmäßig gewesen. Clossold steht Morgens gegen 7 Uhr auf, um das Frühstück zu bereiten. Um 1/2 8 fängt Hooper an, auszufegen und den Tisch zu decken. Zwischen 8 und 1/2 9 haben die Leute draußen allerlei zu tun, Eis zum Schmelzen zu holen usw. Anton füttert die Ponys, Dimitri sieht nach den Hunden; Hooper stört die noch Schlafenden durch wiederholtes Verkünden der Zeit, gibt aber gewöhnlich eine Viertelstunde mehr an als die Uhr. Dann hört man, wie sich Glieder dehnen und recken und mit schläfrigem Humor Morgengrüße ausgetauscht werden. Wilson und Bowers treffen sich im Adamskostüm vor einem mit Schnee gefüllten Waschtrog und reiben ihre Glieder tüchtig mit dieser zum Frösteln bringenden Substanz. Nachher versuchen andere weniger kühn mit der spärlichen Portion Waschwasser möglichst viel zu erreichen. Bald nach 1/2 9 krieche ich aus meinem gemütlichen Bett und mache mit einem halben Liter Wasser meine Toilette. Ungefähr 10 Minuten vor 9 bin ich fertig, habe mein Bett gemacht und setze mich vor meinem Teller Mehlsuppe nieder; die meisten anderen sind dann auch um den Tisch versammelt, aber einige Trödelfritzen nehmen es mit der Vorschrift, um 9 Uhr zu erscheinen, nicht so genau. 9 Uhr 20 sind wir mit dem Frühstück fertig und ehe es noch halb geschlagen hat, ist schon abgedeckt. Von 1/2 10 bis 1/2 2 sind die Leute beschäftigt, ein Programm zur Vorbereitung auf ihre Schlittenreisen auszuführen, dessen Erledigung wahrscheinlich den größten Teil des Winters in Anspruch nehmen wird. Die Schlafsäcke sind schon ausgebessert und die Zelte sind geändert, aber vieles andere ist noch nicht beendet oder noch gar nicht in Angriff genommen, so die Anfertigung neuer Proviantbeutel, einiger Steigeisen, starke Sohlen aus Seehundsleder, warmer Ponydecken usw.

Hooper fegt nach dem Frühstück noch einmal ordentlich aus, wäscht das Geschirr ab, räumt auf und wischt Staub.

Um 1 Uhr 30 oder 45 treffen wir uns beim zweiten Frühstück und verbringen dabei eine vergnügte halbe Stunde. Nachher werden, falls das Wetter es erlaubt, die Ponys ins Freie geführt; das beschäftigt die ganze Mannschaft und mehrere Offiziere wohl eine Stunde oder länger und auch wir anderen machen uns um diese Zeit etwas Bewegung. Nachher arbeiten die Offiziere gleichmäßig an ihren Arbeiten weiter, während die Leute sich mit allerlei Kleinigkeiten beschäftigen, um die Zeit hinzubringen. Das Abendessen, unsere Hauptmahlzeit, findet um 1/2 7 statt und dauert eine Stunde. Nachher wird gelesen, geschrieben, auch wohl gespielt oder irgendetwas gearbeitet. Gewöhnlich bringt eine freundliche Seele das Grammophon in Gang und drei Abende der Woche werden durch unsere Vorträge ausgefüllt, die nach wie vor eine zahlreiche Zuhörerschaft herbeiziehen und lebhafte Diskussionen erregen.

Um 11 Uhr werden die Acethylenlampen ausgelöscht und wer noch aufbleiben oder im Bett lesen will, muss sich mit Kerzenlicht behelfen. Die meisten Kerzen verlöschen um Mitternacht; dann bleibt der Nachtwächter allein, um beim Licht einer Öllampe seines Amtes zu walten.

So geht ein Tag nach dem anderen hin. Es ist vielleicht kein allzu tätiges Leben, aber ganz gewiss auch kein träges. Wenige von uns schlafen mehr als acht Stunden.

Am Samstagabend oder Sonntagmorgen wird ein Bad genommen, rasiert und die Wäsche gewechselt – neben dem regelmäßigen Gottesdienst die Kennzeichen, dass wieder eine Woche vorüber ist.

Heute hat Day einen Vortrag über seinen Motorschlitten gehalten. Er hofft fest auf Erfolg, aber ich fürchte, sein Temperament ist sanguinischer als sein Schlitten zuverlässig.

Dienstag, 20. Juni. Die Kap-Crozier-Abteilung bereitet sich auf ihre Abreise vor und die Köpfe stecken oft zusammen, um ihr so viel Annehmlichkeiten zu verschaffen, wie die Verhältnisse erlauben.

Noch etwas Neues ist der Beschluss Federbetten in die

Schlafsäcke aus Rentierfell zu schieben. Bei solcher Einrichtung muss der erste Teil der Reise sehr behaglich verlaufen, aber wenn die Säcke erst vereist sind, werden Übelstände nicht ausbleiben.

Die Reise der Crozier-Abteilung soll zu zahlreichen Versuchen dienen. Jeder Teilnehmer wird in besonderer Weise ernährt, damit sich die richtige Proportion der Fette und Kohlehydrate feststellen lässt. Wilson soll die Wirkung eines doppelten Windanzuges anstatt Extraunterzeug aus Wolle ausprobieren.

Auch die neuen Steigeisen sollen auf dieser Reise ihre Probe bestehen. Wir sind wieder auf den letzten Discoverytypus mit etlichen Verbesserungen zurückgekommen; die Magnaliumsohlenplatten unserer eigenen Steigeisen sind beibehalten, aber mit 1-Zentimeter-Stahlnägeln beschlagen worden; diese Platten sind durch Segeltuch an einer inneren Ledersohle befestigt, und die Leinwand ist an allen Seiten so hoch gezogen, dass sie die Finnenschuhe, über denen sie zugeschnürt wird, bedeckt; sie sind halb so schwer wie ein gewöhnlicher Schneeschuhstiefel, ziehen sich leicht an und geben sicheren Halt.

Der Mittwintertag, die Wintersonnenwende, steht vor der Tür; wir werden froh sein, wenn wir bei den zahlreichen Vorbereitungen zum kommenden Jahr endlich wieder Licht haben!

Donnerstag, 22. Juni, Mittwintertag. Die Sonne erreichte ihren tiefsten Stand heute Nachmittag gegen 2 Uhr 30 Minuten nach mittlerer Greenwichzeit. Unser heutiges Abendessen ist also die Mahlzeit, die der kritischen Veränderung des Sonnenlaufes zeitlich am nächsten steht und wurde daher mit all den festlichen Sitten unserer heimatlichen Weihnachtsfeier begangen.

Zum Tee verspeisten wir einen ungeheuer großen Buszardkuchen mit großer Dankbarkeit gegen den gütigen Spender, Cherry-Garrard. Zur Vorbereitung auf den Abend wurden unsere britische Flagge und die Schlittenbanner um den großen Speisetisch herum aufgehängt und dieser Tisch war heute mit Gläsern und einem stattlich Vorrat von Champagnerflaschen besetzt, statt der sonstigen Becher und Emaillekannen mit Zitronenlimonade. Um 7 Uhr setzten wir uns dann zu einer Speisenfolge nieder, die man, mit unserer alltäglichen Kost verglichen, fast extravagant nennen könnte.

Seehundssuppe, die nach unser aller Urteil die Meisterleistung unseres Kochs ist, bildete den ersten Gang. Ihm folgte Rinderbraten mit Yorkshirepudding, Bratkartoffeln und Rosenkohl mit Kastanien. Dann kam ein brennender Plumpudding, den ausgezeichnete Fleischpasteten ablösten, und den Schluss bildete ein köstlicher Leckerbissen aus Anchovis und Dorschrogen. Ein wunderbar appetitreizendes Menü, soweit unser bescheidenes Sachverständnis das beurteilen konnte, aber mit seinen Zutaten ein lukullisches Festmahl, denn auf der Tafel standen noch obendrein Schalen mit gebrannten Mandeln, gezuckerten Früchten, Schokoladenkonfekt und ähnlichem schmackhaften Knusperkram. Mit Champagner wurde nicht gegeizt, er begleitete jeden Gang, und ihm folgte eine ganze Batterie Likörflaschen, unter denen man seine Wahl treffen konnte, als Toaste ausgebracht wurden.

Auch ich schwang mich zu einer kleinen Rede auf und sagte etwa Folgendes:

»In allen Lebensperioden, die eine Tendenz zur Eintönigkeit haben und in denen es wenig gibt, um einen Tag vom anderen zu unterscheiden, ist es gut, feste Merktage zu haben, die als Meilenzeiger auf das Hinrauschen der Zeit warnend aufmerksam machen.

Wenn man darüber nachdenkt, ist es seltsam, dass in diese unsere Winterzeit kein altehrwürdiges Fest fällt. Wer in den arktischen Regionen überwintert, hat seinen Weihnachtstag und seinen Neujahrstag und die Gelegenheit, beide in herkömmlicher Weise zu feiern. Ich gestehe, dass ich von der geschichtlichen Begründung dieser Erscheinung wenig weiß und nicht erklären kann, warum alle Feste des christlichen und meines Wissens auch aller anderen Kalender gerade die Zeit vermeiden, die auf der nördlichen Halbkugel der warme Teil des Jahres heißt. Da sich die Zivilisation auf der nördlichen Halbkugel entwickelt hat, kann es kein zufälliges Zusammentreffen sein. Doch es liegt mir fern, hier eine Abhandlung über dieses Thema geben zu wollen. Wie Hauptmann Cuttle sagte: ›Die Tragweite dieser Beobachtungen liegt in ihrer Anwendung.‹

Uns bleibt die Tatsache, dass die südliche Halbkugel in der Verteilung der Feste zu kurz kommt. Es gehört ein großer Aufwand an Phantasie und auch eine ungewöhnliche Leistungsfähigkeit der Verdauungsorgane dazu, sich zum Beispiel in Queensland in Australien an Weihnachtskost zu wagen. Plumpudding und 38 Grad Wärme passen nun einmal nicht zusammen.

Da es also unserem Winter an einem Tag fehlt, der durch Tradition der Gemütsbeziehungen anspräche, so lassen Sie uns die Wende dieser Zeit, den bemerkenswertesten Tag unseres Winters, das Mittwinterfest feiern! Die Sonne hat ihren größten Tiefstand erreicht. Von heute an kommt sie uns gleichmäßig näher. Anfangs so langsam, dass der Gewinn kaum merkbar ist, doch bald wird jeder Tag ein deutliches Vorrücken des Lichtes verkünden.

Ich möchte aber Ihre Aufmerksamkeit besonders darauf lenken, dass dieser Tag nicht nur die halbe Weglänge des Winters anzeigt, sondern in weit höherem Maße einen Meilenzeiger unserer Expedition selbst bedeutet.

Mein ursprünglicher Plan umfasste nicht zwei Jahre. Wenn wir die Expedition nach unserem zuerst veröffentlichten Plan betrachten, so hätten wir hier einen Sommer und einen halben Winter verbracht und hätten noch einen halben Winter und einen Sommer vor uns.

Daher ist der heutige Tag ein passender Abschnitt, um zu berechnen, was geschehen ist und wie wir stehen, damit wir uns klarmachen, was noch an schwerer Arbeit zu tun bleibt, nicht nur in einer Abteilung, sondern in allen, und es ist außerdem für mich der passende Augenblick, um Ihnen allen für die Art und Weise zu danken, wie Sie Ihre Schultern gegen das Rad gestemmt haben. Gewiss wird der Zufall in unserer nächsten Zukunft eine Rolle spielen, aber Erfahrung hat mir bewiesen, dass ich unmöglich geeignetere Leute zu meinem Unternehmen hätte wählen können, als diejenigen sind, die mich im Frühling auf dem Zug nach dem Pol begleiten sollen.«

Nun tranken wir auf den Erfolg der Expedition. Der geheime Zweck meiner Rede war, etlichen nachdrücklich zu vergegenwärtigen, wie schnell die Zeit hingehe, da ich wusste, dass sie ihre Arbeiten, die längst hätten im Gang sein müssen, eben erst angefangen hatten.

Dann wurde jeder zum Reden aufgefordert; zu meiner Linken begann es und ging dann um den Tisch herum. Das Resultat charakterisierte die verschiedenen Persönlichkeiten sehr gut – man wusste ziemlich genau voraus, in welchem Stil sich jeder ausdrücken werde.

Überflüssig, zu bemerken, dass alle sehr bescheiden und kurz waren; nur hatten sie unerwarteterweise sämtlich außerordentlich freundliche Dinge über mich zu sagen und ich musste mir bald ausbitten alle Komplimente wegzulassen. Gleichwohl freute es mich, mein Verhalten gegen die wissenschaftlichen Mitarbeiter der Expedition aufrichtig anerkannt zu sehen und ich war ihnen für die mir gespendete Anerkennung herzlich dankbar.

Wenn guter Wille und angenehme Kameradschaft den Erfolg entscheiden, dann werden wir ihn gewiss verdienen. Unter allgemeinem Beifall wurde auch hervorgehoben, dass von Anfang an nicht ein einziger Streit zwischen Mitgliedern unserer Gesellschaft vorgekommen sei.

Zu Ende der Mahlzeit kam die heiterste Stimmung zum Durchbruch und nun wurde abgeräumt, damit Ponting mit seinen Lichtbildern antreten könne, während das Grammophon seine lustigsten Weisen erschallen ließ. Der Tisch wurde auseinander genommen, seine Beine und Platten weggetragen, die Stühle reihenweise aufgestellt und nun hatten wir einen geräumigen Vortragssaal. Ponting hatte auf diese Gelegenheit gewartet, um uns eine Reihe Lichtbilder zu zeigen, die er nach seinen hier aufgenommenen Negativen hergestellt hatte. Der Wert seiner Arbeit ging mir nie so klar auf, wie beim Anblick dieser prächtigen Bilder; sie übertreffen alles, was je in ihrer Art in diesen Regionen aufgenommen worden ist, und unser Publikum spendete denn auch mit lauter Stimme Beifall!

Nach dieser Vorführung wurde der Tisch wieder aufgestellt, damit das herkömmliche Weihnachtsspiel, das Herausfischen einer Rosine aus brennendem Kognak, vor sich gehen könne; dann wurde ein Milchpunsch gebraut, mit dem wir auf die Gesundheit Campbells und seiner Gesellschaft und die unserer guten Freunde auf der »Terra Nova« tranken. Schließlich wurde der Tisch wieder entfernt und acht Paare stellten sich auf, um eine Quadrille zu tanzen.

Inmitten der allgemeinen Fröhlichkeit erschien plötzlich Bowers, begleitet von einigen Satelliten, mit einem ungeheuren Christbaum, dessen Zweige brennende Lichter, bunte Knallbonbons und kleine Geschenke für uns alle trugen. Die Geschenke hatte Dr. Wilsons Schwägerin mit liebenswürdiger Überlegung gestiftet und den Baum hatte Bowers aus Holzspänen, Bindfaden und buntem Papier zum Bekleiden der Zweige angefertigt; das Kunstwerk machte ihm viel Ehre und die Verteilung der Geschenke rief große Heiterkeit hervor.

Während Fröhlichkeit innerhalb unserer Hütte auf der Tagesordnung stand, schienen die Elemente draußen ebenfalls den Wunsch zu hegen, die Gelegenheit mit gleichem Nachdruck und größerer Würde zu feiern. Der östliche Himmel war eine glänzende Masse zuckenden Südlichtes, des lebhaftesten und schönsten, das ich bisher erblickt – dicht nebeneinander flammten die Bogen und Bündel in zitternder Lichtfülle auf und verbreiteten sich über den Himmel, um langsam zu verblassen und von neuem zu glühendem Leben aufzuflackern. Das stärkere Licht schien flüssig zu sein; jetzt ballte es sich zu verschlungenen Bündeln zusammen und sandte leuchtende Zungen aufwärts, dann wieder glitt es in Wellen durch die blasseren Lichtbahnen, als wolle es ihnen neues Leben eingießen.

Es ist unmöglich, ohne das Gefühl heiliger Scheu Zeuge einer so wunderbar herrlichen Erscheinung zu sein! Und doch ist es nicht der Glanz der Erscheinung, der dieses Gefühl einflößt, sondern vielmehr ihre Zartheit in Licht und Farbe, ihre Durchsichtigkeit und vor allem ihr zitternder Formenwechsel. Sie hat keinen funkelnden Glanz um das Auge zu blenden, wie man es nur zu oft beschrieben hat; sie wendet sich eher an die Phantasie und erinnert an etwas ganz Durchgeistigtes, etwas Instinktives mit flackerndem, ätherischem Leben, das heiter zutraulich und dabei ruhelos beweglich ist. Mich wundert, dass die Geschichte uns nichts von Südlichtanbetern erzählt, so leicht könnte die Erscheinung als die Offenbarung eines »Gottes« oder eines »Dämons« betrachtet werden.

Der kleinen schweigenden Gruppe, die staunend vor solchem Zauberbilde stand, erschien es eine Entweihung, in die geistige und physische Atmosphäre unseres Hauses zurückzukehren. Als ich schließlich hineinging, war ich froh, dass eine allgemeine Bewegung bettwärts stattgefunden hatte und nach einer weiteren halben Stunde hatte der Schlummer auch die letzten lärmenden Zechbrüder zum Schweigen gebracht. So endete, außer dem Kopfweh, das sich am nächsten Morgen bei einigen wenigen einstellte, das hohe Fest des Mittwintertages.

Sonntag, 25. Juni. Ein ruhiger Tag. Ich hielt den gewöhnlichen Sonntagsgottesdienst; nachmittags ging ich mit Wilson zur Rampe hinauf, um mit ihm noch vor seiner Abreise nach Kap Crozier eine ungestörte Unterredung zu haben.

Das Wetter war in letzter Zeit sehr geheimnisvoll; am 23. und am 24. drohte unausgesetzt ein Orkan, aber jetzt entwölkt sich der Himmel wieder mit allen Anzeichen schönen Wetters.

ABENTEUER BEI KAP EVANS

Montag, 26. Juni 1911. Taylor hielt uns einen sehr interessanten Vortrag über die physiographischen Charakterzüge der Gegend, die er mit der Westabteilung im Herbst besucht hatte.

Die Vorbereitungen zur Abreise der Crozier-Abteilung sind jetzt beendet; die Leute werden 115 Kilo pro Mann zu ziehen haben – eine schwere Last.

Day hat eine vortreffliche Specklampe angefertigt; sie hat einen ringförmigen Docht und einen Talkzylinder; eine kleine runde Platte über dem Docht leitet die Hitze nach unten und steigert die Verbrennungstemperatur, sodass das Resultat eine helle weiße Flamme ist. Wir sind in der Benutzung von Speck zu Heizungs- und Beleuchtungszwecken ein tüchtiges Stück vorwärts gekommen – für die künftige Erforschung der Antarktis ein wichtiger Vorteil.

Dienstag, 27. Juni. Heute Morgen zogen Wilson, Bowers und Cherry-Garrard sehr vergnügt nach Kap Crozier; ihre schwere Last war auf zwei Schlitten von drei Meter Länge verteilt. Ich begleitete die Hilfstruppe bis um das Vorgebirge herum. Taylor und Nelson gingen bis an die Finnwalinsel mit, und Simpson, Meares und Gran noch weiter. Gran kommt gerade auf Schneeschuhen zurück; er hat sich nach 10 Kilometern von den Übrigen getrennt und meldet, dass Meares und Simpson zu Fuß zurückkehren. Zwischen der Zeltinsel und der Gletscherzunge ist sehr schlechtes Eis – gut, dass die Abteilung auf dieser Strecke Hilfe hatte. Diese Winterreise nach Kap Crozier ist ein neues, kühnes Wagnis, aber es hat auch die richtigen Männer gefunden. Während ihrer Abwesenheit gibt es keine Vortragsabende mehr; unser Leben wird also recht still sein.

Freitag, 30. Juni. Unsere frei umherlaufenden Hunde haben einen Seehund angegriffen und außerdem fanden wir eine tote Robbe, die schon vor einiger Zeit totgebissen worden sein muss. Dimitri hat weiter nordwärts ebenfalls Robben gesehen und heute Nachmittag hat Meares zwei erlegt. Die Tiere so nahe zu wissen ist sehr gut, aber unangenehm, dass die Hunde ihren Ruheplatz aufgespürt haben.

Sonnabend, 1. Juli. Wir haben Muster zu neuen Schneeschuhen gezeichnet und Deckoffizier Evans entpuppte sich als ein hervorragender Schuhmacher; er hat soeben ein Paar Schuhe angefertigt, die fast ganz das sind, was wir brauchen. Die doppelten Sohlen aus Seehundleder, das mit Alaun durchtränkt ist, sind mit einer Lage Pappe versteift und ruhen an der Ferse auf einem Holzklotz. Der Oberteil ist groß genug, um einen Finnenschuh zu umfassen, und wird mit einem einfachen Riemen zugeschnallt. Solch ein Überschuh ist 368 Gramm schwer, sodass Überschuh und Finnenschuh zusammen nicht viel schwerer sind als ein Schneeschuhstiefel, der 900 Gramm wiegt.

Sonntag, 2. Juli. Gestern Nacht blieb es windig, aber am Morgen wurde es still und die Temperatur betrug wie gewöhnlich 37 Grad. Der Mond geht wieder auf; er kam als erstes Viertel gegen 5 Uhr Nachmittags über der Schulter des Erebus herauf.

Montag, 3. Juli. Wieder ein ruhiger Tag, aber der Himmel sieht verdächtig aus. Dünne Schichtwolken bilden sich über uns und verteilen sich wieder und über dem Erebus wogt es auf und ab. Wind am Kap Crozier scheint möglich zu sein.

Unsere Leute waren weit draußen auf dem Eis. In solchen Stunden erscheint die Hütte unheimlich einsam und die Stille und Finsternis bedrückend. Man atmet geradezu auf, wenn draußen in der Ferne an einem Wasserloch die Lichter der Leute blinken, vereinzelte Stimmen, von weit her herüberklingend, die Stille unterbrechen oder das Sausen der Schneeschuhe sich nähert.

Dienstag, 4. Juli. Ein Orkan- und Erlebnistag! Gestern Abend erhob sich Wind, aber die Temperatur stieg nur um wenige Grad und heute Vormittag wehte es mit 74 bis 83 Kilometer Geschwindigkeit in der Stunde bei einer Temperatur von 32 bis 33 Grad.

Nachmittags flaute der Wind ein wenig ab. Taylor und Atkinson begaben sich nach dem Thermometerstand auf der Rampe hinauf und nachher beschlossen zwei abenteuerlich gesonnene Geister, Atkinson und Gran, ohne mein Wissen über das Eisfeld zu laufen, um sich nach den in der Nord- und Südbucht aufgestellten Thermometern »Archibald« und »Clarence« umzusehen. Das war um 1/2 6; zum Essen um 7 Uhr war Gran wieder da; wie ich erst später erfuhr, hatte er sich nur zwei- bis dreihundert Meter weit vom Land entfernt, aber zur Rückkehr fast eine Stunde gebraucht.

Atkinsons Abwesenheit blieb fast bis zum Schluss des Essens unbemerkt. Als wir uns zu Tisch setzten, hatte sich der Wind gelegt und wenn es auch ringsum sehr neblig war und leicht zu schneien begann, fühlte ich doch keinen Anlass mich zu beunruhigen. Als einige von uns die Hütte verließen, bat ich sie aber doch zu rufen und Laternen zu schwenken und zur Vorsicht eine hell leuchtende Petroleumfackel auf dem Windfahnenhügel anzuzünden. Die Deckoffiziere Evans, Crean und Keohane brannten darauf, hinauszukommen; ich schickte sie daher mit einer Laterne nordwärts.

Mittlerweile hob sich der Wind von neuem, aber nicht stark, der Himmel schien sich entwölken zu wollen und der Mond blickte hier und da verschleiert durch die schnell ziehenden Wolken. Bei solch einem Führer konnte unser Wanderer seinen Weg unmöglich verfehlen und wir erwarteten jeden Augenblick seine Rückkehr. Eine Stunde verging – von Atkinson war nichts zu sehen und nun packte uns die Angst. Um 1/2 10 Uhr kehrten Evans und seine Begleiter zurück – sie hatten keine Spur des Verschollenen gefunden! Dabei war Atkinson, wie ich unterdes gehört hatte, verhältnismäßig dünn bekleidet fortgegangen, zwar in seinem Windanzug, aber nur mit ledernen Schneeschuhstiefeln. An einem ernstlichen Unfall war jetzt nicht mehr zu zweifeln und ich sandte sofort nach allen Seiten Patrouillen aus.

Zuerst ging Evans mit Crean, Keohane und Dimitri, einem leichten Schlitten, einem Schlafsack und einer Flasche Kognak ab. Er sollte das Ufer und den Gletscherrand nach dem Barnegletscher hin und darüber hinaus bis nach Kap Barne absuchen, sich dann ostwärts wenden und an einer offenen Spalte entlang bis nach Inaccessible Island gehen. Leutnant Evans zog, ebenso ausgerüstet, mit Nelson, Forde und Hooper aus, um das Ufer der Südbucht abzustreifen, dann aber seewärts nach der Finnwalinsel hin zu suchen. Als dritte Abteilung machten sich Wright, Gran und Lashly nach den Eisbergen auf und Meares und Debenham suchten mit einer Laterne die ganze Eisfläche vor unserem Vorgebirge ab. Simpson und Oates gingen geradewegs über das nördliche Eisfeld nach dem »Archibald«, während Ponting und Taylor die Flutrinne nach dem Barnegletscher zu noch einmal untersuchten. Unterdes ließ Day auf dem Windfahnenhügel in Petroleum getauchte Wergbündel aufflackern. Schließlich waren Clissold und ich ganz allein in der Hütte und je weiter die Zeit vorrückte, desto höher stieg meine Unruhe.

Dass ein kräftiger und gewandter Mann nicht nach der Hütte habe zurückkehren können oder gar bei seiner dünnen Kleidung irgendwo vor dem Wetter untergekrochen sein könne, war unmöglich zu denken. Das Ziel seines Weges war kaum zwei Kilometer von der Hütte entfernt – und um 1/2 11 war er fünf Stunden fort! Was war daraus zu schließen? Ein Unfall auf dem freien Eisfeld! Aber das stellte ihm keine schlimmeren Fallen als flache Spalten oder steile Schneewehen, und auf alle Fälle musste er dort von den suchenden Kameraden gefunden werden. Doch es wurde 11, ohne dass einer von diesen zurückkam – die Uhr schlug 1/2 12, ohne dass sich etwas rührte. Sechs Stunden war der Vermisste jetzt schon fort!

Endlich – kurz vor 12 Uhr hörte ich vom Vorgebirge her Stimmen erschallen – und wenige Minuten später durfte ich aufatmen: Meares und Debenham führten unseren Wanderer herbei! Er hatte gräuliche Frostbeulen an der Hand und weniger schwere im Gesicht, im Übrigen war er wohlauf, nur noch etwas verwirrt, wie das bei solchen Vorfällen zu sein pflegt.

Soweit er mir, noch etwas unzusammenhängend, berichtete, war er nur einen halben Kilometer in der Richtung des Thermometerstandes gegangen und hatte sich dann zur Umkehr entschlossen. Dabei wollte er den Wind auf der Seite behalten und war nach einiger Zeit an ein altes Fischfallenloch gekommen, das, wie er wusste, nur 180 Meter vom Vorgebirge entfernt liegt. Nun glaubte er das Ufer nicht verfehlen zu können, aber als er die 180 Meter hinter sich hatte, war vom Vorgebirge nichts zu sehen. Hätte er sich jetzt ostwärts gewandt, so wäre er dicht bei der Hütte auf Land gestoßen und hätte so nach Hause finden müssen. Dass er hierauf gar nicht verfiel, zeigte klar, welche Geistesverwirrung solch eine Lage hervorruft. Bei einem Orkan hat man nicht nur über den Blutumlauf in den Gliedern zu wachen, sondern ebenso gegen Schwerfälligkeit im Denken und gegen Lähmung der Urteilskraft anzukämpfen, die noch viel verderblicher werden können als der Orkan selbst.

Tatsächlich hat Atkinson keine klare Erinnerung mehr an das, was mit ihm geschehen ist, als er das Vorgebirge nicht gefunden hatte. Offenbar ist er ziellos gegen den Wind angelaufen, bis er an eine Insel kam, um die er ganz herumging, da er kaum einen Meter weit vor sich sehen konnte, fiel er mehrmals in die Flutrinne und machte schließlich im Schutz einiger Felsen Halt. Hier erfror ihm die Hand, während er sich bemühte, den steif gefrorenen Handschuh wieder anzuziehen; schließlich gelang ihm das und nun wollte er sich eine Grube graben, um darin zu warten. Da sah er einen Schimmer vom Mond und verließ die Insel; aber bald verlor er den Mond aus den Augen. Dann wollte er wieder zurück, konnte aber nichts finden; schließlich stieß er wieder auf eine Insel, vielleicht dieselbe, wartete hier von neuem, sah wieder den Mond, der jetzt aus den Wolken trat, und machte sich danach eine Art Kurs zurecht – dann erblickte er das Flackerfeuer auf dem Vorgebirge und lief schnell darauf los. Er versichert, er habe ganz nahe beim Vorgebirge jemanden angerufen und sich sehr gewundert, dass keine Antwort erfolgte. Recht sonderbar!

Doch heute Abend redet Atkinson noch ziemlich durcheinander und sein Gehirn ist erst halb aufgetaut. Aber ich kann den Gedanken nicht loswerden, dass er nur mit knapper Not der Gefahr entronnen ist: Hätte sich der Orkan nicht gelegt, so wäre keine Rettung möglich gewesen! Die Furcht, der verderbliche Wind könne nach kurzer Pause wieder beginnen, hat mich die lange Wartezeit über aufs Qualvollste gepeinigt.

2 Uhr morgens. Die Kameraden sind zurückgekehrt und alles ist wieder gut, aber solch unnötige Streiche dürfen mir nicht wieder vorkommen! Doch hat dieser Vorfall die Leute von der Gefährlichkeit eines Orkans besser überzeugt, als all mein Reden und Warnen es je vermocht hätten.

Mittwoch, 5. Juli. Atkinsons Hand ist heute furchtbar schlimm, die Finger mit den Frostbeulen sehen wie Würste aus und Ponting hat sie ihres ungewöhnlichen Äußeren wegen sogar fotografiert.

Wie ich nicht anders erwartete, berichtigte Atkinson seine gestrige Erzählung, nachdem er die Nacht über Ruhe gehabt hatte über sein Abenteuer nachzudenken.

Er scheint zuerst auf Inaccessible Island gestoßen zu sein und sich die Hand schon vorher erfroren zu haben. Erst als er im Schutz der Insel einige Zeit wartete, hat er die Froststellen entdeckt und sich dann in dem Glauben, in der Nähe der Rampe zu sein, nach dem Westende der Insel hingetastet. Um einige Hindernisse des Eisfußes zu umgehen, bog er in wirbelndem Schneegestöber von der Insel ab und verlor sie ganz aus dem Gesicht, obgleich er nur wenige Meter von ihr entfernt sein konnte.

Verwirrt und erschreckt darüber klammerte er sich an die alte Idee, gegen den Wind anzugehen, und es ist wirklich eine göttliche Fügung gewesen, dass er bei dieser Richtung zunächst auf die Zeltinsel stieß. Um diese Insel ist er herumgegangen und hat sich schließlich in der Meinung, sie sei Inaccessible Island, auf ihrer Leeseite eine Schutzhöhle gegraben. Als dann der Mond sich zeigte, scheint er dessen Stand ganz richtig beurteilt zu haben; aber als er heimwärts wanderte, war er sehr überrascht, das wirkliche Inaccessible Island zu seiner Linken auftauchen zu sehen. Da er sich nach der 8 bis 9 Kilometer entfernten Insel hin verirrt hatte, erklärt sich teilweise die lange Zeit, die er zum Rückmarsch brauchte. Aber das alles ändert nichts an der Tatsache, dass er um ein Haar verloren gewesen wäre.

Der Tag war wieder herrlich; den ganzen Nachmittag hatten wir hellen Mondschein und es war ein wunderbarer Anblick, den Erebus aus leichten, spinnwebendünnen Nebelwolken auftauchen zu sehen, als ob ein dünner Schleier mit unendlich zarter Vorsicht weggezogen werde, um die reine Kontur des vom Mondlicht überfluteten Berges zu enthüllen.

Freitag, 7. Juli. Vorgestern abend sank die Temperatur auf 43 Grad, heute auf 45 Grad, bis jetzt unser tiefster Thermometerstand. Am Nachmittag hob sich der Wind aus Südost und die Temperatur stieg langsam auf 34 Grad.

Atkinson muss mit seiner Hand viel aushalten; die Froststellen sind tiefer gegangen, als ich gedacht hatte; glücklicherweise kann er jetzt wieder alle Finger fühlen, aber es hat vierundzwanzig Stunden gedauert, ehe auch nur in einen wieder Empfindung zurückgekehrt war.

Montag, 10. Juli. Wir haben den ärgsten Sturm gehabt, den ich je in dieser Gegend erlebte, und sind ihn noch nicht ganz los. Er begann Freitagmittag und erreicht, immerfort zunehmend, am Sonnabend einen Durchschnitt von 110 Kilometern in der Stunde, wobei einzelne Windstöße über 130 Kilometer Geschwindigkeit hinausgingen. Aber nicht diese Windstärke, die ja schon in diesem Jahr durchaus nicht einzig dasteht, war das Ungewöhnliche bei diesem Sturm, sondern die Temperatur. In der Freitagnacht zeigte das Thermometer – 39 Grad; Sonnabend und Sonntag stieg es nicht über 37 Grad; gestern Abend spät stand es in den Dreißigern, und heute ist es endlich auf 18 Grad gestiegen.

Überflüssig zu sagen, dass sich niemand weit von der Hütte entfernt hat. Ich hatte die Wache Sonnabendnacht und jedes Mal, wenn ich hinausgehen wollte, sah ich zu meiner größten Bestürzung, dass man unmöglich dies Wetter lange ertragen kann. Mir verging der Atem bei den Windstößen und dem Gewirbel feinsten Schnees und zehn Schritte gegen den Wind genügten vollkommen, um die Gesichtshaut zum Erfrieren zu bringen. Was mag bei diesem Sturm aus unseren Kameraden an Kap Crozier geworden sein! Hoffentlich haben sie schon ein Obdach gehabt, als der Sturm sie überfiel. Immer wieder bilde ich mir ein, dass er dort noch viel schlimmer müsse gehaust haben. Aber warum sollten sich die Kaiserpinguine gerade einen so windigen Brutplatz ausgesucht haben?

Dienstag, 11. Juli. So hartnäckig schlechtes Wetter ist noch nie da gewesen! Heute stieg die Temperatur auf 15 und 14 Grad unter null, der Wind hat 70 bis 90 Kilometer Geschwindigkeit in der Stunde, die Luft ist schneedick und der Mond sieht aus wie ein verschwommener Klecks.

Ich ging auf unserem Heimatstrand auf und nieder und besuchte auch die nahen Felshügel; trotz des Windes war es sehr warm. Im Schutz eines großen Felsblocks grub ich mir ein Loch in eine Schneewehe und bedeckte meine Füße mit Schnee; es war so warm darin, dass ich ganz behaglich hätte schlafen können.

Donnerstag, 13. Juli. Der Sturm hielt die ganze Nacht durch an; eine neue Höchstleistung brachte ein Windstoß von 142 Kilometern in der Stunde, den das Anemometer registrierte! Der Schnee ist so fest zusammengepackt, dass nur die wütendsten Windstöße ihn aufwirbeln können; so heilt die Natur ein Übel durch ein anderes.

Die Arbeit schreitet gleichmäßig fort. Die Leute machen Steigeisen und Schneeschuhstiefel nach dem neuen Muster. Leutnant Evans zeichnet mit Hilfe der Westabteilung Karten des Trockentals und des Koettlitzgletschers. Die Naturforscher sind immerfort tätig, Meares fertigt Hundegeschirre an, Oates befreit die Ponys von ihrem Ungeziefer und Ponting macht Kopien von seinen Negativen.

Unser beliebtestes Spiel während der abendlichen Erholungszeit ist Schach; es haben sich jetzt so viele zu Spielern entwickelt, dass unsere beiden Schachbretter bei weitem nicht ausreichen.

Freitag, 14. Juli. Eine schauderhafte Nacht! Und wir sind noch nicht über den Berg: Gestern Mittag wollte Knochen, eines der besten Ponys, plötzlich nicht fressen – bald darauf hatte es Schmerzen, es litt offenbar an Kolik. Weder Oates noch ich beunruhigten uns, denn wir dachten an die schnelle Genesung des Jakobsschweins, unter ähnlichen Umständen. Später wurde das Tier von Crean ins Freie gebracht, aber nun wurde es alle fünf Minuten von Krämpfen befallen, sodass man seine liebe Not mit ihm hatte. Wenn die Schmerzen begannen, raste es vorwärts, wie um ihnen zu entrinnen, dann versuchte es sich niederzulegen. Wieder im Stall, ging es ihm sichtlich schlechter und Oates und Anton zogen ihm geduldig einen Sack unter seinem Leib hin und her. Immer wieder versuchte es sich niederzulegen und schließlich dachte Oates, dass es richtiger sein werde, ihm seinen Willen zu lassen. Allmählich sank sein Kopf nieder und zuletzt lag es der Länge nach am Boden ausgestreckt, während es unaufhörlich vor Schmerzen zuckte, hin und wieder den Kopf hob und sich aufzurichten versuchte, wenn die Schmerzen gar zu arg wurden. Wie rührend solch ein krankes Pferd sein kann! Es kann nicht schreien, es gibt seine Not nur durch Zuckungen zu erkennen und durch stumme Bewegungen des Kopfes, den es mit flehendem Ausdruck uns zuwendet.

Trotz meiner Unruhe tröstete ich mich damit, dass bei der Sorgfalt, mit der unsere Tiere gefüttert werden, nichts anderes als eine vorübergehende Unpässlichkeit vorliegen könne. Doch Stunde auf Stunde verging, ohne dass dem armen Tier besser wurde und schließlich mussten wir uns mit dem Gedanken vertraut machen, dass es gefährlich erkrankt sei. Es erhielt eine Opiumpille und später noch eine zweite und wurde in gewärmte Säcke gepackt; weiter ließ sich nichts tun, als bei ihm wachen, und Oates und Crean sind nicht von dem Patienten gewichen. Am Abend ging ich immerfort in den Stall – stets derselbe traurige Bescheid und um Mitternacht war ich ganz verzweifelt. Wir dürfen kein einziges Pony mehr einbüßen – wir haben viel mehr verloren als wir durften und wenn wir nicht alle Tiere am Leben erhalten, ist mein ganzes Unternehmen gefährdet!

Kurz nach Mitternacht spürte Knochen, endlich ein wenig Erleichterung. Um 1/2 3 war ich wieder im Stall, die Besserung dauerte an; das Pferd lag zwar noch mit ausgestrecktem Kopf auf der Seite, aber die Zuckungen hatten aufgehört, sein Auge blickte weniger traurig und seine Ohren spitzten sich gelegentlich bei Geräuschen. Als ich bei ihm stand, hob es plötzlich den Kopf und richtete sich ohne Anstrengung auf seinen Beinen auf; dann begann es nach einem Augenblick, wie aus einem schweren Traum erwacht, ein Heubündel und seinen Nachbarn zu beschnüffeln – und nach weiteren drei Minuten hatte es einen Eimer Wasser getrunken und zu fressen begonnen.

Sehr erleichtert legte ich mich um 3 Uhr schlafen. Heute Mittag zeigte sich die Ursache unserer Sorge um Knochen und zugleich eine Mahnung, dass noch immer Gefahr besteht: eine kleine Kugel halb gegorenen Heus, das mit Schleim bedeckt war und Bandwürmer enthielt; an sich wäre das nicht schlimm, aber an dieser Masse haftete ein langer Streifen der inneren Darmwand! Atkinson meint zwar, auch das sei nicht bedenklich, wenn nur eine Woche sehr vorsichtig gefüttert werde. Inzwischen haben wir hin und her überlegt, was der eigentliche Grund der Krankheit sein könne: Gärung des Heus, zu wenig Wasser, überheizter Stall und Erkältung draußen nach dem Sturm – alles zusammen wird schuld gewesen sein. Es kann schwerlich Zufall sein, dass die beiden bisher erkrankten Ponys ihre Stände in nächster Nähe des Ofens haben. Wir werden eine große Ventilationsöffnung neben ihm in die Wand schlagen und dem Schnee, den die Tiere bisher erhielten, noch eine kleine Wasserration hinzufügen.

Sonnabend, 15. Juli. Oates fürchtet, dass auch von den anderen Ponys viele an Bandwürmern leiden und wir sinnen auf Mittel sie davon zu befreien. Knochen scheint sich dauernd wohl zu befinden, nur tänzelt er noch nicht wieder so stutzerhaft wie früher. Im Stall ist ein großer Ventilator angebracht worden. Aber die Aufregung der Donnerstagnacht ist noch keineswegs überstanden – die Lage ist gar zu kritisch!

Sonntag, 16. Juli. Heute schon wieder eine leichte Aufregung. Der »Chinese« wollte nicht fressen und legte sich zweimal nieder. Nach einer halben Stunde war er aber wieder wohlauf; was in aller Welt macht nur unsere armen Tiere krank!

Im Übrigen heute die gewöhnliche Sonntagsordnung und ein ruhiger Tag, nur viel Wind, bald leicht, bald heftig. Die Crozier-Abteilung muss scheußliches Wetter haben.

Montag, 17. Juli. Wenn nur erst wieder die Sonne da wäre! Sturm und Untätigkeit haben nicht nur die Ponys angegriffen, auch Ponting ist nicht ganz wohl. Wenn wir erst wieder Fußball spielen können, wird alles gut sein. Noch neun Tage – dann sind wir so weit!

Dienstag, 18. Juli. Heute Mittag ein glänzend roter Himmel und hell genug, dass man sich zurechtfinden konnte. Wie schön, aber auch wie kurz ist diese flüchtige Stunde des Lichtes! Und wie selten, denn wenn der Himmel nicht völlig klar ist, müssen wir sie ganz entbehren!

Mittwoch, 19. Juli. Wenn Mond und Sterne in nordwestlicher Richtung untergehen, haben sie ein ganz sonderbares Aussehen. Um die Mittwinterzeit erscheint der Mond dann in ganz verzerrter Gestalt und von blutroter Farbe; er hätte ebenso gut eine flammende Tonne Teer oder sonst ein flackerndes Feuer sein können, nie wäre man bei dem Anblick auf den Mond verfallen. Gestern glich der Planet Venus dem Seitenlicht eines Schiffes oder einer japanischen Laterne; auch sein Licht flackerte, und die Farbe wechselte zwischen tiefem Rotgelb und blutigem Rot, aber Letzteres behielt die Oberhand.

Sonnabend, 22. Juli. Schon wieder ein Orkan! Die Windstöße haben bis zu 133 Kilometer in der Stunde erreicht! Die Crozier-Abteilung wird sehr unter dem Wetter zu leiden haben! Gottlob, dass endlich das Tageslicht näher kommt.

Montag, 24. Juli. Der Orkan dauerte noch den ganzen Sonntag über und erreichte gestern Abend mit 152 Kilometer in der Stunde seine höchste Stärke!

Sonntag, 30. Juli. Julick, einer unserer besten Schlittenhunde, ist verschwunden! Ich fürchte, er ist irgendwo an einer fernen Stelle von den anderen totgebissen worden; wenn die Sonne zurückkehrt, werden wir wohl seinen steif gefrorenen Kadaver finden. Meares allerdings glaubt, die anderen Hunde würden es nie gewagt haben, ihn anzugreifen, und Julick müsse in ein Robbenloch oder in eine Wasserrinne gefallen sein. Der Verlust wird dadurch nicht geringer – es ist eine sehr verdrießliche Geschichte!

Heute Morgen war ich ein paar Stunden im Freien – welch ein Genuss, dass man endlich wieder einmal die Unebenheiten seines eigenen Weges erkennen konnte! Violettes Licht überflutet die bekannten Landmarken, und eine Stunde nach Mittag war der nördliche Himmel intensiv rot.

Montag, 31. Juli. Was mag nur aus der Crozier-Abteilung geworden sein! Sie ist jetzt schon fünf Wochen fort.

Die Ponys fangen an zu bocken. Der Chinese schreit und schlägt im Stall. Der Baron schreit nicht, aber er schlägt in böswilliger Absicht – in der letzten Nacht hat er einen Teil seines Standes zertrümmert. Der aufregende Lärm über Nacht lässt uns kaum schlafen. Immer wieder bildet man sich ein, dass allerhand Entsetzliches geschehen sein müsse; aber wenn dann der Nachtwächter die Ställe visitiert, blinzeln die Bewohner ihn so schläfrig an, als ob die Störung unmöglich von hier ausgegangen sein könne.

Dienstag, 1. August. Wir hatten heute ein ungewöhnlich gutes Licht; die Sonne wurde von einer einzelnen schillernden Wolke im Norden direkt widergespiegelt, ein wunderbar schöner Anblick! Die Luft war ganz still und es machte mir ein besonderes Vergnügen, die Geräusche unserer draußen arbeitenden Leute zu hören. An solch stillen Tagen tönt eine Stimme, das Sausen der Schneeschuhe oder der Schlag einer Eishacke vier, fünf Kilometer weit; mehr als einmal waren die

Lieder eines fröhlichen Sängers deutlich zu hören – es klang wie die heitere Ankündigung des nahen Lenzes und der nahen Sonne.

Wenn ich mich in der Hütte umsehe, finde ich noch nachzutragen, dass wir zwei Telefone in Gebrauch haben; eins, um Wright am Meridianinstrument die richtige Zeit anzugeben, das andere, um mit Nelson sprechen zu können, der 1500 Meter von hier an seinem Eisloch sitzt. Letztere Verbindung ist mit einem einfachen Aluminiumdraht und Erdleitung hergestellt. Es kann uns also nicht schwer werden, unseren Bereich durch Anschluss der Hüttenspitze zu vervollständigen; das beabsichtigen wir auch.

Wenn nur endlich Wilson, Bowers und Cherry-Garrard von Kap Crozier wieder da wären!

ERFAHRUNGEN UND VORBEREITUNGEN

Mittwoch 2. August 1911. Gestern Abend kehrte die Crozier-Abteilung zurück; sie hat fünf Wochen hinter sich, die, was Anstrengungen, Ausdauer und Entbehrungen anlangt, wohl zum Schlimmsten zu zählen sind, was je ein Mensch auszuhalten vermochte. Die drei Kameraden sahen so verwettert aus, wie ich das noch nie gesehen habe. Ihre Gesichter waren voller Narben und Runzeln, ihre Augen glanzlos und ihre Hände weiß wie Leichenhände und rissig von beständiger Feuchtigkeit und Kälte. Nur aufgebrochene Frostbeulen hatten sie wenig, trotz der ungeheuren Kälte, in der sie marschieren mussten, und ihr erschreckendes Aussehen kam auch hauptsächlich von dem Mangel an Schlaf, unter dem sie infolge der furchtbaren Orkane und der Kälte gelitten haben. Heute, nachdem sie sich eine Nacht gründlich ausgeschlafen haben, sind sie bereits wieder ganz andere Menschen.

Die Kälte, die die drei Reisenden durchmachen mussten, war geradezu fürchterlich. Länger als eine Woche zeigte das Thermometer unter 51 Grad; eines Nachts betrug das Minimum 57, in der nächsten Nacht sogar 60 1/2 Grad! Kein zivilisiertes Wesen hat je solchen Temperaturen widerstanden und dabei keinen Unterschlupf gehabt als ein dünnes Zelt aus Segeltuch! Wir haben heute die Wetterberichte anderer Expeditionen durchgesehen und gefunden, dass nur Amundsen auf seiner Reise nach dem magnetischen Nordpol ähnliche Temperaturen angetroffen hat und 62 Grad als Minimum feststellte; aber zwischen seiner Reise und der der Crozier-Abteilung bestand ein großer Unterschied. Er wurde von Eskimos begleitet, die ihm jeden Abend eine Schneehütte als Obdach bauten, und wanderte bei ziemlich gutem Tageslicht; auch sind die von ihm abgelesenen Thermometer wahrscheinlich nicht vor Ausstrahlung geschützt gewesen; und schließlich war er damals auf dem Heimweg und nach nur fünftägiger Abwesenheit wieder auf seinem Schiff. Die Crozierabteilung aber war, als sie jene Temperaturen registrierten, auf der Ausreise und blieb fünf Wochen fort!

Wilson ist sehr abgemagert, er hat 1 1/2 Kilo verloren; trotzdem ist er heute Morgen wieder fast ebenso eifrig und zäh wie früher. Cherry-Garrard hat ein geschwollenes Gesicht und sieht recht angegriffen aus; er hat zwar nur ein halbes Kilo abgenommen, aber offenbar schwer gelitten; doch hat, wie Wilson mir versichert, sein Mut keinen Augenblick gewankt. Bowers, der 1 1/4 Kilo leichter geworden ist, scheint am besten davongekommen zu sein. Er ist wohl der stärkste, abgehärtetes und kühnste Polarreisende, der je eine Expedition unternommen hat. Mehr aus Andeutungen als aus direkten Schilderungen ersehe ich den Wert, den seine unermüdliche Energie und staunenswerte Körperkraft für die anderen gehabt haben; unter Verhältnissen, die seine Begleiter völlig lähmten, war er noch imstande weiterzuarbeiten; einen so mutigen, tätigen und unbesiegbaren Menschen hat es, glaube ich, noch nie gegeben.

Von besonderer Wichtigkeit sind die Erfahrungen der Crozier-Abteilung in Bezug auf ihre Ernährung. Sie lebte von höchst einfachen Rationen in gewissen, streng eingehaltenen Proportionen: Pemmikan, Butter, Schiffszwieback und Tee waren ihre einzige Nahrung. Wilson sollte die größte Fettmenge verzehren, 227 Gramm pro Tag, aber er hat höchstens 75 Gramm bewältigen können. Cherry-Garrard sollte sich an Zwieback halten, aber schon am 6. Juli fühlte er ein Bedürfnis nach Fett, nach Butter oder Pemmikan. Er erhöhte nun seine Zwiebackportionen auf zwölf Stück pro Tag; das befriedigte sein Verlangen nach mehr Nahrung und Fett einigermaßen, aber er litt dabei an Sodbrennen und stärker unter der Kälte als die beiden anderen. Infolgedessen änderten Wilson und Cherry nach vierzehn Tagen ihre Diät; Cherry erhielt 113 Gramm Butter pro Tag, und Wilson dafür zwei Stück Zwieback, die ungefähr ebenso viel wiegen. Sie hatten nun beide die gleiche Kost und sind auch dabei geblieben, woraus sich eine allgemeine Proportion ergab, die für beide passte und auch den Gesamtmengen der mitgenommenen Lebensmittel entsprach. Auf diese Weise haben wir eine einfache und zweckdienliche Ration für unsere Reisen über das Inlandplateau des Pols festgestellt: 453 1/2 Gramm Zwieback, 340 Gramm Pemmikan und 113 Gramm Butter; mehr als 56 1/2 Gramm Butter haben aber Wilson und Cherry nur ganz selten zu sich genommen. Bowers' Diät bestand aus denselben Mengen Zwieback und Pemmikan; aber statt der Butter erhielt er 113 Gramm Extrapemmikan, die er auf dem Hinmarsch nur selten, auf dem Rückmarsch überhaupt nicht mehr bewältigte. Die einzige wünschenswerte Änderung dieser Diät besteht in der Zugabe einer Tasse Kakao zum Abendessen. Die Crozier-Abteilung hat sich mit heißem Wasser begnügt, um sich nicht durch Tee der geringen Möglichkeit des Schlafes zu berauben.

Über die Erfahrungen mit Schlafsäcken ist nicht viel Neues zu berichten. Sie waren bald so hart gefroren, dass bei dem Versuch, sie zusammenzurollen, das Fell buchstäblich barst. Cherry-Garrard brauchte manchmal eine Dreiviertestunde, um in seinen Sack zu kriechen, so platt war dieser zusammengefroren und so schwierig war es, die Öffnung zu erweitern. Die Einlage der Federsäcke mag auf einer Frühlingsreise kurze Zeit hindurch nützlich sein, man kann damit die Löcher und Risse der Rentierfelle notdürftig zustopfen; aber sie vereisen sehr bald. Wilsons Rentierfell und Federsack wogen bei der Abreise 7 1/2 Kilo, bei der Rückkehr 18, die Cherry-Garrards anfangs 8 Kilo, zuletzt 20, so vereist war beides. Bowers hatte nur seinen Schlafsack aus Rentierfell mitgenommen und es wunderbarerweise fertig gebracht, ihn während der Reise mehrmals zu wenden. Dieser Sack wog ebenfalls 7 1/2 Kilo, bei der Rückkehr nur 15. Socken, Finnenschuhe und Fausthandschuhe waren gleichfalls so vereist, dass sie, auch wenn man sie nachts in Brusttaschen und Westen steckte, schließlich nicht im Geringsten mehr auftauten, geschweige denn trockneten. Dagegen scheint nichts zu machen zu sein.

Das von Deckoffizier Evans konstruierte doppelte Zelt hat sich als ungeheuer nützlich erwiesen. Es wog bei der Abreise ungefähr 16, bei der Heimkehr 27 Kilo; das Eis sammelte sich hauptsächlich auf der inneren Zeltwand an. Obgleich die Reisenden beim Abbrechen des Lagers nach Möglichkeit den Reif abbürsteten, der sich auf der Innenseite festgesetzt hatte, war schließlich doch der untere Saum des inneren Zeltes so steif wie ein Brett, während das äußere Zelt bis zuletzt merkwürdig wenig gefroren ist.

Die Steigeisen werden sehr gelobt, nur nicht von Bowers, der in die ältere Form ganz närrisch verliebt ist. Auch unsere Bekleidung hat die erste Probe glänzend bestanden; besser als unsere zivilisierte Tracht wären vielleicht nur Fellanzüge, wie die Eskimos sie tragen, aber wie sollen wir die hier erhalten!

Von dem wissenschaftlichen Resultat des Ausflugs ist Wilson etwas enttäuscht, da er von den Kaiserpinguinen sehr wenig gesehen hat. Aber wir wissen doch jetzt wenigstens, wann und unter welchen Bedingungen der sonderbare Vogel seine Eier legt und wenn wir über seine Embryologie auch wenig gelernt haben, so sind doch die Witterungsverhältnisse auf der Großen Barriere während des Winters aufgeklärt. Bisher konnten wir uns ihre Strenge nur in der Phantasie ausmalen; jetzt wissen wir Bescheid und auf die Klimatologie unserer Meerenge fällt ein positives Licht.

Als Hauptergebnis erscheint aber mir und allen, die im Winterquartier zurückgeblieben sind, die tapfere Leistung der drei Männer im Ganzen, die in der Geschichte der Polarforschung nicht viele ihresgleichen haben dürfte. Dass Menschen es fertig bringen, mitten in der langen Polarnacht hinauszuziehen und in steter Dunkelheit den wütendsten Stürmen und der entsetzlichsten Kälte Trotz zu bieten, und das fünf Wochen lang, ist eine heroische Tat ohne Beispiel, und wert sie unserer Generation zu schildern und zu rühmen.

Donnerstag, 3. August. Wir haben so lange schönes Wetter ohne besonders niedrige Temperaturen gehabt, dass man kaum über die heutige Veränderung brummen darf; am Morgen breitete sich ein Baldachin von Schichtwolken über uns aus und der Wind kam in launenhaften Stößen, die Sturm versprechen, angesaust. Den Tag über nahm seine Stärke langsam zu, während die Temperatur auf 26 Grad unter null stieg, aber bis jetzt schneit es noch nicht. Heute früh zog die Rauchwolke des Erebus wie ein dicker Strom nach Nordwesten; jetzt ist sie durch Wolken verdeckt.

Unsere Erwartungen sind so oft Lügen gestraft worden, dass wir unsere gänzliche Unfähigkeit im Prophezeien des Wetters nachgerade eingesehen haben; daher wagt man kaum angesichts solchen Tumultes wie jetzt einen Sturm vorherzusagen. Simpson hat eine Abhandlung des Professors David von der Universität Sydney, die das Herannahen der Orkane nebst ihrer Ursache und Wirkung beschreibt; auch sie hat sich als unbrauchbar erwiesen. Auch nicht in einem Punkte können wir seine Behauptungen bestätigen, ja, viele unserer Beobachtungen widersprechen ihnen auf das Entschiedenste. Tatsache ist, dass auch nicht zwei unserer Orkane sich durch gleiche Vorzeichen angekündigt haben.

Die tiefen Temperaturen an der Barriere, denen die Crozier-Abteilung ausgesetzt war, haben uns naturgemäß veranlasst über die Lage Amundsens und seiner Norweger nachzugrübeln. Wenn auch seine Thermometer beständig Temperaturen unter 51 Grad zeigen, wie kann er da seine Hunde am Leben erhalten? Ich würde in größter Sorge sein, wenn sich Campbell in jener Gegend aufhielte.

Sonnabend, 5. August. Der Himmel sieht noch immer sehr unruhig aus, aber erfolgt ist bis jetzt nichts. Nur hat es heute leicht zu schneien begonnen und eine frische nördliche Brise treibt den Schnee vor sich her; wenn das starke rote Zwielicht im Norden durch den Schneenebel sickert, ergibt sich eine seltsame, aber wunderschöne Lichtwirkung.

Sonntag, 6. August. Der Tag fing mit Bewölkung an. Kreidig ist ein vortrefflicher Ausdruck zur Beschreibung unserer

Landschaft, wenn sie im Zwielicht mit spärlichen Schatten daliegt, ein langweiliges, ausdrucksloses Bild.

Nachmittags klärt sich der Himmel auf und der Mond über dem Erebus gab den sich zerteilenden Wolken die Farbe des Strohs. Dieser Wechsel zwischen bewölktem und klarem Himmel ist seit einiger Zeit an der Tagesordnung und von gänzlicher Windstille begleitet, was uns etwas köstlich Neues ist.

Atkinson hat das Blut der Mitglieder der Crozier-Abteilung untersucht: Es zeigt eine unbedeutende Zunahme an Säure, wie zu erwarten war, aber kein Anzeichen von Skorbut, der gewiss ausgebrochen wäre, wenn die Lebensmittel ihn begünstigten. Ich denke, wir werden auch auf unserer Polreise vor ihm sicher sein. Wir sind aber zu dem Schluss gelangt, dass es gerade den jüngeren Leuten hier am schlechtesten geht; unser jüngstes Mitglied Gran mit seinen dreiundzwanzig Jahren liefert ein deutliches Beispiel dafür, und nun auch Cherry-Garrard mit seinen sechsundzwanzig. Wilson, der neununddreißig ist, hat die Kälte nie so wenig gespürt wie jetzt; die Jahre zwischen 30 und 40 scheinen demnach das beste, kräftigste Alter zu sein. Aber auch wenn man, wie ich, die vierzig schon überschritten hat, braucht man nicht zu verzagen: Peary war 52!

Donnerstag, 10. August. Ich habe die Ponys jetzt endgültig zur Reise nach Süden verteilt und die neuen Herren werden das Kommando am 1. September übernehmen. Sie sollen die Tiere täglich ins Freie führen, damit sie sie gut kennen lernen.

Gestern ließen Bowers und Simpson den ersten Ballon in dieser Jahreszeit steigen. Er erhob sich mit südlichem Wind, ließ sich aber nur 30 Meter oder noch weniger weit von ihm treiben, stieg dann gerade in die Höhe und schwebte darauf direkt südwärts über die Finnwalinsel weg. Alles schien gut zu gehen, der Faden straffte sich, als er abgelaufen war, und wurde dann schlaff, wie er sollte. Er wurde wohl 4 Kilometer in gerader Linie auf die Finnwalinsel zu verfolgt, aber etwa 200 Meter vor ihr hatte er ein Ende. Fast ebenso ging es uns bei dem vorigen Ballonaufstieg. Die stete Nähe südlich treibender Luftströmungen ist sehr interessant.

Auf meinem Spaziergang gestern Nachmittag sah ich eine

schöne Lichtwirkung; der Vollmond schien glänzend, während auf der anderen Himmelseite das Zwielicht erblasste; die Eisberge waren auf der einen Seite vom gelben Mondlicht wie vergoldet, auf der anderen zeigten sie in dem matten Tageslicht eine kalte, grünlich blaue Farbe, ein verblüffend schöner Kontrast!

Montag, 14. August. Die Ponys sind so vergnügt, dass sie keine Gelegenheit versäumen ihren Lenkern durchzubrennen und mit erhobenem Schweif und aufwärts gekehrten Hufen davon zu galoppieren. Die Hunde sind ebenso gestimmt.

Gestern hatten wir endlich einen wirklich erfolgreichen Ballonaufstieg: der Ballon lief 7400 Meter Faden ab, ehe er frei wurde, und das Instrument fiel ohne Fallschirm herunter. Die Suchenden folgten dem Faden etwa 4 1/2 Kilometer nordwärts, wo er eine plötzliche Wendung machte und in einem Abstand von nur 30 Metern parallel mit sich selbst zurückkehrte. Das Instrument war unbeschädigt und die Registrierung richtig notiert.

Dienstag, 15. August. Das vorgestern wiedererlangte Instrument des Ballons zeigt einen Aufstieg von 4500 Metern an, und die Temperatur in jener Höhe betrug nur 5 oder 6 Grad Celsius weniger als die an der Erdoberfläche. Wenn sich, wie anzunehmen ist, diese Schicht über die Barriere hin fortsetzt, so würde ihre dortige Temperatur beträchtlich höher sein als auf der Oberfläche. Simpson nimmt für die Barriere eine sehr kalte Oberflächenschicht an.

Der Acetylen hat plötzlich versagt; ich schreibe heute zum ersten Mal bei Tageslicht.

Lassie hat uns gestern mit sechs oder sieben Hündchen beschenkt – die erste Vergrößerung unserer Kolonie; wir halten die Familie ruhig und möglichst warm im Stall.

Donnerstag, 17. August. Heute Mittag lag glänzendes Sonnenlicht auf den Gipfeln der Westberge, der Kuppe und dem Rauch des Erebus; in der letzten Zeit hat dessen Dampfwolke eine außergewöhnlich dichte und phantastische Form angenommen.

Die abscheuliche Lassie hat ihren ganzen Wurf umgebracht. Beständig lief sie von ihren Kindern fort, und wenn sie zurückgebracht wurde, trampelte sie so auf ihnen herum und legte sich so lange auf sie, bis kein einziges mehr am Leben war.

Freitag, 18. August. Atkinson hielt gestern Abend einen Vortrag über Skorbut. Er sprach langsam und scharf betonend, beschrieb ausführlich die Symptome der Krankheit, legte die Theorien über ihre Ursache dar und schloss mit den möglichen Vorbeugungs- und Heilmitteln.

Heute Nachmittag lief ich zur Zeltinsel hinüber und erstieg ihren Gipfel; seit 1903 bin ich nicht wieder dort gewesen. Die große Menge losen Sandes überraschte mich sehr; er schien von Süden nach Norden hin immer feinkörniger zu werden. Vom höchsten Punkt der Insel aus bot sich eine prächtige Aussicht; das Abbrechen der Erebusgletscherzunge hat eine auffallende Lücke in die Uferlinie gerissen. Angesichts dieses herrlichen Landschaftsbildes mit seinen Bergen, Inseln und Gletschern musste ich an die so ganz andere Aussicht denken, die sich den Norwegern bieten wird. Hinter sich nichts als eine langweilige weiße Barrierenebene und vor sich eine ebenso öde Meeresstrecke; keine Landmarken, und wenn das Licht schwindet, nichts, was als Anhaltspunkt dienen kann; sie werden sich jedenfalls nicht weit von ihrer Hütte fortwagen dürfen.

Montag, 21. August. Gestern sind wir gewogen und gemessen worden. Lungenkraft und Armmuskeln haben sich verbessert, wie Atem- und Kraftmesser zeigen, aber das Körpergewicht hat sich überraschend wenig verändert. Ich habe im Winter fast 3 Pfund zugenommen, und zwar während des letzten Monats, in dem ich mir viel mehr Bewegung gemacht habe. Mit dem allgemeinen Gesundheitszustand können wir sehr zufrieden sein.

RÜCKKEHR DER SONNE

Dienstag, 22. August 1911. Gestern war ich an der Reihe den Nachtwächter zu spielen; ich hatte dabei Gelegenheit das Heraufziehen eines Orkans mit ungewöhnlichen Erscheinungen zu beobachten. Zwischen 1 und 4 Uhr bezog sich der Himmel ganz langsam; gegen 2 Uhr 30 stieg die Temperatur reißend schnell von 29 auf 19 Grad und das Barometer fiel sehr rasch. Bald nach 4 hob sich der Wind, aber er brachte weder neuen Schnee mit, noch trieb er den Schnee vom Boden auf.

Heute stürmt es heftig mit zerrissenen Windwolken, Schneetreiben und umherwandernden Schneewehen. Ein wilder Tag für die Rückkehr der Sonne! Heute hätten wir die Sonne zum ersten Mal sehen müssen! Gestern schien sie bereits auf den niedrigeren Vorbergen im Westen, aber heute sehen wir nichts als vergoldete Sturmwolken. Und doch ist es herrlich, das Tageslicht sich schnell verbreiten zu sehen.

Mittwoch, 23. August. Wir feierten gestern Abend die Sonne und tranken zugleich auf Victor Campbells Wohl, dessen Geburtstag zufällig auf diesen Tag fiel. Die Rückkehr der Sonne konnte nicht recht gewürdigt werden, weil wir von ihr selbst noch keinen Schimmer erblickt haben, und der Champagner machte ebenfalls wenig Eindruck; es war ein sehr zahmes Gelage. Unterdessen dauerte der Sturm fort und in der Nacht wehte er einige Stunden lang mit einer Durchschnittsgeschwindigkeit von fast 130 Kilometern; die Temperatur ist auf 12 Grad unter null gestiegen und wir haben heftigen Schneefall. Heute Morgen um 7 war die Luft mit wirbelnden Schneeflocken dichter angefüllt als je.

Freitag, 25. August. Der Sturm hielt gestern den ganzen Tag und auch die Nacht über an; drei Tage hält er uns jetzt in der Hütte gefangen. Heute Morgen weht es noch immer heftig, aber der Himmel ist klar und das Schneetreiben hat aufgehört.

Ohne Windanzug ist es in einem Schneesturm kaum auszuhalten, auch wenn man sich nur auf wenige Augenblicke hinauswagt; Wolle oder Tuch überzieht sich in zwei Minuten mit einer dicken Schicht feiner Kristalle und wenn man so in die warme Hütte zurückkehrt, sind die Kleider bald zum Auswringen nass.

Eines der Ponys, Schnipps, will durchaus Speck fressen! Was doch solch ein Tier für Bedürfnisse hat! Der Kies auf der Nordseite der Hütte, wo der Stall angebaut ist, hat sich nach und nach gesenkt und gähnende Löcher unter der Verschalung zurückgelassen. Durch diese Löcher und unseren Fußboden dringt eine unangenehme Stallausdünstung zu mir herein, besonders bei starkem Wind. Wir haben bisher vergeblich versucht die Löcher auszufüllen.

Sonnabend, 26. August. Gestern abnehmender Wind bei klarem Himmel, und heute fast Windstille. Die Mittagssonne verdeckt der lange untere Erebusabhang, der sich nach Kap Royds hinzieht. Gestern Mittag ging ich nach der Rampe hinauf, aber man muss weit aufs Eis hinauswandern, wenn man die Sonne zuerst erblicken will. Gestern Abend erhaschte Evans von dort aus einen letzten flüchtigen Schimmer ihres oberen Randes, während Simpson vom Windfahnenhügel aus ebenso viel sah.

Die Ponys sind sehr bockig und außerhalb des Stalles kaum zu bändigen; auch sie empfinden die Rückkehr des Tageslichts und werden übermütig. Christoffer und Schnipps brannten gestern etwa 50 Meter vom Stall entfernt auf das Eisfeld durch, und es dauerte fast eine Stunde, bis sie wieder eingefangen waren.

Nachmittags. Kurz vor dem zweiten Frühstück vergoldete der Sonnenschein das Eisfeld und ich ging mit Ponting zu den Eisbergen hinaus. Der uns zunächstliegende ist umgestürzt und ließ sich leicht erklettern. Von seinem Gipfel aus konnten wir die Sonne klar über der zackigen Kontur des Kap Barne sehen. Es war herrlich, wieder einmal im glänzenden Sonnenschein zu stehen. Wir fühlten uns wie verjüngt, sangen und riefen Hurra – alles erinnerte an einen hellen Frostmorgen daheim in England.

Über die Rückkehr der Sonne in Polargegenden lässt sich wenig Neues sagen, und doch ist sie das einzige und wichtigste Ereignis hier, das man nicht mit Stillschweigen übergehen darf. Jetzt schaut jeder das Leben wieder mit anderen Augen an, das schlechte Wetter verliert seine Schrecken; denn morgen oder übermorgen wird es ja wieder schön sein. Am Nachmittag kletterte ich die Rampe hinauf und fröhliches Rufen und Singen der Kameraden und Wiehern der Pferde drang an mein Ohr.

Montag, 28. August. Ponting und Bran gingen gestern Abend spät um die Eisberge herum, als sie plötzlich auf dem Heimweg einen Hund von Norden her über das Eisfeld kommen sahen! Das Tier stürmte auf sie los und sprang mit allen Anzeichen ungeheurer Freude an ihnen in die Höhe. Da erst sahen sie, dass es unser lang vermisster Julick war! Seine Mähne zeigte eine Blutkruste und er duftete stark nach Robbenspeck; Hunger hatte er nicht, aber sein Rückgrat trat scharf hervor, also wird er nicht immer einen vollen Magen gehabt haben. Bei Tageslicht sieht er wohl und kräftig aus und freut sich ausgelassen, dass er wieder daheim ist. Es ist jetzt gerade einen Monat her, dass er vermisst wurde – was für Abenteuer mag er während dieser langen Zeit erlebt haben! Wenn er doch seine Geschichte selber erzählen könnte! Aus freien Stücken ist er gewiss nicht weggelaufen, all seine früheren Gewohnheiten und seine jetzige Freude sprechen dagegen. Er kann also nicht irgendwo in der Nachbarschaft verloren gegangen sein, denn man hört, wie Meares sagt, das Bellen der Stationshunde bei ruhigem Wetter wenigstens 13 bis 14 Kilometer weit, und überdies gibt es hier überall Pfade und Landmarken, die nicht nur den Menschen, sondern auch den Tieren zur Leitung dienen. Dem Hund muss irgendwo der Rückweg abgeschnitten worden sein; aber dann müsste er auf einer losgebrochenen Scholle Meereis weggetrieben sein, und soviel wir wissen, ist das nächste offene Wasser mindestens 18 bis 22 Kilometer von hier entfernt!

Die Sonne scheint in die Hüttenfenster hinein – schon ruhen Sonnenstrahlen auf den gegenüberliegenden Wänden.

Dienstag, 29. August. Der Registrierstreifen des Sonnenscheinautografen zeigte gestern anderthalbstündigen Sonnenschein an und trug am Sonnabend nur eine schwache Markierung; die Sonne strahlt also schon Wärme aus, wenn diese auch nur erst mit Instrumenten gemessen werden kann.

Gestern Abend erzählte uns Meares von seinen Abenteuern im Land der Lolo, einem wilden Volksstamm am Oberlauf des Jangtsekiang. Er hatte keine Bilder und nur notdürftige Karten und dennoch hielt er uns durch das Interesse an seinen Abenteuern fast zwei Stunden lang wie in einem Zauberbann gefangen. Der Wandertrieb liegt Meares im Blut; er fühlt sich nur an unzivilisierten Stellen der Erde glücklich. Auch jetzt sehnt er sich danach, ganz allein auf der Hüttenspitze zu hausen, weil er schon unserer bescheidenen Zivilisation überdrüssig ist.

Donnerstag, 31. August. Wenn der September so gut wird wie der August, haben wir uns nicht zu beklagen. Meares und Dimitri sind um Mittag nach der Hüttenspitze gefahren. Dimitris Gespann sauste im vollen Galopp über die holprige zugefrorene Flutrinne und warf seinen Kutscher auf dem Schnee ab. Glücklicherweise standen einige von uns auf dem Eis. Als der Schlitten an mir vorbeifuhr, sprang ich hinauf und blieb glücklich oben; Atkinson wollte es ebenso machen, fiel aber dabei hin und wurde, weil er sich an dem Schlitten fest hielt, lustig über das Eis geschleift. Unser Gewicht verminderte die Fahrgeschwindigkeit und bald konnten andere dem Gespann in die Zügel fallen. Dimitri war sehr ergrimmt; er ist sonst überaus geschickt und noch nie abgeworfen worden.

Eigentlich liegt noch kein Grund zur Abreise nach der Hüttenspitze vor, aber Meares wollte gar zu gern fort; wahrscheinlich hofft er die Tiere dort besser einfahren zu können, wenn er sie für sich hat. Wir haben also gewissermaßen die Vorhut zu unserem Sommerfeldzug schon abgesandt.

Ich glaube, dass wir auch ohne Motoren ans Ziel kommen, aber dann darf freilich nichts anderes versagen und auf alle Fälle werden sie uns große Hilfe leisten. Frühlingsreisen sollen so wenig wie möglich stattfinden. Leutnant Evans, Bran und Forde sollen ausziehen, um das »Ecklager« wieder aufzufinden und neu abzustecken; Meares wird dann möglichst viel Futter mit den Hunden hinbefördern. Simpson, Bowers und ich wollen uns auf den Westbergen die Füße vertreten. Die anderen bleiben zu Hause, um die Ponys einzufahren.

Sonntag, 3. September. Das Wetter bleibt schön; die Temperatur hält sich in den Dreißigern. Alles geht gut und jeder ist lustig und munter.

Gestern Abend hielt Bowers einen Vortrag über Polarkleidung. Er hatte den Stoff mit Hilfe unserer Polarbibliothek mit kritischer und humoristischer Gewandtheit bearbeitet und ist auch selbst von seiner früheren Reise her als Autorität in dieser Hinsicht anzusehen.

FERTIGE REISEPLÄNE

Sonntag, 10. September 1911. Eine ganze Woche ist seit der letzten Eintragung in mein Tagebuch vergangen. Ich komme mir sehr pflichtvergessen vor, aber meine ganze Zeit war durch die Ausarbeitung ins Einzelne gehender Pläne zu unserem Zug nach Süden in Anspruch genommen. Jetzt sind sie, wie ich zu meiner Freude sagen kann, endlich fertig; jede Ziffer ist durch Bowers, der mir eine ungemein große Hilfe war, kontrolliert worden. Wenn die Motorschlitten gut funktionieren, werden wir ohne Schwierigkeiten bis an den Beardmoregletscher gelangen; versagen sie, dann kommen wir, wenn wir nicht gerade Pech haben, auch hin.

Von diesem Punkte aus sollen drei Abteilungen zu je vier Personen die eigentliche Polreise antreten. Die Ausführung dieses Planes bedarf umfangreicher und sorgsamster Vorkehrungen, aber es müsste schon alles schief gehen, wenn wir auf diese Weise unser Ziel nicht erreichten. Ich habe jedes nur denkbare Missgeschick berücksichtigt und die Abteilungen so organisiert, dass sie für alle Möglichkeiten gerüstet sind. Ich fürchte zwar, dass ich allzu sanguinisch bin. Aber sind unsere Aussichten nicht vortrefflich? Die Tiere sind in großartiger Verfassung. Seit die Ponys sich mehr Bewegung machen, werden sie mit jedem Tage leistungsfähiger und das kräftigere, härtere Futter macht ihre Muskeln zäher. Sie sind ganz andere Tiere geworden als im vorigen Jahr, als wir sie mit auf die Depotreise nach Süden nahmen, und wenn sie noch einen Monat im Schlittenziehen geübt werden, muss jedes von ihnen seine Last spielend bewältigen. Allerdings – wir können auch keines der zehn mehr entbehren und sind daher stets in Sorge, dass eines oder gar mehrere versagen könnten, ehe ihre Arbeit getan ist.

Leutnant Evans, Forde und Bran zogen am Sonnabend in der Frühe nach dem Ecklager – hoffentlich finden sie es ohne Schwierigkeit! Meares und Dimitri kamen am Nachmittag desselben Tages von der Hüttenspitze zurück – die Hunde sind wunderbar kräftig, aber ich höre von Meares, dass dort keine Seehunde mehr aufs Eis hinaufgekommen sind, und da er eigens hingegangen war, um Robbenpemmikan zu bereiten, schien ihm längeres Verweilen zwecklos. Ich lasse ihn kommen und gehen, wie es ihm gefällt, und gebe ihm nur die zu leistende Arbeit im Allgemeinen an. Ich möchte, dass er vierzehn Säcke Pressheu (von je 59 Kilo) noch vor Ende Oktober nach dem Ecklager hinschaffte und bereit wäre gleich nach der Ponyabteilung als Hilfskolonne aufzubrechen – eine leichte Aufgabe für seine gesunden Gespanne.

Unter all den viel versprechenden Anzeichen künftigen Erfolges ist keines so auffallend wie die Gesundheit und der Mut meiner Leute. Eine kräftigere Gesellschaft lässt sich kaum denken und die zwölf guten, treuen Männer, die ich zum Vorrücken nach Süden auserkoren habe, scheinen auch nicht eine einzige schwache Seite zu haben. Alle sind jetzt erfahrene Schlittenreisende und durch ein Freundschaftsband verknüpft, das unter solchen Verhältnissen noch niemals seinesgleichen gehabt hat. Dank diesen Leuten und noch besonders dank meinen unermüdlichen Helfern Bowers und Deckoffizier Evans ist in unserer Ausrüstung auch nicht die kleinste Einzelheit, die nicht mit der äußersten Sorgfalt und den Geboten der Erfahrung gemäß angeordnet wäre.

Gottlob, dass ich so weit bin und dass ich Tatsachen und Zahlen immer wieder durchsehen kann, ohne einen Fehler oder einen noch unvorhergesehenen Übelstand zu finden.

Wir hatten in der letzten Woche zwei Vorträge – den ersten hielt Debenham über allgemeine Geologie mit besonderer Beziehung auf den Bau unseres Gebietes.

Den zweiten der Wochenvorträge hielt Ponting. Sein Bildervorrat scheint gar kein Ende zu nehmen und ist uns während des Winters eine unerschöpfliche Quelle schönster Unterhaltung gewesen.

Ponting wäre schon allein seiner Vorträge wegen ein großer Gewinn für unsere Abteilung gewesen, aber sein Wert als Bildberichterstatter über unsere Erlebnisse tritt mit jedem Tage deutlicher hervor. Niemals ist eine Expedition so umfangreich illustriert worden; die einzige Schwierigkeit wird die Auswahl unter den unzähligen Aufnahmen seiner Kamera sein – und dabei ist auch nicht eine flüchtig behandelt; das erste Bild war ihm selten gut genug und in einigen Fällen wurden fünf, sechs Platten belichtet, ehe er zufrieden war.

Diese Sorgfalt, dieser wahre Dämon der Rastlosigkeit hat alle meine Mitarbeiter ergriffen und es ist jetzt keiner hier, der sich nicht aufs Äußerste bemühte in seinem besonderen Fach die besten Resultate zu erzielen.

Am Freitag gab Cherry-Garrard den zweiten Band seiner »South Polar Times« heraus – im Ganzen eine verbesserte Auflage des ersten. Der arme Cherry hat über dem Leitartikel nicht schlecht geschwitzt, und dieser verrät auch allenthalben, dass er ein saures Stück Arbeit war; der andere Text ist leichter gehalten. Taylor selbst ist wieder der produktivste Mitarbeiter, aber diesmal eigentlich ein bisschen zu lang; Nelson hat eine sehr humoristische Kleinigkeit geliefert; die Illustrationen sind köstlich, eine wahre Hochflut der Geschicklichkeit Wilsons. Der Humor ist natürlich lokaler Natur, aber eine populäre Zeitschrift ist nur in dieser Form möglich.

Das Wetter war in der letzten Zeit schlecht, ohne jedoch das Einfahren der Ponys usw. unmöglich zu machen.

Donnerstag, 14. September. Wieder ein Interregnum. Ich habe fleißig an den Südreiseplänen herumgefeilt, Unterricht im Fotografieren genommen und die Vorbereitungen zu einem kleinen Ausflug nach Westen getroffen, den ich noch vor unserem Abmarsch nach Süden unternehmen will. Gestern habe ich über die Südreisepläne gesprochen; alle waren begeistert und es herrscht die allgemeine Überzeugung, dass bei meinen Berechnungen alle uns zu Gebot stehenden Hilfsquellen aufs Beste ausgenutzt sind. Trotzdem alle sehr viel über die einzelnen Punkte nachgedacht haben, wurde kein einziger Verbesserungsvorschlag gemacht. Der Plan scheint volles Vertrauen gefunden zu haben; das Spiel hat begonnen – jetzt heißt es durchhalten!

Morgen ziehen Bowers, Simpson, Deckoffizier Evans und ich westwärts. Ich will mir den Ferrargletscher noch einmal ansehen, die im letzten Jahr von Wright gesetzten Stangen messen, meine Eindrücke von solch einer Schlittenreise vervollständigen und schließlich sehen, was wir mit unserer Kamera ausrichten können. Ich weiß noch nicht, wie lange wir fortbleiben, ja ich weiß noch nicht einmal genau, wohin es gehen soll; aber das Unbestimmte daran ist zugleich das Anziehende.

Wir haben eine schöne Woche gehabt, aber die Temperatur bleibt in den Dreißigern und ist heute sogar auf 37 Grad gefallen.

EIN AUSFLUG NACH DEM FERRARGLETSCHER

Sonntag, 1. Oktober 1911. Am Donnerstag kehrten Bowers, Simpson, Deckoffizier Evans und ich von einem außerordentlich angenehmen und lehrreichen kurzen Frühlingsausflug nach Hause zurück. Seit dem 15. September waren wir dreizehn Tage fort und haben, laut Angabe des Geschwindigkeitsmessers, in zehn Marschtagen 281 Kilometer zurückgelegt. Es dauerte zweieinhalb Tage, ehe wir die Butterspitze erreichten, denn wir hatten einen Teil der Depotvorräte der Westabteilung mit auf dem Schlitten und dadurch war unsere Belastung auf 80 Kilo pro Mann gestiegen.

In den ersten Tagen ging alles verhältnismäßig bequem und das doppelte Zelt, das wir mitgenommen hatten, erschien uns ein großer Gewinn, denn die Kälte war in der Nacht oft sehr stark und ohne zahlreiche Frostbeulen ging es nicht ab. Die überall in der Meerenge vorkommenden Sastrugi oder Schneefahnen kreuzten sich, die meisten gingen von Süden nach Norden, die anderen ostsüdöstlich; das gibt Anlass zum Nachdenken. Auf dem harten Schnee zeigten sich lange, wellenförmige Linien, die wieder von leichteren Wellenlinien gekreuzt wurden.

Nachdem wir unsere Extralast ins Hauptdepot gebracht hatten, fuhren wir den Ferrargletscher hinauf. Sein niedriger Eisfuß überraschte uns und ebenso das Fehlen einer Flutrinne und die geringe Menge Schnee auf dem Meereis. Am 19. September kamen wir an die Domfelsen und fanden hier die Stangen, die Wright vor siebeneinhalb Monaten quer über den Gletscher gesetzt hatte, um die Feststellung der Gletscherbewegung zu ermöglichen. Den Rest des Tages und auch den ganzen folgenden Tag verbrachten wir mit Bestimmung ihrer jetzigen Lage und nach oberflächlicher Messung ergab sich, dass die Bewegung in der Zwischenzeit etwa 9 Meter betragen hat. Der alte Ferrargletscher ist also viel lebendiger als wir glaubten. Bei den einzelnen Stangen wechselte die Bewegung von 7 bis 9 3/4 Meter. Diese Feststellung ist überaus wichtig; sie ist die erste über die Bewegung der Küstengletscher. Die Bewegung ist weit stärker als ich erwartete, aber immerhin noch so gering, dass man mit Recht von einem verhältnismäßigen Stillstand sprechen könnte. Bowers und ich machten eine Anzahl Platten- und Filmaufnahmen auf dem Gletscher, die sehr gut ausgefallen sind und für unsere Handhabung der Kamera auf dem Zug nach dem Pol das Beste erwarten lassen.

Bowers ist in jeder Beziehung ein Schatz; er ließ es sich nicht nehmen, alle Lagerarbeit zu tun, und ich habe noch nie einen Menschen gesehen, der es mit bloßen Fingern so lange bei dieser Kälte aushalten konnte. Meine eigenen Finger erstarrten alle paar Minuten, obgleich ich mir schon ziemlich leistungsfähig vorkam. Das Lagerleben gefällt mir außerordentlich. Wenn nur das Aufstehenmüssen bei Nacht nicht wäre! Wenn wir tagsüber gegen den Wind marschieren mussten, versuchten wir uns durch Nasenfutterale und Gesichtsmasken vor Erfrierungen zu schützen.

Am 21. September kamen wir vom Gletscher herunter und kampierten am Nordende des Eisfußes. In der Meerenge schien ein Sturm zu toben und über dem Erebus und den Höhen der Schildkröteninsel lagen dicke Wolken. Von den Hörnern wirbelte Schnee herunter und über dem Lister sah es unheimlich aus. Aber in unserem Tal war das freundlichste Wetter. An den folgenden Tagen gingen wir küstenaufwärts, schauten in den Neuen Hafen hinein und erkletterten die Moräne, wo wir täglich Messungen vornahmen und Gesteinsproben sammelten. Am Kap Bernacchi fanden wir reinen Quarz anstehend und darin Kupfererzadern. Eine Probe schloss zwei oder drei große Stücke Kupfer ein. Dies war hier der erste Mineralienfund, der auf die Möglichkeit einer Ausnutzung hinweist.

Am nächsten Tag sahen wir vor uns einen langen, niedrigen Eiswall, den wir anfangs für eine Gletscherzunge hielten, die sich vom Land her nach dem Meer hinzog. Aber als wir uns näherten, wurde ein dunkles Merkzeichen darauf sichtbar und je näher wir kamen, umso bekannter erschien es uns. Es konnte nur unsere alte Erebusgletscherzunge sein und als wir schließlich die auf ihr befestigte Fahne vor uns sahen, war kein Zweifel mehr, dass sich ein Stück der Erebusgletscherzunge vom Land abgelöst hatte.

Wir schlugen unser Lager an ihrer äußersten Spitze auf, kletterten dann hinauf und fanden bald das Pressheudepot, das Campbell dort angelegt hatte, und die Reihe eingerammter Stangen, die unseren Ponys im Herbst als Wegmale dienen sollten. Das im März von der Gletscherzunge abgebrochene Stück war etwa dreieinhalb Kilometer lang; es hatte sich in einem Halbkreis gedreht, sodass das frühere Westende jetzt nach Osten schaute, und lag nun hier fest verankert. Bei den vielen Rissen in der Eismasse ist es wirklich erstaunlich, dass sie während ihrer Seereise unversehrt geblieben ist. Einer von uns hatte seinerzeit den Vorschlag gemacht unsere Winterstation auf dieser Zunge zu errichten. Was für eine abenteuerliche Reise wäre den Bewohnern dieser Hütte beschieden gewesen! Ehemals lag sie 9 Kilometer südlich von Kap Evans, und jetzt 75 Kilometer nordwestlich davon.

Von der Gletscherzunge kamen wir weiter nach Norden und erreichten am 24. die Dunlopinsel, unmittelbar ehe uns Seenebel überfiel, der uns nur noch einen Blick auf die an dieser Stelle umbiegende nördliche Küstenstrecke erlaubte. Die Dunlopinsel ist 20 Meter hoch und war ohne Zweifel einmal unterseeisch. Wir fanden auf ihr überall regelrechte Terrassenufer, bedeckt mit vom Wasser rund geschliffenen Steinen und nun beobachteten wir diese Terrassenbildung auch an der Landküste; einmal fanden wir solche rund geschliffenen Steine mehr als 30 Meter hoch über dem Meeresspiegel. Fast alle diese Steine sind erratisch und, zum Unterschied von gewöhnlichen Strandkieseln, an ihrer eingegrabenen Unterseite kantig geblieben.

Ungleich der Region des Ferrargletschers und des Neuen Hafens löst sich die Küste nördlich von Kap Bernacchi in eine Reihe aufeinander folgender runder Buchten auf, die von niedrigen Eiswällen umsäumt werden. Auf Vorsprüngen und willkürlich hier und da tritt Gneisgrund zutage und Teile von Moränen liegen verstreut umher, also eine interessante Fundstelle für geologische Proben. Hinter diesem Saum dehnt sich ein wellenförmiges Schneeplateau, das sich zur Küste hinunterwölbt; darüber ragen eine Reihe hoher Bergketten empor mit tiefen Tälern dazwischen; diese Täler breiten sich, so weit wir kamen, von dem höchsten Gipfel oberhalb des Ferrargletschers nach allen Richtungen hin aus. Je mehr man sich der Küste nähert, desto mehr schneidet die Wölbung des Schneeplateaus im Vordergrund die Aussicht auf die Inlandgipfel ab und selbst aus einiger Entfernung lässt sich kein guter Blick auf die Inlandtäler gewinnen. Die Erforschung dieser Täler ist einer der Aufgaben der Westabteilung.

Am Nachmittag des 24. wandten wir uns heimwärts; nach einem Marsch von 20 Kilometern lagerten wir an der Innenseite der Gletscherzunge. Am nächsten Mittag steuerten wir in direkter Richtung auf Kap Evans los und kampierten in der Nacht ziemlich weit draußen im Sund. Am 26. hatten wir kaum vier Kilometer zurückgelegt, als uns ein böser Orkan überfiel. Gleichwohl gingen wir weiter; es war das erste Mal, dass ich in einem Orkan marschiert bin und es ging auch wirklich, aber wir kamen gegen den Wind nur sehr langsam vorwärts und mussten nach weiteren vier Kilometern unser Lager aufschlagen. Die Aufrichtung des Zeltes war ein schweres Stück Arbeit, aber wir kamen zuletzt doch damit zu Rande und durch sorgfältiges Ausfegen des Schnees und durch stärkere Heizung blieben wir von aller Belästigung durch das Schneetreiben so gut bewahrt, wie ich das noch nie erlebt habe. Nach und nach kommt uns unsere Erfahrung gut zustatten.

Den 27. September über hielt der Sturm an, und der 28. wurde der unangenehmste Tag des ganzen Ausflugs. Wir hatten beim Aufbruch einem schneidend kalten Winde Trotz zu bieten, der immer stärker wurde, und mussten hin und wieder Halt machen, um unsere erfrorenen Gesichter einmal von ihm abzuwenden. Es wurde 2 Uhr, ehe wir im Schutz eines Packeisrückens einen passenden Lagerplatz finden konnten. Die Anstrengung des Marsches machte sich bei Simpson arg bemerkbar: sein ganzes Gesicht erfror mit einem Mal und ist noch jetzt voller Frostbeulen. Um 3 Uhr hörte das Schneetreiben auf, und wir zogen weiter, aber der Wind war noch genauso stark wie vorher, und bald fiel von den Südabhängen des Erebus ein neuer Schneesturm über uns her. In der Hoffnung, dass er seitwärts an uns vorüberziehen werde, marschierten wir weiter, bis plötzlich Inaccessible Island vor unseren Augen im Nebel verschwand. Dann erst suchten wir eifrig nach einem Lagerplatz, aber der Schneesturm war schon über uns. Das innere Zelt aufzustellen war ganz unmöglich, das Aufschlagen des äußeren Zeltes dauerte schon sehr lange. Ohne Rücksicht auf Erfrieren unserer Hände mussten wir uns mit aller Kraft als Gegengewicht gegen den Luftdruck an das Zelt hängen und machten es nun Zoll für Zoll fest. Wir tranken unseren Kakao und warteten; erst abends um 9 hörte das Schneegestöber auf. Aber wir waren mittlerweile drinnen im Zelt so eingeschneit, dass wir trotz des anhaltenden Windes beschlossen weiterzuziehen.

Mitten in der Nacht gegen 1/4 2 kamen wir völlig erschöpft zu Hause an und die 34 Kilometer, die wir während dieses Tages marschierten, werden in meiner Erinnerung als einer der anstrengendsten Märsche haften bleiben, die ich je gemacht habe. Der Sturm hatte keinen Augenblick ausgesetzt und die Temperatur hatte sich um 27 Grad herum gehalten.

Die letzten paar Tage ausgenommen, war dieser Ausflug so angenehm, wie ich das nie von einem Frühlingsausflug erwartet hätte. Die Temperatur war nicht besonders hoch, an der Mündung des Ferrargletschers betrug sie 40 Grad und im Ganzen schwankte sie zwischen 26 und 40 Grad. Natürlich ist dies eine viel höhere Temperatur, als wir auf der Barriere gehabt hätten, aber behaglich ist sie gerade auch nicht. Die Annehmlichkeiten in den Pausen unseres Marsches verdanken wir vielmehr unseren Erfahrungen. Wir verbrauchten ein Drittel mehr Brennmaterial, als im Sommer bewilligt wird, und dies stärkere Heizen in unserem doppelten Zelt gewährte uns nach dem Frühstück und dem Abendbrot stets eine behagliche Stunde, in der wir besonders unsere Fußbekleidung trocknen konnten. Wir wechselten unsere Schuhe stets sofort nach Aufschlagen des Zeltes und litten daher nie an kalten Füßen. Fast die ganze Zeit über ließen wir unsere Schlafsäcke unbedeckt auf den Schlitten liegen, und obgleich die Sonne nicht allzu viel Kraft hatte, schien dieses Verfahren sogar beim kältesten Wetter vorteilhaft zu sein; auf alle Fälle wurden die Schlafsäcke weniger feucht, als wenn wir sie tagsüber aufgerollt hätten liegen lassen. Das innere Zelt überzieht sich jedoch immer mit starkem Eis, und ich habe noch kein Mittel gefunden, das zu verhindern.

Das angenehmste Ergebnis dieser kleinen Reise war für mich das Bewusstsein für den Zug nach dem Pol Männer wie Bowers und Deckoffizier Evans zu haben. Ich glaube nicht, dass je abgehärtetere und praktischere Männer oder tüchtigere Schlittenreisende auf Entdeckungen ausgezogen sind. Jetzt erst wurde mir klar, was Bowers für die Crozierabteilung, als sie sich in weit schlimmerer Lage befand, geleistet haben muss.

Trotz der späten Stunde unserer Heimkehr war bald alles auf den Beinen und überraschte mich mit Neuigkeiten. Leutnant Evans, Bran und Forde waren am Tage unseres Abmarsches von ihrer Depotfrühlingsreise nach dem Ecklager zurückgekehrt. Ich freute mich sehr, zu hören, dass das Ecklager leicht erkennbar gewesen ist; sie haben sogar an mehr als einer Stelle dort noch Überreste der im vorigen Jahr aufgeschaufelten Ponywälle gesehen. Dies beseitigt alle Besorgnis, das Ein-Tonnen-Depot könne unter Umständen schlecht zu finden sein. Forde hat sich auf dieser Tour die Hand schauderhaft erfroren, und zwar leider aus Unvorsichtigkeit. Wahrscheinlich wird er ein Fingerglied einbüßen und dann kann er sich der Westabteilung nicht anschließen. Aber ich habe keinen, der ihn ersetzen könnte.

UNGLÜCKSWOCHEN

Mittwoch, 4. Oktober 1911. Wir haben eine Weile sehr schlechtes Wetter gehabt. Am Freitag, dem Tag nach unserer Rückkehr, war es wunderbar schön – es hätte ein Dezembertag sein können und ein unerfahrener Besucher hätte sich gewiss nicht erklären können, warum wir denn nicht nach Süden aufbrachen. Der Sonnabend zeigte den Grund; der Wind wehte kalt und mürrisch; am Sonntag wurde es noch schlechter; das Schneetreiben hielt den ganzen Montag an und in die Hütte wehte mehr hinein als je zuvor, große Schneehaufen lagen hinter jedem Kistenstapel, alle unsere Pfade draußen sind 30 Zentimeter höher; trotzdem sind die Felsen fast schneefrei; es taut schon; die ersten Anzeichen davon sind am 17. September gesehen worden.

Gestern wurde das Wetter allmählich besser und heute hatten wir wieder einen schönen, warmen Tag. In acht Tagen ein guter – so lautet unser Wetterbericht.

Leutnant Evans, Debenham und Bran begaben sich Freitagmorgen zum Türkenkopf, Evans, um Winkelmessungen vorzunehmen, und Debenham zu geologischen Studien; sie haben fast die ganze Zeit in ihrem Zelt hocken müssen, aber trotzdem einige Arbeiten erledigt.

Heute eine sehr ernste Neuigkeit. Das Pony Jehu ist zu schwach, um einen beladenen Schlitten zu ziehen. Es ging ihm schon auf der Herfahrt schlecht und als es vom Schiff ans Ufer geschwommen war, ist es uns beinahe gestorben – es war eines der beiden Ponys, die Campbell zurückgebracht hat. Es wird ein schwerer Schlag sein, wenn es versagt. Ich fürchte, dass uns noch viel Aufregung mit den Ponys beschieden ist.

Oates hat große Mühe mit Christoffer, der sonntags absolut nicht angeschirrt sein will und heute wieder auf dem Eis durchbrannte. Bei solchen Gelegenheiten trabt Oates mühsam hinterdrein und treibt ihn bis auf einige hundert Meter an den Stall heran; dann nähert er sich vorsichtig; das Pony guckt ihn ein paar Minuten an und galoppiert dann wieder auf das Eis hinaus. Erst wenn es des Spiels überdrüssig ist, bleibt es ruhig an der Stalltür stehen. Ist dann noch Zeit, so wird es vor den Schlitten gespannt; aber ohne einen seiner Vorderfüße anzubinden, ist das nicht möglich; erst wenn es angespannt und ein paar Schritte weit auf drei Beinen gehumpelt ist, wird ihm wieder der Gebrauch des vierten gestattet. Christoffer wird eine Plage werden, aber er ist ein starkes Tier und daher unentbehrlich.

Die Zeit fliegt geradezu und die Sonne steigt beständig höher am Himmel herauf. Erstes Frühstück, zweites Frühstück und die abendliche Hauptmahlzeit, alles wird jetzt bei Tageslicht eingenommen; auch die Nacht ist nicht mehr so finster.

Freitag, 6. Oktober. Die Temperatur steigt und in der Hütte ist Tauwetter! Es rieselt an den Wänden herunter und solch ein Rinnsal hat sich auf seinem Weg in mein Tagebuch verirrt! Aber wenn sich im ganzen Winter nicht mehr Feuchtigkeit in der Hütte angesammelt hat, so bedeutet das ein großes Lob für den Bau.

Ich habe mir Jehu gestern gründlich angesehen: Augenblicklich ist er unbrauchbar; was können drei Wochen da für einen Unterschied machen! Wir müssen ihn hier lassen und uns mit den anderen neun Ponys behelfen! Auch der Chinese scheint eine zweifelhafte Errungenschaft, und das Jakobsschwein wird ebenfalls keine Bäume ausreißen. Die übrigen sieben sind gut, sie werden dann eben die Hauptarbeit leisten müssen.

Wenn wir aber noch mehr Verluste erleiden, sind wir von den Motoren abhängig, und dann!? ... Nun, man muss dem Schlimmen ebenso kühn ins Gesicht sehen wie dem Guten.

Heute haben sich Wilson, Oates, Cherry-Barrard und Crean mit ihren Ponys nach der Hüttenspitze begeben, wobei Oates erst nach allerlei Verdruss mit Christoffer auf den Weg kam. Um 5 Uhr klingelte das Telefon der Hüttenspitze (Meares hat die Linie vor einiger Zeit angelegt, aber bisher ist noch keine Verbindung gewesen) plötzlich an. Nach ein oder zwei Minuten hörten wir eine Stimme, und siehe da, die Verbindung war hergestellt! Ich unterhielt mich lange mit Meares und hinterdrein auch mit Oates. An sich ist ja diese Telefonverbindung gerade kein Wunder, aber in diesem primitiven Land erscheint es mir fast als etwas Märchenhaftes, mit meinen 27 Kilometer entfernten Kameraden sprechen zu können. Die Ponys sind in gutem Zustand angelangt, Christoffer freilich etwas angegriffen, aber er hat auch den schwersten Schlitten gezogen. Können wir die Telefonverbindung aufrechterhalten, so wird sie eine große Wohltat sein, besonders nachher im Sommer für Meares.

Sonnabend, 7. Oktober. Als ob er den Verdacht der Unfähigkeit widerlegen wolle, zog Freund Jehu heute Morgen ganz energisch – er legte, ohne stehen zu bleiben, sechs Kilometer zurück und als er Halt machte, war er durchaus nicht erschöpft. Vielleicht kann er nun doch wieder in das Programm aufgenommen werden; er und der Chinese sollen den kleinen Schlitten erhalten.

Lange vergnügte Telefonunterhaltungen mit der Hüttenspitze, wobei natürlich allerhand Witze ausgetauscht wurden. Gestern Abend, als es hier bei Windstille schneite, hat es auf der Hüttenspitze geweht; ihr Wind hat uns erst heute Nachmittag erreicht.

Sonntag, 8. Oktober. Ein Nachmittag voll Plagerei! Gegen 5 Uhr meldete das Telefon aus Nelsons Iglu, dass Cliffold von einem Eisberg gefallen sei und sich den Rücken verletzt habe! Bowers hatte in drei Minuten den Schlitten bereit und glücklicherweise war Atkinson gerade da. Ich fuhr auf dem Landweg hinaus und fand Cliffold tatsächlich ohne Bewusstsein und Ponting höchst betrübt bei ihm. In diesem Augenblick näherten sich die Hüttenspitzenponys; der Patient wurde in einen Schlafsack gesteckt und heimgefahren. Wahrscheinlich hat Cliffold Ponting »Modell« gestanden und beide sind auf dem Berge herumgeklettert. Cliffold scheint bei einer seiner »Posen« nicht festen Fuß haben fassen können; er ist erst vier Meter weit über eine gewölbte Eisfläche gerollt und dann zwei Meter tief auf einen scharfen Vorsprung in der Eiswand abgestürzt. Er muss mit dem Rücken und dem Kopf aufgeschlagen sein – offenbar eine leichte Gehirnerschütterung. Bevor er das Bewusstsein verlor, klagte er sehr über seinen Rücken und als er in die Hütte gebracht wurde, stöhnte er wiederholt. Eine Stunde hinterher kam er wieder zu sich und litt große Schmerzen; weder Atkinson noch Wilson halten es für etwas Ernstes, aber er ist noch nicht gründlich untersucht und hat auf jeden Fall einen argen Nervenschock erlitten. Ich bin sehr besorgt. Atkinson hat ihm eine Morphiumeinspritzung gemacht und will bei dem Kranken wachen. Ein Unglück kommt selten allein. Eben als Clifford in die Hütte getragen wurde, fiel mir schwer aufs Herz, dass Taylor, der nach dem Türkenkopf geradelt war, ja längst hätte wieder hier sein müssen! Auf einmal hörte ich, dass in der Südbucht durch das Fernglas zwei sich nähernde Gestalten zu erblicken seien, aber als wir abends bei Tisch saßen, erschien plötzlich Wright ganz erhitzt mit der Nachricht, Taylor sei völlig erschöpft in der Südbucht liegen geblieben – er müsse Kognak und etwas Heißes zu trinken haben! Ich schickte sofort eine Entsatzmannschaft hinaus, aber als sie eben um die Landspitze bog, kam der Verunglückte zu Lande daher. Er war halb tot. Offenbar ist er noch wie toll auf sein Ziel losgestürmt, als ihm die Vernunft längst sagen musste, dass es Zeit zur Umkehr sei. Damit endete denn dieser Tag in sehr trüber Weise.

Dienstag, 10. Oktober. Ich ängstige mich noch um Cliffold; er hat zwei ziemlich gute Nächte gehabt, kann sich aber kaum rühren. Er ist überaus reizbar – ich höre, das sei ein Symptom der Gehirnerschütterung. Heute Morgen wollte er etwas zu essen haben, was ein gutes Zeichen ist, und er fragte sehr eifrig, ob schon mit seiner Reiseausrüstung begonnen sei. Natürlich wurde ihm versichert, alles werde rechtzeitig in Ordnung sein; aber es ist ausgeschlossen, dass er seinen Platz im Programm wird einnehmen können.

Meares kam gestern als Vortrab eines Orkans von der Hüttenspitze und eine halbe Stunde nach seiner Ankunft schneite es in dichten Flocken. Er meldet noch einen Verlust – Deek, einer unserer besten Ziehhunde, hat die gleichen Symptome gezeigt, die uns bereits ein Tier auf so unerklärliche Weise geraubt haben; er hat dann noch eine Nacht unter großen Schmerzen gelebt und ist am Morgen gestorben.

Fordes Finger heilen, aber langsam; es ist hart, nach all der beobachteten Sorgfalt zwei Kranke im Hause zu haben!

Auch das Wetter lässt viel zu wünschen übrig – ich hatte auf

Besseres in diesem Monat gehofft. Das ewige Schneegestöber durchkreuzt das Einfahren der Ponys in sehr unangenehmer Weise.

Freitag, 13. Oktober. Die letzten drei Tage haben unseren beiden Kranken sichtliche Besserung gebracht. Cliffolds Inneres ist nach sehr viel Mühe wieder zum richtigen Funktionieren gebracht; seine Stimmung bessert sich mit den nachlassenden Schmerzen. Es wird ihm noch vorgeredet, dass er sich der Motorabteilung anschließen solle, aber Atkinson meint, davon könne keine Rede sein.

Heute war es endlich einmal den ganzen Tag hindurch warm und sonnig – so warm, dass man am Nachmittag draußen sitzen konnte – und das Fotografieren war ein wirkliches Vergnügen.

Die Ponys haben sich ziemlich anständig betragen. Dank der Geduld, die Bowers dabei zeigt, ist Victor jetzt leicht zu regieren. Der Chinese macht gleichmäßige Fortschritte und wird doch nicht die alte Schindmähre sein, die wir in ihm zu finden fürchteten. Er ist ein langsamer Läufer, aber bei gutem Wetter schadet das nichts, wenn er nur vorwärts kommt.

Der unbändigste von allen ist Christoffer. Er macht uns zwar manchen Spaß, aber nur solange nichts vorfällt, und ich bin immer in Sorge, dass er jemanden schlägt oder beißt.

Wenigstens ging bis heute alles gut; – aber heute führte Christoffer mit dem Schlitten geradezu eine Komödie auf. Er fuhr ganz ruhig mit Oates davon, als ein Hund ihn erschreckte: im selben Moment warf er den Kopf zurück, riss Oates die Zügel aus der Hand und ging durch. Von blinder Angst konnte nicht die Rede sein, denn gleich nachdem er sich frei fühlte, machte er sich ganz systematisch daran, sich seiner Last zu entledigen. Zuerst versuchte er es mit plötzlichen Drehungen – damit warf er zwei Heuballen ab; dann stürmte er auf andere Schlitten los, die kaum noch rechtzeitig ausweichen konnten; man sah deutlich die boshafte Absicht, seine Last gegen andere Ponys und Schlitten zu schleudern und dadurch loszuwerden. Ein paarmal lief er in dieser Absicht auf Bowers zu, dann hatte er es auf Keohane abgesehen; er blieb stets in der Nähe und stürmte immer in die Innenseite des von den Schlitten beschriebenen Kreises hinein, wobei er die Zähne zeigte und seine Hufe stets in der Luft umherfuchtelten.

Mittlerweile hatten sich rundherum Leute gesammelt; zuerst gelang es einem, dann einem zweiten auf den vorbeijagenden Schlitten zu springen, bis schließlich Oates, Bowers, Nelson und Atkinson darauf saßen. Christoffer versuchte sich seiner menschlichen Last ebenso zu entledigen, wie er die Heubündel abgeschüttelt hatte, und es gelang ihm auch, Atkinson mit großer Heftigkeit von seinem Sitz zu entfernen, aber die anderen stemmten ihre Absätze in den Schnee und schließlich war das kleine Untier erschöpft. Selbst dann versuchte er noch jedem, der sich ihm näherte, etwas anzutun und es dauerte noch einige Zeit, ehe Oates die Zügel packen konnte. Diese Streiche Christoffers werden uns viel Ärger machen, aber etwas weicher Barrierenschnee wird seinen Übermut wohl kurieren.

Leutnant Evans und Bran kommen heute Abend wieder. Wir erhielten die Nachricht ihres Abmarsches von der Hüttenspitze durch das Telefon, das uns auch Meares' erste Fahrt nach dem Ecklager mitteilte. Sie haben acht Pressheusäcke mitgenommen und Evans meldete, die Hunde seien sehr schnell gelaufen. Trotz des Wetters hat Evans die Vermessung der Hüttenspitze vollendet und mit großer Sorgfalt ausgeführt.

Das Wetter ist merklich wärmer und war in den letzten drei Tagen wirklich schön. Das Thermometer zeigt nur 18 bis 20 Grad unter null, und die Luft ist köstlich mild. Alles Wichtige zu unserer Abreise ist jetzt fertig und die Ponys üben sich täglich besser im Ziehen.

Noch weiß niemand, wer zur eigentlichen Polabteilung gehören wird: Es muss, wenn wir erst das Hochplateau erreicht haben, von Gesundheit und Leistungsfähigkeit der Einzelnen abhängen.

Dienstag, 17. Oktober. Es geht nicht alles, wie es soll! Mit den Ponys bin ich zwar zufrieden. Aber heute Abend sollten die Motorschlitten auf das Eis gebracht werden. Die Schneewehen machen die Bahn dorthin sehr uneben und der erste Motorschlitten, unser bester, überfuhr seine Kette; sie wurde wieder in Ordnung gebracht und das Ding fuhr weiter, aber gerade dicht vor dem Eis musste es einen steilen Abhang hinunter und wieder überfuhr die Kette die Radstifte; dabei irrte sich Day unglücklicherweise und drückte ohne zu wollen, das Ventil ganz nieder. Die Maschine stand still, aber unter der hinteren Achse zeigte sich ein Unheil verkündendes Ölgetröpfel: Das Achsengehäuse aus Aluminium war zerbrochen! Es wurde abgenommen und in die Hütte gebracht; vielleicht können wir es noch zurechtflicken, aber die Zeit drängt. Wir brauchen mehr Erfahrung und mehr Werkstätten!

Ich bin im Stillen überzeugt, dass die Motorschlitten uns nicht viel nützen werden, aber ich muss doch zugeben, dass ihnen bisher nichts zugestoßen ist, was unvermeidlich gewesen wäre. Bei etwas mehr Sorgfalt und Vorsicht würden sie großartige Bundesgenossen werden; versagen sie, so wird das natürlich niemand glauben wollen. Zu ärgerlich!

Meares war schon Sonntagmorgen 8 Uhr vom Ecklager wieder zurück – er meldete es am Nachmittag durchs Telefon. 111 Kilometer in zwei Tagen und einer Nacht ist ein sehr gutes Marschtempo für die Hunde – viel mehr dürfte überhaupt nicht möglich sein.

Ich habe Cliffold zu seiner größten Enttäuschung mitteilen müssen, dass er die Motorabteilung (Leutnant Evans, Day und Lashly) nicht begleiten könne. Hooper ersetzt ihn bei den Motoren. Ich bin sehr fleißig beim Schreiben und Ausarbeiten der Einzelheiten.

Wir haben zwei Tage Nordwind gehabt, ein sehr ungewöhnliches Ereignis; gestern wehte es draußen mit Stärke 8 aus Südost bei 27 Grad, während hier der Wind mit Stärke 4 aus Norden kam und die Temperatur 21 Grad betrug. Dies dauerte einige Stunden – eine seltsame meteorologische Kombination; jedenfalls wird ein südlicher Orkan folgen.

Mittwoch, 18. Oktober. Der Orkan ist über uns ausgebrochen. Dichter Schnee wirbelt in der Luft.

Gestern begaben sich Taylor und Debenham nach Kap Royds, um dort eine Nacht oder zwei zu bleiben.

Die Hauptabteilung auf Kap Evans nach dem Winter 1911

Sonntag, 22. Oktober. Das Achsengehäuse war Donnerstagmorgen wieder in Ordnung, Day scheint es ganz vorzüglich ausgebessert zu haben. Seitdem hat die Motorabteilung unausgesetzt gearbeitet und heute ist alles fertig zum Abmarsch! Die Lasten sind auf dem Meereis aufgestapelt, die Motoren machen eine Probefahrt und wenn das Wetter leidlich ist, will die Abteilung morgen losfahren.

Meares und Dimitri kamen Donnerstag durch das letzte Toben des Orkans hindurch bei uns angefahren. Einmal waren sie in so dichtem Schneegestöber gewesen, dass sie nicht einmal die Leithunde sehen konnten – die Zeltinsel war völlig verschwunden, aber zwei Kilometer vor der Station waren sie plötzlich in Sonnenschein und verhältnismäßige Windstille gelangt. Die Gespanne verließen uns Freitagabend wieder; und heute telefoniert Meares, dass er seine zweite Fahrt nach dem Ecklager antrete. Das Wetter bleibt gräulich schlecht; die Ponys konnten weder Donnerstag noch Freitag im Fahren geübt werden und sind sehr unbändig; wir müssen ihnen daher die Haferration kürzen. Es ist wirklich zu verdrießlich, denn gerade jetzt müssten sie ein mäßiges Quantum Arbeit leisten und sich an vollen Rationen kräftigen.

Das elende Wetter hat uns verhindert weitere Notvorräte nach der Hüttenspitze zu überführen; sie sollten als Depots für die vom Pol Zurückkehrenden dienen und zugleich die Discoveryhütte versorgen, falls die »Terra Nova« nicht ankommt. Die wichtigsten Vorräte sind heute mit den Ponys nach der Gletscherzunge gebracht worden.

Heute versprachen alle Anzeichen einen sehr schönen Tag, aber schon hat sich Wind erhoben und wieder ziehen sich Wolken zusammen. Heute morgen stand im Süden des Erebus eine schöne geschweifte »Fahnenwolke« – vielleicht eine Warnung vor dem, was kommen wird.

Wieder ein Unfall! Um 1 Uhr kam Schnapper, eines der drei Ponys, die beim Verteilen des Depots helfen müssen, in Schweiß gebadet mit nachschleifendem Schlitten und nur einer Leine hier an. Vierzig Minuten später erschien Deckoffizier Evans, sein Lenker, fast ebenso erhitzt, und gleichzeitig Wilson mit dem Baron und berichtete den rätselhaften Vorfall. Nach dem Abladen hatte Bowers die drei ganz ruhigen Ponys gehalten; plötzlich warf das eine den Kopf hintenüber und alle drei jagten voller Schrecken davon – Schnapper heimwärts, der Baron nach den Westbergen und Victor mit dem nachschleifenden Bowers irgendwo anders hin! Wilson musste 3 1/2 Kilometer rennen, ehe er den Baron im Westen der Zeltinsel eingeholt hatte, und brachte ihn nun wieder zurück. Eine halbe Stunde nach Wilsons Ankunft kam auch Bowers mit Victor an; das Tier war ganz erschöpft und seine Nase blutete stark. Bowers selbst war mit Blut bedeckt und brachte des Rätsels Lösung: Die Ponys waren völlig ruhig gewesen, als Victor seinen Kopf drehte und dabei mit seiner Nüster an einem Geschirrhaken Schnappers hängen blieb. Der Haken zerriss ihm Haut und Fleisch und natürlich ging das Tier sofort durch. Bowers hängte sich an Victor und musste die beiden anderen laufen lassen. Wie er es fertig gebracht hat, das vor Schmerz und Schreck halbtolle Tier zu halten, begreife ich nicht. Keiner würde ihm das nachmachen! Auf dem Rückweg baumelte der blutende Hautfetzen an der Nase des armen Tiers hin und her und machte es immer unbändiger. Jetzt ist er abgeschnitten und nun sieht die Wunde nicht mehr so schlimm aus. Das Tier zittert noch, ist aber eifrig bei seinem Futter. Warum nur unsere Sonntage immer voller Aufregungen sein müssen!

Zwei Lehren ergeben sich aus dem heutigen Vorfall: erstens dürfen die Tiere, auch wenn sie noch so ruhig zu sein scheinen, nie von ihren Führern verlassen werden; und zweitens müssen wir die Haken an den Geschirren völlig ändern. Schließlich waren solche Vorfälle zu erwarten; lebhafte und kräftige Ponys werden sich nie wie Lämmer betragen. Aber ich wünschte, wir wären erst unterwegs und wüssten, auf welche Hilfsmittel wir zählen dürfen!

Noch ein verdrießlicher Unfall hat sich ereignet! Wir haben bisher im Frühling nicht mehr Fußball gespielt, damit sich niemand beschädigen solle, aber am Freitagnachmittag wurde einer kinematographischen Aufnahme wegen eine Partie unternommen und nun hat sich bei Debenham ein »Fußballknie« entwickelt – eine alte Verletzung, wie ich nachträglich höre, und er hätte eigentlich gar nicht spielen dürfen.

DIE ERSTEN AUTOMOBILE AUF DER EISBARRIERE

Dienstag, 24. Oktober 1911. Wunderbarerweise zwei schöne Tage! Gestern schienen die beiden Motorschlitten reisefertig, und wir gingen alle aufs Eis hinaus, um sie zu »verabschieden«. Aber die Dinger gelangten nur bis zum Vorgebirge. Bei einer Veränderung der Auspuffeinrichtungen hatte Day die erhitzenden Mäntel der Vergaser nicht genügend berücksichtigt; eine leicht bewegliche Klappe war krumm gebogen und ein Griff wollte nicht funktionieren. Day und Lashly brauchten den ganzen Nachmittag, um diese Mängel zu beseitigen.

Heute Morgen wurden die Motoren wieder in Gang gebracht und bald nach 10 Uhr sollte die Reise losgehen. Anfangs blieben sie recht oft stecken, aber im Ganzen schienen sie ihre Sache nach und nach immer besser zu machen. Sie arbeiten vorerst noch durchaus nicht mit voller Kraft, ihre Geschwindigkeit ist daher sehr gering. Ihr Gewicht scheint mir aber viel schwerer, als wir beim Kauf abgemacht hatten. Day bringt seinen Motor in Gang, dann steigt er wieder ab und geht nebenher, wobei er dann und wann einen Finger auf das Ventil legt. Lashly hat die regelrechte Handhabung seiner Kontrollhebel noch nicht ganz erfasst, wird sich aber hoffentlich nach eintägiger Übung hineinfinden.

Der einzige beunruhigende Vorfall war das Abgleiten der Ketten, als Day auf einer dünn beschneiten Eisfläche zu fahren versuchte. Die Kraft, so schwer beladene Schlitten in Bewegung zu bringen, muss sehr groß sein, ich glaubte aber, dass die Leisten und Nägel auf jeder Oberfläche greifen würden. Als ich mir die Stelle nachher ansah, fand ich, dass die Nägel das Eis geriefelt hatten.

Jetzt, da ich dies um 12 Uhr 30 niederschreibe, sind die Motoren ungefähr zwei Kilometer weit draußen in der Südbucht, man kann beide noch fahren sehen; sie kommen, wenn auch langsam, doch gleichmäßig vorwärts.

Mir selbst liegt ungeheuer viel an dem Erfolg dieser Beförderungsmittel, auch wenn sie bei unserem Vordringen nach Süden keine große Hilfe sein sollten. Ein wenig Erfolg genügt schon, um ihre Möglichkeit, ihre Fähigkeit zur Umwälzung

Ein Motor-schlitten

der ganzen Beförderungsart in Polargegenden zu zeigen. Wer die Motoren heute arbeiten sah, musste von ihrem Wert überzeugt sein, denn die bisherigen Defekte waren rein mechanischer Natur. Aber diese geringfügigen mechanischen Defekte und der sichtliche Mangel an Erfahrung zeigen auch, welch ein Risiko rücksichtsloses Drauflosfahren bedeutet. Eine kurze Probezeit und eine kleine, stets erreichbare Werkstatt werden über Erfolg oder Fehlschlag zu entscheiden haben. Jedenfalls werden wir noch vor unserem Aufbruch hören, ob ein gewisser Erfolg diesen bisher einzig dastehenden Versuch krönt.

Heute Morgen kündigte Meares von der Hüttenspitze aus mir telefonisch seine Rückkehr vom Ecklager an; also sind jetzt alle Vorräte dort draußen. Die Fahrt hat genau dieselbe Zeit in Anspruch genommen wie die erste. Könnte man sich nur darauf verlassen, dass die Hunde immer so viel leisten würden, das wäre herrlich! Im Ganzen sieht alles recht hoffnungsvoll aus.

Um 1 Uhr mittags wurde mir gemeldet, die Motoren seien auf der Höhe der Finnwalinsel, fast sechs Kilometer weit draußen – ei, ei!

Donnerstag, 26. Oktober. Gestern konnte ich die Motorschlitten nicht eher sehen, als bis ich auf dem Eis der Südbucht weit meerwärts gegangen war, wo ich sie dann mit dem Fernglas vor der Gletscherzunge entdeckte. Am Vormittag hatte es heftig geweht, aber mir schien doch, als hätten sie eigentlich schon weiter sein müssen. Verdrießlicherweise gab auch das Telefon keine Nachricht von der Hüttenspitze, augenscheinlich war etwas nicht in Ordnung. Nach dem Abendbrot begaben Simpson und Bran sich hin.

Heute Morgen hat Simpson von der Hüttenspitze aus angerufen. Er sagt soeben, die Motoren fänden Schwierigkeiten auf der Oberfläche. Gerade das hat mich am Dienstag beunruhigt! Die Ketten gleiten bei dünner Schneelage auf hartem Eise ab. Die Maschinen arbeiten gut und alles ist in Ordnung, sobald die Schlitten wieder auf Schneegrund kommen. Eine Hilfstruppe von acht Mann – ich eingeschlossen – muss sofort hin.

Freitag, 27. Oktober. Gestern Morgen machten wir uns auf nach der Gletscherzunge. Wir gingen mit düsteren Ahnungen;

eine Bö abgerechnet, war es ein wunderschön sonniger, heiter stimmender Tag. Robben lagen hier und da auf dem Eis und wurden häufig für die Motoren gehalten. Als wir uns jedoch der Gletscherzunge näherten und achtsamer auf diese Verwechslungen wurden, ergab sich, dass die Motoren nicht in Sicht waren. Anfangs glaubte ich, sie hätten auf der anderen Seite des Gletschers besseres Eis aufsuchen müssen, aber auch diese Annahme stellte sich bald als ein Irrtum heraus und wir zerbrachen uns den Kopf darüber, was denn los sein könne. Wir gingen also weiter und entdeckten sie schließlich weit draußen auf dem Eis nach der Hüttenspitze zu; bald zogen sich gut ausgeprägte Gleise über eine Schneefläche hin, eine angenehme Abwechslung nach der doppelten Spur und den glatten Stellen, die wir auf dem schneefreien Eis gewahrt hatten. Unser Mut hob sich sogleich, denn wir sahen ganz deutlich: Die Schlitten waren in Bewegung, ja sie wurden sogar mit sehr holprigem Eis ohne Schwierigkeiten fertig! Wir marschierten vorwärts und holten sie ungefähr 4 Kilometer vor der Hüttenspitze ein; unterwegs waren wir Simpson und Bran begegnet, die nach Kap Evans zurückkehrten. Von den Motorführern hörten wir, alles gehe gut. Die Maschinen arbeiteten, einmal im Gang, tadellos, nur die Zylinder, besonders die beiden hinteren, würden leicht zu heiß, während der auf dem Vergaser spielende Luftzug ihn zu stark abkühle. Die Schwierigkeit bestehe darin, einen Ausgleich zwischen beidem herzustellen; dazu müsse man erst die Motoren anstellen, dann wieder Halt machen und sie zudecken, damit sich die Hitze gleichmäßig ausbreite – natürlich ein recht unbeholfener Kunstgriff!

Unmittelbar nach dem Frühstück setzte Lashly seinen Schlitten in langsame Bewegung: Er lief ohne Schwierigkeit nach Kap Armitage hin weiter.

Unterdessen war Day auf schlechtem Eis übel dran; unsere Hilfe hatte er abgelehnt und mit Leutnant Evans allein geriet er in immer größere Schwierigkeiten, während der Wind sich hob und ein Schneegestöber einsetzte. Wir waren in der Hütte angelangt und hatten dort Meares getroffen, kamen aber jetzt alle wieder heraus. Ich ließ Lashly und Hooper benachrichtigen und ging zurück, um Day vorwärts zu helfen. Wohl eine

Stunde verging mit vergeblichen Anläufen, dann aber kam der Schlitten plötzlich in Gang und erreichte Kap Armitage schneller als man gehen konnte, ohne weiter stecken zu bleiben. Mittlerweile hatte der Wind sich in einen Orkan verwandelt; es sah wunderhübsch aus, wie der Motorschlitten, vom Schnee umwirbelt, durch den Nebel sauste.

Nun kehrten wir alle nach der Hütte zurück; Meares und Dimitri sind sehr fleißig gewesen, die Hütte ist in trefflichem Zustand und ein prächtiger Herd aus Ziegelsteinen, dessen funkelnagelneues Rohr direkt aufwärts durchs Dach führt, ist gerade gesetzt worden – ein tüchtiges Stück Arbeit! Statt der wackligen, nicht lange vorhaltenden Kochgelegenheiten des vorigen Jahres haben wir jetzt einen soliden Herd, der Jahre überdauern wird. Wir verbrachten die Nacht sehr behaglich.

Heute Morgen gingen wir gegen 9 Uhr auf das Eis hinaus. Ich wollte gern die Abfahrt der Motorschlitten sehen und war angenehm überrascht, als keiner der Führer mehr als 20 bis 30 Minuten zum Antrieb seines Schlittens brauchte, obwohl es schwierig ist, bei scharfem, kalten Wind eine Lampe zum Brennen zu bringen.

Lashly fuhr sehr bald ab, machte nach etwa einem Kilometer kurzen Halt, der Abkühlung wegen, und fuhr dann ununterbrochen fünf Kilometer weiter. Die neun Kilometer vom Kap Armitage entfernte Barriere sah jetzt sehr nahe aus, aber Lashly hatte die Sache ein bisschen übertrieben, das Schmieröl hatte er aufgebraucht und seine Maschine zu heiß werden lassen. Der nächste Anlauf brachte ihn nur wenig über zwei Kilometer vorwärts und etwa 120 Meter vor dem nach der Barriere hinführenden Schneeabhang musste er Halt machen, um auf frisches Schmieröl und auf Abkühlung seiner Maschine zu warten.

Lashlys Motor ging mit der zweiten Übersetzung; das gibt eine gemütliche Fahrgeschwindigkeit von vier bis fünfeinhalb Kilometer in der Stunde; das hieße großartig vorwärts kommen, wenn man nicht der Abkühlung wegen öfter anhalten müsste!

Mittlerweile saß Day wieder fest, war aber schließlich aller Schwierigkeiten Herr geworden und kam mit guter Geschwindigkeit vorwärts. Bald sah man, dass die Männer neben den Schlitten laufen mussten – kurz, er hielt nur an, um Lashly das Schmieröl auszuhändigen, fuhr dann wieder im Galopp weiter und sauste mit seiner größten Geschwindigkeit den Abhang hinauf – der erste Automobilist auf der Großen Barriere! Wir alle schrien laut Hurra, aber die Motorabteilung vergeudete keine Zeit mit Jubilieren. Weiter sauste der Motorschlitten und die nebenher laufenden Männer wurden in der Ferne schnell kleiner und kleiner.

Wir eilten, Lashly zu helfen, der seine Maschine wieder in Gang gebracht hatte. Auch er fuhr jetzt, wenn auch infolge der geringeren Geschwindigkeit seines Motorschlittens nicht so stürmisch, doch ohne anzuhalten den Abhang hinauf und erhielt noch einen letzten Händedruck, als er vorwärts ratterte. Seine Maschine arbeitete nicht so gut wie die andere, jedenfalls infolge der früheren Überhitzung und dem daraus folgenden Mangel an Ausgleich.

So verließen uns die beiden Motorschlitten und fuhren auf der schönsten Bahn, die sie je kennen gelernt haben, davon – auf hartem, vom Wind glatt gefegtem Schnee ohne alle Sastrugi – auf einer Oberfläche, die sich, wie Meares berichtet, wenigstens bis zum Ecklager erstreckt.

Wenn sich kein ernstlicher Unfall ereignet, werden die Schereien mit der Maschine allmählich überwunden werden, dessen bin ich gewiss. Mit jedem Tage wird, wie bisher, die Arbeit leichter werden und mit jedem Tage werden die Leute infolge größerer Vertrautheit mit Fahrzeug und Bodenverhältnissen größere Sicherheit erlangen. Aber wer weiß, was sich noch alles aus den früheren Verdrießlichkeiten mit den Wellen ergibt. Die neuen von Day gedrechselten Wellen bekommen schon Risse und eine der Ketten Lashlys ist schadhaft; vielleicht lassen sie sich einstweilen ausbessern und können es dann mit der bequemeren Oberfläche aufnehmen; aber wahrscheinlich wird Lashlys Schlitten nicht sehr weit kommen.

So viel ist schon klar: Wenn die Wellen in Metallgehäusen steckten und die Kufen mit Metall beschlagen wären, wären sie jetzt so gut wie neu. Warum waren wir nur nicht so vorsichtig, dies machen zu lassen?

Die Motorschlitten sind keine Lebensfrage meines Planes. Wohl möglich, dass sie uns wenig Hilfe leisten, aber sie haben sich bereits Achtung erworben. Sogar auf die Seeleute, die immer sehr skeptisch gegen sie blieben, haben sie tiefen Eindruck gemacht. »Wenn die Dinger so laufen, was wollen Sie da noch mehr!«, meinte Deckoffizier Evans. Aber wie bei allem Neuen, macht nur der unmittelbare Anblick ihrer Leistung wirklich Eindruck und Fernerstehende wird erst eine Zweihundertkilometerfahrt auf der Barriere vom Wert der Schlitten überzeugen können.

Den Motorschlitten noch ein Lebewohl nachrufend, eilten wir zur Hüttenspitze zurück und tranken dort Tee. Durch das ungewohnte weiche Schuhzeug und die holprige Oberfläche waren meine Füße sehr wund geworden; dennoch beschlossen wir nach Kap Evans zurückzukehren. Bei herrlichem Wetter marschierten wir ab und nachdem wir unterwegs noch an der Finnwalinsel gerastet hatten, erreichten wir unser Haus um 9 Uhr abends, das macht durchschnittlich etwa 5 1/2 Kilometer in der Stunde. Tagsüber legten wir 42 Kilometer zurück; unter den heutigen Umständen keine üble Tagesleistung, aber ich fürchte, meine Füße werden dafür büßen müssen.

Sonnabend, 28. Oktober. Meine Füße sind wund, und die Achillesferse ist überanstrengt (Gelenkentzündung); in ein oder zwei Tagen wird es vorüber sein. In der letzten Nacht entsetzlicher Spektakel in den Ställen: Christoffer und der Chinese bei einer Beißerei ertappt. Bran wäre beinahe von Hufschlägen getroffen worden. Die Ponys geraten bei dem guten Futter noch ganz außer Rand und Band. Von Oates höre ich, dass Schnipps noch lahmt und sein eines Bein etwas »warm« ist; keine angenehme Nachricht! Debenham geht es zwar besser, aber nur langsam; die Westabteilung wird erst nach uns abmarschieren können, daran ist jetzt nicht mehr zu zweifeln. Zu ärgerlich, diese Zeitvergeudung! Alles in allem aber freue ich mich doch endlich aufbrechen und unser Glück auf die Probe stellen zu können.

Montag, 30. Oktober. Gestern war wieder ein schöner Tag; man fühlte, dass der Sommer wirklich da ist; aber heute geht der Sturm wieder los, nur der Morgen war prächtig. Während ich dies schreibe, heult ein Orkan. Gestern kampierten Wilson, Crean, Deckoffizier Evans und ich in unserer Schlittenkleidung bei den Eisbergen, Ponting und seinem Kinematographen zu Gefallen. Er hat eine Filmreihe aufgenommen, die wohl die interessanteste seiner ganzen Sammlung ist. Jedenfalls wird nichts solchen Eindruck machen, wie diese Szenen aus unserem Lagerleben.

Bei unserer Rückkehr war Meares wieder da; ihm und den Hunden geht es gut. Er berichtete mir, Leutnant Evans sei am Sonnabend auf der Hüttenspitze gewesen, um einen vergessenen Beutel zu holen, und habe ihm erzählt, Lashlys Motor habe in der Nähe des Hauptlagers versagt. Ein Zylinder sei zerbrochen gewesen, ihrer Meinung nach infolge eines Versehens beim Guss; glücklicherweise hätten sie Ersatzteile mitgehabt und Day und Lashly hätten die ganze Nacht hindurch bei 32 Grad Kälte an der Ausbesserung gearbeitet. Am Morgen sei die Reparatur fertig gewesen, sie hätten eine befriedigende Probefahrt gemacht und mit beiden Motoren Lasten gezogen. Darauf habe Evans seinen Verlust entdeckt und sei auf Schneeschuhen zurückgelaufen, während die Motorschlitten, vermute ich, weiterfuhren.

Wegen dieses Unfalls werde ich nicht morgen, sondern erst Mittwoch aufbrechen; auch sind einige meiner Leute, die am stärksten beschäftigt sind, durch die zweitägige Hilfeleistung bei den Motoren sehr in Rückstand geraten. Wenn der Orkan ausgetobt hat, sollen Atkinson und Keohane morgen nach der Hüttenspitze gehen, damit ich sehe, wie weit auf Jehu zu rechnen ist.

Dienstag, 31. Oktober. Der Sturm hat sich heute Morgen gelegt und am Nachmittag hat es sich aufgeklärt; die Sonne scheint und es weht kaum noch. Meares und Ponting sind soeben nach der Hüttenspitze gegangen. Atkinson und Keohane werden uns, wie verabredet, etwa in einer Stunde mit Jehu verlassen und wenn das Wetter sich hält, brechen wir morgen alle auf.

Damit schließt also mein erstes Tagebuch und zugleich der erste Teil unserer Geschichte. Die Zukunft liegt im Schoße der Götter; ich wüsste nicht, dass wir etwas versäumt hätten, was nur irgendwie Anspruch auf Erfolg geben könnte.

AUFBRUCH ZUM SÜDPOL

Mittwoch, 1. November 1911. Heute Morgen brachen wir in mehreren Abteilungen auf – Michael, der Baron und der Chinese sollten gegen 11 Uhr vormittags als Erste den Marsch antreten. Der kleine Teufel Christoffer wurde mit den gewöhnlichen Schwierigkeiten angespannt und setzte sich mit großer Neigung zum Ausschlagen in Bewegung, sodass Oates seine ganze Kraft aufbieten musste, um sich nur oben zu halten.

Knochen trabte ganz manierlich mit Crean ab und ich folgte mit Schnipps in seiner Spur. Zehn Minuten darauf sauste Deckoffizier Evans mit Schnapper, wie gewöhnlich in voller Fahrt, an uns vorbei.

Der Wind wehte bei der Finnwalinsel sehr heftig und der Himmel sah drohend aus – die Ponys hassen den Wind. Zwei Kilometer hinter dieser Insel überholte mich Bowers mit Victor und ließ mich da, wo ich am liebsten bleiben wollte: am Ende der Reihe.

Schnapper übernahm bald die Führung des Zuges und legte die Entfernung bis zur Hüttenspitze in vier Stunden zurück. Evans versicherte, vom Aufbruch bis zur Ankunft keinen Unterschied gemerkt zu haben – das kleine Tier sei immer gleichmäßig vorwärts gestürmt. Knochen und Christoffer langten fast ebenso frisch an; Letzterer war tatsächlich auf der ganzen Fahrt bockig gewesen und hatte immerfort ausgeschlagen. Noch jetzt steckt er voller Teufeleien und es ist wirklich ein Problem, wie sich Oates vor ihm wird schützen können.

Victor und Michael stürmten wieder nach vorn und wir übrigen drei langten nach nicht ganz fünf Stunden an der Hüttenspitze an. Es war auch Zeit, denn bald nach unserer Ankunft erhob sich ein Sturm.

Donnerstag, 2. November. Hüttenspitze. Der gestrige Zug war für die Geschwindigkeit der Ponys sehr lehrreich und mein weiterer Marschplan ist nun klar. Wir brechen in drei Abteilungen auf – die langsamen Ponys, die halb schnellen und die »Flieger«. Schnapper soll zuletzt abfahren und wird jedenfalls die Führung übernehmen. Alles das erfordert noch vielerlei

Neuordnung. Wir haben beschlossen, mit Nachtmärschen zu beginnen, und werden hoffentlich nach dem Abendbrot abziehen. Das Wetter wird mit jeder Stunde besser, aber verlassen kann man sich in dieser Jahreszeit darauf noch nicht. Augenblicklich sind unsere Ponys sehr gut untergebracht: Michael, der Chinese und das Jakobsschwein logieren tatsächlich in der Hütte; der Chinese hielt uns vergangene Nacht durch Stampfen auf dem Fußboden wach. Meares und Dimitri sind mit dem Hundegespann hier, und Ponting mit einer großen fotografischen Ausrüstung; ich fürchte nur, er wird nicht viel Ausbeute haben.

Freitag, 3. November. Lager 1. Bei der Hüttenspitze wehte es scharf mit etwas Treibschnee, aber wir fuhren doch abteilungsweise los. Atkinsons Abteilung mit Jehu, dem Chinesen und dem Jakobsschwein verließ uns um 8. Kurz vor 10 zogen Wilson, Cherry-Garrard und ich ab. Unsere Ponys marschierten gleichmäßig und nahe beieinander über das Meereis. Der Wind flaute sehr ab, und die Temperatur mit ihm, sodass es schließlich schneidend kalt war. Wir fanden Atkinson am Stammlager. Er hatte gefrühstückt und wollte eben weitermarschieren; der Chinese und Jehu seien müde, meinte er. Wir hatten kaum unser Lager aufgeschlagen, da kam Ponting mit Dimitri und seinem kleinen Hundegespann. Der Kinematograph war rechtzeitig im Gang, um die fliegende Nachhut, die sehr stattlich angesaust kam, aufzunehmen; Schnapper war natürlich an der Spitze und musste dann und wann zurückgehalten werden – ein wundervolles Tierchen! Christoffer hatte beim Anspannen die gewöhnliche Mühe gemacht, aber die Oberfläche der Barriere hatte ihn sichtlich gebändigt. Ihn schon Halt machen zu lassen, erschien jedoch nicht ratsam, und so trabte denn die Gesellschaft in der Spur des Vortrabs an uns vorüber.

Nach dem Lunch packten wir wieder auf und marschierten weiter. Frühstück um Mitternacht ist nicht gerade meine Schwärmerei, aber hinterher ist der Marsch ein Genuss, wenn wie heute der Wind sich legt und die Sonne gleichmäßig wärmer wird. Die beiden Abteilungen vor uns kampierten 9 Kilometer jenseits des Hauptlagers und wir kamen eine halbe oder

Dreiviertelstunde später bei ihr an. Alle Ponys sind ordentlich angebunden, aber die meisten sind müde – der Chinese und Jehu sehr müde. Fast keines will fressen, doch wird sich das geben. Wir haben ihnen Wälle geschaufelt, aber es ist nicht windig und die Sonne wird mit jeder Minute wärmer.

1 Uhr mittags. Futterstunde. Ich weckte die Gesellschaft und Oates teilte die Rationen aus – alle Ponys fressen gut. Es ist schwül, kein Lüftchen regt sich, rings blendendes Licht und man vergisst ganz, dass die Temperatur 30 Grad unter null ist; die Phantasie sucht Vergleiche mit heißen, sonnigen Straßen und versengtem Pflaster, und doch ist mir vor sechs Stunden ein Daumen erfroren! All das Unbehagen von steif gefrorener Fußbekleidung, feuchten Anzügen und nassen Schlafsäcken ist verschwunden.

In der Nähe des Lagers liegt eine Petroleumkanne mit einem Zettel, der besagt, dass der eine Motorschlitten am 28. Oktober 9 Uhr abends in voller Fahrt diese Stelle passiert habe – die Motorabteilung ist uns vier bis fünf Tagesmärsche voraus und müsste diesen Abstand eigentlich einhalten.

MOTORDEFEKTE

Sonnabend, 4. November 1911. Lager 2. Der heutige Aufbruch erfolgte in der Marschordnung, die nun bleiben soll. Atkinson machte sich um 8 auf den Weg, wir um 10, und Bowers, Oates und Kompanie um 11 Uhr 15. Gleich nach der Abfahrt fand ich auf einem sehr lustigen Zettel die erfreuliche Meldung, dass mit den Motorschlitten alles gut stehe und beide ausgezeichnet gingen. Day schreibt: »Hoffentlich sehen wir uns erst wieder auf 80° 30′ südlicher Breite!«

Der arme Junge! Kaum 3 Kilometer weiter wird er schon aus einem anderen Tone gesungen haben! Wahrscheinlich hat er am Morgen des 29. Oktober sehr schlechte Bahn gehabt und nun schien alles verkehrt zu gehen. Eine Menge Petroleum und Öl wurde »verkleckert«. Aber es kam noch schlimmer. Etwa 7 Kilometer weiter stießen wir auf eine Konservenbüchse mit der inhaltsschweren Nachricht:

»Days Motorzylinder Nr. 2 entzwei.«

Und nach einem weiteren Kilometer fanden wir, wie nun zu erwarten war, den Motorschlitten, seine Lastschlitten und was dazugehörte. Zettel von Leutnant Evans und Day erzählten den Hergang: Der einzige Reservezylinder war zu Lashlys Motor verwendet worden; Days Maschine so zu demontieren, dass sie mit drei Zylindern hätte laufen können, würde zu lange gedauert haben. Also hatten sie sich entschlossen diesen Motor im Stich zu lassen und mit dem anderen allein weiterzufahren. Außer Petroleum und Öl hatten sie auch ihre sechs Futtersäcke und allerhand Kleinigkeiten mitgenommen. So ist denn der Traum, große Hilfe an den Motoren zu haben, vorbei! Die Gleise des anderen Motorschlittens gehen gleichmäßig vorwärts, aber jetzt erwarte ich natürlich jede Stunde auch ihn wieder zu sehen.

Die Ponys machen ihre Sache ziemlich gut – meist war die Oberfläche grausam weich, aber natürlich hatten sie leichte Lasten. Jehu ist tüchtiger, als ich ihm zugetraut hätte, aber dem Chinesen geht es nicht so gut. Es sind doch zwei arge Schindmähren!

Während der Nacht war es ziemlich kalt; als wir das Lager aufschlugen, 22 Grad, und eine frische Brise wehte. Die Ponys können Wind nicht ausstehen, aber jetzt, da ich dies schreibe, scheint die Sonne durch einen weißen Nebel, der Wind hat sich gelegt und der Halfterstrick ist den armen Tieren ganz behaglich. Jetzt, 1 Uhr mittags, ist Futterstunde – die Tiere sind noch keine starken Fresser, aber ihr Appetit nimmt schon zu.

Der hier im Frühjahr aufgestellte Windflügel zeigt, dass Wind aus Südwest vorgeherrscht hat. Als Maximum ist ungefähr Südwest bei West registriert.

Sonntag, 5. November. Lager 3, Ecklager. Wir legten die letzte Marschetappe in bester Ordnung zurück – die Ponys haben sich auf der weichen Oberfläche gut gehalten, waren aber auch nur leicht beladen. Heute Abend werden wir sehen, was wir mit schwereren Lasten leisten können. Ein sehr konfuser Zettel von Leutnant Evans vom Morgen des 2. teilt mir mit, die Maximalgeschwindigkeit des Motorschlittens sei 13 Kilometer pro Tag. Sie haben neun Pressheusäcke mitgenommen, aber im Süden sehen wir drei schwarze Punkte – sollte das nicht der verlassene Motor mit seinen Lastschlitten sein? Welche Enttäuschung! Ich hatte mir mehr von den Motorschlitten versprochen, seit ich sie auf der Barrierenoberfläche hatte dahinfahren sehen.

Der Appetit der Ponys ist recht launenhaft. Ölkuchen mögen sie nicht, wohl aber das hier zurückgelassene Pressheu; heute wollen sie aber auch davon nichts wissen. Zu dumm, dass sie jetzt nicht ordentlich fressen! Ich sehe schon, wie heißhungrig sie später sein werden. Der Chinese und Jehu werden wohl nicht weit kommen!

Montag, 5. November. Lager 4. Wir brachen in der gewöhnlichen Marschordnung auf, und zwar nahmen wir aus dem Ecklager ganze Lasten mit, für den Fall, dass sich die schwarzen Punkte im Süden wirklich als unser Motorschlitten herausstellen sollte. Als wir nun dort anlangten, sah ich meine Befürchtungen vollauf bestätigt. Ein Zettel von Leutnant Evans teilte mir mit, die bisherigen Mängel hätten sich wiederholt: Ein Zylinder war geplatzt, im Übrigen war die Maschine in Ordnung. Augenscheinlich sind die Motoren für dieses Klima nicht geeignet; doch ließe sich dem gewiss abhelfen. Eines ist jedenfalls erwiesen: Im Prinzip befriedigt diese Beförderungsart durchaus. Die Motorabteilung ist vorschriftsmäßig als Hilfsmannschaft weitergezogen.

Die Ponys machen sich mit ihren vollen Lasten großartig, selbst Jehu und der Chinese wurden gut mit ihren mehr als 200 Kilo Gepäck fertig und waren bei der Ankunft ebenso munter wie zu Anfang. Die stärkeren Ponys bewältigten ihre Lasten spielend; mein eigener Schnipps zog mit dem Schlitten über 320 Kilo. Allerdings ist die Oberfläche hier viel besser; es ist dieselbe, über die wir schon im letzten Jahr so gut hinüberkamen. Wir sind über die Leistungen recht froh; sie zeigen, dass die Ponys gut trainiert und kräftiger geworden sind; selbst Oates ist zufrieden!

Als wir ins Lager kamen, drohte ein Orkan und wir schaufelten Schneewälle. Eine Stunde nach unserer Ankunft war der Wind schon ziemlich heftig, aber es schneite nicht stark. So ist es seitdem geblieben und die Ponys scheinen sich dabei ganz wohl zu fühlen. Ihre neuen Decken halten sie warm und hinter den Schutzwällen, die so hoch wie sie selber sind, ist der Wind tatsächlich nicht zu spüren. Diese Art Schutz ist eine unmittelbare Folge unserer Erfahrungen im vorigen Jahr – doch wenigstens ein Lohn für jene unheilvolle Reise! Ich schreibe gegen Abend; es weht noch heftig und ich fürchte, wir kommen heute nicht weiter! Christoffer machte uns gestern wieder große Mühe – vier Mann konnten ihn kaum einspannen; wir werden uns diesen Unfug leider noch eine ganze Weile gefallen lassen müssen.

21 Grad Kälte ist weniger, als mir bei einem Orkan lieb ist. Im Zelt ist es frostig. Einige bemerkenswerte Erscheinungen beobachteten wir beim Auftreten dieses Orkans: Bevor wir das Ecklager verließen, ballten sich um Kap Crozier und den Mount Terror die Wolken gewaltig zusammen und auf den Westabhängen des Erebus hing ein schwarzer Streifen Schichtwolken. Bei uns schien die Sonne, es war ganz besonders warm und angenehm. Erst kurz nach unserem Abmarsch bildete sich um uns herum Nebel, dessen Dichtigkeit bald zu-, bald abnahm; eine leichte südliche Brise erhob sich und dann formten sich über uns Haufen- und Schichtwolken, die sehr nach Wind aussahen.

HOFFNUNGEN UND BEFÜRCHTUNGEN

Dienstag, 7. November 1911. Lager 4. Der Orkan wütete die ganze Nacht und bis jetzt, wo ich dies spät am Nachmittag schreibe. Gelinde einsetzend, mit zerrissenen Wolken, wenig Schnee und Sonnenblicken, nahm er bis heute Nachmittag an Gewalt zu; dann trat starker Schneefall ein und der Himmel überzog sich mit tief hängenden Nimbuswolken. Früh am Nachmittag flauten Schneegestöber und Wind ab; jetzt legt sich der Wind, aber der Himmel sieht sehr finster und veränderlich aus. Die Temperatur war den ganzen Tag 23 Grad.

Heute Vormittag kam mitten im Schneegestöber die Hundeabteilung an und schlug ungefähr einen halben Kilometer von uns leewärts ihr Lager auf. Meares war allzu sicher gewesen, dass er uns schnell einholen werde, aber es ist schon beruhigend, dass die Hunde überhaupt Lasten ziehen wollen und imstande sind solchem Wind zu trotzen; sie werden uns also gute Dienste tun. Die Ponys, die sich auf den früheren Stationen verhältnismäßig so wohl fühlten, wurden wie gewöhnlich vom Schnee sehr mitgenommen. Zelte und Schlitten sind arg verschneit und die Schneewehen hinter den Ponywällen haben wir schon mehrmals weggeschaufelt. Wenn wir nur erst wieder auf dem Marsche wären! Nur ein wenig Sonne! Unter ihren Decken frieren die Ponys nicht; freilich etwas feiner Schnee dringt auch darunter, und besonders unter die breiten Bauchgurte, taut hier auf und legt sich erkältend auf die warme Haut. Auch quält der Schnee die Tiere, wenn sein feiner Nadelregen auf ihre empfindlichen Stellen wie Nüstern, Augen und Ohren niederprasselt und sie nicht zur Ruhe kommen lässt.

Mittwoch, 8. November. Lager 5. Bis gestern Abend spät wehte es unausgesetzt bei bewölktem, drohend aussehendem Himmel. Viele waren gegen den Weitermarsch; ich befahl schließlich den Aufbruch und bald nach Mitternacht zog der Vortrab ab. Zu meiner Überraschung sahen die »Schindmähren«, als ihnen die Decken abgenommen wurden, ganz frisch und leistungsfähig aus, fuhren schnellen Schrittes mit ihren Lasten davon, legten 11 Kilometer zurück und waren schon im Lager, als unsere Abteilung, die tüchtig marschiert war, anlangte. Als sie wieder abgezogen waren, warteten wir auf das Eintreffen der Nachhut und schlossen uns ihr an. Bei den nächsten 9 Kilometern hielt die jetzt aus sieben Personen bestehende Truppe großartig Schritt und da der Wind sich legte, die Sonne an Kraft gewann und die Ponys ihre Sache gut machten, war der Marsch ein wirkliches Vergnügen. Mit jedem Augenblick wuchs unser Zutrauen zu den Tieren; sie zogen ihre schweren Lasten ohne die geringste Spur von Müdigkeit. Alle nehmen die weichen Schneestellen leichten Laufs ohne sonderliche Anstrengung; die meisten stehen ab und zu still, um sich ein Maul voll Schnee zu holen; nur der kleine Christoffer lässt sich durch nichts aufhalten.

Sechshundert Meter vor dem Lager lag ein Pressheuballen. Bowers hielt an und packte ihn auf seinen Schlitten, dadurch erhöhte er seine Last auf fast 360 Kilo, aber sein Pony Victor lief so unbekümmert weiter, als ob der Schlitten gar nicht schwerer geworden sei. Solche Vorfälle sind sehr ermutigend. Allerdings ist der Schneeboden hier sehr gut; die Tiere sinken selten bis über den Huf ein; meist werden sie von der harten Schneekruste getragen, ohne überhaupt einzubrechen.

Unsere im vorigen Jahr errichteten Wegzeichen finden wir sehr leicht wieder; für unseren Rückmarsch ist das höchst angenehm. Durch die Ponywälle, die Lagerplätze und die Wegmale ließe sich unsere ganze Marschspur leicht verfolgen. Wir alle sind so gesund wie nur möglich. Als wir heute Morgen 11 Uhr das Lager aufschlugen, war es wundervoll warm: der Wind hat sich vollständig gelegt und die Sonne scheint prächtig. Menschen und Ponys schwelgen in solchem Wetter und ich habe den frommen Wunsch, dass es nun, da wir uns aus der windigen Nordregion entfernen, auch eine Weile so bleiben möge! Bald nachdem wir das Lager aufgeschlagen hatten, langten die Hunde gemütlich trabend ebenfalls an.

Donnerstag, 9. November. Lager 6. Programmmäßig legen wir jede Nacht etwas mehr als 18 Kilometer zurück. Atkinson brach mit seiner Abteilung um 11 Uhr auf und marschierte 13 Kilometer hintereinander, um einer kühlen Nachtbrise, die sich aber bald legte, zu entgehen. Im Frühstückslager hielt er sich so lange auf, dass er sich beim Weitermarsch der Nachhut anschließen konnte; so legten wir die letzten 4 Kilometer zusammen zurück. Dabei machten wir die Erfahrung, dass gemeinsames Marschieren zwar die langsamen Vortrabponys nötigt, ihren Schritt zu beschleunigen, aber die Geschwindigkeit der flinken Nachhut hemmt, also unvorteilhaft ist.

Alles macht sich vortrefflich. Das Wetter ist schön, 24 Grad Kälte bei hellem Sonnenschein. Über dem Discoveryberg und der Weißen Insel hängen einige Schichtwolken. Die Sastrugi haben hier sehr verschiedene Richtungen und die Oberfläche ist wie aufgepflügt, was beweist, dass das Bluffvorgebirge die Windrichtung selbst bis zu unserem heutigen Lager beeinflusst.

Freitag, 10. November. Lager 7. Ein gräulicher Marsch! Zuerst 9 Kilometer in starkem Gegenwind, dann Schneesturm. Wright ging voran, fand aber schon nach 4 Kilometern die Orientierung so schwierig, dass er zu kampieren beschloss. Zum Glück fand er, eben als er das Lager aufschlug, die Spur der Exmotorabteilung wieder, sodass wir bei manierlichem Wetter ihr werden folgen können. Die Ponys machten ihre Sache wieder ausgezeichnet, aber die Oberfläche ist auch famos. Jetzt, wo wir lagern, hat sich der Wind gelegt und das Wetter beginnt besser zu werden. Die heutige Einbuße beträgt zwar nur 3 Kilometer, ist aber doch unangenehm.

Sonnabend, 11. November. Lager 8. Kurz vor unserem Abmarsch klärte es sich ein wenig auf, aber der Schnee, der im Lauf des Tages gefallen war, blieb weich und flockig auf der Oberfläche liegen. Obendrein kam noch ein Stück Weg mit weicher Kruste zwischen zerstreuten harten Sastrugi; in den Gruben dazwischen lag der Schnee wie Sand aufgehäuft. Schlimmere Bodenverhältnisse kann man sich für die Ponys gar nicht denken. Diese Oberfläche macht mich sehr besorgt, wenn ich auch weiß, wie schnell hier Veränderungen eintreten. Ich habe auf schwierige Märsche gerechnet, aber so schlimm wie heute habe ich sie mir nicht vorgestellt. Nun wir im Lager sind, schneit es wieder bei leichter nordöstlicher Brise. Was nur mit dem Wetter los ist! Zwar ist das die natürliche Wirkung der allgemeinen Erwärmung, aber ich wünschte doch, der Himmel wäre klar. Trotz des schlechten Weges holten uns die Hunde hier vom vorletzten Lager aus ein; sie sind also in dieser Nacht mehr als 37 Kilometer gelaufen! Bis jetzt arbeiten sie herrlich.

Sonntag, 12. November. Lager 9. Augenblicklich sind unsere Märsche gleichmäßig scheußlich. Die Oberfläche bleibt schauderhaft, wenn auch nicht ganz so schwierig wie gestern; aber groß ist der Unterschied nicht. Nach 9 Kilometern erreichte unser Vortrab geradewegs genau unser vorjähriges Blufflager, das durch eine Fahnenstange bezeichnet war. Hier fand ich einen sehr vergnügten Zettel von Leutnant Evans vom 7. November, 7 Uhr morgens; danach ist er uns um fast fünf

Tage voraus, was sehr erfreulich ist. Atkinson lagerte 2 Kilometer weiter und machte mir die traurige Mitteilung, dass der Chinese höchstens noch ein paar Kilometer aushalten werde. Das Wetter war gräulich: Wolken, Finsternis und Schnee, und wir waren in sehr gedrückter Stimmung. Doch was half's: Die Schindmähren setzten sich wieder in Bewegung, die Nachhut kam heran, zog an unserem Lager vorbei und marschierte dann ungefähr nach 4 Kilometer weiter, sodass Vortrab und Nachhut fast zu gleicher Zeit ihre Zelte aufschlugen. Der »Soldat« meint, der Chinese habe noch reichlich ein paar Tage zu leben – ungewöhnlich hoffnungsvoll von ihm! Die übrigen Tiere sind so wohl, wie irgend zu erwarten ist – Jehu eher noch besser. Das Wetter ändert sich mit jeder Minute. Als wir das Lager aufschlugen, hatten wir kalte nördliche Brise, schwarzen Himmel und leichtes Schneegestöber – jetzt, eine Stunde später, klärt sich der Himmel auf und die Sonne scheint. Die Temperatur bleibt über Tag ungefähr – 23 Grad.

Montag, 13. November. Lager 10. Wieder ein gräulicher Marsch: trostlose Beleuchtung und miserable Oberfläche! Die Ponys kamen zwar gut hinüber, aber solch ein Weg ruiniert sie. Wir richteten uns während des Marsches meist nach den Schlittengleisen, da keine Abteilung die andere sehen konnte. Als wir das Lager aufschlugen, trat die Sonne aus den Wolken hervor, und alles war mit einem Schlage anders: friedlich, ruhig und behaglich. Wenn wir nur erst 33 Kilometer weiter das Ein-Tonnen-Depot erreichen, werden wir klar sehen, woran wir sind; aber die Tiere machen mir große Sorge, denn sie sind nicht die Ponys, die sie sein müssten. Ich hoffe zuversichtlich, dass Wetter und Weg sich bessern; einstweilen sind beide grundschlecht!

3 Uhr nachmittags. Seit einigen Stunden hat es beharrlich geschneit und der Schnee auf der weichen Oberfläche ist Zoll um Zoll gestiegen! Was kann solch ein Wetter zu bedeuten haben? Dieses Übermaß an Niederschlägen muss entschieden auf irgendeine außenliegende Quelle zurückgehen, wie etwa das offene Meer. Der Wind, der Zug der Wolken von Nordost her und die ungewöhnlich warme Temperatur deuten darauf hin. Wenn das aber ein Ausnahmezustand ist, dann wird unser

Los furchtbar sein! Im Lager geht es schweigsam und niedergeschlagen zu, ein Zeichen, dass es schlecht steht. Die Temperatur betrug heute Morgen, als die Sonne schien, in unserem Zelt 10 Grad Wärme, draußen aber 23 Grad Kälte!

Dienstag, 14. November. Lager 11. Die Oberfläche ist kaum besser geworden, ein wenig aber der Marsch, und sehr viel vergnügter. Halbwegs hatten wir Sonne; eine Weile zwar wurde es dunkel, aber jetzt ist es wieder hell; dabei warm, kein Lüftchen regt sich und die Ponys schlafen gut. Wenn erst der Schneefall einmal nachlässt, wird die 8 bis 10 Zentimeter hohe Schneedecke schnell schwinden. Einstweilen macht sie uns schwere Not, obwohl die Ponys tapfer aushalten. Das Ein-Tonnen-Lager ist nur noch etwa 12 Kilometer entfernt. Heute sind wir an zwei von Leutnant Evans errichteten Wegzeichen und an einem alten Wegzeichen vom vorigen Jahr vorübergezogen; unser Depot werden wir also leicht wieder finden. Wären wir auf Landmarken angewiesen, so wäre es uns wohl schon schlimm ergangen; denn vom Bluff habe ich vier Tage lang keinen Schimmer gesehen! Ein so andauerndes Nebelwetter hätte ich hier nicht für möglich gehalten.

Mittwoch, 15. November. Lager 12. Unser Ein-Tonnen-Depot (241 Kilometer von Kap Evans) haben wir ohne jede Schwierigkeit gefunden. Machten ungefähr 14 Kilometer; nach den 10 Kilometern bis zum Frühstückslager war der Chinese recht müde, marschierte dann aber wieder in guter Haltung hinter den anderen her, die den Marsch spielend bewältigten; der Weg war auch entschieden besser. Heute ist Ruhetag für die Tiere, dann soll es mit einer täglichen Geschwindigkeit von 24 Kilometern weitergehen. Oates ist überzeugt, dass die Ponys das aushalten werden, trotzdem sie schneller mager geworden seien, als er erwartet habe. Er ist sonst sehr pessimistisch – umso vertrauenerweckender ist seine Ansicht. Ich persönlich bin viel hoffnungsvoller. Ich finde, dass viele der Tiere tatsächlich in besserer Verfassung sind als bei der Abreise; wozu sich der anderen wegen aufregen? Die beiden »Schindmähren« natürlich ausgenommen.

Ein Zettel von Leutnant Evans, am 9. geschrieben, meldet, dass seine Abteilung mit vier Kisten Schiffszwieback nach 80° 30′ südlicher Breite gezogen sei; er habe in 2 1/2 Tagen mehr als 55 Kilometer zurückgelegt – ein großartiges Marschtempo. Hoffentlich hat er eine ordentliche Reihe guter Wegmarken errichtet.

Gestern war ein wunderschöner Tag mit strahlendem Sonnenschein, aber während des Marsches bewölkte sich so um Mitternacht herum der Himmel allmählich; um die Sonne bildeten sich prächtige ringförmige Höfe, von denen vier ganz deutlich zu unterscheiden waren. Wilson gewahrte noch einen fünften – die gelbrote Farbe der Ringe kontrastierte sehr schön mit den blauen Zwischenräumen. Wir sehen jetzt deutlich die Ringkrone auf der Schneefläche. Als der Himmel über dem Horizont klar war, hatten wir eine gute Aussicht auf das ferne Land im Westen; die weißen Berge in Westsüdwest müssen 20 Kilometer entfernt sein. Während der Nacht sahen wir den Mount Discovery und die Royal-Society-Kette zum ersten Mal seit vielen Tagen, aber den Erebus haben wir seit einer Woche nicht erblickt; nach dieser Richtung hin bleiben die Wolken geschlossen.

Die Temperatur sank gestern Abend bei klarem Himmel auf 26 Grad; als der Himmel sich bewölkte, stieg sie sofort auf 18 Grad, und jetzt ist sie 9 bis 7 Grad unter null. Die meisten von uns tragen hellgrüne Schneebrillen, was den Augen sehr wohl tut; meist sieht man dadurch noch klarer als mit bloßem Auge.

Die harten Sastrugi kommen jetzt alle aus Westsüdwest und unsere Wegzeichen sind durch Winde von dort her verschneit; aber auch im Süden muss ein Ausgangspunkt Schnee bringender Winde gewesen sein; das ließ sich vom Ecklager bis hier ans Ein-Tonnen-Lager beobachten, demnach kommt überall längs der Küste der Wind anscheinend vom Lande her. Das Minimumthermometer zeigte hier 58 Grad, eigentlich weniger, als ich erwartet hatte; es war ausgezeichnet angebracht und ist entschieden niemals vom Schnee zugedeckt worden. Aber den Hafer, den ich vorm Jahr hier verstreute, kann ich nicht wieder finden – der Schnee scheint ihn zugedeckt zu haben, obwohl andere Merkmale erkennen lassen, dass hier nur unbedeutende Niederschläge stattfanden.

Donnerstag, 16. November. Lager 12. Temperatur 26 Grad. Wir haben die Lasten neu verteilt: Die stärkeren Ponys bekamen 260 Kilo, die anderen 180.

Freitag, 17. November. Lager 13. Atkinson brach gegen 8 Uhr 30 auf, wir Übrigen miteinander gegen 11. Das Frühstückslager war 14 Kilometer entfernt; als wir dort anlangten, zog Atkinson gerade ab und er war auch eine Stunde vor uns im endgültigen Lager, nach 24 Kilometern. Im Ganzen hielten die Ponys sich gut, die Oberfläche war auch erträglich.

Wir hatten auf dem Marsch entsetzlich kalten Wind. Temperatur 28 Grad, Windstärke 3. Die Sonne schien zwar, aber das besserte nichts. Sie scheint noch jetzt, bei 24 Grad Kälte. Hinter den Ponywällen ist es wunderbar warm und die Tiere fühlen sich ganz behaglich.

Sonnabend, 18. November. Lager 14. Die Ponys ziehen nicht gut. Die Oberfläche ist nur wenig schlechter als gestern, aber bessere können wir jetzt nicht mehr erhoffen. Mit Schrecken hatte ich festgestellt, dass wir zu viel Ponyfutter mitschleppten; wir ließen daher einen Sack zurück. Unsere 24 Kilometer haben wir zurückgelegt, und noch einige hundert Meter darüber. Als wir gestern Abend das Lager aufschlugen, war die Temperatur 29 Grad, jetzt haben wir noch 19 Grad. Die »Schindmähren« marschieren famos. Oates gibt dem Chinesen wenigstens noch drei Tage; Wright meint sogar, dass er noch eine Woche aushalten könne. Dies ist immerhin ermutigend, aber besser wäre es, wenn wir zehn wirklich zuverlässige Tiere bei uns hätten. Es kommt nun darauf an, ob wir noch mit ihnen den Beardmoregletscher bewältigen. Der helle Sonnenschein gibt vorerst allem ein hoffnungsvolles Aussehen.

Sonntag, 19. November. Lager 15. Wir sind heute auf eine wirklich sehr schlechte Oberfläche gestoßen; die Schlitten glitten leicht darüber hin, aber die Ponys sanken sehr tief ein, hielten sich aber trotzdem gut. Nur Jehu ist halb tot; vielleicht, dass er noch einen Tag mitmacht, mehr aber nicht. Glücklicherweise ist das Wetter jetzt herrlich und die Tiere ruhen in der strahlenden Sonne behaglich aus. Die Sastrugi gehen wirr durcheinander; die harten Stellen darunter scheinen wieder durch Westsüdwestwind gebildet zu sein, aber einige Oberflächenwellen lassen auch auf südöstliche Winde schließen, die vor kurzem geweht haben müssen. Ich habe einige fotografische Aufnahmen gemacht, Bowers ebenfalls.

Montag, 20. November. Lager 16. Der Weg ist etwas besser. Die Sastrugi werden jetzt immer ausgeprägter südöstlich. Einige harte Stellen erweckten in mir Hoffnung auf bessere Eisverhältnisse, aber sie währte nicht lange. Die »Schindmähren« sind noch im Gang, Jehu ist sogar wohler als gestern; eine Marschstrecke hält er immer noch aus. Anfangs war heute der Chinese sehr elend, aber dann erholte er sich wieder. Die übrigen Ponys marschierten diese Nacht sehr gleichmäßig; sie gewöhnen sich schon an die weiche Schneekruste. Auch ihr Körpergewicht vermindert sich nicht so schnell, wie wir im Ein-Tonnen-Lager wahrzunehmen glaubten; nur Victor fängt an sehr mager auszusehen. Der Baron erscheint jetzt gesünder als je; er allein ist jederzeit hungrig und kann nie satt werden. Auch die Übrigen fressen recht gut und bewältigen ihre großen Rationen kräftigen Futters. Ich werde ihretwegen immer zuversichtlicher. Christoffer hat zum Schluss des heutigen Marsches den Vorderrand seines Schlittens zertrümmert – er muss noch viel überschüssige Kraft im Leibe haben!

Den Hunden fiel der Weg sehr schwer; morgen soll ihre Last um einen Heusack erleichtert werden. Während des Marsches war der Himmel von Südsüdwest nach Nordnordost leicht mit Wolken überzogen, halb Schäfchen-, halb Schichtwolken; jetzt ist es wieder klar und sonnig. Die Temperatur betrug in der Nacht 26 Grad, jetzt 16 Grad. Es weht eine kleine südliche Brise, vor der die Wälle den Tieren Schutz geben. Der lange Ruhetag in der Sonne wird ihnen allen sehr gut tun.

AUFLÖSUNG DER MOTORABTEILUNG

Dienstag, 21. November 1911. Lager 17. (Breite 80° 35'; Nachttemperatur 26 Grad unter null.) Der Weg ist entschieden besser und die Ponys marschieren sehr gleichmäßig. Keines sieht überanstrengt aus und ich bin jetzt fest überzeugt, dass sie aushalten werden. Unangenehm wäre nur eine Wiederkehr der schlechten Oberfläche; aber das ist in unserer Marschrichtung kaum zu befürchten. Auf dem Weg zum Frühstückslager sahen wir schon von weitem ein großes Wegzeichen vor uns, und als wir 3 1/2 Kilometer darüber hinaus waren, holten wir in 80° 32' die Exmotorenabteilung ein. Seit sechs Tagen wartete sie hier-auf uns. Die Männer sehen alle ganz kräftig aus, sind aber sehr hungrig; daraus ergibt sich die interessante Tatsache, dass eine Ration, die die Bedürfnisse der Ponylenker durchaus befriedigt, für Männer mit schwerer Zugarbeit durchaus nicht genügt, also meine Anordnung für unseren Marsch in die Höhe vollkommen richtig ist. Selbst dabei werden wir zweifellos bald alle Hunger zu spüren bekommen. Day sieht sehr mager, fast ausgemergelt aus, ist aber leistungsfähig. Das Wetter ist schön – wenn es nur noch lange so bliebe! (Temperatur 11 Uhr morgens 14 Grad.)

Die Motorabteilung soll uns noch drei Tagesmärsche weit begleiten, dann gehen Day und Hooper zurück. Wir denken, dass auch Jehu noch so lange aushält; dann wird er wohl als Hundefutter dienen müssen; Meares lauert schon seit Tagen auf eine tüchtige Mahlzeit für seine Schützlinge. Andererseits sind Atkinson und Oates ebenso erpicht darauf, den armen Jehu über die Stelle hinauszubringen, wo Shackleton sein erstes Tier töten musste. Die Berichte über den Chinesen lauten sehr günstig – wer weiß, ob die Ponys nicht doch noch leisten, was wir von ihnen erhofft haben.

Mittwoch, 22. November. Lager 18. Alles unverändert. Die Ponys magerer, aber nicht viel schwächer, die »Schindmähren« immer noch im Gange. Jehu heißt jetzt »das Barrierenwunder« und der Chinese »Donnerkeil«. Noch zwei Tage – und die Stelle, wo Shackleton sein erstes Tier tötete, ist hinter uns. Der Baron hält sich hervorragend und zieht etwa 23 Kilo mehr als die anderen; die Übrigen haben meist weniger als 225 Kilo, und wir werden ihnen wohl noch weitere Erleichterung verschaffen können. Die Hunde kamen heute Morgen in trefflichem Zustand mit ihren Lasten an. (Nachttemperatur 18 1/2 Grad.) Bis zum Beardmoregletscher werden wir jetzt wohl keine großen Schwierigkeiten mehr haben. Das Wetter ist herrlich und die Ponys können ihre Ruhe während der warmen Tagesstunden gründlich ausnutzen; allerdings setzt ihnen der Nachtmarsch wieder heftig zu. Im warmen Sonnenschein gleiten die Schlitten viel leichter über die Oberfläche hin, etwa drei Stunden vor und nach Mitternacht ist die Reibung merkbar größer. Ob dieser größere Kräfteverbrauch durch die Rast am Tage wieder eingeholt wird, ist die Frage. Die Tücken der Oberfläche werden jetzt immer häufiger: Die Schneekruste erscheint fest, aber wenn das ganze Gewicht des Pferdes auf ihr ruht, bricht sie plötzlich 8 bis 10 Zentimeter tief ein. Dies strengt die armen Tiere sehr an. Auch die Männer sinken jetzt häufiger ein, sodass das Nebenherlaufen immer mühsamer wird. Doch im Allgemeinen ist der Weg verhältnismäßig nicht übel; wenn die Sonne bleibt, müsste die Oberfläche noch besser werden. Ich sehe keinen Grund, weshalb sie sich in den nächsten 200 Kilometern verschlechtern sollte. (Temperatur 17 Grad.)

Donnerstag, 23. November. Lager 19. Wir kommen vorwärts. Ich glaube, die Ponys halten aus; noch 280 Kilometer, dann sind wir am Beardmoregletscher. Aber riskant ist die Sache immer noch! Wenn eines oder gar mehrere Ponys plötzlich versagten, säßen wir schön in der Klemme! Die Oberfläche ist ziemlich unverändert; nach dem Lunch marschierten die Ponys viel besser, offenbar war die Reibung der Schlitten auf der Schneefläche geringer geworden. Im Süden zieht sich eine Wolkenbank zusammen (Temperatur 13 Grad) – ich fürchte, wir bekommen einen Orkan! Wenn er uns nur um Himmels willen keinen ganzen Marschtag raubt! Das würde unser Futtervorrat nicht erlauben!

Freitag, 24. November. Lager 20. Gestern hatten wir den ganzen Tag hindurch kalten Südwind, der dann nach Südost umschlug, und bewölkten Himmel. Unser Marsch begann trübe genug, aber bald drangen von Ost nach West Streifen klaren Himmels durch und die Wolkenfetzen verteilten sich. Jetzt scheint die Sonne hell und warm. Wir machten den gewöhnlichen Marsch sehr bequem auf einer recht guten Oberfläche und die Ponys gehen jetzt ganz gleichmäßig und regelrecht. Heute Morgen wurde Jehu nach beendetem Marsch eine Strecke weit auf der Spur zurückgeführt und dann erschossen. Da wir ursprünglich an der Möglichkeit zweifelten, ihn überhaupt bis an die Hüttenspitze zu bringen, ist es wunderbar genug, dass er tatsächlich acht Märsche über unsere vorjährige Grenze hinaus zurückgelegt hat und noch weiter hätte laufen können. An Lasten hat er jedoch zuletzt nur sehr wenig gezogen und im Ganzen war es ein Werk der Barmherzigkeit, seinem Leben ein Ende zu machen. Der Chinese scheint wieder zuzunehmen und wird es sicher noch manchen Tag mit ansehen. Die Übrigen zeigen keinerlei Erschlaffung und sind auch nicht übermäßig hungrig. Ich habe das Gefühl, als ob wir jetzt vorwärts kämen. Day und Hooper verlassen uns heute Abend.

Sonnabend, 25. November. Lager 21. Während der ersten Hälfte des Marsches war die Oberfläche arg mit Eiskristallen gespickt und dadurch sehr beschwerlich; später besserte sie sich und zuletzt wurde sie ganz gut. Temperatur 19 Grad. Bei den jetzigen warmen Nächten wäre es geraten, allmählich zu Tagmärschen überzugehen. Wir wollen deshalb heute Abend zwei Stunden später aufbrechen, und morgen Abend ebenfalls.

Gestern Abend sagten wir Day und Hooper Lebewohl und begannen mit der neuen Organisation. Temperatur 22 Grad. Alle brachen miteinander auf; Leutnant Evans, Lashly und Atkinson, die selbst ziehen müssen, gingen mit ihrem Gepäck auf dem 3 Meter langen Schlitten vorauf. Der Chinese und das Jakobsschwein folgten und die Übrigen kamen etwa zehn Minuten hinter ihnen. Wir erreichten zusammen das Frühstückslager und zogen von dort in derselben Reihenfolge weiter; die Schindmähren blieben dabei nach und nach ein wenig zurück, aber schließlich doch nicht mehr als etwa 300 Meter, sodass wir zu meiner großen Befriedigung alle zusammen im Lager ankamen. Die Leute sagten mir, der erste Teil des Marsches sei außerordentlich anstrengend gewesen. Temperatur 17 Grad.

Die Sonne schien die ganze Nacht, aber gegen Mitternacht entstanden leichte Nebelwolken. Ziemlich nahe vor uns ist, wenn auch etwas verschwommen, Land zu erblicken.

Die Ponys fangen allmählich an müde zu werden, aber morgen sollen ihre Lasten erleichtert werden; wir wollen hier noch ein Depot errichten. Die Männer ziehen jetzt mit Schneeschuhstöcken, eine große Hilfe, wie sie versichern; ich will die Stöcke deshalb auf den Beardmoregletscher mitnehmen. Eben kommt Meares und sagt, Jehu habe vier Mahlzeiten für die Hunde ergeben; er habe sich sehr gut zerteilen lassen und noch eine ganze Masse Fett gehabt. Meares meint, das andere Pony genüge, ihn und die Hunde glücklich nach dem Gletscher hinzubringen. Das ist mir sehr lieb zu hören. Alles in allem hat sich Jehu als eine treue Seele erwiesen und der Chinese wird voraussichtlich noch wertvoller sein. Nur noch einige Märsche weiter, damit wir das sichere Gefühl haben, unser erstes Ziel zu erreichen!

ZUSAMMENBRUCH DER PONYS

Sonntag, 26. November 1911. Frühstückslager. Wir marschierten heute ziemlich leicht, der Weg war verhältnismäßig gut. Wir brachen um 1 Uhr nachts auf (Mitternacht nach Ortszeit) und legten in gleichmäßigem Schritt 3 1/2 Kilometer in der Stunde zurück, eine gute Leistung. Ehe wir zum Frühstück Rast machten, war es so dunstig, dass wir in kaum 300 Meter die Vorhut aus dem Gesicht verloren. Jetzt dringt die Sonne durch den Nebel. Hier, auf 81° 35′ südlicher Breite, hinterlassen wir unser »Mittleres Barrierendepot«: achttägigen Proviant für jede zurückkehrende Abteilung, wie beim Mount Hooper.

Lager 22. Während des Weitermarsches begann es zu schneien; es weht mit Stärke 2 bis 3 aus Westsüdwest und der Schnee schlägt klatschend gegen das Zelt, eine Art Sommerorkan, der an die Aprilschauer unserer Heimat erinnert. Temperatur 10 1/2 Grad. Die Ponys überstanden die zweite Marschhälfte gut und wir werden morgen wieder zwei Stunden später aufbrechen, also erst um 3 Uhr morgens, bis zu richtigen Tagmärschen. Für die Zeit, in der die Leute die Zugarbeit übernehmen müssen, ist dann nur noch ein kleiner Schritt. Die Sastrugi scheinen nach und nach mehr südwärts gerichtet zu sein; ab und zu werden sie von harten westlichen Sastrugi gekreuzt. Das Gehen ermüdet die Leute sehr; bei jedem Schritt sinkt man 5 bis 8 Zentimeter tief ein. Der Chinese und das Jakobsschwein hielten mit den anderen Ponys großartig Schritt. Es ist im Allgemeinen ziemlich trübselig, über diese große Schneeebene zu ziehen, wenn Himmel und Erde zu einem schauerlich weißen Leichentuche verschmelzen; aber wenn es in so guter Gesellschaft geschieht und dabei alles klappt, fühlt man sich wieder aufgeheitert. Die Hunde kamen an, als wir eben das Lager aufschlugen; Meares behauptet, dies sei die beste Oberfläche, die er bisher gehabt habe.

Montag, 27. November. Lager 23. Der anstrengendste aller bisherigen Märsche! Der Weg war zuerst erbärmlich und der Vortrab konnte so schlecht vorwärts, dass wir ihn mehrfach einholten. Das brachte die Ponys aus ihrem gewohnten Gang und verlangsamte den ganzen Marsch; obwohl wir um 5 Uhr früh aufgebrochen waren, langten wir doch nicht viel vor 9 im Frühstückslager an. Die zweite Marschhälfte war noch schlimmer. Der Vortrab lief auf Schneeschuhen und konnte, da jetzt alle Anhaltspunkte fehlten, nur mit größter Schwierigkeit Richtung halten. Als wir auf halbem Weg Rast machten, um ein Wegzeichen zu errichten, kam der Schnee plötzlich in schweren Massen herunter und die Schneeschuhe wurden durch die anhaftenden Schneeklumpen entsetzlich schwer. Aber schon nach wenigen Minuten erhob sich südlicher Wind, der sich sofort wohltätig fühlbar machte. Da die Vorhut jetzt zu Fuß ihren Schlitten zog, wurde es ihr noch schwerer, die gerade Richtung einzuhalten, bis sich endlich auf dem letzten Kilometer die Wolken verteilten. Wir gaben nun unseren Marsch auf, unter den erschwerendsten Umständen und mit sehr erschöpften Tieren. Soeben schneit es wieder heftig – der Himmel mag wissen, wann es aufhören wird!

Wir werden morgen noch eine Stunde später, d. h. um 4 Uhr früh, aufbrechen, sind also nach der noch vor drei Tagen geltenden Marschzeit jetzt um 5 Stunden im Rückstand. Unser Ponyfuttervorrat zwingt uns, unter allen Umständen täglich 24 Kilometer vorzudringen. Seit mehreren Tagen haben wir vom Lande keinen Schimmer mehr gesehen! Ein erschöpftes Tier macht auch einen müden Mann und keiner von uns ist jetzt nach beendetem Marsch sonderlich vergnügt, obwohl wir in der letzten Zeit reichlich viel geschlafen haben.

Dienstag, 28. November. Lager 24. Der trübseligste Abmarsch, den man sich denken kann! Der Schnee fällt dicht und ein scharfer Südwind treibt ihn vor sich her. Die Leute zogen um 3 Uhr 15 mit dem Chinesen und dem Jakobsschwein los; wir folgten 20 Minuten nach 4 und holten den Vortrab gerade ein, als er um 8 Uhr 30 zum zweiten Frühstück Rast machte. Auf halbem Weg besserte sich unsere Lage; der Himmel machte Miene sich aufzuklären und die Richtung war leichter zu finden. Beim zweiten Frühstück zog es sich wieder zusammen. Wann wird dieser scheußliche Orkan vorüber sein? Das Gehen ist für die Ponys leichter und für die Leute schwerer geworden; fast überall liegt 8 bis 15 Zentimeter tief unter dem Schnee eine harte Kruste. Am Ende unseres heutigen Marsches schritten wir über eine Reihe hoher, harter südöstlicher Sastrugi, die weit auseinander lagen – mir ganz unerklärlich!

Der Weitermarsch war fast ebenso gräulich. Der Wind wehte heftig aus Süden und sprang nach Südosten um, während die Schneeböen uns überfielen, sodass wir nichts sehen konnten und der treibende Schnee uns die Gesichtshaut zerstach. Auf den vier letzten Märschen haben wir uns unser Weiterkommen geradezu erkämpfen müssen! Wenn nur endlich dieser unerwartete Sommerorkan vorüber wäre!

Der Chinese oder »Donnerkeil« ist heute Abend erschossen worden. Der mutige kleine Bursche hat gut standgehalten und verlässt den Schauplatz nur wenige Tage vor seinen Kameraden. Wir haben nur noch vier Pressheusäcke zu je 14 Kilo; diese müssten doch wohl für die übrigen Tiere auf sieben Tage ausreichen; wir sind keine 170 Kilometer mehr vom Beardmoregletscher entfernt. Zwischen den übrigen Ponys ist die

Auswahl nicht mehr groß: der Baron und Knochen sind die kräftigsten, Victor und Christoffer die schwächsten. Von Land noch keine Spur!

Mittwoch, 29. November. Lager 25. Breite 82° 21'. Unsere Lage hat sich bedeutend gebessert. Gestern zu später Stunde zeigte sich Land; der Mount Markham, ein großartiger, dreispitziger Gipfel, schien wunderbar nahe zu liegen, außerdem Kap Lyttelton und Kap Goldie. Wir zogen ungefähr 4 Uhr 20 ab und erreichten das heutige Lager 1 Uhr 15. Heute werden wir durchschnittlich etwas über 3 Kilometer in der Stunde zurückgelegt haben. Unser Ponyziel ist keine 130 Kilometer mehr entfernt; die Tiere sind zwar erschöpft, aber ich denke, dass alle noch Kraft zu fünftägiger Arbeit im Leibe haben; vielleicht sogar noch mehr. Auch der Chinese hat den Hunden vier Mahlzeiten geliefert; das ergibt von jedem weiteren der acht Ponys einen ähnlichen Futterzuwachs. Demnach können wir hoffentlich die Hunde ausruhen lassen und sie gut füttern, um sie zur Heimreise zu benutzen. Wir könnten schon jetzt mit ihrer Hilfe und ohne viel Zeitverlust durchkommen, aber es ist sehr wünschenswert, dass den Leuten das schwere Schlittenziehen solange wie möglich erspart bleibe. So hoffe ich denn von Herzen, dass die nächsten 130 Kilometer noch in der gegenwärtigen Ordnung der Dinge zurückgelegt werden möchten.

Der Baron und Schnipps gehen jetzt allein, wobei sie der Spur der anderen sehr gut folgen. Beide beobachten ihren Lenker fortwährend mit listigen Augen und bleiben sofort stehen, wenn er sie nicht antreibt. Alle paar Minuten fressen sie Schnee. Es ist eine wahre Erleichterung, kein Tier lenken zu müssen. Meares hat die Löcher, welche die Ponyhufe eindrücken, gemessen; seit wir das Ein-Tonnen-Lager verließen, betragen sie durchschnittlich 20 Zentimeter; manche hat er 30 Zentimeter tief gefunden – daraus kann man sich eine ungefähre Vorstellung von der Mühsal unseres Marsches machen. In Bowers' Zelt wurde gestern das Filet des Chinesen als Mittagessen verspeist – es soll ausgezeichnet gewesen sein! Bei meiner Abteilung bin ich gegenwärtig Koch.

Wir haben während des Winters oft über Schneeschuhe für

Sastrugi

die Ponys gesprochen. Ich wollte, die Tiere trügen sie – das würde ihnen viel Anstrengung ersparen.

Donnerstag, 30. November. Lager 26. Ein angenehmer Marschtag für die Leute, aber für die armen Tiere sehr ermüdend. Mit Ausnahme des Barons ist bei allen der Kräfteverfall unverkennbar. Wir kamen etwa eine halbe Stunde langsamer vorwärts als gestern. Wenig erfreulich! Aber wir können kaum mehr 110 Kilometer von unserem nächsten Ziel entfernt sein. Die Hunde befinden sich wohl. Das Land war in dünnen weißen Nebel gehüllt, zeigte sich aber dann und wann, als wir im Lager waren, ich benutzte jede Gelegenheit, um fotografische Aufnahmen zu machen.

Freitag, 1. Dezember. Lager 27. Breite 82° 47′. In wenigen Tagen ist es mit den Ponys aus – der Baron ausgenommen! Dennoch halten sie länger als ihr Futter und heute Abend habe ich, aller Proteste ungeachtet, Christoffers Tod beschlossen. Bei der vielen Mühe, die er uns von Anfang an machte, und bei seinen ungenügenden Leistungen zuletzt, trauern wir ihm weniger nach als den anderen. Hier hinterlassen wir ein Depot, das südliche Barrierendepot; die Ponys haben also kein Extragewicht, sondern jetzt noch weniger zu ziehen. Drei weitere Märsche müssten uns herausreißen.

Der Baron machte heute Morgen eine Probe mit Schneeschuhen und lief ungefähr 7 Kilometer großartig damit, dann aber dehnten sich die elenden Dinger und mussten ihm abgenommen werden. Ohne Zweifel sind diese Schneeschuhe für Ponys das einzig Richtige und hätten die unsrigen sie von Anfang an getragen, so würden sie jetzt ganz anders aussehen. Übrigens glaube ich, der Anblick des Landes hat den Tieren wenigstens etwas geholfen. Als wir bei strahlendem Sonnenschein aufbrachen, traten die Berge zu unserer Rechten wundervoll klar hervor. Vom Mount Longstaff zieht sich ein schöner, tief eingeschnittener Gletscher herab; seine Wände haben einen Steigungswinkel von mindestens 50 Grad. Im Übrigen scheint das Gebirge, obwohl auf den niedrigeren Kämmen viele Rare (Trogtäler) sichtbar sind, wenig zerklüftet zu sein; es hat abgerundete, massige Formen. Uns gegenüber springt eine gelbbraune Klippe hell aus dem Schnee hervor, zu deren Seiten schwarzes oder dunkelbraunes Gestein ansteht; ich möchte gar zu gern wissen, aus welcher Gesteinsart jene Felsen bestehen.

Sonnabend, 2. Dezember. Lager 28. Breite 83°. Die Wolken, die gestern Abend aus Südosten heraufzogen, brachten Schnee und die Ponys quälten sich am Morgen sehr ab, obwohl es nicht windig und nicht kalt war. Ich machte Oates den Vorschlag, er solle die Überwachung der Tiere übernehmen; aber da er viel lieber Ponylenker sein wollte, übergab ich ihm gern meinen Schnipps und lief selber auf Schneeschuhen, ein bequemes Vorwärtskommen, wobei ich mehrere fotografische Aufnahmen der trabenden Ponys machte. Später schritten die Ponys besser aus und ich hatte bald tüchtig zu tun, um die Führung zu behalten. So kamen wir in gehobener Stimmung ins Lager. Es tat mir Leid, Victors Todesurteil sprechen zu müssen – dem armen Bowers ging es nahe, denn sein Pony ist vortrefflich genährt und wird den Hunden fünf Mahlzeiten liefern. Bei unserem knappen Futter müssen wir die Tiere töten, aber wir haben den 83. Breitengrad erreicht und können sicher sein durchzukommen. Die Hunde machen ihre Sache herrlich; von morgen an werden sie schwerere Last zu ziehen haben.

Alles steht gut – wenn nur das Wetter es uns ermöglicht, an den Gletscher heranzukommen! Heute Abend entwölkt sich der Himmel! Wild sagt in seinem Tagebuch von der Shackletonreise, er habe am 15. Dezember 1908 seit einem Monat zum ersten Mal nicht herrliches Wetter gehabt! Bei uns war bisher ein schöner Tag eine große Ausnahme! Trotzdem haben wir noch keinen Marschtag stillgelegen. Heute war es, als wir das Lager aufschlugen, so warm, dass der Schnee im Fallen taute und alles klatschnass wurde. Oates kam gestern in mein Zelt, im Austausch gegen Cherry-Garrard.

Die Truppe ist jetzt so verteilt: Ich, Wilson, Oates und Keohane. Dann Bowers, Deckoffizier Evans, Cherry-Garrard und Crean. – Die Vorhut: Leutnant Evans, Atkinson, Wright und Lashly. Wir essen jetzt alle Pferdefleisch und sind so satt, dass an Hunger gar nicht zu denken ist.

Sonntag, 3. Dezember. Lager 29. Unser Wetterglück will nicht kommen! Ich weckte heute die Leute um 2 Uhr 30, da wir um 5 Uhr früh aufbrechen wollten. Es war nebliges Schneewetter; dabei hätten wir schon marschieren können; aber während des Frühstücks nahm der Wind zu und um 4 Uhr 30 tobte ein Südsturm, der den Ponywall umwarf und die Schlitten in riesenhaften Schneewehen begrub. Es war der stärkste Wind, den ich hier im Sommer erlebt habe. Gegen 11 begann er abzuflauen. Um 12 Uhr 30 standen wir auf, aßen ein zweites Frühstück und machten uns marschfertig. Das Land trat wieder hervor, die Wolken zerteilten sich und um 1 Uhr 30 war ringsumher strahlender Sonnenschein! Um 2 Uhr machten wir uns auf den Weg, allenthalben war das Land sichtbar und alles sah viel versprechend aus – mit Ausnahme einer Wolke im Südosten! Und richtig! Um 2 Uhr 15 zog sie herauf, um 2 Uhr 30 hatte sie das nur 55 Kilometer entfernte Land völlig weggewischt, schon vor 3 war sie über uns, die Sonne verschwand, der Schnee fiel dicht und der Marsch wurde furchtbar! Der Wind kam anfänglich aus Südost, sprang dann eine Weile nach Südwest um, dann plötzlich nach Westnordwest und zuletzt nach Nordnordwest; von daher kommt er noch jetzt und wirbelt den Schnee vor sich her. Dieser Wechsel der Witterung ist geradezu verblüffend. Trotzdem sind wir 20 Kilometer vorgedrungen und um 7 Uhr abends in diesem Lager angekommen.

Die Vorhut führte unseren Zug 11 Kilometer weit; dann kampierte sie – sie hatte vom Führen genug! Wir zogen an ihr vorüber, Bowers und ich auf Schneeschuhen an der Spitze, und hielten nach dem Kompass Kurs. Der Schnee trieb quer über unsere Schneeschuhe und nur hin und wieder erhaschten wir einen Schimmer von den südöstlichen Sastrugi, über die wir fortglitten, bis während der letzten Marschstunde die Sonne trübe durch die Wolken lugte. Die Wetterverhältnisse scheinen durch und durch in Aufruhr zu sein; falls sie so bleiben, wenn wir auf dem Gletscher sind, wird unsere Lage sehr schlimm! Es ist hohe Zeit, dass das Glücksrad sich zu unseren Gunsten dreht – wir haben bisher nur allzu wenig Glück gehabt!

Montag, 4. Dezember. Lager 29, 9 Uhr morgens. Ich weckte meine Zeltkameraden um 6. Während der Nacht war der Wind von Nordnordwest nach Südsüdost umgesprungen; er war nicht gerade stark, aber die Sonne war bedeckt und der Himmel wolkenschwer; vom Land war wenig zu sehen, aber wir dachten unter allen Umständen weiterziehen zu können. Plötzlich während des Frühstücks nahm der Wind an Stärke zu und bald saßen wir in einem regelrechten Orkan. Wir mussten alle helfen neue Ponywälle aufzuschaufeln – eine schauderhafte Arbeit, aber für die Tiere unentbehrlich; sie stehen schläfrig und verdrießlich da, scheinen aber nicht zu frieren. Die Hunde kamen gestern Abend gleichzeitig mit uns an, und die Hilfsmannschaft heute Morgen, als wir gerade mit den Ponywällen fertig waren; sie hatte große Mühe, unserer Spur zu folgen. So wären wir denn wieder alle beisammen. Marschieren ist bei diesem Wetter ganz unmöglich. Man weiß wirklich nicht, wie man sich diese Zustände erklären soll. Das Barometer stieg gestern Abend von 747 auf 759 Millimeter – phänomenal! Ich kann mich eines Gefühls der Bitterkeit nicht erwehren, wenn ich unser Wetter mit dem unserer Vorgänger hier vergleiche!

Lager 30. Im Lauf des Vormittags legte sich der Wind, um 12 Uhr 30 begann der Himmel sich aufzuklären, um 1 Uhr schien die Sonne, um 2 Uhr nachmittags waren wir auf dem Marsch und um 8 Uhr abends schlugen wir hier das Lager auf, nachdem wir reichlich 24 Kilometer zurückgelegt hatten. Das Land war während der ganzen Zeit klar in seinen Umrissen zu erkennen; es zeigte mehrere noch nicht auf der Karte verzeichnete Gletscher von großen Dimensionen, darunter drei, die unterhalb des Mount Reid zusammenfließen. Die Konturen des Gebirges sind abgerundet und massig, mit kleinen aufgesetzten Spitzen und unentwickelten Karen. In den tieferen Lagen sind die Kare sehr schön; die Gletscher haben scharf eingeschnittene, tiefe Betten zwischen steilen Wänden; ein paar Gipfel der Vorberge zeigen nacktes, fast senkrecht aufgerichtetes Gestein, wahrscheinlich Granit; wir werden es später erfahren. Vor uns liegt der vom Eis gerundete, mit Felsblöcken bedeckte Mount Hope und die Eingangspforte zum Gletscher. Wir könnten ihn morgen leicht erreichen, wenn wir 22 Kilometer fertig bringen (Temperatur 8 Grad). Die Ponys marschierten heute noch verhältnismäßig gut, trotz des tiefen

Schnees in dem wellenförmigen Gelände. Die Hunde sind einfach prächtig, hatten aber nichts mehr zu fressen, sodass wir ihnen den kleinen Michael opfern mussten, der gleich seinen Kameraden sehr viel Fett hatte. In allen Zelten steht jetzt Ponyfleisch auf der Speisekarte und wird sogar gern gegessen.

Durch diese beiden scheußlichen Tage haben wir zwar nur 10 oder 11 Kilometer verloren, aber wenn dieser Tumult in den Lüften andauert, was soll da erst auf dem Gletscher werden, wo wir mehr als anderswo schönes Wetter dringend brauchen? Wir haben jetzt den ersten Teil unserer Reise hinter uns. Wenn man nach Südsüdosten blickt, wo man das am fernsten liegende Land sehen kann, scheint es mehr als wahrscheinlich, dass man auf der Barriere sehr weit südwärts kommen kann, und wenn Amundsen auf jenem Weg nur etwas Glück hat, mag seine Reise wohl um 200 Kilometer kürzer werden.

EIN VERHÄNGNISVOLLER AUFENTHALT

Dienstag, 5. Dezember 1911. Lager 30. Mittags. Wir erwachten heute früh in einem wütenden Schneesturm. Was wir bisher an Wind gehabt haben, war wenigstens ohne den feinen Puderschnee, das eigentliche Kennzeichen des Orkans – heute haben wir ihn in schönster Vollkommenheit! Eine oder zwei Minuten im Freien und man ist von Kopf bis zu Fuß damit bedeckt. Dabei ist die Temperatur hoch, sodass alles, was niederfällt oder gegen uns geweht wird, sofort an uns kleben bleibt. Die Ponys stehen tief im Schnee, und Kopf, Schwanz, Beine und jedes Fleckchen, das nicht durch die Decke geschützt wird, ist wie mit Eis überzogen. Die Schlitten sind beinahe unsichtbar und hohe Schneewehen ragen über die Zelte. Nach dem Frühstück haben wir die Schutzwälle wieder aufgeschaufelt und stecken jetzt von Neuem in unseren Schlafsäcken. Bei solchem Wetter zu marschieren, und nun gar dem Sturm entgegen, ist natürlich ausgeschlossen! Was in aller Welt hat solch ein Wetter in dieser Jahreszeit zu bedeuten? Herrscht hier eine allgemeine atmosphärische Störung, die sich in dieser ganzen Südregion als ein schlechter Sommer fühlbar machen wird – oder sind wir nur die Opfer ungewöhnlicher örtlicher Witterungsverhältnisse? Es ist mehr als Pech! Mehr jedenfalls, als wir verdient haben! Warum nur muss meine kleine Gesellschaft aller Orten auf Widerwärtigkeiten stoßen, während andere lächelnd im Sonnenschein vorwärts spazieren! Keine Voraussicht – keine Überlegung – nichts hätte uns auf diesen Zustand der Dinge vorbereiten können; auch wenn wir zehnmal so erfahren und unseres Zieles sicher gewesen wären – einen solchen Rückschlag hätten wir unter keinen Umständen vermuten können! Aber vielleicht wendet sich das Glück noch?

11 Uhr abends. Den ganzen Tag heftiger Sturm – der größte Schneefall, den ich je gesehen! Die Schneewehen um unsere Zelte sind einfach riesig. Die Temperatur betrug heute Vormittag 3 Grad unter null und stieg nachmittags auf 0,5 Grad unter null! Wo der Schnee nicht wieder auf Schnee fällt, taut er sofort: die Zelte, die Windanzüge, die Nachtstiefel usw. sind klatschnass; von den Zeltstangen und der Zelttür tropft das Wasser herunter, Wasser steht in Lachen auf dem Fußboden, Wasser durchweicht die Schlafsäcke und macht alles scheußlich ungemütlich. Jetzt müsste nur noch, ehe wir Zeit zum Trocknen haben, plötzliche Kälte eintreten – dann wäre unsere Lage nicht auszudenken! Aber alles wäre schließlich noch mit Humor zu ertragen – wenn nur nicht dieser Aufschub so furchtbar ernst wäre – wir können uns nicht den geringsten Aufenthalt leisten! Und gerade jetzt musste es so kommen!

Der Sturm scheint abflauen zu wollen, aber die Temperatur geht nicht herunter und der Schnee bleibt nass wie zuvor. Keohane hatte noch Humor genug, einen Vers darauf zu machen:

»Der Schnee schmilzt ganz und gar, und alles
schwimmt wie ein Span,
Wenn's weiter so geht, drehn's Zelt wir um und
fahren darin Kahn!«

Mittwoch, 6. Dezember. Lager 30. Mittags. Wir liegen im »Sumpf der Verzweiflung« – das Unwetter tobt mit unverminderter Heftigkeit. Die Temperatur ist auf 0,5 Grad über null gestiegen; im Zelt schwimmt alles. Wer hinausgeht, kommt wie von einem Platzregen begossen wieder herein und hinterlässt Pfützen auf dem Fußboden. Der Schnee klettert beständig höher um die Wälle, die Ponys, die Zelte und die Schlitten. Die Tiere sehen trostlos aus! Und dabei sind wir noch immer 22 Kilometer vom Gletscher entfernt! Mich durchschauert eine Hoffnungslosigkeit, gegen die ich kaum mehr ankämpfen kann.

Um 11 Uhr abends. Um 5 Uhr zerteilten sich endlich die Wolken ein wenig; man kann wieder Land sehen, aber der Himmel ist noch voller Schnee, auch der Wind noch ziemlich stark, und die Temperatur hoch! Trotzdem – wenn es morgen nicht schlimmer ist, müssen wir weiter!

Donnerstag, 7. Dezember. Lager 30. Der Sturm dauert fort und die Lage wird immer ernster. Für morgen bleibt uns nur noch eine kleine Futterration; wir müssen also morgen marschieren oder die Ponys opfern. Aber das ist nicht das Schlimmste, denn die Hunde würden uns schon vorwärts bringen – bedenklicher ist: Wir haben heute Morgen unsere Lebensmittelvorräte, die für die Gletscherwanderung bis zum Pol abgewogen waren, anbrechen müssen! Die erst Hilfsmannschaft kann uns von heute ab nur noch vierzehn Tage begleiten und muss dann umkehren. Und immer noch macht der Sturm keine Miene aufzuhören! Weiterziehen ist ganz unmöglich, versichern alle. Nichts bleibt uns übrig als Ergebung in unser Missgeschick! Nichts können wir als im nassen Schlafsack liegen und grübeln über diesen unverdienten Schlag, nachdem alles so gut durchdacht und beinahe schon mit Erfolg gekrönt wurde! Ich wüsste auch jetzt nichts, was ich an meinem ursprünglichen Plan zu ändern hätte! Dem schlechten Wetter hatte ich nach meiner Erfahrung einen weiten Spielraum bei meinen Berechnungen gelassen; aber dieser stürmische Dezember – der schönste Monat hierorts – ist eine Überraschung, auf die auch der vorsichtigste Organisator nicht gefasst sein konnte. Temperatur 0 Grad. Meares hat einen bösen Anfall von Schneeblindheit auf einem Auge; vielleicht heilt ihn die Ruhe, zu der wir verurteilt sind; aber er will schon lange Schmerzen gehabt haben. Von Fröhlichkeit kann in unserem Lager bei solchem Unwetter nicht die Rede sein, aber sie wartet nur darauf, wieder aufzuflackern. Gestern

Abend, als wir einige Minuten Hoffnung fassten, hörte man schon wieder Lachen.

Um Mitternacht. Alles beim Alten! Das Barometer steigt – vielleicht verspricht das eine Besserung. Nichts kann so erbittern wie diese erzwungene Untätigkeit, wo jeder Tag, jede Stunde von so ungeheurer Wichtigkeit ist! Ein schreckliches Los, immer nur die Wasserflecken an den grünen Wänden unseres Zeltes, die glitzernd nassen Bambusstangen, die schmutzigen klatschnassen Socken und was sonst, von Wasser durchweicht, von der Decke herabbaumelt, anstieren – ewig das Trommeln des herabfallenden Schnees und das Klatschen des aufgeblähten Zelttuches hören – die klebrig feuchten Kleidungsstücke und was man anfassen mag, fühlen zu müssen, und dabei zu wissen, dass draußen rechts und links und vorne und hinten eine weiße, farblose Mauer uns entgegen starrt! Und dann das niederschmetternde Gefühl, dass mein ganzer Plan misslingt – misslingen muss! Eine beneidenswerte Lage, nicht wahr? Aber vielleicht reizen gerade diese Schwierigkeiten unsere Kraft zur äußersten Anspannung!

Freitag, 8. Dezember. Immer noch Lager 30! Vergebliche Hoffnung! Dasselbe Erwachen bei trostlosem Schneegestöber und heulendem Wind! Wir frühstückten um 10. Am Mittag flaute der Wind ab und wir machten uns nun ans Ausgraben der Schlitten, eine schwere Aufgabe! Dann suchten wir neue Plätze für unsere Zelte, die durch den immer stärker werdenden Druck des angesammelten Schnees auf den kleinsten Rauminhalt reduziert worden waren. Die vorigen Zeltplätze sind tiefe Löcher mit einem Sumpf in der Mitte. Diese Arbeit machte wenigstens den Aufenthalt im Zelt etwas erträglicher, besonders seit der Wind sich gelegt hatte. Gegen 4 Uhr machte der Himmel Miene sich aufzuhellen und man konnte einige Stellen des Landes undeutlich unterscheiden – ein Funke Hoffnung lebte wieder in uns auf. Ach! Während ich dies schreibe, ist die Sonne von Neuem verschwunden und es schneit schon wieder! Unsere Lage wird verzweifelt! Leutnant Evans versuchte heute Nachmittag mit seiner Mannschaft auf Schneeschuhen eine Last zu ziehen – sie brachten tatsächlich einen Schlitten, auf dem vier Personen saßen, vorwärts; aber als sie ihn zu Fuß ziehen wollten, sanken sie bis über die Knie in den Schnee. Dann versuchten wir es mit dem Baron, der versank bis an den Bauch! Mit den Ponys ist's aus, meint Wilson; nur Oates versichert, dass sie trotz des ungeheuer hohen Schnees noch einen Marsch aushalten würden, wenn er morgen stattfinde. Wenn nicht, dann müssen wir morgen die Ponys töten, und koste es was es wolle, mit den Leuten auf Schneeschuhen und den Hunden weiterziehen. Aber was können Hunde in solchem Schneemeer leisten? Die Temperatur bleibt 0,5 Grad über null und alles ist ekelhaft nass! Um 11 Uhr abends. Der Wind ist nach Norden umgesprungen, der Himmel bekommt endlich zerrissene Flecken, die Sonne blinzelt hin und wieder durch die Wolkenritzen und das Land tritt aus dem Dunst hervor. Die Temperatur ist auf 3 Grad unter null gefallen und die Wassersnot nimmt schon ab. Soll das wieder ein trügerisches Versprechen sein? Die Aussicht auf Tätigkeit hat heute Abend das ganze Lager in fröhliche Stimmung versetzt. Die armen Ponys schauen eifrig nach dem Futter aus, von dem nur noch so wenig vorhanden ist, aber hungrig sind sie eigentlich nicht; wir konnten sogar in den letzten Tagen von den Futterresten, die sie in ihren Beuteln ließen, eine Menge aufheben. Sie sehen immer noch verhältnismäßig kräftig aus. Aber – heute Abend erscheint alles in rosigerem Licht, und wer bringt uns die vier verlorenen Tage zurück?!

Sonnabend, 9. Dezember. Lager 31. Ich ging in der Nacht ein paar Mal aus dem Zelt, um mich zu vergewissern, dass das Wetter langsam besser wurde; um 5 Uhr 30 waren wir alle munter, und um 8 zogen wir mit den Ponys ab – einem schweren Tag entgegen. Der entsetzliche Schneefall hatte den Weg unerträglich weich gemacht; wir trieben die armen, auf halbe Ration gesetzten Tiere genügend an, konnten aber keines dazu bringen, die Führung länger als ein paar Minuten zu behalten; der Spur folgend konnten sie sehr gut. Aber wir kamen fast nicht vorwärts; die Vorhut musste wieder einspringen. Bowers und Cherry-Barrard gingen mit einem der langen Schlitten voraus – so quälten wir uns ungefähr 2 Kilometer weit. Deckoffizier Evans rettete die Situation, indem er dem Schnapper die einzigen noch vorhandenen Schneeschuhe anzog. Von diesem Moment an ging Schnapper ohne sonderliche Aufmunterung voraus, die anderen folgten und ein Pony nach dem anderen erschöpfte seine Kräfte als Zweiter im Zug. Wir marschierten den ganzen Tag, ohne Rast oder Frühstück. Nach 5 oder 7 Kilometern (bei 5 Grad unter null) gerieten wir in Presseis hinein, hatten aber, den gräulich weichen Schnee ausgenommen, auch hier nicht mit außergewöhnlichen Schwierigkeiten zu kämpfen.

Um 8 Uhr abends waren wir etwa 2 Kilometer von dem Abhang, der zu der Schlucht hinaufführt, die Shackleton »das Einfahrtstor« getauft hat. Meine Hoffnung war gewesen, viel früher mit dem Rest des Ponys dieses Tor zu passieren, und wenn nicht der mörderische Orkan gewesen wäre, hätten wir das auch fertig gebracht. Ein schwerer Schlag für uns – aber verzweifelt ist darum unsere Lage noch nicht, wenn nur der Sturm den Weg da oben nicht rettungslos verdorben hat. Die schlittenziehende Mannschaft ist trotz ihrer leichten Last noch nicht in Sicht. Sie haben wohl irgendwo Halt gemacht, um Tee zu trinken – oder aus einem anderen Grund? Eigentlich hätten sie uns schon längst überholen müssen!

Abends um 8 Uhr waren die Ponys alle miteinander völlig fertig; mühsam schlichen sie noch einige hundert Meter vorwärts. Um diese Zeit befand ich mich an der Spitze des Zuges; ich schleppte einen lächerlich leicht beladenen Schlitten hinter mir her und fand dennoch das Ziehen nur allzu schwer. Wir schlugen deshalb das Lager auf, das »Schlachthauslager«, wie wir es nennen, denn wir haben alle Ponys erschossen! Die armen Tiere! Bedenkt man, was sie haben aushalten müssen, so haben sie Wunderbares geleistet und es wurde uns herzlich schwer, sie so bald töten zu müssen. Die Hunde laufen gut, trotz des schlechten Weges, aber die Hilfe, die wir brauchen, sind sie nicht; ich kann ihnen auf solchem Schnee keine schweren Lasten aufbürden. Temperatur 7 Grad unter null. Die Landschaft ist großartig; drei riesige Granitpfeiler bilden die rechte Wand des Einfahrtstores und ein scharfer Ausläufer des Mount Hope die linke. Aber überall liegt viel mehr Schnee als vor dem Sturm. Zweifelhafte Aussichten! Dennoch ist heute Abend jeder vergnügt und Scherzreden fliegen hin und her.

Möge uns Mount Hope, der »Hoffnungsberg«, ein gutes Wahrzeichen sein!

AUF DEM BEARDMOREGLETSCHER

Sonntag, 10. Dezember 1911. Lager 32. Ich war in größter Sorge, wie wir unsere Lasten über eine so schauderhafte Oberfläche weiterbringen würden. Und doch ist es gelungen, dank unseren Schneeschuhen! Ich weckte alle um 8, aber es wurde Mittag, bevor wir mit dem Umpacken der Lasten fertig waren und aufbrechen konnten. Die Hunde trugen außer den Depotvorräten (90 Kilo) noch 270 Kilo von unseren Lasten. Ich war sehr überrascht, als meine eigene Abteilung unseren Schlitten mit einem »Eins, zwei, drei, los!« in Gang setzte, und er ziemlich leicht hinter uns drein glitt. Die erste Strecke legten wir mit einer 3 1/2-Kilometer-Geschwindigkeit zurück, weil wir vorsichtigerweise die Kufen sorgfältig abgekratzt und getrocknet hatten. Der Tag war wunderschön und wir gerieten bald in Schweiß. Nach 2 Kilometern begann der Weg zu steigen; bald wurde er steil und wir mussten die Schneeschuhe ablegen. Damit wurde das Ziehen außerordentlich anstrengend; wir sanken überall bis über die Schuhe ein, an manchen Stellen sogar bis an die Knie. Die Schlittenkufen überzogen sich mit einer dünnen Eishaut, die wir nicht wegbringen konnten, und die Schlitten selber versanken an weichen Stellen bis an die Querstangen; die ganze Zeit über arbeiteten sie buchstäblich wie Schneepflüge. Um 5 Uhr waren wir endlich oben; nachdem wir Tee getrunken hatten, ging es abwärts. Dabei war das Ziehen fast ebenso mühsam, aber wir konnten doch nun wieder unsere Schneeschuhe gebrauchen.

Um 9 Uhr 15 schlugen wir unser Lager auf, als plötzlich vom Gletscher ein starker Wind herunterfegte; aber an Weitermarschieren war nicht zu denken, denn der zweite Schlitten, den Leutnant Evans führt, konnte nicht mit uns Schritt halten und Wilson hatte mir höchst beunruhigende Mitteilungen über diese Abteilung gemacht. Nach einer Äußerung von Atkinson war Wright am Ende seiner Kräfte! Und Lashly ist infolge der schweren Zugarbeit seit dem Orkan auch nicht mehr recht auf dem Posten. Ich selbst hatte schon Sorge wegen dieser Abteilung, und der heutige Marsch rechtfertigte sie nur zu sehr. Die zweite Abteilung blieb weit hinter uns zurück, musste ihre Schneeschuhe abschnallen und brauchte für einige hundert

Meter fast eine halbe Stunde! Allerdings war die Oberfläche schauderhaft und verschlechterte sich mit jedem Schritt. Wenn die Kameraden anfangen zusammenzubrechen – was soll dann werden? Ich selbst habe mich nie so wohl gefühlt und um meine Abteilung ist mir nicht bange. Deckoffizier Evans ist baumstark und Oates und Wilson sind auch wohlauf.

Hier, wo wir heute lagern, ist der Schnee schlimmer als je zuvor und eben hier herum hat Shackleton hartes blaues Eis angetroffen! So ist der Unterschied zwischen seinem und unserem Glück! – Ich nehme die Hunde morgen noch eine halbe Tagesreise mit und schicke sie dann zurück.

Montag, 11. Dezember. Lager 33. Ein Tag – teils gut – teils sehr schlecht! Vor dem Abmarsch um 11 Uhr errichteten wir das untere Gletscherdepot, türmten es weithin sichtbar auf und ließen eine Menge Sachen dort. Dann gingen wir auf dem Gletscher geradeaus, zogen unsere Schlitten auf Schneeschuhen und die Hunde folgten. Ich hatte die Führer ermahnt, ja dicht neben ihren Schlitten zu bleiben, und wir müssen, ohne es zu merken, über eine Menge Spalten hinübergefahren sein, wir dank unseren Schneeschuhen und die Hunde dank dem weichen Schnee. Nur Deckoffizier Evans geriet mit einem Bein einmal in eine Spalte.

Um 3 Uhr hatten wir das Presseis hinter uns. Nun ließ ich die Hunde Halt machen, abladen, alles auf unsere drei Schlitten packen, und Meares und Dimitri mit den Hunden umkehren. Da längs des Weges Futter niedergelegt ist, werden sie gut nach Hause kommen.

Es war eine höchst ängstliche Geschichte, als wir nun nach dem zweiten Frühstück, etwa gegen 4 Uhr 30, aufbrachen. Brachten wir die schweren Lasten voran oder nicht? Meine Abteilung machte sich zuerst auf den Weg und ich sah mit größter Freude, dass wir ziemlich gut vorwärts kamen. Dann und wann sank der Schlitten ein; das gab dann einen ärgerlichen Aufenthalt, aber bald gewöhnten wir uns geduldig an solche Vorfälle. Die Hauptsache ist, den Schlitten immer in Bewegung zu halten, und während einer Stunde oder mehr kamen Dutzende kritischer Augenblicke, wo er beinahe stehen geblieben wäre, und nicht wenige, wo er wirklich festsaß.

Letzteres war immer sehr aufregend und anstrengend. Mit einem Mal aber wurde die Oberfläche gleichförmiger und wir hatten uns auch wohl besser eingearbeitet, denn nachdem wir lange Halt gemacht hatten, um die anderen Abteilungen herankommen zu lassen, liefen wir von 6 bis 7 Uhr mit 3 1/2 Kilometer Geschwindigkeit in der Stunde, ohne dass der Schlitten auch nur ein einziges Mal stehen blieb. Ich jubelte im Stillen; alle Schwierigkeiten schienen zu schwinden; aber den anderen ging es leider nicht ebenso. Bowers mit dem dritten Schlitten kam etwa eine halbe Stunde später an als wir; auch er mit Crean und Cherry-Garrard hatten ihre Sache gut gemacht; nur Keohane ließ zu wünschen übrig; das liegt wohl nur daran, dass er zeitweise blind ist. Aber Leutnant Evans stellte sich mit seiner Abteilung erst um 10 Uhr ein! Sie hatten sich festgefahren und gerade das Verkehrteste getan, was sie tun konnten, nämlich immer wieder straff angezogen, bis sie am Ende ihrer Kräfte waren. Ich hatte den Tag schon als einen großen Erfolg gebucht – nun scheint sich dies neue Hindernis vor uns aufzubauen!

Heute Abend ist der Schnee ringsumher entsetzlich weich, bei jedem Schritt sinkt man bis an die Knie ein; Schlittenziehen zu Fuß wäre unmöglich. Schneeschuhe sind daher das einzig Richtige und ich verstehe nicht, warum meine Landsleute dagegen ein Vorurteil hegen und sich auf diesen Fall nicht vorbereitet haben. Am Morgen war es sehr schön und warm. Heute Abend bilden sich einige Schichtwolken – ein Zeichen, dass kein schlechtes Wetter mehr in Sicht ist. Infolge ihrer Unvorsichtigkeit leiden Leutnant Evans, Bowers, Keohane, Lashly und Oates alle mehr oder weniger an Schneeblindheit.

Dienstag, 12. Dezember. Lager 34. Heute war es mein Gespann, dem die Arbeit am sauersten wurde. Wir saßen alle Augenblicke fest und der Schlitten war schwer wie Blei. Die anderen hatten, mit uns verglichen, leichtes Spiel. Um 2 Uhr 30 machte ich Halt und nun fand sich der Grund unserer Quälerei: eine dünne Eishaut und etliche harte Eisknorren, die sich unter den Schlittenkufen gebildet hatten. Leutnant Evans war mit seiner Abteilung voraus, es war uns unmöglich, sie einzuholen! Aber sie sahen uns lagern und wieder aufbrechen und machten es ebenso. Ich hatte mich vor dem Weiterziehen nach dem zweiten Frühstück geradezu gefürchtet, aber nachdem der Schlitten mit einiger Anstrengung einmal im Gang war, kamen wir ungehindert vorwärts und hatten nach drei oder vier Kilometern wieder die Führung. Um 6 Uhr sah ich, wie die anderen Gespanne erschlafften; so wurde denn um 7 das Lager aufgeschlagen, damit wir am nächsten Morgen früher aufstehen und ein besseres Tagewerk leisten könnten. Wir haben ungefähr 13, vielleicht auch 15 Kilometer zurückgelegt – die Entfernungsmesser an den Schlitten sind auf solchem Gelände ganz unzuverlässig.

Was ich befürchtete, ist richtig eingetroffen: Das ganze untere Tal ist durch den letzten Schneesturm verschneit und wenn wir keine Schneeschuhe hätten, würden wir hier rettungslos versinken. Jetzt bildet sich auf dem weichen Schnee eine Kruste und binnen einer Woche wird sie stark genug sein, um Schlitten und Menschen zu tragen – aber gegenwärtig trägt sie weder die einen noch die anderen!

Wir zogen während des Vormittags auf die Commonwealthkette zu, bis wir ungefähr die Mitte des Gletschers erreicht hatten. Hier zeigte sich, dass der namenlose Gletscher nach Südwesten zu viele Risse hatte: Ich schlug daher die Richtung nach dem »Wolkenmacher« (Cloudmaker) hin ein und ging später noch weiter westlich. Wir haben entschieden einen viel besseren Blick auf die Südseite des Hauptgletschers als Shackleton, und haben infolgedessen auch eine ganze Anzahl Gipfel entdeckt, die er nicht sah. Wir sind infolge des Unwetters etwa 5 oder 5 1/2 Tage hinter ihm zurück, aber auf dieser Oberfläche konnten unsere Schlitten nicht noch schwerer beladen werden; sie sind sowieso zu hoch bepackt und schlagen leicht um. Ich glaube übrigens nicht, dass der Gletscher so hoch sein kann, wie Shackleton ihn darstellt. Das Landschaftsbild macht nicht entfernt den großen Eindruck wie der Ferrargletscher, ist aber nicht ohne interessante Züge – eine deutlich erkennbare Schichtung an dem Elisabethberge die meiner Ansicht nach dem Auftreten des Beaconsandsteines zuzuschreiben sein dürfte – und doch stärkere Schichtung auf der Commonwealthkette. Während der drei Tage, die wir hier sind, hat der Wind nachts vom Gletscher herunter geweht, also aus Südwest, und am Morgen war es windstill – eine Art nächtlicher Landbrise. Auch in der Temperatur besteht hier zwischen Tag und Nacht ein auffallender Unterschied. Als wir aufbrachen, hatten wir 0,5 Grad über null und waren bei unserer schweren Arbeit buchstäblich in Schweiß gebadet. Jetzt sind es 5 Grad unter Null. Leutnant Evans und seine Abteilung hielten sich heute viel besser.

Mittwoch, 13. Dezember. Lager 35. Ein ganz verflucht grässlicher Tag! Wir brachen um 8 Uhr auf – das Ziehen ging schrecklich schlecht. Stellenweise hatte sich eine neue Schneekruste gebildet, die aber noch nicht stark genug war, um unser Gewicht zu tragen, andererseits viel zu glatt, um Halt genug zu geben. Dadurch rutschten die Leute von solchen Stellen sofort wieder zurück und die Schlitten fuhren sich dabei im weichen Schnee fest. Leutnant Evans zog mit seiner Abteilung zuerst ab; wir folgten ihnen und halfen ihnen eine Weile über ihre unfreiwilligen Haltestellen hinweg; aber da uns dies auf die Dauer zu viel wurde, ging ich voran und ließ um 1 Uhr mittags, als die anderen noch weit hinter uns waren, das Lager aufschlagen.

Während des zweiten Frühstücks beschloss ich, es einmal mit den 3 Meter langen Kufen zu versuchen, und wir brachten drei Stunden damit zu, sie sicher am Schlitten zu befestigen. Bei dem langsamen Vorwärtskommen der anderen Abteilungen war das keine Verzögerung für uns. Evans zog schließlich an uns vorüber und ging eine Zeit lang recht flott einen deutlich erkennbaren Abhang hinauf. Um diese Zeit schien die Sonne auf den Schnee und die Temperatur war hoch. Bowers marschierte hinter Evans drein und es dauerte nicht lange, so sahen wir, dass beide Abteilungen in einer verzweifelten Lage waren. Als wir auch aufbrachen, merkten wir nur zu bald, wie schauderhaft die Oberfläche geworden war; außer der lästigen Schneekruste, die uns schon am Vormittag so viel Mühe gemacht hatte, war nun der Schnee auch noch nass und klebrig geworden. Wir kamen zwar mit unserem Schlitten vorwärts und überholten sogar Bowers sehr bald, aber die Anstrengung war einfach entsetzlich; wir waren in Schweiß gebadet und mussten ziehen, dass uns der Atem ausging.

Immer wieder lag die eine Schlittenkufe auf härterem Schnee als die andere, sodass sich der Schlitten nach der weicheren Seite neigte und nicht fortzubringen war. Als wir oben auf dem Abhang ankamen, sah ich, dass Evans seine Last schubweise beförderte, und bald darauf folgte Bowers seinem Beispiel. Wir zogen unsere vollen Schlitten bis zum Lager um 7 Uhr abends weiter, aber mit häufigen Pausen und mit einer Anstrengung, die schon mehr Überanstrengung war. Die beiden anderen Abteilungen sind entschieden nicht im Stande ihre ganze Last auf einmal über eine solche Oberfläche fortzubringen; auf die Dauer werden wir es auch nicht können; aber morgen müssen wir es noch einmal versuchen.

Ich fürchte, dass wir heute nur 7 Kilometer weitergekommen sind. Ich hatte fest darauf gerechnet, dass unsere Lage sich bessern werde, sobald wir uns erst in größerer Höhe befänden; aber stattdessen scheint sich hier, in 450 Meter Höhe, alles nur zu verschlechtern. Aber was bleibt uns übrig: Wir müssen weiter, so wenig ermutigend auch alles ist. Hunger spüre ich gar nicht, wohl aber Durst (Temperatur 9 Grad unter null); unsere Höhenration sättigt fast zu stark. Beim zweiten Frühstück umschwebten zwei Skuamöwen unser Lager; ohne Zweifel hat unser »Schlachthauslager« sie hergelockt.

Donnerstag, 14. Dezember. Lager 36. (Höhe ca. 600 Meter.) Leutnant Evans brach mit seiner Abteilung heute früh zuerst auf; Bowers folgte. Ich holte sie bald ein und wir erboten uns etwas von ihrer Last zu übernehmen; aber Evans wollte davon durchaus nichts wissen. Später tauschten wir mit Bowers die Schlitten und zogen den der dritten Abteilung ganz leicht, während sie an dem unsrigen schwer zu schleppen hatte; ich fürchte, Cherry-Garrard und Keohane bilden die schwache Seite dieses Gespanns, obgleich beide ihre Kraft aufs Äußerste anstrengen. Indessen frühstückten wir heute nach einer sehr befriedigenden Morgenarbeit einmal alle zusammen und nachmittags ging es noch besser. Als wir nach einem Marsch von 18 bis 20 Kilometern um 6 Uhr 30 das Lager aufschlugen, hatte sich der Charakter des Landes ganz auffallend verändert. Beim zweiten Frühstück war das blaue Eis etwa 60 Zentimeter tief unter uns, jetzt schon bloß noch 30 Zentimeter, und ich hoffe, dass wir es bald ganz blank finden werden; zu Ende unseres Marsches zogen wir unsere Lasten mit größter Leichtigkeit – wirklich einmal ein angemessener Lohn für unsere Mühe und Plage! Allerdings ist heute Abend der Himmel wieder bewölkt und der Wind weht gletscheraufwärts – auf der Barriere wird wieder schlechtes Wetter sein und ob wir davon nichts abbekommen, ist die Frage. Um uns her sind Spalten im Eis; eine hinter Bowers' Zelt ist etwa 45 Zentimeter breit.

Freitag, 15. Dezember. Lager 37. (Höhe ca. 750 Meter, Breite etwa 84° 8'.) Wir machten heute etwa 18 Kilometer. Die Schneedecke auf dem blauen Eis wurde zwar immer dünner, aber der Himmel auch immer düsterer, die Wolken senkten sich immer tiefer auf uns herab und überschütteten uns schon vor 5 Uhr mit Schnee. Zu sehen war nichts mehr und um 5 Uhr 45 blieb uns nichts weiter übrig, als das Lager aufzuschlagen – wieder ein unterbrochener Marsch! Wir haben wirklich zu viel Pech! Evans und seine Abteilung sind jetzt die Langsamsten, obgleich Bowers mit seinen Kameraden auch nicht viel schneller vorwärts kommt.

In unserem jetzigen Lager ist die Schneedecke nur 23 Zentimeter dick; an einigen Stellen schimmern schon Eisflecke und harter Firnschnee durch. Aber das Wetter hat alle Symptome des Sturmes, der unseren Ponys so verhängnisvoll wurde; es zog wieder aus Südosten herauf – es wird uns doch um Himmels willen nicht wieder den fürchterlichen Schnee bringen, hier auf dem gefährlichsten Teil des Gletschers!

Der untere Teil des Beardmoregletschers ist nicht sehr interessant, höchstens wegen seiner Eisbildung; mit Ausnahme des Mount Ryffin tritt wenig schneefreies Gestein zu Tage und seine Struktur ist aus dieser Entfernung nicht festzustellen. Moränen gibt es auf der Gletscherfläche auch nicht. Die Nebengletscher sind sehr schön und haben ein tiefes Bett eingeschnitten, obwohl sie nicht in demselben Niveau in ihn einfließen. Die Abhänge des Tales sind sehr steil, stellenweise wenigstens 60 Grad. Die über die nördlichen Seiten herabkommenden Eisfälle bilden fast eine zusammenhängende Reihe, aber die schroffen Südseiten sind beinahe eisfrei; augenscheinlich hat dort die Sonne zu viel Kraft. Eisschmelzung und

Gesteinverwitterung müssen hier sehr stark sein, die Schuttkegel unter den südlichen Felsenfassaden sind beträchtlich. Höher talaufwärts zeigt sich viel mehr nacktes Gestein und Schichtung, was interessant zu werden verspricht.

Sonnabend, 16. Dezember. Lager 38. Ein düsterer Morgen! Gegen Mittag hellte es sich auf und ein herrlicher Abend beschloss den Tag. Wir haben in zehn Stunden 18 Kilometer zurückgelegt und unterdes hat sich das Aussehen des Gletschers sehr verändert. Wir traten den Marsch wie gewöhnlich auf Schneeschuhen an. Am Nachmittag gerieten wir auf eine eigentümliche, schwer zu überschreitende Oberfläche – alte, harte Sastrugi zu unterst, und darüber Gruben zwischen weichen Sastrugi, die von neueren Schneefällen herrührten. Die Schlitten blieben alle Augenblicke stecken; wir mussten daher die Schneeschuhe ablegen und machten dann zwar bessere Fortschritte, mussten uns aber auch über die Maßen anstrengen. Die mürbe Schneekruste hielt ein paar Schritte weit, dann brach man etwa 25 Zentimeter tief ein, geriet wohl auch mit einem Bein in eine Spalte des darunter liegenden harten Eises. Wir erklommen eine Böschung und sahen vor uns einen langen Eiswall, der sich gerade über unseren Weg hinzog; vermutlich derselbe Eiswall, durch den Shackleton gezwungen wurde sich nach dem »Wolkenmacher« hinzuwenden. Auch wir schwenkten in dieser Richtung ab und kamen bald auf hartes, mit Spalten durchzogenes wellenförmiges Eis, in dessen Vertiefungen große Mengen weichen Schnees lagen. Je mehr wir uns den Felsen nähern, desto häufiger scheinen die Risse zu werden, während die Schneemenge sich verringert. Wir müssen uns nach einer Moräne umsehen und dann morgen an ihr entlang aufwärts ziehen. Die Hügel zu unserer Linken haben horizontal geschichtetes Gestein, das mit Schnee abwechselt. Das zu Tage liegende Gestein ist schwarz, auch der bräunliche »Wolkenmacher« hat waagerechte schwarze Streifen. Die Seiten des Gletschers im Norden des »Wolkenmachers« bieten ein seltsames Bild: der obere Teil ist weniger abschüssig als der untere, was auf Verschiedenheiten in der Gletscherbewegung in aufeinander folgenden Zeiten schließen lässt.

Sonntag, 17. Dezember. Lager 39. Schon zu Anfang unseres heutigen Marsches waren wir sehr in der Klemme: vor uns starke Eispressungen, und lange Eiswellen zwischen uns und dem Land, auf den Wellenkämmen blaues Eis, und in den Wellentälern weicher Schnee! An den Stellen, wo wir die Eiswellen überschritten, betrug der Höhenunterschied zwischen Kamm und Talsohle 9 Meter und wir konnten uns nur dadurch helfen, dass wir uns auf die Schlitten setzten und sie laufen ließen. So sausten wir hinunter und die ungestüme Fahrt brachte uns noch eine ganze Strecke weit auf der anderen Seite hinauf; dann gab's allerdings ein scheußlich mühsames Ziehen, um auf den nächsten Kamm zu gelangen. Nachdem wir das zwei Stunden lang betrieben hatten, erstiegen wir eine höhere Welle, deren Kamm sich als hartes Eis gletscheraufwärts fortsetzte, und auf dem wir 3 1/2 Kilometer weit ganz vorzüglich marschieren konnten; dann aber machte ein jäher Abhang des Gletschers unseren Presseisrücken ein Ende. Das glatte Eis war wieder verschwunden; wir hatten wieder weiche und harte Schneeflächen vor uns, dazwischen stellenweise Eis, dazu Spalten nach allen Richtungen hin und alle paar Schritt geriet ein Bein hinein. Nach dem zweiten Frühstück versuchten wir daher, auf der Mitte des Gletschers zu bleiben, und das gelang vortrefflich. Wir marschierten auf dem mehr oder weniger abgerundeten Eisrücken weiter aufwärts und schlugen um 6 Uhr 30 das Lager auf, nachdem wir gute 20 Kilometer hinter uns hatten. Wir trugen den ganzen Tag unsere Steigeisen und sind von ihnen entzückt; sie sowohl wie die zu den Schneeschuhen gehörende Fußbekleidung sind eine Erfindung des Deckoffiziers Evans; er freut sich sehr über ihre Brauchbarkeit und wir können ihm nicht genug danken.

Der heutige Marsch hat den »Hoffnungsberg« (Mount Hope) in den Hintergrund geschoben und zeigt uns mehr von den oberen Regionen. Wenn wir mit dieser Geschwindigkeit weiterziehen können, kommen wir Shackleton näher. Vielleicht wendet sich jetzt unser Glück, verdient haben wir es! – Temperatur 24 Grad, Höhe ungefähr 1070 Meter über der Barriere.

Die Augen der Leute sind besser geworden, nur der arme Wilson leidet noch sehr. Heute Vormittag marschierten wir in

Unterjacken, die zum Auswinden nass wurden; so brennt uns die Sonne fast unmittelbar auf die Haut, dann kommt eiskalter Zugwind, der einen durchschauert. Unsere Lippen sind sehr wund; wir bekleben sie mit weichem Seidenpflaster. Wir sind entsetzlich durstig, haben auf dem Marsche stets Eis im Mund und trinken bei jeder Rast sehr viel Wasser. Unser Heizmaterial reicht eben aus, uns mit Wasser zu versorgen, aber mehr brauchen wir auch nicht; für den Aufenthalt auf der Höhe haben wir noch genügend Petroleum.

Das Wetter wird schon wieder schlecht und Schneewolken wälzen sich herauf, wie gewöhnlich von Osten her – ich fürchte für morgen einen Wettersturz!

Montag, 18. Dezember. Lager 40. Ganz wie ich erwartet hatte: heute früh bedeckter Himmel mit Schneegestöber. Und Kleider und alles mit Spitzen von Eiskristallen besetzt, was wunderhübsch aussah. Aber da rechts das Land sichtbar war, konnten wir trotzdem abmarschieren, legten von 8 Uhr 20 bis 1 Uhr mittags 13 Kilometer zurück und aßen in 1220 Meter Höhe unser zweites Frühstück. Anfangs war die Oberfläche ziemlich gut; dann wurde das Eis sehr holprig und zeigte scharf eingeschnittene Risse; auf einer Böschung, die wir erklommen, wurde die Sache noch ärger. Nun wandte ich mich nach links und als wir einen Abhang hinaufgezogen waren, fanden wir einen viel besseren Weg. Rechts haben wir jetzt eine hübsche Aussicht auf das Adams- und Marshall-Gebirge und die Wild-Mountains mit ihrer seltsamen, horizontalen Schichtung. Wright hat unter herabgewehten Gesteintrümmern ein unzweifelhaftes Stück Sandstein und ein Stück schwarzen Basalt gefunden. Wir müssen uns noch genauer über die geologischen Verhältnisse unterrichten, bevor wir den Gletscher endgültig verlassen.

Nachmittags. Nachtlager 40, ungefähr 1370 Meter über der Barriere. Temperatur 24 Grad. Breite ca. 84° 34′. Nach dem zweiten Frühstück marschierten wir, da uns keine Wahl blieb, über einige hundert Meter Eispressung. Später erweiterte sich der Gletscher zu einem breiten Becken mit unregelmäßigen Eiswellen und nun wurde es besser. Das dauerte aber nicht lange, sodass wir den ganzen Tag mühsam haben ziehen müssen. Aber wir sind doch eine tüchtige Strecke, über 22 Kilometer, weitergekommen und nicht mehr als 5 Tage hinter Shackleton zurück. Jetzt schneit es wieder; wir haben den ganzen Tag kaum einen Schimmer der Ostseite des Gletschers gesehen; seine Westseite war auch nicht so klar, dass wir hätten fotografieren können. Aber wir müssen schon froh sein, wenn wir die volle Marschstrecke einhalten.

Dienstag, 19. Dezember. Lager 41. Höhe ca. 1770 Meter. Die Sache macht sich! Wir zogen heute früh auf guter Oberfläche ab, kamen aber bald an sehr unangenehme, kreuz und quer verlaufende Spalten. In zwei bin ich hineingefallen und habe mir Knie und Hüfte arg zerschunden, aber wir kamen trotzdem vorwärts und auf einmal an eine Eisfläche mit wunderbar glattem Eis, auf dem sich vorzüglich marschierte. Gegen Mittag, wo Firnschnee vorherrschte und das Ziehen infolge dessen ein wenig anstrengender wurde, gelangten wir in das obere Becken des Gletschers. Das Resultat des heutigen Tages sind reichlich 27 Kilometer! Und ohne Überanstrengung, nur war der Nachmittagsmarsch für mich infolge meines Sturzes am Morgen etwas beschwerlich. Leutnant Evans und Bowers waren den ganzen Tag fleißig mit Winkelmessungen beschäftigt; wir werden also Material zu einer guten Karte erhalten. Außerdem wurden fotografische Aufnahmen gemacht und Skizzen gezeichnet. Tage wie der heutige heben den Mut unbeschreiblich!

Mittwoch, 20. Dezember. Lager 42. Höhe ca. 1980 Meter. Wir legten heute, obgleich wir unterwegs lange beim zweiten Frühstück saßen, bis gegen 7 Uhr abends 38 Kilometer zurück, die uns 240 Meter aufwärts führten. Heute Morgen kamen wir über eine ziemlich weite Fläche festen Schnees; dahinter folgte hartes Eis mit Schneestellen; und so blieb es den ganzen Tag über. Mit den Steigeisen macht das Schlittenziehen gar keine Mühe. Während des Frühstücks gingen Wilson und Bowers fast 3 1/2 Kilometer weit wieder zurück, um Bowers' Schlittengeschwindigkeitsmesser zu suchen, der unterwegs abgebrochen war; sie fanden ihn aber nicht. Während ihrer Abwesenheit erhob sich ein Nebel, den östlicher Wind talaufwärts trieb; heute Abend ist es sehr schön und warm. Als der Nebel sich verzog, erblickten wir vor uns einen riesigen Eisrücken; ich steuerte auf eine Stelle los, wo er sich sanfter abdachte, und heute Abend steht unser Lager unterhalb dieser Böschung. Wir müssen vor uns den Platz haben, wo Shackleton sich am 17. Dezember 1908 aufhielt. Den ganzen Tag konnten wir eine wunderhübsch gebänderte Struktur des Gesteins bewundern, heute Abend tritt sie am Mount Darwin mit schönster Deutlichkeit hervor.

Ich hab soeben die Leute ausgemustert, die morgen Abend den Rückweg antreten sollen: Atkinson, Wright, Cherry-Garrard und Keohane. Sie sind alle bitter enttäuscht – besonders der arme Wright und auch ich hatte dem Augenblick dieser Auswahl mit Bangen entgegen gesehen – es konnte nichts Herzzerreißenderes geben. Nach meinem Programm sollten von 85° 10′ ab 8 Mann mit 12 Lebensmitteleinheiten weiterziehen; eine Lebensmitteleinheit bedeutet Proviant für 4 Mann auf eine Woche. An diesem Punkt müssen wir morgen Abend sein. Nach all unserer Mühe und Qual ist das immerhin ein leidliches Resultat.

Donnerstag, 21. Dezember. Lager 43. Breite 85° 7′; Länge 163° 4′. Oberes Gletscherdepot. Höhe ca. 2440 Meter. Temperatur 19 Grad unter null. Wir erklommen heute Morgen den Rand des Eisrückens und fanden droben eine weite, höchst morsche Eisoberfläche voller Spalten. Einer nach dem anderen fielen wir hinein, Atkinson und Leutnant Evans so tief wie die Schlittenleinen reichten; Evans hat fast einen Nervenschock davongetragen. Um 12 Uhr jagte ein Wind aus Norden den unvermeidlichen Nebel Tal aufwärts und dieser überfiel uns gerade an der gefährlichsten Stelle, sodass wir zweieinhalb Stunden im Lager warten mussten, bis der Nebel sich verzog. Dann begann die Sonne sich durch den Dunst hindurchzukämpfen und wir kamen endlich aus dem Bereich der ärgsten Spalten heraus auf eine lang gestreckte Schneehalde, die zu einem Teil des Darwinberges führte. Bis 7 Uhr 30 zogen wir immerfort angestrengt bergauf, dann ließ ich das Lager aufschlagen, da die anderen noch ziemlich weit hinter uns zurück waren. Im Ganzen war der heutige Marsch befriedigend und wir haben einen guten Platz zur Errichtung unseres neuen Depots gefunden. Morgen geht's mit der vollständigen Höhenlast hinauf und schon dieser erste Marsch muss uns zeigen, ob wir unser Ziel werden erreichen können. Die Temperatur ist unter 18 Grad, aber heute Abend ist es so windstill und sonnig, dass wir uns köstlich warm und behaglich im Zelt fühlen und für all das Sortieren und Umpacken kein besseres Wetter finden konnten. Bowers mit seiner unermüdlichen Sorgfalt ist mir bei dieser Arbeit eine unschätzbare Hilfe.

Wir haben heute eine große Höhe erreicht und brauchen nun hoffentlich nicht wieder abwärts zu steigen; aber wenn wir südwestwärts ziehen, geht es, fürchte ich, doch wieder etwas hinunter.

DER MARSCH ÜBER DIE HÖHE

Freitag, 22. Dezember 1911. Lager 44, ungefähr 2170 Meter hoch. Temperatur 18 Grad unter null; Barometerstand 556 Millimeter. Heute beginnt der dritte Teil unserer Reise sehr viel versprechend. Zunächst errichteten wir heute früh das obere Gletscherdepot, dann nahmen wir Abschied von den Kameraden, die hier umkehren sollten, Atkinson, Wright, Cherry-Garrard und Keohane. Als gute Kerle, die sie sind, machten sie gute Miene zum bösen Spiel, aber uns allen ging es herzlich nahe. Unsere Expedition war damit auf zwei Schlitten reduziert: den ersten Schlitten führte ich und zu meiner Abteilung gehörten Wilson, Oates und Deckoffizier Evans; die Mannschaft des zweiten Schlittens bestand aus Leutnant Evans, Bowers, Crean und Lashly.

Um 9 Uhr 20 brachen wir mit unseren schweren Lasten auf, ich mit Zittern und Zagen – das sich aber schnell gab, als wir mit unserem Schlitten in bequemem Schritt mühelos einen Abhang hinaufkamen. Der zweite Schlitten hielt sich dicht hinter uns; ich hatte also die richtige Auswahl unter meinen Leute getroffen.

Während des zweiten Frühstücks um 1 Uhr musste der Schlittengeschwindigkeitsmesser ausgebessert werden; daher waren wir erst um 3 Uhr 20 wieder auf dem Marsch und schlugen um 6 Uhr 45 unser Lager auf. Ein siebenstündiger Marsch brachte uns 19 Kilometer vorwärts.

Morgen beginnen wir mit längeren, hoffentlich neunstündigen Märschen, mit jedem Tag werden ja jetzt die Lasten leichter, das müsste also gehen. Wir werden heute 75 Meter höher gekommen sein und blicken von hier aus auf riesige Eisrücken im Süden und Südosten und eigentlich ringsumher hinab; nur da, wohin wir ziehen, im Südwesten, sieht man keine. Wir wandern anscheinend ziemlich parallel mit einem Kamm, der vom Darwinberg ausgeht. Aber vor uns liegt heute Abend eine recht steil ansteigende Fläche, die aussieht, als ob sich dahinter wieder ein Eisrücken verberge.

Das Wetter war den ganzen Tag über so schön wie gestern Abend, die Nachttemperatur 23 Grad. Jetzt ist es vollkommen klar und wir haben eine schöne Aussicht auf den Berg, hinter dem Wilson eben eine Skizze gezeichnet hat.

Sonnabend, 23. Dezember. Lager 45, Höhe ca. 2360 Meter. Als wir heute um 8 Uhr südwestwärts wanderten, schien es aufwärts zu gehen und wir kamen etwa 3 Stunden gut vorwärts, dann aber gerieten wir zwischen böse Spalten und harte Eiswellen und mussten uns erst nordwärts, zuletzt westwärts wenden, was mir gar nicht gefiel. Aber im Westen schien es keine Spalten mehr zu geben. Bis zum zweiten Frühstück hatten wir 16 Kilometer zurückgelegt, also einen guten Marsch hinter uns, und wir waren höher hinaufgelangt.

Am Nachmittag sah es eine Weile etwas bedenklich aus. Wir zogen in westlicher Richtung einen Abhang hinauf – wohl den fünften, den wir während der letzten beiden Tage erklommen hatten. Als wir oben anlangten, zeigte sich links wieder ein Eisrücken und wir fühlten uns sehr versucht, es mit ihm zu probieren. Aber ich hielt mich an unsere Richtung und zog weiter westwärts, einen neuen Abhang hinauf, dessen Gipfel eine ganz außergewöhnliche Oberfläche zeigte: Enge Spalten liefen nach allen Richtungen hin, aber sie waren ganz unsichtbar, denn eine dünne Kruste harten Firnschnees überdeckte sie, ohne auch nur die kleinsten Risse zu zeigen. Alle nacheinander purzelten wir hinein, manchmal zwei zu gleicher Zeit.

Wie sich über einer offenen Spalte eine harte Schneedecke bilden kann, ist mir wirklich ein Rätsel!

Schließlich aber erreichten wir wieder ein Schneefeld, das eine harte Decke und darunter lose Kristalle hatte; bei jedem Schritt glaubte man durch ein Glasdach durchzubrechen.

Um 5 Uhr nachmittags wurde plötzlich alles anders. Die harte Oberfläche machte regelmäßigen Sastrugi Platz und unser Horizont ebnete sich nach allen Richtungen hin. Noch bis 6 Uhr zog ich südwestwärts und schlug dann mit dem köstlichen Gefühl der Sicherheit, endlich die eigentliche Höhe erreicht zu haben, das Lager auf. Heute Abend erscheint mir alles in erfreulichem Licht und zum ersten Mal meine ich, unser Ziel schon nahe vor uns zu sehen: 28 Kilometer weiter und fast um 240 Meter höher in 8 1/2 Stunden, das ist ein Fortschritt! Mein Entschluss, ohne Rücksicht auf die Richtung immer bergan zu gehen, war also durchaus richtig; von jetzt an werden uns Spalten oder steile Böschungen wohl nichts mehr in den Weg legen. Dabei ziehen wir unsere Schlitten viel schneller und weiter, als ich es in meinen hoffnungsvollsten Stunden erwartet hatte. Ich bitte nur um einen angemessenen Beitrag guten Wetters! Augenblicklich weht, wie nicht anders zu erwarten, kalter Wind, aber da wir warm angezogen und gut ernährt sind, haben wir Kraft weit Schlimmeres auszuhalten. Hier scheint also wirklich der so lange und so geduldig erwartete günstige Wendepunkt unseres Geschickes zu sein.

Sonntag, 24. Dezember, Heiligabend. Lager 46. Hypsometer 2440 Meter. Der heutige Weg müsste eigentlich eine Probe dessen sein, was wir künftig zu erwarten haben. Wir legten im Ganzen etwas mehr als 26 Kilometer zurück und hatten nur am Spätnachmittag stärker zu ziehen, da die Schlitten oft kleben blieben. Der Wind wehte scharf und unausgesetzt aus Südsüdost, was uns beim Marschieren kühl erhielt, im Lager aber gar nicht angenehm ist. Unsere Gesichter überziehen sich nach und nach mit einer Eishaut. Wir tragen jetzt unsere Windjacken und haben den Kopf besser geschützt als sonst; aber diese Kleidung macht das Gehen nicht leichter.

Am Morgen zeigte sich doch wieder ein hoher Eisrücken zu unserer Linken; wir verloren ihn während des Marsches aus dem Gesicht. Aber heute Abend erhebt sich ein zweiter, kleinerer, deutlich an derselben Seite und die Schneefläche ist abwechselnd hart und weich, voller Vertiefungen und Erhebungen! Wir stehen also schon wieder am Rande neuer Oberflächenstörungen – wenn wir nur nicht unsere Richtung wieder nach Westen ändern müssen! Wenigstens sind wir heute auf keine einzige Spalte gestoßen – ein gutes Zeichen! Die Sonne scheint von einem wolkenlosen Himmel herab, aber ringsumher dehnt sich eine entsetzlich öde Landschaft. Gleichwohl sind wir heiter und freuen uns auf morgen, den ersten Weihnachtstag.

Montag, 25. Dezember, erster Weihnachtstag. Lager 47. In der Nacht war Schnee gefallen bei starkem Wind, und die Schneewehen lagen hier und da 30 Zentimeter hoch. Dennoch kamen wir die ersten anderthalb Stunden großartig vorwärts. Dann ging es wieder einen Abhang hinauf und wir saßen zu meinem größten Verdruss abermals zwischen Spalten, die harter, glatter Firnschnee überdeckte, sodass kaum Fuß zu fassen war. Die Schneeschuhstöcke halfen uns einigermaßen, aber ohne einige Unfälle ging es nicht ab.

Als ich mich zufällig einmal umsah, hielt der zweite Schlitten eine Strecke weit hinter mir und augenscheinlich war einer von seiner Mannschaft in eine Spalte gestürzt. Wir sahen eine halbe Stunde lang, schauderhaft frierend, die Rettungsarbeit vor sich gehen und schließlich kamen die anderen wieder nach. Lashly war der Pechvogel gewesen. Ganz plötzlich war er in eine Eisspalte gefallen und hatte seine Kameraden beinahe mit hinabgerissen! Der Schlitten war weitergelaufen und hatte dadurch die Leine so gespannt, dass der Abgestürzte mit dem Seil heraufgezogen werden musste. Er sagt, die Spalte sei 15 Meter tief und 2 1/2 Meter breit gewesen und habe die Form eines U gehabt – das Wort »unergründlich« trifft also nur selten zu. Lashly hatte heute gerade Geburtstag; er wurde 44 Jahre alt und ist kerngesund; der Sturz hat seinen Gleichmut nicht im Geringsten gestört!

Auf der Höhe besserte sich der Weg. Nur der Wind war heftig und hemmte die Schlitten in der Fahrt. Am Nachmittag gerieten wir nochmals zwischen Eisspalten und verdeckte

Risse und obendrein zogen mächtige Schneestraßen fast in unserer Richtung hin. Wir marschierten wohl 3 1/2 Kilometer weit zwischen solchen Straßen und brachen dabei oft genug ein. So kamen wir schließlich an eine riesengroße, von schroffen Abhängen eingefasste Mulde. Ist dies ein versenkter Berggipfel oder ein mächtiger Wirbel im Eisstrom? Wir retteten uns aus dem Bereich der Spalten auf etwas tieferes Niveau und kamen dann bis 7 Uhr 30 prächtig vorwärts, sodass wir trotz aller Hindernisse eine Tagesleistung von 28 Kilometern aufzuweisen hatten. Ich wusste, dass das Abendessen sehr ausgiebig sein würde, und das war es auch – so sehr, dass ich die Beschreibung auf morgen früh verschieben muss.

Im Laufe des Nachmittags erhielten wir übrigens wieder einen schönen Überblick über das Land. Die Dominionkette fällt ganz schroff ab, dann kommen zwei Straßen und zwei andere Landmassen. Ähnlich haben wir im Norden der Wild-Mountains gleichfalls eine Straße und eine Landmasse. Die verschiedenen Straßen sind ohne Zweifel überfließendes Eis und die Landmassen bezeichnen den inneren Saum der freiliegenden Küstengebirge, deren Richtung im Allgemeinen ungefähr südsüdöstlich ist. Daraus geht hervor, dass man viel näher an den Pol herankommen könnte, wenn man nach Südsüdosten hin auf der Barriere weiterzöge.

Noch ein Wort über unser gestriges Abendessen. Wir hatten vier Gänge. Der erste bestand aus Pemmikan, nicht zu knapp bemessen, und Scheiben Pferdefleisch, mit Zwiebeln und Curry zubereitet und mit Zwieback eingedickt. Darauf folgte ein süßer Brei aus Pfeilwurzmehl, Kakao und Biskuit; dann kam Plumpudding und als vierter Gang Kakao mit Traubenrosinen. Den Schluss machte ein Nachtisch aus Karamell und eingemachtem Ingwer. Nach diesem Schmaus konnten wir uns kaum mehr rühren, haben alle wundervoll geschlafen und fühlten uns wieder einmal durch und durch warm – die Wirkung der reichlichen Nahrung.

Dienstag, 26. Dezember. Lager 48. Vielleicht ein bisschen träge vom Plumpudding, sind wir heute früh eine Stunde zu spät aufgebrochen und ich bin daher mit unserem heutigen Marsch nicht recht zufrieden, obgleich wir 24 Kilometer zurückgelegt haben. Wir befinden uns jetzt auf dem 86. Breitengrad. (Observation: 86° 2′ südlicher Breite; 160° 26′ östlicher Länge.) Die Temperatur war in der letzten Zeit ziemlich beständig, nachts 23 bis 24 Grad und tags 19 Grad unter null. Der Wind scheint heute milder zu sein – er kommt irgendwo her aus Südost bei Süd. Ich hatte gehofft mit den Eisstörungen abgeschlossen zu haben, aber heute Abend zeigte sich wieder eine mit Spalten durchzogene Erhebung zu unserer Rechten. Ob wir ihr wohl ausweichen können? Oder ob noch andere kommen?

Mittwoch, 27. Dezember. Lager 49. Immer noch bergauf und bergab! Das Aufwärtsziehen der Schlitten war sehr anstrengend, besonders, wenn wir zwischen Sastrugi gerieten, auf die unsere Schlitten aufstießen. Und dabei schon am Vormittag ein verdrießlicher Unfall: Bowers hat unser einziges Kochthermometer zerbrochen, wir haben jetzt nichts zum Kontrollieren unserer beiden Aneroidbarometer.

Für den Nachmittagsmarsch schwante mir nichts Gutes, und richtig: Als wir einen kurzen Abhang hinaufkamen, sahen wir uns schon wieder inmitten großer Spalten und Eisstörungen. Eine Stunde lang quälten wir uns fürchterlich einen Weg zu suchen, stürzten in Spalten und standen schließlich wieder vor einer »Grube« oder einem »Eisstrudel«, der der Mittelpunkt der Eisstörungen zu sein schien. Die letzte Marschstunde über weichen Schnee war dagegen eine Erholung, und wir brachten trotz allem bis 6 Uhr 45 25 Kilometer fertig. Auf solchen Wegen den Führer abgeben, ist wahrlich keine Kleinigkeit. Keine Minute darf man, gleich den Kameraden, seinen Gedanken nachhängen, und wenn es erst zwischen Eisspalten und -blöcken kreuz und quer geht, macht die dauernde Spannung der Aufmerksamkeit höchst müde.

Donnerstag, 28. Dezember. Lager 50. Ein anstrengender Tag! Und trotzdem 24 Kilometer hinter uns! Meine Abteilung zog heute Morgen sehr leicht und sauste zwei Stunden lang nur so vorwärts – der anderen Abteilung aber wurde es recht sauer. Ich tauschte daher mit Leutnant Evans und fand den zweiten Schlitten bedeutend schwerer – ich konnte zwar die Arbeit leisten, aber das Gespann geriet mit mir nicht so in Schwung wie mein eigenes. Nun ließ ich Deckoffizier Evans mit Lashly tauschen; da schienen wir besser vorwärts zu kommen. Aber gerade jetzt änderte sich die Oberfläche und es ging über harte Sastrugi schräg aufwärts. Nach dem Frühstück tauschten wir die Schlitten; anfangs ging es gut, aber sobald wir auf weichen Schnee gerieten, saßen wir alle Augenblicke fest, während das zweite Gespann mit unserem Schlitten ganz leicht dahinfuhr. Demnach liegt die Schuld am Schlitten, nicht an den Leuten, wie wir zuerst befürchteten; sein Gestell war schief geworden, anfangs durch harte Stöße auf dem Eis, dann aber auch durch verkehrte Bepackung. Damit muss nun die zweite Abteilung selbst fertig werden, es liegt sonst kein Grund vor, dass sie nicht ebenso gut vorwärts kommen könnte wie wir. (Observation: 86° 27′ 2″ südl. Breite; 161° 1′ 15″ östl. Länge. Barometerstand 524 Millimeter. Höhe etwa 2760 Meter.)

Freitag, 29. Dezember. Lager 51. Die schlimmste Oberfläche, die wir je gehabt haben! Wenn das so weitergeht, ist keine Möglichkeit die täglichen Märsche voll einzuhalten! Der zweite Schlitten hat zwar glücklicherweise heute wieder mit uns Schritt halten können, aber wir brachten es nicht weiter als bis auf 22 Kilometer. Auf den Nordabhängen fanden wir den Schnee in gewaltigen Haufen über Eistrümmer hinaufgeweht; da hindurchzukommen erforderte eine furchtbare Mühe. Auch das Wetter sieht unsicher aus, viele Schäfchenwolken sind über uns nach Ost und West in Bewegung. Der Wind springt aus Südost nach Südsüdwest um, schwillt an und flaut wieder ab; wenn er nur wenigstens den Schnee wegfegen wollte!

Märsche wie der heutige sind entsetzlich eintönig. Manchmal schweifen die Gedanken nach schöneren Gegenden hin, aber sogleich sind sie wieder zur Stelle gebannt durch ein Hindernis oder durch die Notwendigkeit auf die Richtung achten zu müssen. Wenn wir nur wenigstens einmal einige Stunden gleichmäßigen Marsches zu verzeichnen hätten – sie bedeuten für uns Vergessen und Vordringen!

Sonnabend, 30. Dezember. Lager 52. Meine Geduld wurde heute auf eine harte Probe gestellt und wir haben nur 20 Kilometer zurückgelegt! Der zweite Schlitten blieb wieder zurück und kam erst eine Dreiviertelstunde nach uns im Lager an. Morgen wollen wir nur einen halben Marsch machen, ein Depot errichten und die 3 Meter langen Schlitten zusammensetzen. Die zweite Abteilung wird wirklich matt; ich will sehen, wie sie mit dem kleineren Schlitten und der leichteren Last fertig wird.

Die Oberfläche ist hier viel schlechter, als 90 Kilometer vorher. Aber wir haben Shackletons Marschleistung erreicht! Alles wäre gut – wenn nur die zweite Abteilung nicht abfiele! Und dass sie das tut, daran ist leider nicht mehr zu zweifeln!

RÜCKKEHR DER ZWEITEN ABTEILUNG

Sonntag, 31. Dezember 1911, Silvesterabend. Lager 53. Den ganzen Tag ging es aufwärts, und wir lagern jetzt seit 1 Uhr 30 in einer Höhe von ungefähr 2780 Meter, bei einer Temperatur von 23 Grad unter null, nachdem wir 13 Kilometer zurückgelegt haben. Die zweite Abteilung deponierte hier ihre Schneeschuhe und einiges andere Gepäck. Dies soll das »Drei-Grade-Depot« heißen; es enthält achttägigen Proviant für beide Einheiten, im Ganzen etwa 45 Kilo. Dann tranken wir einen tüchtigen Kessel voll Tee und machten uns daran, die Schlitten auseinander zu nehmen. Das war schnell geschehen, aber das Zusammensetzen der 3 Meter langen Schlitten dauerte bis nach 10 Uhr abends. Deckoffizier Evans und Crean besorgten es; Evans ist ein geradezu unschätzbarer Kamerad! Einen Schlitten unter diesen Verhältnissen zusammenzusetzen ist ein Kunststück, das gar nicht genug gerühmt werden kann. Leutnant Evans hat unterdes festgestellt, dass unsere Breite 86° 56′ südlich beträgt; wir sind also dem 87. Breitengrad, der heute Abend eigentlich unser Ziel hätte sein sollen, ziemlich nahe und verlieren einen halben Tag; ich hoffe aber, ihn wieder einzubringen, da wir jetzt viel schneller werden vordringen können. Hier oben ist die Luftspiegelung gering und die Brechung unbedeutend.

Zum ersten Mal haben wir heute die inneren Zeltwände eingesetzt, wodurch der Raum viel gemütlicher ist. Nachdem die Schlitten fertig waren, tranken wir eine Extratasse Tee und sitzen jetzt zu fünf Personen in dem doppelten Zelt und in unseren Schlafsäcken so warm wie frisch geröstetes Brot, bei gerade so viel Beleuchtung, dass man schreiben oder arbeiten kann.

Montag, 1. Januar 1912. Lager 54. Heute, am Neujahrstag, weckte ich gegen 7 Uhr 30 und um 9 Uhr 30 zogen wir ab. Leutnant Evans ging mit seinen Kameraden zu Fuß voran und wir folgten auf Schneeschuhen. Dummerweise hatten wir unser Schuhzeug vorher nicht nachgesehen und brauchten nun eine gute halbe Stunde, um es in Ordnung zu bringen; Wilson musste sich besonders damit quälen. Dafür zog sich aber der Schlitten zu meiner Überraschung umso leichter und wir holten die andere Abteilung schnell ein. Nach dem Frühstück ging es ebenso: Wir hatten wieder Aufenthalt, Evans musste das Zelt flicken und ich den Kochapparat ausbessern. Dann zogen wir den anderen, die gemütlich marschierten, nach, und während der letzten Viertelstunde liefen wir nebeneinander her. Der Schlitten zog sich überraschend leicht und wir brauchten uns den ganzen Tag über kaum anzustrengen, obgleich es von früh ab stets aufwärts ging. Um 7 Uhr 30 hatten wir 20 Kilometer zurückgelegt und waren etwa 45 Meter höher gekommen; die jetzige Höhe ist ungefähr 2925 Meter über der Barriere. Die Temperatur sinkt gleichmäßig, scheint aber mit dem Wind zu fallen.

In unserem doppelten Zelt ist es überaus behaglich. Zur Feier des neuen Jahres gab es Schokoladentafeln. Die zweite Abteilung war in etwas gedrückter Stimmung, ihr ist heute alles verquer gegangen. Mir aber scheint heute die Ferne klar und licht: Lebensmittel haben wir reichlich – nur noch 315 Kilometer und wir sind am Ziel!

Dienstag, 2. Januar. Lager 55. Höhe ungefähr 3040 Meter. Die Abteilung zu Fuß machte sich schon früh, vor 8, auf den Weg und marschierte bis um 1, nachher von 2 Uhr 35 bis 6 Uhr 30.

Wir brachen jedes Mal über eine halbe Stunde später auf und holten die anderen trotzdem leicht ein. So haben wir denn jeder 24 Kilometer zurückgelegt. (Observation: 87° 20′ 8″ südlicher Breite; 160° 40′ 53″ östlicher Länge.)

Zum ersten Mal, seit wir den Gletscher verlassen haben, ist der Himmel leicht bedeckt; aber die Sonne sieht schon wieder durch den Wolkenschleier und um den Horizont herum ist alles blau. Heute kamen die Sastrugi alle von Südosten her, und ebenso der Wind, der ziemlich leicht war; wenn nur die Wolken nicht Wind oder schlechte Oberfläche bedeuten! Letztere ließ am Nachmittag zu wünschen übrig!

Während des Abendmarsches ließ sich eine Skuamöwe vor uns auf den Schnee nieder und flog immer einige Schritte weiter, sobald wir uns näherten. Sie schien neugierig und hungrig zu sein – ein außergewöhnlicher Besuch, wenn man unsere Entfernung vom Meer bedenkt.

Mittwoch, 3. Januar. Lager 56. Höhe 3100 Meter. Temperatur 27 Grad unter null. Meine Abteilung kam heute auf Schneeschuhen gut vorwärts – trotz des schlechten Weges und des starken Windes; aber die anderen zogen langsam und daher brachten wir nur wenig mehr als 22 Kilometer fertig. Nur noch 280 Kilometer vom Ziel! Und doch werden wir nicht alle hingelangen! Gestern Abend beschloss ich unsere Gesellschaft neu auszumustern: Leutnant Evans, Lashly und Crean müssen umkehren. Sie wissen schon davon und es kommt sie schwer an, aber sie lassen es sich nicht merken. Bowers ist in unser Zelt übergesiedelt und wir ziehen morgen nur zu 5 Mann weiter. Wir haben 5 1/2 Lebensmitteleinheiten – mehr als eine Monatsration für jede Person – und damit müssen wir auskommen. Wenn wir nur morgen mit der vollen Ladung gut marschieren können!? Ich bin in größter Unruhe darüber. Gelingt es – dann ist der Sieg unser!

Donnerstag, 4. Januar. Heute Morgen kamen wir natürlich erst spät fort. Das Gepäck der beiden Abteilungen musste getrennt und unser kleiner Schlitten neu beladen werden; er sieht geradezu zierlich aus, dank Deckoffizier Evans, obwohl unsere ganze Habe darauf untergebracht ist. Ich war riesig gespannt, ob wir ihn auch würden bewegen können, und war glücklich, als er ganz leicht von der Stelle ging. Bowers, der zu Fuß geht, mag ziehen helfen, aber hinter Wilson und mir; er hat zu sorgen, dass er mitkommt, und wird uns andere sicher nicht aus dem Takt bringen.

Die zweite Abteilung war für den Fall eines Missgeschicks noch ein Stück mitgegangen, doch sobald ich mich vergewissert hatte, dass die Bahn frei war, machten wir Halt und sagten ihnen Lebewohl. Leutnant Evans konnte seine Enttäuschung nicht verbergen, aber er war mir nicht gram und hielt sich männlich. Der arme alte Crean weinte und sogar Lashly war gerührt. Ich war sehr froh, dass ihnen ihr Schlitten federleicht vorkam, und zweifle daher nicht, dass sie den Rückweg schnell und glücklich überwinden werden.

GERADEWEGS ZUM POL

Donnerstag, 4. Januar 1912. Lager 57. Nach dem Abschied von unseren Gefährten legten wir fünf, die letzten Überbleibsel meiner Expedition, bis 1 Uhr 15 einen Marsch von 11 1/2 Kilometern zurück und ich sah bald mit großer Befriedigung, dass es uns nicht schwer werden konnte, die notwendige Durchschnittsgeschwindigkeit pro Tag einzuhalten. Am Nachmittag gerieten wir leider auf lockeren, sandartigen Schnee. Dennoch brachten wir, freilich bis 7 Uhr abends, 23 Kilometer hinter uns, aber es war ein sehr saures Stück Arbeit!

Während des Nachmittags hatte sich der Wind gelegt und heute Abend haben wir geradezu Windstille; die Sonne ist trotz der Temperatur von 27 Grad so warm, dass wir mit der größten Behaglichkeit im Freien sein können. Das Plateau ist jetzt sehr eben, aber es steigt langsam an. Die Sastrugi werden wieder verwirrter, die südöstlichen herrschen jedoch vor.

Ich möchte wohl wissen, welches Schicksal unser wartet! Gegenwärtig geht alles so gut, dass man sich unwillkürlich nach dem nächsten Hindernis umsieht.

Freitag, 5. Januar. Lager 58. Höhe 3145 Meter. Temperatur 26 Grad. Observation: 87° 57' südlicher Breite, 159° 13' östlicher Länge. Ein entsetzlich anstrengender Tag! Ein leichter Wind aus Nordnordwest trieb losgerissene Wolken heran und ein feiner Schnee fiel unaufhörlich. Dadurch wurde der Weg nach der ersten Stunde so schlecht wie nur denkbar! Wir brachen um 8 Uhr 15 auf, marschierten ohne Aufenthalt bis 1 Uhr 15 und arbeiteten uns dann am Nachmittag mühsam weiter; um 7 Uhr abends hatten wir 23 Kilometer hinter uns, die anstrengendsten, die wir bisher auf dem Plateau erlebt haben. Im Anfang schienen die Sastrugi sich zu vermehren und sie haben ihre südwestliche Richtung in Süd bei West verändert. Nachmittags hatten wir eine Unmasse verwirrender, kreuz und quer laufender Sastrugi, und heute Abend eine sehr höckrige Oberfläche, die auf starken Südwind schließen lässt. Doch immerhin: wir sind dicht vor dem 88. Breitengrad, also nur wenig über 220 Kilometer vom Pol und bloß einen Marsch von Shackletons letztem Lager entfernt – wir kommen also vorwärts.

Die Kälte fühlen wir sehr wenig und wir sind überaus glücklich, dass die Sonne jeden Morgen unsere Socken und Schuhe so vorzüglich trocknet. Das Kochen für fünf Personen dauert aber bedeutend länger als das für vier; auf den Tag macht der Unterschied vielleicht eine halbe Stunde aus. Hieran hatte ich bei der Neuordnung meiner Gesellschaft gar nicht gedacht.

Wir brachten es heute in der Stunde nur auf wenig mehr als 2 Kilometer – wie endlos lange dauert das, bis die Schatten langsam um uns herumkriechen, von unserer rechten Seite nach vorne rücken und dann von vorne wieder nach links hinüberschleichen! An wie viel tausend Dinge denkt man auf diesen eintönigen Märschen! Und was baut man für Luftschlösser in der Hoffnung, dass der Pol uns gehöre!

Sonnabend, 6. Januar. Lager 59. Höhe 3200 Meter. Temperatur 30 Grad. Die Hindernisse bleiben nicht aus. Gestern Abend gerieten wir zwischen Sastrugi – heute Morgen wurden sie höher und bald waren wir mitten in einem Meer von Eiswellen, die sich wie Angelhaken um unsere Füße legten; wir kennen sie nur zu gut! Jede Schneefahne war noch dazu mit einem Bart aus scharfen, verästelten Kristallen bedeckt. Nach den ersten anderthalb Stunden schnallten wir unsere Schneeschuhe ab und zogen zu Fuß. Stellenweise ging es furchtbar mühsam und wir machten nach 12 Kilometern Halt.

Am Nachmittag wurde es nicht besser, im Gegenteil! Als wir ungefähr eine Stunde marschiert waren, entdeckten wir, dass ein Schlafsack vom Schlitten gefallen war. Wir mussten also zu gleicher Zeit zurückgehen und weiterfahren; der Zwischenfall kostete uns mehr als eine Stunde Zeit und riss unsere Gesellschaft auseinander. Wir brachten es daher heute nur auf 20 Kilometer, aber es war wohl die anstrengendste Zugarbeit, die wir je gehabt haben; die Eiskristalle auf den Sastrugi lassen die Schlitten nicht gleiten, auch wenn es abwärts geht. Unsere Schneeschuhe wollen wir hier zurücklassen, hauptsächlich deshalb, weil sie uns hier voraussichtlich zerbrechen. Ich fürchte, die Sastrugi erstrecken sich noch sehr weit! In zwei Tagen wollen wir unsere Last erleichtern, indem wir noch ein Depot errichten; jedenfalls das letzte, denn wir sind schon südlich von Shackletons letztem Lager.

Sonntag, 7. Januar. Lager 60. Höhe 3220 Meter. Die Wechselfälle unseres Weges sind verblüffend! Gestern Abend beschlossen wir unsere Schneeschuhe der Sastrugi wegen zurückzulassen. Heute Morgen legten wir in 40 Minuten fast 2 Kilometer zurück und die Sastrugi verschwanden allmählich! Wir hatten die ganze Zeit über die Schneeschuhfrage debattiert, kehrten aber nun wieder um und holten die Schneeschuhe, die ich jetzt auf alle Fälle bei mir behalten will; dadurch gingen uns fast anderthalb Stunden verloren. Als wir uns aber wieder in Marsch setzten, merkte ich zu meinem Schrecken, dass wir den Schlitten auf Schneeschuhen kaum vorwärts bewegen konnten! Die erste Stunde war schauderhaft, weil lockerer, sandartiger Schnee die Oberfläche bedeckte. Wir ließen aber nicht nach und später machten wir auch etwas bessere Fortschritte, doch es blieb eine grauenhaft schwere Arbeit. Und wenn wir auch am Nachmittag in gut 4 Stunden 9 Kilometer hinter uns brachten, so ändert das nichts an der Tatsache: Das war heute der kürzeste Marsch, den wir bisher auf der Höhe gemacht haben! So begreiflich das ist, so sicher ist es, dass wir solche aufreibenden Märsche nicht lange aushalten können! Aber der Weg kann unmöglich so bleiben, und morgen deponieren wir Proviant auf 8 Tage, im Ganzen etwa 45 Kilo.

Die Sastrugi sind viel kleiner geworden und die aus Süden herrschen jetzt vor. Heute Nachmittag zogen aus Süden Wolken herauf und der Weg war mit sandartigen Kristallen bedeckt, auffallenden Bildungen, die aber nicht so schlimm waren wie die »bärtigen« Sastrugi, und seltsamerweise von Wind und Schnee nur ganz allmählich verwischt wurden. Wären diese Kristallablagerungen nicht, so könnten wir uns keine bessere Oberfläche wünschen. Gestiegen sind wir heute nicht, und die Ebene sieht auch weiterhin flach aus. Ich bin sehr froh, dass wir unsere Schneeschuhe wiederhaben; so anstrengend das Marschieren auch ist, auf Schneeschuhen ermüdet es doch weniger. Bowers, der zu Fuß geht, hat es sehr schwer, aber ihn scheint nichts anzugreifen. Evans hat an der Hand eine böse Schnittwunde, die er sich beim Zusammensetzen der Schlitten geholt hat; hoffentlich wird sie nicht schlimmer.

Montag, 8. Januar. Lager 60. Wir konnten nicht weiter, denn wir hatten unseren ersten Orkan auf der Höhe. Die Sonne verkroch sich aber dabei nicht hinter den Wolken, sondern schien mit dem Zunehmen des Windes heller zu werden. Das ganze Phänomen hatte viel Ähnlichkeit mit einem Barrierenorkan, nur weniger Schnee und augenblicklich, um Mittag, auch weniger Wind.

Evans' Hand wurde heute Morgen verbunden; Ruhe wird ihr gut tun. Aber auch für uns Übrige ist es eine Wohltat, in unserem doppelwandigen Zelt warm angezogen im bequemen Schlafsack ausruhen zu können. Doch länger als einen Tag dürfen wir nicht stillliegen, nicht nur wegen des Zeitverlustes, auch wegen der Lebensmittel und der langsamen Eisansammlung im Zelt und auf unseren Sachen. Während des Tages ist die Luft viel dicker geworden und zum ersten Mal hat sich die Sonne hin und wieder verfinstert. Die Temperatur (19 Grad) ist für einen Orkan sehr niedrig. Wenn wir nur morgen aufbrechen können!

Wenn ich mir so meine Gefährten betrachte, kann ich gar nicht Lobes genug über sie finden! Jeder ist ein Muster von Pflichterfüllung! Wilson ist in erster Linie als Arzt stets darauf bedacht, die kleinen Schmerzen und Übelstände, die unser Leben mit sich bringt, zu lindern, und sinnt dann als schneller, sorgfältiger und geschickter Koch auf immer neue Mittel uns zum Kampf ums Dasein zu stärken; auf den Märschen ist er zäh wie Stahl, vom ersten bis zum letzten Schritt niemals erschlaffend.

Evans ist als Riese in der Arbeit und als Mann von erstaunlicher Urteilskraft gleich unschätzbar. Erst jetzt sehe ich, wie viel wir ihm zu verdanken haben! Unsere Fußbekleidung zu den Schneeschuhen und unsere Steigeisen waren uns absolut unentbehrlich und wenn die Idee dazu auch nicht seinem Kopfe entsprang, so sind sie doch in jeder Einzelheit sein Werk. Er hatte die Verantwortung für die Schlitten und jedes Stück ihrer Ausrüstung, für Zelte, Schlafsäcke und Zaumzeug und ich habe noch kein einziges Wort der Unzufriedenheit darüber gehört! Er überwacht das Aufschlagen des Zeltes und bestimmt das Beladen des Schlittens und es ist merkwürdig, wie zierlich und handgerecht er alles darauf unterzubringen und wie klug er für die richtige Verteilung des Gewichts, für Geschmeidigkeit usw. des Schlittens zu sorgen weiß. Auf der Barriere, ehe die Ponys getötet wurden, war er morgens überall bei der Hand, um Fehler des Gepäcks zu verbessern.

Der kleine Bowers bleibt ein Wunder – ihm gefällt es gar zu gut hier unten! Ich überlasse ihm die ganze Proviantverwaltung und er weiß jederzeit genau, wie es mit unseren Lebensmitteln und mit denen der heimreisenden Abteilungen gerade steht. Es war ziemlich kompliziert, die Vorräte bei der mehrfachen Umgestaltung meiner Abteilung neu zu verteilen, aber es ist dabei kein einziges Versehen vorgekommen! Außerdem führt Bowers ein gewissenhaftes meteorologisches Journal und hat als Observator und als Fotograf alle Hände voll zu tun. Nichts macht ihn verdrießlich und keine Arbeit ist ihm zu schwer. Es ist ordentlich schwierig, ihn ins Zelt hineinzubringen; die Kälte scheint er gar nicht zu spüren und wenn die anderen längst schlafen, schreibt er noch oder arbeitet er seine

Beobachtungen aus, wobei er sich in seinem Schlafsack wie ein Igel zusammenrollt.

Oates hat das seine zu Lebzeiten der Ponys geleistet; jetzt ist er ein unermüdlicher Dauerläufer, besorgt seinen Teil der Lagerarbeit und erträgt das anstrengende Leben so gut wie nur einer von uns; auch ihn möchte ich nicht missen.

So sind wir fünf Leute vielleicht so glücklich ausgewählt, wie sich nur denken lässt.

Dienstag, 9. Januar. Lager 61. Als wir aufstanden, stürmte es noch, aber schon gelinder, und nach dem zweiten Frühstück konnten wir weiterziehen, zwar bei schlechtem Licht, aber auf guter Oberfläche. Auf einem gleichmäßigen Nachmittagsmarsch legten wir 12 Kilometer zurück und werden wohl 88° 25′ südlicher Breite erreicht haben, sind also über die höchste Leistung der Shackletonexpedition hinaus! Vor uns dehnt sich nun überall Neuland! Das Plateau scheint völlig eben zu sein. (Höhe 3130 Meter.)

Das Barometer ist seit dem Orkan gestiegen und auch die Temperatur hob sich nach dem Wind; jetzt kommt es uns bei 20 Grad ganz warm vor. Die Sonne schien über Nachmittag sehr undeutlich, ist aber jetzt heller. Noch immer ziehen von Osten Wolken herauf. Das Marschieren wird nachgerade schrecklich einförmig, aber das tut nichts, wenn wir nur die richtigen Entfernungen pro Tag zurücklegen. Wir könnten noch ein Depot hinterlassen, aber es ist uns etwas sehr Verdrießliches widerfahren: Bowers' Uhr geht auf einmal 26 Minuten nach; sie mag infolge der Kälte stehen geblieben sein. Das mahnt zur größten Vorsicht, besonders da der Orkan unsere Spur fast völlig verwischt hat! Als wir aufbrachen, war nur noch unmittelbar hinter uns eine deutliche Spur zu sehen! Allerdings war es ziemlich dunkel.

Mittwoch, 10. Januar. Lager 62. Schrecklich mühsamer Marsch am Morgen; nur etwas über 9 Kilometer! Wir beschlossen nun doch beim Frühstückslager auf 88° 29′ noch ein letztes Depot, das Anderthalbgraddepot, zu hinterlassen: Lebensmittel für eine Woche und Kleidungsstücke. Mit Letzteren sind wir jetzt so knapp ausgerüstet, dass wir nur noch eben bekleidet sind.

Mit Lebensmitteln auf acht Tage zogen wir weiter. Gestern noch hätte ich darauf geschworen, dass wir unser Ziel erreichen würden, aber heute spottete der Weg jeder Beschreibung. Die Oberfläche ist ganz mit sandartigem Schnee bedeckt und wenn die Sonne scheint, ist es trostlos. Wenn das so weitergeht, halten wir's nicht aus! Bloß 20 Kilometer heute! Nur noch 157 Kilometer bis zum Pol! Aber der Rückweg wird auch nicht besser sein!

Heute Abend ist der Himmel bewölkt und die Temperatur (24 Grad) viel höher, als ich je angenommen hätte; es ist absolut unergründlich, was aus dem Wetter werden wird. Die Sastrugi laufen immer wirrer durcheinander, die Hauptrichtung ist Süd bei Ost. Bei unserem Tageslicht und schnell segelnden Wolken ist es ungeheuer schwer, die Marschrichtung anzugeben. Die Wolken kommen von allen Seiten, sie bilden und zerteilen sich ohne sichtbaren Grund. Wir kommen offenbar in den Bereich leichter veränderlicher Winde.

Donnerstag, 11. Januar. Lager 63. Höhe 3210 Meter. Temperatur 27 Grad. Während der ersten Stunden heute konnten wir doch wenigstens den Schlitten vorwärts bringen; dann aber trat die Sonne aus den Wolken und nun war es einfach zum Verzweifeln. So etwas haben wir noch nicht erlebt! Der Schlitten schrammte und krachte beängstigend. Heute 11 Kilometer gewonnen – aber keiner von uns hat je sich so schinden müssen! Den ganzen Tag hindurch zogen über uns Wolken von Südost herauf, beständig ihre Gestalt verändernd, und die ganze Zeit über schneite es; ein leichter Südwind, der sich am Morgen zeigte, legte sich bald wieder; gleichmäßige Winde scheint es hier nicht zu geben. Die Sonne strahlt heute Abend so hell und warm, dass man fast nicht an eine Temperatur unter null glauben kann. Der Schnee wird weicher, je weiter wir kommen; die Sastrugi sind manchmal hoch und unterhöhlt, aber nicht hart – keine Kruste wie auf der Barriere.

Noch 137 Kilometer bis zum Pol – aber können wir das noch ganze sieben Tage aushalten? Sieben Tage?

Freitag, 12. Januar. Lager 64. Breite 88° 57′ 25″. Wieder ein schwerer, schwerer Marsch! Am Nachmittag zogen Wolken mit leichtem, kaltem Wind von Westen herauf und einige Minuten lang fühlten wir zu unserem Entzücken, dass uns der Schlitten von selber folgte. Ach, ein paar Minuten später war es trotz der Verfinsterung der Sonne schlechter als je! Dennoch war die kurze Erfahrung sehr wertvoll: Ich hatte schon gefürchtet, dass unsere Kraft sich gefährlich verringert habe; aber diese wenigen Minuten haben wir bewiesen, dass uns nur eine gute Oberfläche fehlt, um wieder so frisch und fröhlich wie früher ziehen zu können. Bei solch eintönigem Weg bildet man sich gar zu leicht ein, verbraucht zu sein, bis man dann beim zweiten Frühstück und im Lager alle Mühsal wieder vergisst.

Als wir heute Abend das Lager aufschlugen, fröstelte uns allen und wir prophezeiten einen Wettersturz; aber zu unserem Erstaunen war die wirkliche Temperatur höher als gestern Abend, 27 1/2 Grad! Wie kommt es, dass wir plötzlich die Kälte so fühlen? Vielleicht – infolge unserer Erschöpfung? Oder liegt es nur an der stärkeren Feuchtigkeit der Luft? Der kleine Bowers ist wunderbar; trotz meiner Einwendungen bestand er darauf, heute Abend noch zu observieren, nachdem er den ganzen Tag hindurch in dem weichen Schnee herumgestapft war, während wir uns auf den Schneeschuhen doch verhältnismäßig ausruhen konnten.

Im Ganzen heute 20 Kilometer gewonnen – wenn wir nur noch vier Tagmärsche hindurch diese Kilometerzahl einhalten können! Dann müssen wir ans Ziel kommen! Noch 116 Kilometer nur! Aber sie werden uns bitterschwer werden!

Sonnabend, 13. Januar. Lager 65. Ziemlich genau 89° 9' südlicher Breite. Höhe 3130 Meter. 20 Kilometer heute – wieder ein Tag mit voller Kilometerzahl! Unmöglich ist's nicht!

Als wir am Morgen zwei Stunden auf weichem Schnee gewandert waren, kamen wir zu unserem Erstaunen an ein Meer südlicher bis östlicher Sastrugi, unter denen die ostsüdöstlichen vorherrschten. Dabei wehte ein leichter, aber kalter Wind zuerst aus Südost, dann aus Südsüdost, wo der Himmel auch bedeckt war. Nach den ersten beiden Nachmittagsstunden wurde der Schnee genau so sandartig wie immer. Die Sastrugi blieben wie am Vormittag – eine unsagbar ermüdende Arbeit, immer wieder ziehen und alle Kraft aufbieten müssen, um einen leichten Schlitten vorwärts zu bringen! Dennoch gelang es mir heute, meine Gedanken eine Weile von der Arbeit des Ziehens loszureißen, was sehr beruhigt. Wo wären wir ohne unsere Schneeschuhe!

Nur noch 94 Kilometer vom Pol heute Abend! Wenn wir nicht hingelangen, so kommen wir doch verteufelt nahe.

Sonntag, 14. Januar. Lager 66. 89° 20′ 53″. Die Sonne stand den ganzen Tag hindurch undeutlich am bedeckten Himmel, und ein angenehmer südlicher Wind wirbelte nur wenig Schnee auf. Infolgedessen war die Oberfläche etwas besser, und wir kamen in recht gleichmäßigem Schritt morgens 11 1/2 Kilometer und nachmittags 10 Kilometer weiter. Aber das Einhalten der Richtung war schrecklich schwierig; oft sah ich überhaupt nichts mehr und Bowers schob mich an der Schulter den richtigen Weg vorwärts. Heute Abend sieht die Luft sehr dick aus. Die Sonne ist kaum zu unterscheiden, und die Temperatur ist gestiegen (beim Frühstück – 28 Grad, Nachttemperatur 26 Grad), ernste Anzeichen eines Orkans.

Wieder spürten wir empfindliche Kälte; beim zweiten Frühstück hatten wir alle kalte Füße, doch kam das hauptsächlich vom schlechten Zustand unserer Schuhe. Ich fettete mir die Haut ein, was mir sehr half. Oates scheint mehr als wir anderen unter Kälte und Anstrengung zu leiden, aber sonst sind wir alle wohl und munter. Es ist eine böse Zeit, aber wir müssen durch! Nur noch 70 Kilometer! Kämen doch nur ein paar schöne Tage! Das Ziel liegt vor uns, zum Greifen nahe, und nur das Wetter versperrt uns den Weg!

Montag, 15. Januar. Frühstückslager: observierte Breite 89° 6′ 57″; geschätzte Breite 89° 33′ 15″ südlich; Länge 160° 56′ 45″ östlich. Höhe 3030 Meter. Noch ein letztes Depot! Während der Nacht wurde die Luft vollständig klar und die Sonne schien aus einem gänzlich wolkenlosen Himmel herab. Der leichte Wind hatte sich gelegt, und die Temperatur war auf 32 Grad heruntergegangen, während das Minimum 33 Grad betrug. Das bedeutet schweres Ziehen!, sagte ich mir und ich hatte nur zu richtig geraten. Die Oberfläche war schrecklich, aber wir gewannen in 4 3/4-stündiger Arbeit 11 Kilometer. Doch waren wir alle ziemlich erschöpft, als wir das Lager aufschlugen, und hinterließen deshalb hier unser letztes Depot – nur Proviant auf vier Tage und ein paar Kleinigkeiten.

In der Nacht des 15. Januar. Lager 67. Höhe 3025 Meter. Temperatur 32 Grad. Nach dem zweiten Frühstück glitt der Schlitten erstaunlich leicht vorwärts – teils infolge des geringeren Gewichts, teils auch weil er richtig beladen war, hauptsächlich aber infolge unserer stärkenden Rast. Jedenfalls machten wir einen großartigen Nachmittagsmarsch von 11 1/2 Kilometern, haben es also heute im Ganzen auf mehr als 22 Kilometer gebracht! Die Sastrugi sind wieder verwirrt, aber die Südostrichtung herrscht vor; die größten sind nun beinahe östlich, sodass der Schlitten beständig auf Eisrücken aufschlägt. Der Wind kommt hauptsächlich aus Westnordwest, aber das Wetter bleibt gut und wir sehen auch keine aus jener Richtung kommenden Sastrugi.

Ein wunderbarer Gedanke, dass nur noch zwei lange Märsche uns an den Pol bringen werden. Nur noch lumpige 50 Kilometer! Wir müssen hinkommen, koste es was es wolle! Jetzt schreckt mich nur noch die eine furchtbare Möglichkeit, dass die norwegische Flagge vor der unseren dort flattern könnte!

AM ZIEL – EINE NIEDERSCHMETTERNDE ENTTÄUSCHUNG

Dienstag, 16. Januar 1912. Lager 68. Höhe 2970 Meter. Das Furchtbare ist eingetreten – das Schlimmste, was uns widerfahren konnte!

Wir machten am Vormittag einen guten Marsch und legten 14 Kilometer zurück. Die Mittagsobservation zeigte, dass wir uns auf 89°42′ südlicher Breite befanden und wir brachen am Nachmittag in sehr gehobener Stimmung auf, denn wir hatten das sichere Hochgefühl, morgen unser Ziel zu erreichen.

Nach der zweiten Marschstunde entdeckten Bowers' scharfe Augen etwas, das er für ein Wegzeichen hielt; es beunruhigte ihn, aber schließlich sagte er sich, es werde wohl ein Sastrugis sein. In wortloser Spannung hasteten wir weiter – uns alle hatte der gleiche Gedanke, der gleiche furchtbare Verdacht durchzuckt und mir klopfte das Herz zum Zerspringen. Eine weitere halbe Stunde verging – da erblickte Bowers vor uns einen schwarzen Fleck! Ein natürliches Schneegebilde war das nicht – konnte es nicht sein – das sahen wir nur zu bald!

Geradewegs marschierten wir darauf los und was fanden wir? Eine schwarze, an einem Schlittenständer befestigte Fahne! In der Nähe ein verlassener Lagerplatz – Schlittengleise und Schneeschuhspuren kommend und gehend – und die deutlich erkennbaren Eindrücke von Hundepfoten – vieler Hundepfoten – das sagte alles!

Die Norweger sind uns zuvorgekommen – Amundsen ist der Erste am Pol!

Eine furchtbare Enttäuschung! Aber nichts tut mir dabei so weh, als der Anblick meiner armen, treuen Gefährten! All die Mühsal, all die Entbehrung, all die Qual – wofür? Für nichts als Träume – Träume über Tag, die jetzt – zu Ende sind. Morgen müssen wir zum Pol – und dann mit der äußersten Schnelligkeit, die wir unseren Kräften abpressen können, zurück! Wir steigen jetzt abwärts – gewiss haben die Norweger auch einen leichten Weg hinauf gefunden!

An Ruhe war in dieser Nacht nicht zu denken! Schon die Aufregung ließ uns nicht schlafen, die Aufregung über diese Entdeckung – des schon entdeckten Pols! Alle Gedanken, die in uns aufstiegen, alle Worte, die fielen – alles endete mit dem einen furchtbaren: zu spät! Und als es dann stille wurde im Zelt – da brüteten wir gewiss alle über der einen finsteren Vorstellung:

Mir graut vor dem Rückweg!

Mittwoch, 17. Januar. Lager 69. Temperatur beim Aufbruch 30 Grad, in der Nacht 29° Grad.

Der Südpol.

Unter wie anderen Umständen hatten wir diesen Augenblick seit Monaten herbeigesehnt! Ein grauenhafter Tag liegt hinter uns – einmal die Enttäuschung, dann ein Wind, der bei 30 Grad Kälte mit Stärke 4 bis 5 uns entgegenwehte.

Wir brachen um 7 Uhr 30 auf, denn keiner von uns hatte in

Am Südpol

dieser schauderhaften Nacht geschlafen, und folgten eine Strecke weit den Schlittengleisen der Norweger. Nach den Spuren zu urteilen, waren es nur zwei Männer und auf einer Strecke von 5 Kilometern kamen wir an zwei kleinen Wegmalen vorüber. Dann trübte sich plötzlich das Wetter und da die Spuren immer stärker verschneit wurden und augenscheinlich auch zu weit westwärts führten, beschlossen wir, unseren Berechnungen gemäß, direkt nach dem Pol zu ziehen. Aber gegen Mittag hatte Evans so eiskalte Hände, dass wir das Lager aufschlagen mussten, um unser Frühstück zurechtzumachen. Wir waren 13 1/2 Kilometer marschiert, und die Breitenobservation ergab 89° 53′ 37″.

Dann zogen wir weiter und legten 12 Kilometer in direkt südlicher Richtung zurück. Jetzt ist der kleine Bowers dabei, unter schrecklich schwierigen Verhältnissen zu observieren; der Wind weht heftig, die Temperatur beträgt 29 Grad und die Luft ist voll von jener seltsamen kalten Feuchtigkeit, die binnen weniger Augenblicke das Mark in den Knochen erstarren lässt. Wir sind wieder etwas abwärts gezogen, wie mir scheint; aber vor uns geht es offenbar von neuem bergan. Sonst ist hier nichts zu sehen – nichts, was sich von der schauerlichen Eintönigkeit der letzten Tage unterschiede. Großer Gott! Und an diesen entsetzlichen Ort haben wir uns mühsam hergeschleppt, und erhalten als Lohn nicht einmal das Bewusstsein, die Ersten gewesen zu sein!

Doch – es ist immerhin etwas, so weit vorgedrungen zu sein, und der Wind mag sich morgen als unser Freund erweisen. Trotz unseres Ingrimms und Kummers haben wir ein fettes Polarragout verspeist und fühlen uns innerlich ganz behaglich – als Extraspeise gab es eine Tafel Schokolade und den ungewohnten Genuss einer Zigarette, die Wilson bis hierher mitgebracht hatte. Jetzt handelt es sich um schleunigen Rückmarsch! Es gilt einen verzweifelten Kampf!

Donnerstagmorgen, 18. Januar. Nachdem wir alle unsere Observationen ausgerechnet hatten, stellten wir fest, dass wir noch ungefähr 6 Kilometer vom Pol entfernt waren – etwa 2 Kilometer geradeaus und 5 1/2 nach rechts. Ziemlich genau in dieser Richtung erblickte Bowers ein Wegmal oder ein Zelt.

Dieses Zelt haben wir eben erreicht. Es ist 3 1/2 Kilometer von unserem Lager, also 2 3/4 Kilometer vom Pol entfernt, und enthielt einen Bericht über die Anwesenheit der Norweger, die mit fünf Mann hier gewesen sind; der Bericht lautet:

»Roald Amundsen – Olav Olavson Bjaaland
Hilmer Hanssen – Sverre H. Haffel – Oscar Wisting
16. Dezember 1911.«

Das Zelt ist hübsch – ein kleines, kräftiges Ding, das nur von einer einzigen Bambusstange gestützt wird. Ein Zettel Amundsens bittet mich einen Brief an König Haakon zu befördern! Ich steckte ihn zu mir. Im Übrigen waren in dem Zelt folgende Gegenstände zurückgelassen worden: drei kleinere Beutel aus Rentierfell mit einem bunten Durcheinander von Fausthandschuhen und Socken verschiedenster Art; ferner ein Sextant, ein künstlicher Horizont und ein Hypsometer ohne Kochthermometer, dann noch ein Sextant und ein Hypsometer englischen Fabrikats.

Ich hinterließ in demselben Zelt einen Zettel mit der Mitteilung, dass ich mit meinen Gefährten hier gewesen sei. Bowers fotografiert, und Wilson ist mit Skizzenzeichnen beschäftigt. Seit dem zweiten Frühstück sind wir 11 1/2 Kilometer südsüdöstlich nach dem Kompass (d. h. nordwärts) marschiert. Die Mittagsobservation ergab, dass wir nur einen oder anderthalb Kilometer vom Pol entfernt waren; daher nennen wir dieses Lager das Pollager.

Hier errichteten wir ein Wegzeichen, steckten unsere Flagge, den armen, zu spät gekommenen »Union Jack« auf und fotografierten uns – alles eine mächtig kalte Arbeit! Dann sahen wir nicht ganz einen Kilometer südwärts die abgenutzte Schiene einer Schlittenkufe aufrecht im Schnee stecken; sie wurde als Stange für ein Wachstuchsegel benutzt. Ich glaube, sie sollte die genaue Stelle des Pols bezeichnen, so gut wie die Norweger ihn bestimmen konnten. (Höhe 2900 Meter.) Ein daran befestigter Zettel besagte, dass das Zelt 3 1/2 Kilometer vom Pol entfernt sei; Wilson behält den Zettel. Zweifellos haben unsere Vorgänger sich ihres richtigen Standortes gründlich vergewissert und ihr Programm vollkommen ausgeführt. Ich glaube sagen zu können: der Südpol liegt ungefähr 2900 Meter hoch; merkwürdig genug, wenn man bedenkt, dass wir uns auf dem 88. Breitengrad etwa 3200 Meter hoch befunden haben.

Wir nahmen den Union Jack ungefähr 1 1/4 Kilometer weit mit uns nordwärts und ließen ihn dort an einem Stockende flattern, das wir so fest wie möglich in den Schnee rammten.

Offenbar sind die Norweger am 15. Dezember am Pol angelangt und am 17. wieder abgezogen, also schon vor dem Datum, das ich in London als ideal bezeichnet hatte, nämlich vor dem 22. Dezember.

Wir aber haben jetzt dem treulosen Ziel unseres Ehrgeizes den Rücken gekehrt. Vor uns liegt eine Strecke von 1500 Kilometern mühsamer Wanderung – 1500 Kilometern trostlosen Schlittenziehens – 1500 Kilometern Entbehrung, Hunger und Kälte. Wohlan! Traum meiner Tage – leb wohl!

RÜCKKEHR VOM POL

Freitag, 19. Januar 1912. Lager R (= Rückmarsch) 2. Höhe 2960 Meter. Gestern Nachmittag 13 Kilometer, heute 34 Kilometer. Zu Anfang unseres heutigen Marsches stießen wir auf ein norwegisches Wegmal und unsere zum Pol führenden Gleise; sie brachten uns wieder an die verhängnisvolle schwarze Fahne, die uns zuerst von dem Erfolg unserer Vorgänger unterrichtet hat. Wir haben diese Flagge herausgezogen, um die Stange für unser Segel zu benutzen. Dies ist einstweilen das Letzte, was wir von den Norwegern gesehen haben.

Die letzten anderthalb Stunden am Nachmittag waren recht mühsam, trotz unserer leichten Last und des windgefüllten Segels. Das Wetter ist ganz sonderbar! Dicke Schneewolken, die uns das Tageslicht rauben, ziehen von Süden her über uns weg und es rieselt ohne Unterlass von Schneekristallen, die den Weg völlig verderben; zwischendurch macht die Sonne kurze Besuche und der Wind dreht sich nach Südwest. Die Schneewehen scheinen wie Sanddünen von Ort zu Ort zu wandern. Unsere alten Spuren sind fast gänzlich zugeweht und schon haben sich gezähnte Sastrugi über den alten Gleisen gebildet! Dabei sind sie nur drei Tage alt, während die Spur der Norweger noch jetzt, nach einem Monat, sichtbar ist! Unerklärlich!

Mit dem Winde marschieren ist wärmer und angenehmer; und doch kommt es mir so vor, als ob wir jetzt bei jedem Stillstehen und im Lager die Kälte weit mehr fühlten, als auf dem Hinweg! Unsere Wegmale finden wir leicht wieder, das wird wohl auch weiterhin so sein; aber solange wir nicht das »Drei-Grade-Depot« erreicht haben (noch über 280 Kilometer), kann ich eine quälende Unruhe nicht loswerden. Ich fürchte, die Rückreise wird schrecklich ermüdend und eintönig sein.

Sonnabend, 20. Januar. Lager R 3. Höhe 3000 Meter. Temperatur 28 Grad unter null. Ein flotter Vormittagsmarsch von 18 Kilometern, trotz miserablen Weges, brachte uns an unser südlichstes Depot; mit dem hier ausgegrabenen Proviant haben wir von heute Abend ab Lebensmittel auf 7 Tage – bis zum nächsten Depot vom 10. Januar, dem »Anderthalb-Grad-Depot« sind 102 Kilometer.

Der Wind legte sich heute Nachmittag gut ins Segel; aber später wurde die Oberfläche außergewöhnlich schlecht; der Treibschnee lag in großen Haufen und klebte so fest an den Schneeschuhen, dass sie nur mit größter Anstrengung vorgeschoben werden konnten. Das Ziehen wurde dadurch schauderhaft, aber wir hielten nicht an und schlugen unser Lager erst jenseits unseres Wegmals vom 14. auf. Ich fürchte, morgen wird's noch schlimmer! Glücklicherweise hält sich der Wind! Wenn nur endlich Bowers seine Schneeschuhe wiederhätte! Diese langen Märsche bei seinen kurzen Beinen! Das bringt nur ein so zäher Sportsmann wie er fertig. Oates scheint unter der Kälte und den Anstrengungen mehr zu leiden als wir anderen. Gesamtresultat heute: 34 Kilometer – ein tüchtiger Marsch, auf den wir ein gutes Essen im warmen Zelt verdient haben. Es hängt jetzt alles davon ab, ob wir dies gute Marschtempo beibehalten können; ich glaube, ja – und dann werden wir unser Schiff schon noch erreichen.

Sonntag, 21. Januar. Lager R 4. Höhe 3050 Meter. Wir erwachten bei starkem Orkan; die Luft war schneedick und die Sonne trübe. Um nicht die Spur zu verlieren, blieben wir liegen, gefasst auf wenigstens einen Tag Aufenthalt. Aber über Mittag klärte es sich plötzlich auf und der Wind flaute zu leichter Brise ab. Dennoch konnten wir erst um 3 Uhr 45 aufbrechen, denn unsere Sachen waren steif gefroren und trotz der Hilfe des Windes schleppten wir uns in vier Stunden nur 10 Kilometer vorwärts. Der Weg führte über neue Sastrugi und stieg deutlich bergan. Es war schon schwer genug, über diesen Gürtel bergab zu ziehen – wie viel mühsamer wird das Bergaufwandern sein! Spalten sehen wir ziemlich deutlich, aber unsere Wegmale erst, wenn wir etwa einen Kilometer davor sind. 83 Kilometer bis zum nächsten Depot mit Proviant auf 6 Tage – dort finden wir Lebensmittel auf 7 Tage für die 167 Kilometer zum »Drei-Grade-Depot«; sind wir einmal dort, dann ist alle Angst vorüber – aber es wäre gut, wenn es uns dann auf einen oder zwei Tage nicht ankäme, weil es vielleicht schwer wird, der Spur nachzugehen. Könnten wir morgen durch eine Observation unsere Uhren regulieren, dann ginge es zur Not auch unabhängig von unserer alten Spur.

Montag, 22. Januar. Lager R 5. Wir machten uns genau um 8 Uhr auf den Weg und sind reichlich neun Stunden marschiert, haben auch 27 Kilometer zurückgelegt – aber bei Gott! Es war eine Schinderei! Und als gar während der letzten Nachmittagsstunden die Sonne durchdrang, wurde der Schnee fast augenblicklich weich und klebrig. Wir sind jetzt genau auf dem 89. Breitengrad und Bowers machte heute Abend eine Observation zur Uhrregulierung. Ich fürchte, wir sind jetzt aus dem Gebiet hilfreicher Winde heraus! Noch 4 1/2 Kilometer bis zum Wegmal unseres Lagers 64, also 55 Kilometer bis zum »Anderthalbgraddepot«, und unsere Lebensmittel reichen fünf Tage. Unsere Fußbekleidung für die Schneeschuhe fängt an sich abzunutzen; aber wir können nicht daran denken, beides abzulegen, bei noch so weitem Weg. Ich glaubte sicher, es ginge heute bergan, aber das Barometer zeigt keine Veränderung. Höhe 3050 Meter. Temperatur 29 Grad.

Dienstag, 23. Januar. Minimum gestern Nacht 34 Grad, Temperatur beim Abmarsch 33 Grad. Höhe beim zweiten Frühstück 3080 Meter. Temperatur 28 Grad bei einem Wind, der mit Stärke 6 bis 7 weht. Beim Aufbrechen wenig Wind und mühsamer Marsch. Dann aber bis zum zweiten Frühstück 16 Kilometer bei orkanartigem Sturm. Unsere alten Spuren sind auffallend deutlich – ein großes Glück! Nachmittags konnten wir ein ganzes Segel aufsetzen. Bowers blieb am Schlitten, während sich Evans und Oates mit längeren Leinen vorspannten. So kamen wir sehr geschwind vorwärts und hätten bis zum nächsten Depot für morgen nur noch einen bequemen Marsch gehabt – da sah Wilson plötzlich, dass Evans' Nase erfroren war – sie war weiß und hart. Daher mussten wir um 6 Uhr 45 Halt machen. Evans scheint recht angegriffen – seine Finger sind voll böser Frostbeulen und seine Nase ist durch mehrfaches Erfrieren ziemlich bedenklich mitgenommen. Er ärgert sich über sich selbst – kein gutes Zeichen! Wilson, Bowers und ich sind so gesund, wie es unter diesen Umständen möglich ist. Oates leidet an kalten Füßen. Jedenfalls werde ich froh sein, wenn wir erst die Höhe hinter uns haben! Noch 25 Kilometer bis zum »Anderthalb-Grad-Depot« – wir müssten es eigentlich morgen erreichen. Aber das Wetter scheint sich ändern zu wollen. Ich hoffe zu Gott, dass noch ein bisschen von der Spur zum »Drei-Grade-Depot« erhalten bleibt – sind wir erst dort, dann müsste eigentlich alles gut gehen.

Mittwoch, 24. Januar. Unsere Lage beginnt ernst zu werden. Ein Orkan zwang uns am Mittag in unsere Schlafsäcke zu kriechen und hier liegen wir nun, nicht mehr als 12 1/2 Kilometer weiter! Beim Aufschlagen des Zeltes erstarrten uns die Finger zu Eis! Nur noch 12 1/2 Kilometer bis zum Depot und ich war gestern fest überzeugt, dass wir es heute Abend erreichen würden!

Das ist heute der zweite regelrechte Orkan, seit wir den Pol verlassen haben, und er will mir gar nicht gefallen. Kommt ein Wettersturz? Dann möge uns Gott helfen, denn der Zug über die Höhe ist fürchterlich und unsere Lebensmittel sind knapp.

Donnerstag, 25. Januar. Gott sei Dank! Wir haben unser »Anderthalb-Grad-Depot« gefunden! Da wir gestern Nachmittag und die ganze Nacht in unseren Schlafsäcken lagen, beschlossen wir erst später zu frühstücken, um uns ohne Lunch behelfen zu können. Aber nachher trat die Sonne hervor und es wurde hell genug, um die alten Gleise unterscheiden zu können. Das Ausgraben unseres Schlittens und das Abbrechen des Lagers war eine langwierige, schrecklich kalte Arbeit, aber auch damit wurden wir schließlich fertig, und wir machten uns, diesmal ohne Segel und alle Mann vorgespannt, auf den Weg. Das war um 11, und um 2 Uhr 30 sahen wir zu unserer Freude die rote Depotfahne! Hier aßen wir ein zweites Frühstück und zogen mit Vorrat auf 9 1/2 Tage weiter, immer der Spur folgend, und um 8 Uhr abends hatten wir im Ganzen über 22 Kilometer zurückgelegt. Bis zum nächsten Depot nur noch 165 Kilometer – aber es wird hohe Zeit, dass wir von diesem Plateau herunterkommen! Es steht nicht gut um uns: Oates' kalte Füße – Evans' Finger und Nase – und heute Abend hat Wilson qualvolle Augenschmerzen. Bowers und ich sind die Einzigen, die noch über nichts zu klagen haben. Das Wetter sieht unbeständig aus und ich fürchte, dass um diese Jahreszeit ein Orkan dem anderen folgt; es weht heftig aus Süden und heute Nachmittag half uns der Wind tüchtig vorwärts.

Ich brauche wohl kaum zu sagen, dass ich nun, da unser Proviantsack wieder voll ist, besser schlafen werde. Wenn wir jetzt nur noch das »Dreigradedepot« wieder finden! Die Spuren sind weithin sichtbar, manchmal verschwinden sie auf 30 bis 40 Meter unter neuen Schneewehen, dann aber zeichnen sie sich bei gutem Licht wieder ganz deutlich auf der Oberfläche ab. Nur die Orkane sind unser Schreckbild! Sie hemmen uns nicht nur, sondern erschöpfen auch durch die kalte feuchte Luft unsere Kräfte. Bowers stellte heute Abend wieder eine Observation zur Regulierung an – wie er es fertig bringt, bei so entsetzlich kaltem Wind zu visieren, ist wunderbar. Er lief heute den ganzen Tag auf Schneeschuhen, während statt seiner Wilson abwechselnd neben dem Schlitten herging und sich vorspannte.

Freitag, 26. Januar. Lager R 9. Höhe 2960 Meter. Das Barometer muss hoch stehen. Wir brachen spät auf, erst um 8 Uhr 50 – und ganz ohne Grund, denn ich hatte ziemlich früh geweckt;

solche Verzögerungen dürfen nicht wieder vorkommen! Bei kräftigem Wind, aber viel Treibschnee kamen wir gut bis an unser altes Orkanlager vom 7. Aber von da ab war die Spur völlig verwischt! Alles Suchen war vergeblich und da jetzt zwei Wegmale mit 7 Kilometer Zwischenraum kommen mussten, waren wir ziemlich unruhig. Endlich klärte sich das Wetter auf und wir entdeckten die eine Wegmarke zu unserer Rechten, während Bowers mit seinen scharfen Augen bald auch einen Schimmer der zweiten weiter links gewahrte; augenscheinlich haben wir hier einen großen Bogen gemacht. Zwischen beiden Wegmalen war von unseren Gleisen nicht das Geringste mehr zu erkennen. Aber als wir bei dem zweiten Wegmal, unserem Lager 59 vom 6. Januar, Halt machten, sah ich zu meinem Trost auf den harten Sastrugi wieder unsere alte Spur. Wenn wir ihr nur morgen auch folgen können! Wir haben heute nur 29 Kilometer zurückgelegt.

Sonnabend, 27. Januar. Lager R 10. Höhe 3010 Meter. Heute weckte ich eine halbe Stunde zu spät, aber wir kamen doch rechtzeitig auf den Weg. Der Vormittag führte über den Gürtel der vom Sturm aufgeworfenen Schneefahnen. Wilson und ich zogen als Vorspann auf Schneeschuhen, die Übrigen zu Fuß. Es war eine verzwickte Geschichte, unsere Spur zu verfolgen, weil sie doch nur sehr schwach zu erkennen und alle Augenblicke verschwunden war – aufgeworfene Schlittengleise, ein oder zwei Fuß lang, ein Dutzend Meter der eingedrückten Spur des Rades, das die Schlittengeschwindigkeit registriert, oder einige beiseite geschobene harte Schneeschollen waren alles, woran wir uns zu halten hatten. Manchmal war keins dieser Zeichen deutlich ausgeprägt, aber man hatte doch den Eindruck führende Linien vor sich zu sehen. Auf dem Hinweg hatten wir stets darauf achten müssen, den größten Erhebungen auszuweichen – das rächte sich nun, denn der Kurs ging sehr im Zickzack. Das ewige Anhalten, um uns abzuschirren und die Spur zu suchen, hat uns ein paar Kilometer gekostet. Aber wir verirrten uns wenigstens nicht und stießen ganz plötzlich auf die Wegmarke, zogen an ihr vorüber und als wir zum Frühstück Halt machten, hatten wir 13 Kilometer zurückgelegt.

Am Nachmittag wurden die Sastrugi nach und nach weniger umfangreich, und jetzt scheinen die Haupthindernisse tatsächlich überwunden. Die Spuren treten wieder viel gleichmäßiger hervor. Den ganzen Tag wehte ein angenehmer, hilfreicher Südwind, der Himmel war klar und die Temperatur verhältnismäßig warm (26 Grad). Die Luft ist wieder trocken, sodass Zelt und Ausrüstung allmählich wieder ihre eisige Beschaffenheit, die Folge der Orkane, verlieren.

Aber unsere Schlafsäcke wieder ganz brauchbar zu machen wird viel schönes, trocknes Wetter erfordern. Trotzdem schlafen wir noch ganz gut darin während der jetzt allzu knapp bemessenen Nachtstunden. Nur werden wir allmählich recht ausgehungert und könnten, besonders zum zweiten Frühstück, etwas mehr Nahrung sehr gut brauchen. Wären wir nur erst am nächsten Depot! Dann könnten wir etwas mehr draufgehen lassen. Es ist nicht mehr ganz 110 Kilometer weit und unser Proviant reicht noch auf eine gute Woche. Aber wirklich ausgiebige Kost winkt uns erst am Ponyfutterdepot. Noch ein weiter Weg – und bei Gott! eine fürchterliche Anstrengung!

Sonntag, 28. Januar. Lager R 11. Höhe 3090 Meter. Wenig Wind und mühsames Marschieren am Vormittag: trotzdem 15 Kilometer in fünf Stunden, und am Nachmittag bei gutem Wind und auf besserer Oberfläche noch einmal 15 Kilometer in drei Stunden und 40 Minuten. Die Schlittengleise waren oft einen Kilometer weit vor uns sichtbar. Ziehen wir bergauf oder bergab? Das Barometer stimmt mit den Ablesungen draußen gar nicht überein.

Wo wir heute kampieren, haben wir am 4. Januar gefrühstückt und nur eine halbe Tagesreise weiter verließ uns die letzte Hilfsabteilung. Hier herum war auf dem Hinweg dreierlei verloren gegangen: Oates' Pfeife, Bowers' Fellhandschuhe und Evans' Nachtstiefel. Stiefel und Fausthandschuhe lasen wir auf dem Wege auf und heute Abend fand sich auch die Pfeife, die unweit unseres Zeltes ganz friedlich und frei im Schnee lag.

Hätten wir nur erst die nächsten Depotvorräte glücklich auf dem Schlitten! Wir werden immer hungriger und sind schon recht abgemagert, besonders Evans, aber verbraucht fühlt sich noch keiner. Schwere Lasten könnten wir allerdings nicht mehr ziehen, aber mit unserer leichten geht's noch. Essen und Trinken sind jetzt die Hauptgegenstände unserer Unterhaltung.

Montag, 29. Januar. Lager R 12. Höhe 3050 Meter. Großartiger, 36 Kilometer weiter Marsch, davon 19 am Vormittag! Dank dem hilfreichen Wind und den klaren Spuren! Kurz vor Mittag stießen wir auf die Spur der zuletzt zurückgekehrten Hilfsabteilung; von jetzt an werden also drei deutliche Schlittenfährten uns begleiten. Nur noch 44 Kilometer zum »Drei-Grade-Depot« – 1 1/2 leichte Tagemärsche! Angenommen, dass morgen ein schöner Tag ist, kann es keine Anstrengung mehr kosten. Wind und Sastrugi kommen aus Südsüdost und Südost. Wenn das Wetter so bleibt, müsste unser Marsch über das Inlandeis in einer guten Woche beendet sein. Seit Anfang Januar hat sich die Oberfläche sehr verändert: der Wind hat den Schnee zu harten, seltsam geformten Haufen zusammengeweht, und was liegen geblieben ist, sieht wie poliert aus, ohne Zweifel eine Wirkung des Schneetreibens. Auf solchem Schnee und bei gutem Wind im Rücken läuft der Schlitten herrlich!

Dienstag, 30. Januar. Lager R 13. Gott sei Dank, wieder ein guter Marsch – 35 Kilometer! Das letzte Wegmal vor dem Depot liegt hinter uns, die Spur vor uns bleibt deutlich, das Wetter ist gut, der Wind hilfreich, es geht bergab – ein bisschen Glück noch, und wir haben morgen Vormittag unser Depot erreicht!

Wenn nur nicht die Kehrseite der Medaille so ernst wäre! Ein Bein Wilsons ist geschwollen infolge der Überanstrengung; es hat schon den ganzen Tag geschmerzt und Evans hat heute Abend an zwei Fingern die Nägel verloren; seine Hände sehen furchtbar aus, und zu meiner traurigsten Überraschung hat ihn Mutlosigkeit gepackt; er, der Heiterste von allen, war schon seit dem 23. Januar, wo ihm zuerst die Finger erfroren, nicht mehr recht bei Stimmung. Mit kranken Fingern könnten wir schon weiter, aber wenn Wilsons Bein nicht wieder besser wird, steht es schlimm.

Mittwoch, 31. Januar. Höhe 2990 Meter. Der Tag fing mit einer feinen Brise an; wir erreichten beizeiten das Drei-Grade-Depot, luden seinen Inhalt auf und frühstückten eine Stunde später. Nachmittags wurde die Oberfläche schrecklich, und der Wind flaute bis auf ein südliches Lüftchen ab. Dass das gerade jetzt, wo wir nur vier zum Ziehen sind, passieren muss! Wilson hat sein Bein nach Möglichkeit geschont, indem er ruhig neben dem Schlitten her ging; und heute Abend fühlt er sich viel besser. Aber – ein krankes Glied in der Gesellschaft ist für die anderen eine harte Geduldsprobe!

Es geht jetzt ohne Zweifel über wellenförmiges Terrain, aber die Ungleichheit des Niveaus beeinflusst unser Marschtempo wenig; was uns aufhält, sind die sandartigen Schneekristalle. Heute Abend nahmen wir Bowers' Schneeschuhe mit, die wir am 31. Dezember zurückgelassen – Gott sei Dank das Letzte, was wir auf der Höhe zu finden haben! Jetzt führt unser Weg direkt nordwärts, und der Wind kann gar nicht stark genug blasen!

GLÜCKLICH ZUM RANDE DES POLPLATEAUS

Donnerstag, 1. Februar 1912. Lager R 15. Höhe 2980 Meter. Eine schwere Plackerei heute: sehr schlechte Oberfläche – sandartige Schneewehen – mühsames Ziehen! Wir quälten uns bis nach 8 Uhr abends und erreichten eben das Wegmal vom 29. Dezember. Vom nächsten Depot, dem oberen Gletscherdepot unterhalb des Mount Darwin, wo die erste Hilfsmannschaft umkehrte, zählten wir auf dem Hinweg nur 8 Tage – wir müssten eigentlich jetzt bis zum Depot einen Tag gewinnen können; wir essen ein Siebentel mehr, was einen kolossalen Unterschied ausmacht, und haben doch Proviant genug auf 8 Tage. Wilsons Bein ist viel besser, aber Evans' Finger sind sehr schlimm; noch zwei Nägel gingen ab, und die Beulen brechen auf.

Lager beim »Drei-Grade-Depot«

Freitag, 2. Februar. Höhe 2850 Meter. Lager R 16. Heute kam uns auf einem steilen Abhang der Schlitten auf die Fersen und stieß uns einen nach dem anderen in den Schnee. Wir schnallten die Schneeschuhe ab und taumelten zu Fuß so schnell vorwärts, dass wir um 1 Uhr 30 Minuten 17 Kilometer hinter uns hatten. Von Mittag ab begleitete uns eine seltsame Erscheinung: Unsere alten Spuren waren verschneit, aber der darin zusammengewehte Schnee bildete einen erhöhten Fußweg, an dem wir entlangzogen. Am Nachmittag kamen wir an den Abhang, auf dem wir am 28. Dezember mit den Schlitten getauscht hatte. Alles ging gut, bis ich bei dem Bemühen, mich auf dem glatten Boden zu halten und zugleich der Spur zu folgen, einen bösen »Kopfsprung« machte und schwer mit der Schulter aufschlug. Sie schmerzt heute Abend gräulich und nun beherbergt unser Zelt unter fünf Personen drei Patienten! Dabei stehen uns die schlimmsten Stellen unseres Weges noch bevor! Und Evans' Finger ...

Gegen Abend verloren wir die Spur, stießen aber später in weichem Schnee auf die Fährte der letzten Hilfstruppe, und ihr folgten wir. 31 Kilometer heute – die Extranahrung hilft entschieden, aber wir sind trotzdem recht hungrig! Bis zum Mount Darwin sind es nur noch gegen 150 Kilometer. Wollte Gott, dass uns weitere 4 Tage endlich über diese Höhe hinausbrächten!

Sonnabend, 3. Februar. Lager R 17. Höhe 2755 Meter. Ich lief heute wieder auf Schneeschuhen, um nochmaligem Fallen zu entgehen. Rechts erblickten wir ein Wegmal, das der Sturm arg mitgenommen hatte, verloren aber beständig die Spur und sind heute Abend in der Nähe unseres Lagers vom 26. Dezember, können aber das Wegmal nicht sehen. So geht es nicht weiter; das Suchen nach Gleisen und Wegmalen verkürzte unseren Morgenmarsch auf 15 Kilometer und raubt uns kostbare Stunden; wir haben daher soeben beschlossen, geradewegs nordwärts zu ziehen.

Evans geht es mit seinen Fingern verhältnismäßig nicht schlecht, aber wann wird er wieder fähig sein tüchtig mit zuzugreifen? Wilsons Bein ist viel besser und meine Schulter ebenfalls, obwohl ich oft schauderhafte Stiche darin fühle.

Die Polabteilung auf der Suche nach der Spur

Sonntag, 4. Februar. Lager R 18. Höhe 2630 Meter. Wir zogen morgens zu Fuß auf guter, fester Oberfläche und legten 18 Kilometer zurück. Gerade vor dem zweiten Frühstück fielen Evans und ich ganz unerwartet gleichzeitig in eine Spalte – Evans schon das zweite Mal; darum ließ ich das Lager aufschlagen. Nachher ging es über eine harte, glänzende Oberfläche etwa hundert Meter abwärts, und wir haben im Ganzen 33 Kilometer zurückgelegt. Auf halbem Wege trat zur Rechten das Land herrlich hervor und ich beschloss, gerade auf den Darwinberg loszugehen, statt einen Bogen um ihn zu machen. Wären wir nur von diesem verwünschten Plateau herunter! Die Temperatur ist um 11 Grad niedriger als auf der Hinreise; unsere Gesundheit bessert sich auch nicht, besonders kann Evans sich gar nicht erholen, und nach dem heutigen Sturz wurde er plötzlich völlig stumpf und leistungsunfähig! Was soll daraus werden?!

Montag, 5. Februar. Lager R 19. Höhe beim zweiten Frühstück 2535 Meter, abends 2475 Meter. Temperatur 27 1/2 Grad. Ein guter Vormittag mit 19 Kilometern! Aber nachmittags gerieten wir in Schwierigkeiten. Das Land lag ganz deutlich vor uns, aber wie hinkommen? Riesige Eisrücken und große, teilweise offene Spalten verlegten uns den Weg, und wir mussten uns fast immer westwärts halten, sodass unsere Marschrichtung sehr unregelmäßig wurde. Ohne meine Schneeschuhe wäre es kaum gegangen!

Unser heutiges Lager steht in einer wahren Eiswüste, aber der Wind ist hier milder und es ist zum ersten Mal seit Wochen wieder behaglich im Zelt. Mehr als 55 Kilometer können wir nicht vom oberen Gletscherdepot entfernt sein, aber wie wir durch die sich jetzt auftürmenden Hindernisse durchkommen, weiß der Himmel! Unsere Gesichter sind vom Wind wie zerfetzt, meines noch am wenigsten; die anderen schmerzt die Nase mehr, wenn sie mit dem Wind marschieren, als wenn es gegen ihn geht. Evans' Nase ist fast ebenso schlimm wie seine Finger – er ist sehr abgefallen! Der Ärmste!

Dienstag, 6. Februar. Lager R 20. Beim zweiten Frühstück Höhe 2405 Meter, abends 2200 Meter. Temperatur 26 Grad.

Ein schrecklicher Tag! Und keine gute Kilometerzahl! Schon am Morgen war der Himmel bedeckt – eine furchtbare Gefahr, wenn man rings von Spalten umschlossen ist. Glücklicherweise klärte es sich noch auf und wir zogen gerade auf den Darwinberg los, aber nach einer halben Stunde standen wir zwischen riesigen, offenen Schlünden, die zwar nicht sehr tief, aber auch nicht überbrückt waren. Wir gingen zwischen zweien nordwärts, aber zu unserem größten Verdruss liefen sie schließlich in ein Chaos unpassierbarer Eistrümmer zusammen. Es blieb uns nichts übrig: Wir mussten zwei Kilometer weit zurück! Dann wandten wir uns nach Westen und kamen auf ein wildes Meer von Sastrugi, wo das Ziehen furchtbar anstrengte; wir setzten das Segel auf; Evans' Nase litt sehr, Wilson fror und alles war scheußlich. Der einzige Trost war, dass es nach Westen hin besser aussah und es sichtlich bergab ging. Und zum Ende des Marsches hatten wir wenigstens die Gewissheit, dass wir gerade auf unser nächstes Depot lossteuerten und es höchstens noch 28 Kilometer entfernt war.

Die Lebensmittel sind knapp und das Wetter ist unsicher – die Stunden am Tage mehren sich, wo ich die quälende Besorgnis nicht abschütteln kann! Wir sind heute nicht so weit vorgerückt, wie ich erwartete! Die meiste Sorge macht mir Evans; seine Wunden eitern, seine Nase sieht sehr übel aus und manche Anzeichen verraten, dass seine Kraft zu Ende ist! Welch ein Glück, dass wir mit dem Plateau so schnell abschließen werden! Um den Pol zu erreichen, brauchten wir 27 Tage, jetzt sind wir 21 Tage auf dem Rückweg – haben also fast 7 Wochen in niedriger Temperatur und bei fast unaufhörlichem Sturm zugebracht.

Mittwoch, 7. Februar. Darwinbergdepot (oder oberes Gletscherdepot). Lager R 21. Höhe 2170 Meter. Ein gräulicher Tag, aber mit glücklichem Ende! Am Morgen panischer Schrecken durch die Gewissheit, dass eine ganze Tagesration zu wenig Schiffszwieback vorhanden ist! Alles Nachgrübeln beantwortete uns nicht die Fragte, wie das möglich sein konnte, da wir über unsere vorgeschriebene Ration bestimmt nie hinausgegangen sind. Bowers regte sich schrecklich darüber auf.

8 Uhr 30 traten wir unseren Marsch an, zogen Abhänge hi-

nunter, überkletterten Terrassen mit harten Sastrugi – doch das Land wollte nicht näher kommen. Um Mittag erhob sich der Wind von neuem und da wir uns außerdem durch Tee und Essen gestärkt hatten, setzten wir uns nachmittags in etwas besser Stimmung in Bewegung. Und bald durften wir aufatmen: Unser Ziel näherte sich! Um 6 Uhr 30 lag das Depot deutlich vor uns und um 7 Uhr 30 schlugen wir hier unser Lager auf.

Eine angenehme Botschaft erwartete mich hier: ein Zettel von Leutnant Evans mit der Meldung, dass die zweite heimreisende Abteilung am 14. Januar um 2 Uhr 30 Minuten wohlbehalten hier vorübergezogen sei – sie haben also von einem zum anderen Depot einen halben Tag mehr gebraucht als wir.

Wohlan! Unsere siebenwöchige Eislagerreise haben wir hinter uns und sind größtenteils gesund geblieben – noch eine Woche mehr hätte für unseren Evans sehr schlimm werden können, denn es geht beständig mit ihm abwärts. Wird sich das Glück auch weiterhin nicht ganz von uns abwenden?

Es ist mir eine tiefe Befriedigung, mir immer wieder sagen zu können, dass die von mir angegebenen Tatsachen den absoluten Beweis liefern, dass sowohl meine wie Amundsens Expedition den Pol erreicht haben, und dass die Frage der Priorität hat unerörtert bleiben können.

DER TOD IM LAGER

Donnerstag, 8. Februar 1912. Lager R 22. Höhe 1910 Meter. Temperatur am Morgen 24 Grad, mittags 21 Grad und beim Abendessen 18 Grad. Zurückgelegt 17 Kilometer. Wir zogen ziemlich spät vom oberen Gletscherdepot fort, denn wir hatten Schiffszwieback usw. abzuwägen und manches anders einzurichten. Der Morgen war gräulich; der Wind wehte heftig und kalt. Gleichviel schlugen wir die Richtung nach dem Darwinberg ein, um das Gestein zu untersuchen. Ich schickte Bowers auf Schneeschuhen voraus, da Wilson die seinigen heute nicht tragen konnte, und er brachte verschiedene Gesteinproben mit, die fast alle dem gleichen Typus angehörten, feinkörniger Granit mit roter Verwitterungsfarbe, daher der »rosa Kalkstein«. Dann sausten wir ziemlich schnell bergab, Bowers und ich als Führer auf Schneeschuhen, Oates und Wilson zu Fuß neben dem Schlitten, und Evans, wie er eben fortkommen konnte. Um 2 Uhr frühstückten wir weiter abwärts nach dem Mount Buckley zu. Der Wind war jetzt ein halber Sturm, wir alle froren und waren sehr mutlos.

Der Nachmittag heiterte uns aber wieder auf. Wir steuerten nach der Moräne unterhalb des Mount Buckley hin und mussten nun mit Hilfe der Steigeisen über einige schroffe Abhänge mit großen Spalten hinwegklettern und nach der Bergseite hinunterrutschen. Diese Moräne war so interessant, dass ich, als wir einige Kilometer weitergelangt und dem Winde entgangen waren, beschloss Halt zu machen und den Rest des Tages zu geologischen Untersuchungen zu benutzen.

Wir befanden uns unter senkrechten Felsen aus Beaconsandstein, der schnell verwittert und echte Kohlenflöze enthielt, in denen Wilsons scharfe Augen mehrere Pflanzenabdrücke entdeckten, darunter ein Stück Kohle mit schön gezeichneten Blättern, und einige außerordentlich gut erhaltene Abdrücke dicker Stängel, die noch die Zellenstruktur erkennen ließen. Am Abend fand Wilson noch eine Kalksteinprobe mit Archäocyathus; er ist entschieden selten, da in der Moräne nur wenige Exemplare zu finden sind, während reinweißer Quarz stark vertreten ist.

So haben wir einen außerordentlich interessanten Nachmittag verlebt und die Erleichterung, die wir dabei alle empfanden, endlich aus dem Wind heraus und in wärmerer Luft zu sein, ist gar nicht zu schildern! Man könnte Bücher darüber schreiben, welche Freude es ist, wieder den Fuß auf eisfreies Gestein zu setzen, nachdem man sieben Wochen lang nichts anderes als Eis und Schnee gesehen hat! Jetzt wird alles gut werden!

Freitag, 9. Februar. Lager R 23. Höhe 1590 Meter. Mittagstemperatur 12 Grad, Abendtemperatur 10 1/2 Grad. Ungefähr 24 Kilometer. Wir zogen bis an das Ende des Mount Buckley längs des Moränenrandes. Wilson machte dabei einen großen Fund an Pflanzenabdrücken in Kalkstein. Aber ich bin zu müde zu geologischen Aufzeichnungen – wir fühlen uns heute alle sehr, sehr schlaff, teils wohl infolge der hohen Temperatur, teils aber macht sich ohne Zweifel der Rückschlag geltend. Wir hätten eigentlich nach dem Gletscher im Norden des Buckleyberges hinziehen müssen, aber in dem schlechten Licht sah uns der Abstieg gar zu schroff aus. Schließlich gerieten wir zwischen böse Eistrümmer und mussten über einen Eisfall hinunter. Die Spalten waren viel bedeutender, als wir erwartet hatten, und der Abstieg machte uns einige Mühe, aber dann stießen wir auf unser Nachtlager vom 20. Dezember. Nachmittags kamen wir in 3 3/4 Marschstunden recht schnell vorwärts; den Schlittengeschwindigkeitsmesser haben wir losgemacht, er kann uns also von jetzt ab die zurückgelegte Entfernung nicht mehr angeben.

Heute Abend ist es herrlich windstill und warm, obgleich wir den ganzen Nachmittag bedeckten Himmel hatten. Man muss sich erst wieder an die Vorstellung gewöhnen, dass man sich draußen vor dem Zelt sonnen kann. Unser Essen sättigt uns jetzt vollkommen, aber wir müssen vorwärts, damit wir bei voller Ration bleiben können! Wäre uns nur nicht die Ruhe so dringend notwendig! Dennoch werden wir, so Gott will, glücklich durchkommen; verbraucht sind wir durchaus noch nicht.

Sonnabend, 10. Februar. Lager R 24. Trotzdem wir zu weit ostwärts gingen und in schwieriges Eis gerieten, machten wir doch einen guten Morgenmarsch. War das ein herrlicher Schlaf diese Nacht! Unsere Gesichter hatten heute früh einen ganz anderen Ausdruck! Leider kamen wir infolgedessen nicht vor 10 Uhr fort und frühstückten erst kurz vor 3. Dann begann das Land sich zu verdunkeln. Wir hielten noch 2 1/2 Stunden mit großer Mühe Kurs, dann aber verschwand die Sonne und Nordwind trieb uns Schnee ins Gesicht; da es sehr warm und Richtung zu halten unmöglich war, bauten wir unser Zelt auf.

Wir haben noch zwei volle Tagesrationen, wissen aber nicht, wo wir sind – bis zum mittleren Gletscherdepot können es gewiss nicht ganz mehr zwei Tage sein. Wenn sich jedoch das Wetter morgen nicht aufklärt, müssen wir entweder blind drauflosmarschieren oder unsere Mahlzeiten einschränken.

Eine verdrießliche Sache! Doch erst schlafen – schlafen! Wir haben an Schlaf noch viel nachzuholen!

Sonntag, 11. Februar. Lager R 25. Temperatur beim zweiten Frühstück 21 1/2 Grad, beim Abendessen 19 1/2 Grad. Der furchtbarste Tag, den wir auf der ganzen Reise erlebt haben! Und hauptsächlich durch eigene Schuld! Wir zogen auf scheußlicher Oberfläche mit leichtem Südwestwind, aufgesetztem Segel und Schneeschuhen ab – bei trostloser Beleuchtung, die alles verzerrt erscheinen ließ. Je weiter wir kamen, desto schlechter wurde das Licht und plötzlich sahen wir uns zwischen Eistrümmern. Hier kam es zu dem verhängnisvollen Entschluss, ostwärts zu gehen. Sechs Stunden marschierten wir in der Hoffnung, eine stattliche Entfernung zurückzulegen, was wir auch jedenfalls getan haben, aber die beiden letzten Stunden führten uns in eine regelrechte Falle. Da wir schließlich doch noch auf gute Oberfläche kamen, dachten wir, dass es nun so bleiben werde, und schränkten unser zweites Frühstück nicht ein. Eine halbe Stunde später staken wir in dem größten Eistrümmergebiet, das mir je vorgekommen ist! Drei Stunden lang suchten wir auf Schneeschuhen vergebens einen Ausweg, wandten uns nach links, dann wieder nach rechts, und schließlich wieder weit nach links, wo wir einen Weg zu finden glaubten. Aber es wurde immer schlimmer, das Eis immer härter, unwegsamer und rissiger, und wir gaben schon alle Hoffnung auf, je aus diesem Eislabyrinth wieder hinauszukommen. Die Schneeschuhe mussten wir ablegen, und auf den Füßen konnten wir uns kaum mehr halten; alle Augenblicke fiel einer von uns in eine Spalte hinein – zum Glück ohne ernstliche Verletzung. Zuletzt erblickten wir nach dem Lande zu eine glattere Fläche – also dorthin! Wenn es auch noch so weit ist! Das Trümmerfeld veränderte jetzt seinen Charakter: Statt der zerfetzten Oberfläche umgaben uns jetzt riesige Schlünde, dicht nebeneinander und kaum noch zu überschreiten. Aber eine andere Rettung gab es nicht – also vorwärts! Die Verzweiflung gab uns Mut und Kraft und um 10 Uhr abends waren wir in Sicherheit.

Ich schreibe dies nach zwölfstündigem, furchtbarem Marsch. Ich glaube, dass wir jetzt auf dem richtigen Wege sind, oder doch ungefähr; aber das Depot ist noch viele Kilometer entfernt! Wir haben deshalb heute Abend unsere Ration verringert; wir hatten noch Pemmikan zu drei Mahlzeiten und machen daraus vier. Morgen müssen wir beim zweiten Frühstück etwas für übermorgen übrig lassen, wenn wir nicht sehr große Fortschritte machen. Der heutige Tag war eine Probe, die uns zeigte, was wir noch aushalten können; wir haben sie gut bestanden. Heute Abend weht es tüchtig gletscherabwärts, das treibt die Wolken weg und fegt die Oberfläche rein. Ich bitte zu Gott, dass der Wind morgen bleiben möchte. – Eine kurze Nacht nur! So früh wie möglich müssen wir fort!

Montag, 12. Februar. Lager R 26. Unsere Lage ist etwas kritisch! Am Morgen ging alles gut; wir machten auf leidlicher Oberfläche einen tüchtigen Marsch und gegen Mittag erheiterte uns der Anblick unseres Nachtlagers vom 18. Dezember: Wir waren also auf dem richtigen Weg und nur noch einen Tag vom Depot entfernt. Nachdem wir uns durch Tee erquickt hatten, zogen wir in fröhlichster Zuversicht weiter. Aber ein verhängnisvoller Zufall brachte uns zu weit nach links bergauf und wir gerieten, müde und niedergeschlagen, in ein gräuliches Gewirr großer Spalten und langer Risse. Von nun an machten geteilte Ansichten unsere Marschrichtung unsicher und schließlich strandeten wir um 9 Uhr abends an der allerschlimmsten Stelle. Da sitzen wir nun nach kärglichem Abendbrot mit nur noch einer Mahlzeit im Proviantsack! Die Lage des Depots ist uns völlig unklar – und doch müssen wir morgen hingelangen! Einstweilen betäuben wir uns durch krampfhafte Lustigkeit. – Wollte nur Gott, dass wir morgen gutes Wetter hätten!

Dienstag, 13. Februar. Lager R 27, neben dem »Wolkenmacher«. Temperatur 23 Grad. Trotz unserer Sorgen schliefen wir die Nacht über gut; selbst ich, obgleich mich die Unruhe oft aus dem Zelt trieb und ich daher wusste, dass sich der Himmel immer mehr bewölkte und es schließlich zu schneien begann. Beim Aufstehen war es draußen so finster wie in einem Sack; zu sehen war nichts, wir mussten also in den Schlafsäcken liegen bleiben. Um 8 Uhr 30 trat das Land beim »Wolkenmacher« undeutlich hervor. Um 9 standen wir auf und tranken Tee, aber nur mit Schiffszwieback, um den Rest des Pemmikans noch zu einem dürftigen Mahl für den Notfall aufzusparen. Erst ging es weiter durch das furchtbare Gewirr von zertrümmertem Eis, aber nach einer Stunde stießen wir auf die schmutzig braunen Reste einer alten Moräne und von hier an wurde die Oberfläche glatter und besser. Der Nebel hing noch überall und wir mussten unsere Peilung immerfort kontrollieren. Ein Ruf von Evan's weckte unsere Lebensgeister: Er glaubte das Depot zu sehen, aber es war nur ein Schatten auf dem Eise! Dann aber entdeckte Wilson plötzlich die wirkliche Depotfahne! Welch eine Erleichterung, als wir bald nachher im Besitz unserer Ration auf 3 1/2 Tage waren!

Auf dem Nachmittagsmarsch hielt ich mich mehr links und näherte mich dem »Wolkenmacher«, bis wir an die Moränen kamen. Hier blieb Wilson zurück, um Gesteinproben zu sammeln, während wir unseren Schlitten weiterzogen. In später Stunde schlugen wir dem unteren Ende des Berges gegenüber unser Lager auf.

Der gestrige Tag brachte uns die schlimmste Erfahrung der ganzen Reise und uns alle hatte ein schauerliches Gefühl der Unsicherheit gepackt. Jetzt sind wir wieder obenauf. Aber wir müssen künftig mit den Vorräten so Haus halten, dass wir nicht wieder in solche Notlage geraten, auch wenn das Wetter uns aufhalten sollte. Zu meiner Beruhigung erfuhr ich hier im Depot, dass die beiden anderen Abteilungen von hier aus wohlbehalten weitergezogen sind. Der morgige Tag verspricht schön zu werden: Im Tal klärt es sich auf. Bowers hat einen schweren Anfall von Schneeblindheit gehabt, Wilson auch! Evans ist zu schwach, um bei der Lagerarbeit zu helfen.

Mittwoch, 14. Februar. Temperatur beim zweiten Frühstück 18 Grad, beim Abendessen 18 1/2 Grad. Ein schöner Tag mit hilfreichem Wind, der gletscherabwärts wehte, und ein ziemlich guter Marsch. Wir machten uns etwas spät auf den Weg und zogen die Moräne hinunter. Anfangs wollte ich mich rechts wenden, wurde aber glücklicherweise anderen Sinnes und wir folgten den gewundenen Linien der Moränen. Dieser Kurs brachte uns denn auch gut auf den Gletscher hinaus.

Nach einer Stunde setzten wir das Segel; aber unsere vereinten Anstrengungen erzielten nur eine langsame Fahrt, teils wegen der sandartigen Schneewehen, die denen auf der Höhe glichen, teils auch infolge unserer rau gewordenen Schlittenkufen. Beim zweiten Frühstück wurden sie abgekratzt und mit Sandpapier geglättet. Aber dann kamen wir auf Schnee, der nur hin und wieder Eis durchscheinen ließ. Zuerst ging es erbärmlich, aber da Gefälle und Wind besser wurden, legten wir doch noch 12 Kilometer zurück.

Eine furchtbare Tatsache, aber unleugbar: Wir können nicht mehr gut marschieren! Wahrscheinlich keiner von uns! Wilsons Bein schmerzt noch und er wagt sich nicht mehr auf die Schneeschuhe. Aber am schlimmsten steht es mit Evans! Heute Morgen entdeckte er plötzlich eine riesige Beule an seinem Fuß und auf dem Marsch mussten wir ihm die Steigeisen immer wieder zurechtschieben – lange, kostbare Minuten, die wir nicht wieder einbringen können! Ginge es nur erst, wie heute Nachmittag, gleichmäßig auf Schneeschuhen vorwärts, dann könnte er sich wohl wieder erholen! Er ist hungrig, und Wilson auch. Aber wir dürfen es nicht wagen, mehr Lebensmittel zu verbrauchen, und ich, gegenwärtig Koch, bringe immer etwas weniger als die ganze Ration auf den Tisch. Wir sind schlaff und langsam bei der Lagerarbeit – das gibt neue Verzögerungen! Ich habe heute Abend den anderen eindringlich zugesprochen – hoffentlich wird es nun besser damit. Das untere Gletscherdepot ist noch gegen 55 Kilometer entfernt, und unsere Lebensmittel reichen etwa drei Tage.

Donnerstag, 15. Februar. Lager R 29. Ein schwerer Marsch von 26 Kilometern heute, aber wir wissen nicht genau, wie weit es noch bis zum Depot ist. Heute Nachmittag war es bewölkt und das Land lange Zeit unsichtbar. Wir haben die Nahrung verringert und die Schlafenszeit gekürzt und fühlen uns ziemlich kraftlos. In anderthalb, höchstens zwei Tagen werden wir das Depot erreichen, hoffe ich bestimmt – wir haben nichts anderes mehr im Sinn – wir können keine anderen Gedanken mehr fassen.

Freitag, 16. Februar. Wir sind in entsetzlicher Aufregung: Unser Evans scheint geistesgestört! Der sonst so selbstbewusste Mann ist ganz verändert; heute Morgen und auch heute Nachmittag ließ er auf einmal unter lächerlichen Vorwänden Halt machen! Wir leben von knappsten Rationen und bis morgen Abend müssen unsere Lebensmittel reichen! Mehr als 18 oder 22 Kilometer können es nicht mehr bis zum Depot sein. Aber das Wetter ist uns in jeder Weise feindlich. Nach dem zweiten Frühstück waren wir wie in Schneelaken eingehüllt, das Land war nur noch eben undeutlich in der Ferne sichtbar. Ereignisse wie die heutigen werden wir zeitlebens nicht vergessen! Vielleicht wird alles noch gut, wenn wir unser Depot morgen ziemlich früh erreichen! Aber mit dem kranken Manne unter uns –? Doch wozu sich über noch ungeschehene Dinge aufregen? Die Minuten zum Schlaf sind uns abgezählt – ich kann nicht mehr schreiben.

Sonnabend, 17. Februar. Ein grauenvoller Tag! Evans sah, nachdem er gut geschlafen hatte, ein wenig wohler aus, und versicherte, wie immer, dass es ihm sehr gut gehe. Er marschierte vor den Schlitten gespannt mit uns ab, verlor aber nach einer halben Stunde den Halt auf den Schneeschuhen und musste abgeschirrt werden. Die Oberfläche war scheußlich, der kürzlich gefallene weiche Schnee blieb bei jedem Schritt in großen Klumpen an den Schuhen und Schlittenkufen hängen, der Schlitten ächzte unter den Stößen, der Himmel war bedeckt und das Land verschwommen. Nach etwa einer Stunde machten wir Halt und Evans holte uns ein, aber sehr, sehr langsam. Nach einer halben Stunde blieb er wieder zurück und bat Bowers noch ihm ein Ende Bindfaden zu leihen. Ich riet ihm uns möglichst schnell nachzukommen und er versprach es in einem, wie mir schien, heiteren Tone. Als wir dem Monumentfelsen gegenüber waren, sahen wir Evans noch sehr weit zurück; ich ließ deshalb das Lager aufschlagen.

Anfangs waren wir gar nicht unruhig, brühten Tee auf und setzten uns zum Essen. Als sich dann aber Evans immer noch nicht einstellte, schauten wir aus dem Zelt und sahen ihn noch weit entfernt. Jetzt packte uns die Aufregung und wir liefen alle vier auf Schneeschuhen zu ihm hin. Ich langte zuerst bei ihm an und war entsetzt über sein Aussehen: Mit aufgerissenem Anzug lag er auf den Knien, die Hände waren nackt und erfroren, und in seinen Augen war ein wilder Blick! Als ich ihn fragte, was ihm fehle, antwortete er in schleppendem Tone, er wisse nicht, was mit ihm sei, aber er habe wohl einen Ohnmachtsanfall gehabt. Wir richteten ihn auf, aber nach zwei oder drei Schritten sank er wieder auf den Schnee und zeigte alle Symptome vollständigen Zusammenbruchs. Wilson, Bowers und ich liefen zurück, um den Schlitten zu holen, während Oates bei ihm blieb. Als wir zurückkehrten, war er ohne Bewusstsein und als wir ihn ins Zelt gebracht hatten, schien er vollkommen schlafsüchtig.

Er erwachte nicht wieder: Um 12 Uhr 30 in der Nacht ist er gestorben.

Der arme Evans hatte schon kurz vor unserem Eintreffen am Pol angefangen schwächer zu werden und der Schreck über seine erfrorenen Finger, später das wiederholte Fallen auf der anstrengenden Gletscherwanderung und zuletzt der völlige Verlust des Vertrauens auf sich selbst hatten seine Gesundheit untergraben; Wilson nimmt als sicher an, dass er sich bei einem Fall das Gehirn verletzt habe. Furchtbar, einen Kameraden so verlieren zu müssen! Aber bei ruhigem Nachdenken mussten wir Übrigen uns sagen: immer noch ein Glück, dass die entsetzlichen Aufregungen der letzten Woche gerade so endeten. Mit einem Schwerkranken so weit reisen zu müssen, wäre für uns alle eine verzweifelte, rettungslose Sache gewesen!

Um 1 Uhr nachts packten wir zusammen, zogen über die Presseisrücken abwärts und fanden das untere Gletscherdepot ohne Mühe.

DIE LETZTEN MÄRSCHE

Sonntag, 18. Februar 1912. Lager R 32, Schlachthauslager. Nach der entsetzlichen Nacht gönnten wir uns beim unteren Gletscherdepot fünf Stunden Schlaf und kamen, nachdem wir ziemlich leicht über die Eisscheide hinüber gelangt waren, heute gegen 3 Uhr im Schlachthauslager an. Der reichliche

Pferdefleischvorrat hier bot uns ein gutes Abendessen, dem noch viele Ähnliche folgen werden, sodass wir von jetzt an nicht mehr so sparsam zu sein brauchen – vorausgesetzt, dass wir dauernd gute Märsche machen. Mit der reichlicheren Nahrung kehrte auch fast augenblicklich neues Leben in uns zurück; aber die Oberfläche der Barriere macht mir noch Sorge.

Montag, 19. Februar. Lager R 33. Mittag war schon vorbei, als wir uns heute in Bewegung setzten; denn ich hatte acht Stunden Schlaf bewilligt und nachher hielt die Lagerarbeit lange auf; wir mussten den Schlitten umtauschen und den neuen, den wir im Depot wieder vorfanden, mit einem Mast usw. versehen, dazu Pferdefleisch und allerlei persönliche Habe einpacken. Die Oberfläche war Zoll für Zoll so schlecht, wie ich es gefürchtet hatte: weicher, sandartiger Schnee bedeckte sie und die Sonne brannte hell darauf. Nach kurzer Zeit stießen wir auf unsere alte Spur.

Aber mehr als 9 Kilometer brachten wir nicht fertig! Es war ein Ziehen wie über Wüstensand – nicht ein bisschen Gleiten. Wenn das nur nicht so weitergeht! Wir sind hier noch auf windlosem Gebiet, dicht an der Küste; da wir meerwärts vorrücken, werden wir ihm wohl in kurzer Zeit entrinnen! Im Übrigen haben sich unsere Verhältnisse gebessert. Unsere Schlafsäcke liegen ausgebreitet auf dem Schlitten und fangen schon an in der Sonne zu trocknen, vor allem aber: Wir haben wieder unsere vollen Rationen. Heute Abend gab es eine Art Schmorbraten von Pemmikan und Pferdefleisch, das wir für das beste warme Essen auf der ganzen Schlittenreise erklärten. Das Fehlen unseres armen Kameraden Evans kommt uns zwar bei der Lebensmittelverteilung zugute, aber wenn er gesund bei uns wäre, kämen wir viel schneller vorwärts! – Was mag unser wohl noch warten? Wenn nur nicht die Jahreszeit schon zu weit vorgeschritten ist!

Dienstag, 20. Februar. Lager R 34. Dieselbe entsetzliche Oberfläche; vier Stunden mühsamen Trabens während des ganzen Morgens brachten uns nach unserem Trübsallager, wo wir auf dem Hinweg den viertägigen Aufenthalt hatten. Wir sahen uns nach mehr Ponyfleisch um, fanden aber nichts. Die Gesamtkilometerzahl des Tages ist 13 und wir haben wieder ein Wegmal hinter uns – aber es geht schrecklich langsam! Wenn wir nur erst über das Land hinaus wären. Heute Abend scheinen sich im Südosten Wolken zusammenziehen zu wollen, was uns helfen könnte. Gegenwärtig hinterlassen Schlitten und Schneeschuhe tief aufgepflügte Gleise, deren Windungen sich meilenweit hinter uns deutlich abzeichnen. Es ist trostlos, aber wie gewöhnlich sind alle Kümmernisse schnell vergessen, wenn wir im Lager sitzen und etwas Gutes zu essen haben. Wollte Gott, dass wir bessere Märsche machten! Denn wir sind nicht mehr so leistungsfähig wie früher und die Jahreszeit schreitet immer weiter fort.

Mittwoch, 21. Februar. Lager R 35. Temperatur beim zweiten Frühstück 23 Grad und beim Abendessen 24 Grad. Es war finster und bewölkt, als wir uns auf den Weg machten, aber sehr viel wärmer. Schreckliche Plackerei den ganzen Tag und zeitweise verfielen wir in trübe Gedanken. Es waren Trostblicke, wenn wir auf alte Fährten und Wegmale stießen. Beim zweiten Frühstück glaubten wir uns verirrt zu haben, aber nach ein oder zwei Stunden zogen wir an den letzten Ponywällen vorüber und stießen dann auf einen Zeltring; wir waren also tatsächlich auf unserem alten Ponyweg.

Hier ist nun eine kritische Stelle mit weitem Abstand zwischen den Wegmalen! Wenn wir uns auf ihr zurechtfinden, kommen wir wieder auf die regelrecht bezeichnete Straße und werden mit einem bisschen Glück auch auf ihr bleiben; aber alles hängt vom Wetter ab. Noch auf keinem Marsch haben wir 16 Kilometer mit größerer Schwierigkeit zurückgelegt wie heute! So darf es nicht weitergehen!

Donnerstag, 22. Februar. Lager R 36. Es ist eine verwünscht kritische Zeit, in der wir heimwärts ziehen! Der nahende Winter kann unsere Reise noch ernstlich gefährden! Heute früh wehte ein frischer Südostwind den Schnee vor sich her und wir verloren sofort die schwache Spur. Ein Wegmal, auf das wir rechneten, wollte sich auch nicht zeigen. Nachmittags änderte Bowers die Marschrichtung in der festen Überzeugung, dass wir zu weit nach Westen geraten seien. Resultat: Wir sind wieder an einem Ponylager vorübergezogen, ohne es zu sehen. Heute Abend zeigte uns die Karte, dass wir zweifellos viel zu weit östlich sind. Bei klarem Wetter wäre der Fehler schnell zu verbessern, aber wird sich das Wetter aufklären? Und kann sich dasselbe Versehen nicht jeden Tag wiederholen? Eine düstere Lage! Der Wind flaut heute Abend ab und der Himmel klärt sich im Süden auf – also Hoffnung! Und warum auch nicht? Können doch selbst so unerwartete Vorfälle den Mut meiner Kameraden nicht brechen! Heute Abend hatten wir ein so vorzügliches Ponyragout, dass wir uns alle wieder stark und kräftig fühlten.

Freitag, 23. Februar. Lager R 37. Wir brachen bei Sonnenschein auf, der Wind hatte sich fast gelegt. Glücklicherweise machte Bowers eine Reihe Winkelmessungen und mit Hilfe der Karte kamen wir dahinter, dass wir uns eher an der inneren als an der äußeren Spur befinden mussten. Doch die Anhaltspunkte waren so dürftig, dass es mir zu verantwortlich schien, abzubiegen; aber zufrieden waren wir alle nicht mit unserer Richtung. Da entdeckte plötzlich Bowers mit seinen wunderbar scharfen Augen ein altes doppeltes Wegmal, das Theodolitfernrohr bestätigte seine Wahrnehmung, und nun hob sich unser Mut mit einem Schlage. Am Nachmittag fanden wir ein zweites Wegmal, gingen darüber hinaus und schlugen das Lager nur 4 1/2 Kilometer vor dem Depot auf. Wir können es zwar noch nicht sehen, aber – gutes Wetter vorausgesetzt – es auch nicht mehr verfehlen. Daher fühlen wir uns alle ungeheuer erleichtert. Wir legten in 7 Stunden 15 Kilometer zurück; wir könnten also auf dieser Oberfläche 18 bis 22 marschieren. Die Aussichten sind wieder heller: Wir sind auf der richtigen Straße und von hier bis nach Hause wird keine Lücke mehr zwischen den Wegmalen sein.

Sonnabend, 24. Februar. Zweites Frühstück. Wunderschöner Tag – zu schön – eine Stunde nach dem Abmarsch verdarb loser Schnee die Oberfläche gänzlich! Wir erreichten das Depot um die Mitte des Vormittags und fanden die Vorräte in guter Ordnung, nur zu wenig Öl – wir werden sehr sparsam mit dem Brennmaterial umgehen müssen. Im Übrigen haben wir von heute Abend an Proviant auf volle zehn Tage und weniger als 130 Kilometer vor uns bis zum nächsten Depot. Ein Zettel von Meares besagt, dass er am 15. Dezember hier vorbeigekommen sei, bei sehr schlechter Oberfläche; und einer von Atkinson, dass es Keohane nach kurzer Krankheit besser gehe. Eine kurze, etwas unwirsche Mitteilung von Evans spricht ebenfalls von schlechter Oberfläche und hoher Temperatur.

Nun wir dieses Depot auf dem Schlitten haben, ist bei mir alle Besorgnis überwunden.

Seit wir das Schlachthauslager verlassen haben, sind wir beständig angestiegen. Die Küstenbarriere senkt sich, ausgenommen da, wo sich Gletscher ans Meer hinausdrängen. Wellenbildung ist noch vorhanden, aber im Abflachen. Die Oberfläche ist oben weich und unterwärts merkwürdig hart. Zwischen den Tag- und Nachttemperaturen macht sich ein großer Unterschied bemerkbar; während ich dies im Zelt schreibe, ist es ganz warm. – Der arme Wilson hat infolge der gestrigen Anstrengungen einen fürchterlichen Anfall von Schneeblindheit. Wenn wir nur mehr Brennmaterial hätten!

Lager R 38. Temperatur 27 Grad. Bin wieder ein wenig mutlos. Das war heute Nachmittag eine wirklich gräuliche Oberfläche, und wir legten nur 7 1/2 Kilometer auf unserer Spur zurück. Wir können dies anstrengende Ziehen unmöglich auf dem ganzen Weg fortsetzen! Ich weiß nicht, was ich davon denken soll, aber das schnelle Zuendegehen dieses Sommers ist ein böses Omen! Es wird ein Wettrennen zwischen Jahreszeit und schlechtem Wetter einerseits und unserer Leistungsfähigkeit und guten Ernährung andererseits.

Sonntag, 25. Februar. Temperatur beim zweiten Frühstück 24 1/2 Grad. Brachten es heute Morgen auf 11 Kilometer. Wir waren beim Aufbrechen ein wenig niedergeschlagen. Aber nach und nach wurde die Oberfläche besser und eine Zeit lang hatten wir auch leichten Wind im Rücken. Aber noch ist das Ziehen sehr mühsam; die Wellenbildung verschwindet, aber Unebenheiten bleiben, und das Ziehen bringt uns furchtbar herunter, obgleich wir jetzt schon viel besser auf Schneeschuhen laufen können. Bowers hat noch nicht das richtige Geschick dazu und nimmt mein Kritisieren ein bisschen übel, aber er ist doch ein guter Kerl. Augenblicklich ist mir viel leichter – ich schreibe das beim zweiten Frühstück – ausgezeichnetes Essen – jetzt ein Kännchen sehr starken Tees – vier Stücke Schiffszwieback und Butter. – Hätten wir doch nur ein wenig Wind! Leutnant Evans scheint viel gehabt zu haben.

Lager R 39. Temperatur 29 Grad. Der heutige Tag brachte uns 21 Kilometer – die erste Zahl gleichmäßigen Vorrückens über 20 seit langer Zeit! Aber sie bedeutete schwere Arbeit – und wird es auch ferner bedeuten. Nachts ist's recht kalt, sonst ist dies das herrlichste Wetter, nur – dass die Sonne die Oberfläche verdirbt und uns Wind fehlt!

Montag, 26. Februar. Temperatur beim zweiten Frühstück 27 Grad. Beim Abmarsch bedeckter Himmel, aber trotzdem konnten wir die Spuren und das nächste Wegmal in weiter Ferne deutlich erkennen. Es ging heute ein wenig besser, bis jetzt sind 12 Kilometer zurückgelegt. Bowers und Wilson sind Vorspann. Es ist geradezu eine Erholung, im zweiten Glied zu ziehen und nicht gezwungen zu sein auf die Spur zu achten. Wir haben jetzt sehr kalte Nächte und morgens zu Anfang des Marsches immer kalte Füße, weil unsere Schuhe nachts nicht trocken werden. Wir müssten noch reichlicher zu essen haben, besonders Fett! Hoffentlich finden wir 93 Kilometer weiter im nächsten Depot so viel Vorrat, dass wir mehr verbrauchen können. Und der knappe Ölvorrat macht mich auch besorgt!

Lager R 40. Temperatur 29 1/2 Grad. Neun Stunden gleichmäßigen Marschierens haben uns 22 Kilometer eingetragen. Nur noch 80 Kilometer vom nächsten Depot entfernt. Wunderbar schönes Wetter, aber kalt, sehr kalt! Nichts trocknet und wir haben oft ganz kaltes Essen. Das Brennmaterial ist schrecklich knapp!

Dienstag, 27. Februar. Die letzte Nacht war verzweifelt kalt: 36 Grad, als wir aufstanden, und 38 Grad Minimum. Einige litten an kalten Füßen, aber alle schliefen gut. Wir müssen uns unbedingt bald reichlicher ernähren. Wir sprechen kaum noch von etwas anderem als vom Essen, nur nicht unmittelbar nach den Mahlzeiten. Heute Morgen haben wir jedoch 13 Kilometer zurückgelegt und hoffen heute Nachmittag auf 9 weitere.

Das Land verschwindet endlich aus dem Gesicht! Wollte Gott, dass wir keine Rückschläge mehr hätten! Wir sprechen natürlich immer über die Möglichkeit die Hundeabteilung zu treffen, über das Wann und Wie usw. Beim nächsten Lager sind wir vielleicht schon in Sicherheit!?

Lager R 41. Temperatur 35 1/2 Grad. Noch schönes, klares Wetter, aber sehr kalt – heute Abend vollkommene Windstille. Wir haben einen ausgezeichneten Marsch (22 1/2 Kilometer) hinter uns und sind viel früher als sonst in unserere Säcke gekrochen. Bis zum Depot noch 57 Kilometer – zur Not noch 3 Tage Brennmaterial und auf 6 Tage Proviant. Die Dinge fangen an ein bisschen besser auszusehen; von morgen Abend an werden wir wohl etwas mehr essen können.

Mittwoch, 28. Februar. Zweites Frühstück. Das Thermometer zeigte gestern Abend 40 Grad; es war verzweifelt kalt, aber wir hatten doch eine ziemlich gute Nacht. Ich beschloss unsere Rationen ein ganz klein wenig zu vergrößern, was ohne Zweifel eine gute Wirkung hat. Bei leichtem nordwestlichem Wind traten wir unseren Marsch an – und bei lähmender Kälte von 35 1/2 Grad! Viel kalte Füße heute Morgen; lange Zeit in Überschuhen gelaufen, aber wir sind auch früher aufgebrochen und werden früher das Lager aufschlagen, sodass wir wenigstens die Möglichkeit einer guten Nachtruhe haben, wenn auch in Wirklichkeit nichts daraus werden sollte. Solange wir das Depot nicht erreicht haben, steht es bedenklich, und je mehr ich über die Sache nachdenke, desto deutlicher wird mir, dass es auch nach dem Eintreffen dort wohl noch so bleiben wird! Nur 45 Kilometer vom Depot entfernt! Die Sonne scheint glänzend, gibt aber wenig Wärme. Eins steht fest: Der mittlere Teil der Barriere ist ein grauenvoller Ort!

Lager R 42. Großartiges Ponyragout beschloss den gräulichen Tag. Wir haben 21 Kilometer gemacht. Ich fürchte, es gibt eine kalte Nacht.

Donnerstag, 29. Februar. Zweites Frühstück. Kalte Nacht. Minimumtemperatur 38 1/2 Grad; als wir aufstanden, hatten wir 34 1/2 Grad und Nordwestwind, der mit Stärke 4 wehte. Entsetzliche Kälte beim Aufbrechen, glücklicherweise hatten Bowers und Oates ihre letzten neuen Finnenschuhe angezogen; ich trage vorläufig noch meine alten. Wir hatten uns auf einen grauenhaften Marsch gefasst gemacht und während der ersten Stunde wurde er auch so. Dann ging es besser, und wir kampierten nach 5 1/2-stündigem Marsch dicht neben einem alten Frühstückslager. Das nächste Lager ist unser Depot, es liegt genau 24 Kilometer von hier. Der Marsch dorthin dürfte nicht länger als anderthalb Tage dauern. Nur noch ein schöner Tag! Das Brennmaterial wird noch eben bis dahin reichen, und wir werden dort noch mit Lebensmittelvorrat für reichlich 3 Tage eintreffen. Die Vergrößerung unserer Rationen hat ein außerordentlich wohltätiges Resultat gehabt. Noch immer leichter Wind aus Westen – aus diesem Wind werde ein anderer klug!

Freitag, 1. März. Sehr kalt gestern Nacht – Minimum 41 Grad. Wir machten uns um 8 auf den Weg und sind bis zu einer Stelle marschiert, von wo aus wir das Depot schon sehen können; die Fahne flattert etwa 5 1/2 Kilometer vor uns. Wir legten gestern 21 Kilometer zurück und heute Morgen 11. Gestern war es ein mörderisches Ziehen und heute noch mehr! Sonst ist das Wetter wunderbar schön, wolkenlose Tage und Nächte und unbedeutender Wind. Nur ist es unser Pech, dass dieser Wind grade aus Norden kommt und uns gräulich durchkältet.

Sonnabend, 2. März. Zweites Frühstück. Ein Unglück kommt selten allein. Wir marschierten gestern Nachmittag ziemlich bequem zum Depot und nun haben uns drei fruchtbare Schläge getroffen, die alle meine Hoffnungen über den Haufen werfen. Erstens fanden wir zu wenig Öl vor; selbst bei strengster Sparsamkeit kann es uns bei dieser Oberfläche kaum zum nächsten Depot bringen; dorthin sind noch 131 Kilometer! Dann zeigte uns Oates seine Füße: Seine Zehen sehen sehr schlimm aus und sind augenscheinlich bei den letzten Temperaturen erfroren. Der dritte Schlag kam in der Nacht, als der Wind, den wir so freudig begrüßt hatten, uns trübes, bedecktes Wetter brachte. Das Thermometer ging über Nacht unter 40 Grad hinunter und heute Morgen brauchten wir zum Wechseln unserer Fußbekleidung anderthalb Stunden! Trotzdem machten wir uns noch vor 8 Uhr auf den Weg, aber wir verloren Wegmale und Spuren miteinander aus dem Gesicht und zogen so gleichmäßig, wie wir konnten, nach Norden bei Westen. Und das Schlimmste von allem: Die Oberfläche ist einfach grauenhaft! Trotz des starken Windes und des gefüllten Segels haben wir nur 10 Kilometer zurückgelegt. Wir sind in einer sehr argen Klemme! Wir können die unbedingt nötigen Märsche nicht mehr ausführen und leiden entsetzlich unter der Kälte!

EIN HELDENOPFER

Sonntag, 3. März 1912. Zweites Frühstück. Wir fanden gestern die Gleise wieder, wir waren ostwärts von ihnen marschiert, und legten fast 18 Kilometer zurück. Aber heute ist es geradezu zum Verzweifeln! Nach der ersten Stunde, die uns mit günstigem Wind schnell vorwärts brachte, spottete die Oberfläche jeder Beschreibung. Wind und alles drehte sich uns entgegen – nach 4 1/4 Stunden mussten wir Halt machen; nur 8 1/2 Kilometer weiter! (Lager R 46.) Wir haben keine Schuld daran – wir haben am Vormittag getan, was wir konnten – die Oberfläche mit ihrem wolligen, klebrigen Schnee, den auch der stärkste Wind nicht fortweht, hielt uns zu fest und oft war der Sturm so heftig, dass wir den Schlitten nicht von der Stelle bringen konnten. Gott steh uns bei! Aber diesen Anstrengungen sind wir nicht mehr gewachsen! Keiner von uns kann das noch glauben; niemand zwar spricht ein Wort davon und zueinander sind wir immer unendlich heiter – aber was jeder in seinem Herzen fühlt, ist nicht schwer zu erraten. Immer länger dauert am Morgen das Anziehen der Schuhe – und mit jedem Tag wächst die Gefahr.

Montag, 4. März. Zweites Frühstück. Wie stets vergaßen wir gestern Abend unsere Sorgen, krochen in die Säcke, schliefen nach gutem Essen vorzüglich, wachten auf, aßen wieder etwas

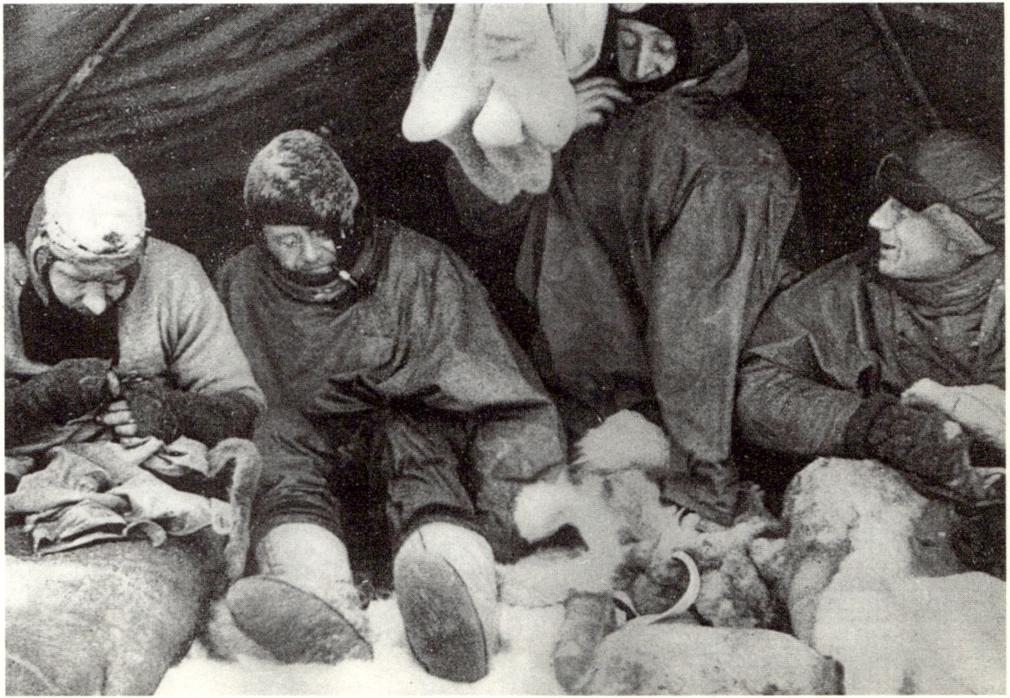

Mitglieder der Polabteilung kriechen in ihre Schlafsäcke (Deckoffizier Evans, Scott, Bowers, Wilson)

Gutes und traten dann unseren Marsch an. Den ganzen Morgen haben wir mit Aufbietung aller unserer Kräfte in 4 1/2 Stunden nur 6 1/2 Kilometer zurückgelegt! Unsere einzige Hoffnung ist starker, trockener Wind – aber um diese Zeit des Jahres?! Unmittelbar unter den Oberflächenkristallen ist ein harter Sastrugiboden – vor acht oder vierzehn Tagen hat es sich hier ganz gewiss vorzüglich ziehen lassen. Das nächste Depot ist 78 Kilometer entfernt – wir haben Lebensmittel auf eine Woche, aber Brennmaterial nur noch auf drei bis vier Tage! – Und doch gehen wir damit so sparsam um wie nur möglich. Uns täglich eine warme Mahlzeit entziehen, hieße uns töten! Aber noch hat keiner von uns den Mut verloren, wenigstens scheint jeder ganz vergnügt. Augenblicklich ist die Temperatur um 29 Grad herum, was uns sehr wohl tut, aber bald muss es wieder kälter werden und ich fürchte, Oates wird einen Wettersturz sehr schlecht vertragen! Käme uns doch die Vorsehung zu Hilfe! Von Menschen haben wir jetzt keine mehr zu erwarten. Eine Möglichkeit der Rettung besteht: Es könnte im nächsten Depot vielleicht noch Extraproviant liegen geblieben sein! Aber wenn wir dort wieder zu wenig Brennmaterial vorfinden? – Und ob wir überhaupt hinkommen? Welch lächerliche Entfernung wäre uns das auf der Höhe erschienen! Ich wäre längst verzweifelt, wenn nicht Wilson und Bowers so tapfer und guten Mutes in allem wären!

Dienstag, 5. März. Zweites Frühstück. Gestern Nachmittag ein bisschen Wind und in 5 Stunden wuchs unser erbärmlicher Morgenmarsch auf etwas über 16 Kilometer. Wir gingen zu Bett, nachdem eine Tasse Kakao mit etwas Pemmikan uns von unserem Frösteln befreit hatte. (Lager R 47.) Oates' Füße sind jämmerlich, der eine war gestern Abend entsetzlich angeschwollen und heute hinkt der Ärmste sehr. Wir begannen den Marsch mit Tee und ebensolchem Pemmikan wie gestern Abend – wir geben vor, der Pemmikan schmecke in dieser Form am besten. Heute Morgen marschierten wir 5 Stunden auf etwas besserer Oberfläche, die mit hohen hügelartigen Sastrugi bedeckt war. Der Schlitten schlug zweimal um; wir zogen ihn zu Fuß und legten ungefähr 10 Kilometer zurück. Noch zwei Ponymärsche und etwa 7 Kilometer bis zu unserem Depot! Unser Brennmaterial wird schrecklich knapp und der arme »Soldat« ist fast ganz entkräftet. Es ist zu traurig! Und gar nichts können wir für ihn tun! Von uns anderen leidet Wilson am meisten unter dieser unerwartet starken Kälte; hauptsächlich, wie ich fürchte, infolge der aufopfernden Hingabe, womit er Oates' kranke Füße behandelt. Wir können einander nicht helfen – jeder hat genug mit sich allein zu tun. »Gott helfe uns!«, kann man nur sagen und sich dann frierend und niedergeschlagen auf seinem ermüdenden Wege weiterschleppen mit dem furchtbaren Bewusstsein, dass wir ja doch viel, viel zu langsam vorwärts kommen. Aber wenn wir im Zelt beisammen sind, scheinen wir noch alle heiter und guten Mutes und reden von allem Möglichen, vom Essen jetzt weniger, seit wir uns entschlossen haben volle Rationen zu wagen; wir konnten in dieser Lage einfach nicht länger hungrig umherlaufen. Es ist ein gefährliches Spiel, aber wir werden es mit Mut zu Ende führen.

Mittwoch, 6. März. Zweites Frühstück. Gestern Nachmittag machten wir mit Hilfe des Windes etwas mehr Fortschritte, sodass wir es mit heute zusammen auf 17 1/2 Kilometer gebracht haben. Nur noch 40 Kilometer bis zum Depot! (Lager R 48.) Heute Morgen aber waren die Zustände unerträglich! Über Nacht wurde es warm und zum ersten Mal auf der ganzen Reise habe ich mich um mehr als eine Stunde verschlafen. Dann zogen wir mit Aufbietung aller unserer Kräfte – um unser Leben – und kamen doch kaum zwei Kilometer in der Stunde vorwärts! Drei Mal mussten wir uns abspannen, um die alten Gleise zu suchen. Unterdes saß der arme Oates auf dem Schlitten; Zugarbeit kann er nicht mehr leisten; seine Füße müssen ihn entsetzlich schmerzen, und doch ist er wunderbar mutig. Er klagt nie, aber sein heiterer Sinn tritt jetzt nur noch auf dem Marsch hervor; im Zelt wird er immer schweigsamer. Wir machen uns jetzt eine Spirituslampe zurecht, damit wir sie versuchsweise statt des Primus benutzen können, wenn unser Brennöl zu Ende ist – ein kläglicher Ersatz, und viel Spiritus haben wir auch nicht! Hätten wir nur die 16 1/2 Kilometer täglich fertig bringen können – vielleicht wären wir noch vor dem Ausgehen des Brennmaterials bis in die Nähe des Depots gelangt. Jetzt kann uns nichts mehr helfen als starker Wind und gute Oberfläche. Heute Morgen hatten wir eine ganz gute Brise und doch zog sich der Schlitten schwer wie Blei. Wenn wir alle gesund wären, könnte man noch hoffen, aber der arme »Soldat« ist uns ein schreckliches Hemmnis geworden.

Donnerstag, 7. März. Lager R 49. Oates geht es sehr schlecht; ich kann seinen Heldenmut nicht genug bewundern. Wir unterhalten uns noch darüber, was wir alles zusammen vornehmen wollen, wenn wir erst wieder zu Hause sind.

Gestern nur 12 Kilometer – heute Morgen in 4 1/2 Stunden ein wenig über 7 1/2 Kilometer – wir sind noch 30 Kilometer vom Depot entfernt. Wenn wir dort die richtige Menge Lebensmittel finden und die Oberfläche so bleibt, dann können wir uns noch bis zum nächsten Depot durchschlagen, aber zum Ein-Tonnen-Lager nicht mehr! Wir hoffen gegen unsere Überzeugung, dass die Hunde am Mount Hooper gewesen seien; das könnte uns vielleicht retten. Bei dem armen Oates steht die Krisis nahe bevor.

Die Sonne strahlt – Spur und Wegmale sind weithin sichtbar – wer sie doch bis ans Ende verfolgen könnte!

Freitag, 8. März. Ich muss jetzt am Morgen fast eine Stunde in den Nachtstiefeln warten, ehe ich mit dem Wechseln der Fußbekleidung beginnen kann, und bin doch gewöhnlich zuerst fertig. Auch Wilsons Füße fangen an zu schmerzen, das kommt hauptsächlich davon, dass er nachts so oft umher läuft, um den anderen zu helfen. Wir legten heute Morgen 8 1/2 Kilometer zurück und sind jetzt 16 Kilometer vor dem Depot – ein lächerlich kleiner Abstand! Aber wir wissen nur zu wohl, dass wir, um nur die Hälfte unserer früheren Märsche zu erreichen, unsere Energie verdoppeln müssen.

Nun fragt es sich vor allem: Was werden wir im Depot vorfinden? Wenn die Hunde dort gewesen sind, können wir noch eine Strecke weiterkommen – aber wenn wir dort wieder zu wenig Brennmaterial finden, dann sei Gott uns gnädig.

Sonntag, 10. März. Oates fragte heute Morgen Wilson, ob für ihn noch eine Möglichkeit der Genesung vorhanden sei; natürlich musste Bill sagen, dass er es glaube. In Wahrheit gibt es keine mehr. Und ob wir anderen durchkommen? Im besten Fall können wir noch eine Weile ein Hundeleben führen, aber mehr auch nicht. Unsere Kleider sind so vereist, dass wir sie kaum noch an- und ausziehen können und der arme Titus hält uns des Morgens so lange auf, dass der wärmende Einfluss des guten Frühstücks sich schon wieder verloren hat, während wir uns unbedingt sofort nach dem Aufstehen auf den Weg machen müssten; und beim zweiten Frühstück ist es dieselbe Geschichte. Der arme Mensch! Es ist zu traurig mit ihm; und doch muss man immer wieder versuchen ihn aufzuheitern.

Gestern haben wir das Depot am Mount Hooper erreicht. Kalter Trost! Von allem zu wenig vorhanden! Doch wüsste ich nicht, dass irgendjemand deswegen Tadel verdiente. Die Hunde hätten unsere Rettung sein können – sie sind offenbar ausgeblieben. Meares wird eine schlechte Heimreise gehabt haben. Es ist alles ein erbärmlicher Wirrwarr! Heute konnten wir nur eine halbe Stunde marschieren. Ein Orkan zwang uns schnell wieder das Lager aufzuschlagen: Lager R 52.

Montag, 11. März. Oates ist seinem Ende nahe. Was wir tun werden – was er tun wird, weiß Gott allein. Wir besprachen die Sache nach dem ersten Frühstück; er ist ein tapferer, guter Mensch und klar über seine Lage, aber er fragte uns tatsächlich um Rat. Was konnten wir ihm anders sagen, als ihn dringend bitten, so weit mit zu marschieren, wie er irgend fort könne. Ein gutes Resultat hatte aber diese Beratung: Ich befahl Wilson energisch uns die Mittel zur Beendigung unserer Qual auszuhändigen, damit jeder wisse, was er im Notfall zu tun habe. Wilson blieb keine Wahl, wenn er nicht den Medizinkasten von uns geplündert sehen wollte. Wir haben jetzt jeder 30 Opiumtabletten und er hat eine Tube Morphium behalten. Unser Spiel geht tragisch aus.

Als wir heute früh aufbrachen, war der Himmel völlig bedeckt. Wir konnten nicht sehen, verloren die Spur und sind ohne Zweifel seitdem viel im Zickzack gegangen – 5 1/2 Kilometer als Vormittagsleistung – entsetzlich schweres Ziehen – ich hatte nichts anderes erwartet. 11 Kilometer sind jetzt die Grenze unserer Leistungsfähigkeit. Wir haben Proviant auf 7 Tage und müssen heute Abend ungefähr 102 Kilometer vom Ein-Tonnen-Lager entfernt sein. 11 x 7 = 77 – also bleiben noch 25 Kilometer Abstand, vorausgesetzt, dass die Dinge nicht noch schlechter werden.

Dienstag, 12. März. Gestern legten wir 11 Kilometer, heute Morgen in 4 Stunden und 20 Minuten 7 1/2 Kilometer zurück; heute Nachmittag müssen wir auf weitere 5 1/2 hoffen – 13 x 6 = 78. Wir sollen 78 Kilometer vom Depot sein, aber ich bezweifle, ob wir es noch erreichen können. Die Oberfläche bleibt schauderhaft, die Kälte unbeschreiblich streng und mit unserer Gesundheit geht es bergab. Gott helfe uns!

Donnerstag, 14. März. Aber auch alles geht uns schief! Gestern erwachten wir bei starkem nördlichem Wind mit 38 Grad. Da wir nicht gegen ihn anmarschieren konnten, blieben wir bis 2 Uhr im Lager und legten dann noch 9 1/2 Kilometer zurück. Wir hätten uns gern noch weiter geschleppt, aber da der Nordwind sich nicht ganz legte, litten wir zu sehr unter der Kälte. Und wie lange das dauerte ehe wir im Dunkeln unser Abendessen erhielten! Lager R 55.

Heute Morgen zogen wir bei südlicher Brise mit aufgezogenem Segel ab und mit guter Geschwindigkeit wieder an einem Wegmal vorüber; als wir ungefähr die halbe Marschzeit hinter uns hatten, veränderte sich der Wind in eine scharfe Brise aus Westen, die durch die Windanzüge hindurch und in die Fausthandschuhe hineinwehte. Der arme Wilson war so erstarrt, dass er eine ganze Weile seine Schneeschuhe gar nicht abschnallen konnte. Bowers und ich schlugen das Lager allein auf, und als wir schließlich im Zelt waren, zitterten wir alle vor Kälte. Die Mittagstemperatur war 42 Grad! Trotzdem müssen wir weiter, wenn auch das Aufschlagen jedes neuen Lagers immer schwieriger und gefährlicher wird. Das Ende ist nahe – es soll ein recht gnädiges Ende werden. Der arme Oates hat sich wieder den Fuß erfroren; mir graut, wenn ich daran denke, wie er morgen aussehen wird. Nur mit der größten Mühe bewahren wir anderen uns vor erfrorenen Gliedern. Niemand von uns ist je darauf verfallen, dass es um diese Zeit des Jahres hier solche Temperaturen und Winde geben könne! Außerhalb des Zeltes ist es wirklich fürchterlich. Doch wir müssen es ausfechten – bis zum letzten Stück Schiffszwieback; aber die Rationen können wir nicht verringern.

Sonnabend, 16. oder Sonntag, 17. März. Ich bin mir über das Datum nicht ganz klar, glaube aber, das Letztere wird richtig sein.

Die Tragödie ist in vollem Gange. Vorgestern erklärte der arme Titus (Oates) beim zweiten Frühstück, er könne nicht mehr weiter, und machte uns den Vorschlag ihn in seinem Schlafsack zurückzulassen. Davon konnte natürlich keine Rede sein und wir bewogen ihn uns noch auf dem Nachmittagsmarsch zu begleiten. Es muss eine entsetzliche Qual für ihn gewesen sein! Trotzdem taumelte er mit und wir schleppten uns noch einige Kilometer weiter. In der Nacht wurde es mit ihm schlechter und wir sahen, dass es zu Ende ging.

Sollte dieses mein Tagebuch gefunden werden, so bitte ich um die Bekanntgabe folgender Tatsachen: Oates' letzte Gedanken galten seiner Mutter; unmittelbar vorher sprach er mit Stolz davon, dass sein Regiment sich über den Mut freuen werde, mit dem er dem Tode entgegengehe. Wir drei können seine Tapferkeit bezeugen. Wochenlang hat er unaussprechliche Schmerzen klaglos ertragen und war tätig und hilfsbereit bis zum letzten Augenblick. Bis zum Schluss hat er die Hoffnung nicht aufgegeben – nicht aufgeben wollen. Er war eine tapfere Seele und dies war sein Ende: Er schlief die vorletzte Nacht ein in der Hoffnung nicht wieder zu erwachen; aber er erwachte doch am Morgen – gestern! Draußen tobte ein Orkan.

»Ich will einmal hinausgehen«, sagte er, »und bleibe vielleicht eine Weile draußen.«

Dann ging er in den Orkan hinaus – und wir haben ihn nicht wieder gesehen.

Ich möchte es hier aussprechen, dass wir unseren beiden

erkrankten Kameraden bis an ihr Ende treu beigestanden haben. Als Edgar Evans todkrank war, wir absolut nichts mehr zu essen hatten und er ohne Bewusstsein dalag, schien die Sicherheit der anderen sein Zurücklassen zu erfordern; aber die Vorsehung hat ihn gnädig gerade in jenem kritischen Augenblick hingerafft. Er starb eines natürlichen Todes und wir verließen ihn erst zwei Stunden, nachdem er gestorben war. Wir wussten, dass der arme Oates in seinen Tod hinausging, wir versuchten auch, es ihm auszureden, aber er handelte als Held und als englischer Gentleman. Wir drei Übrigen hoffen, unserem Ende mit ähnlichem Mut entgegenzugehen und dieses Ende ist sicherlich nicht mehr weit.

DAS ENDE

Sonntag, 17. März 1912. Ich kann nur beim zweiten Frühstück schreiben; und dann nur gelegentlich. Die Kälte ist ungeheuer groß, mittags 40 Grad. Meine Kameraden sind überaus heiter, aber wir sind in ernsthafter Gefahr zu erfrieren und obwohl wir beständig davon reden, dass wir uns doch noch durchschlagen werden, glaubt es, meiner Überzeugung nach, im Herzen keiner von uns mehr.

Wir frieren jetzt auf dem Marsch und auch sonst immer entsetzlich, nur bei den Mahlzeiten nicht. Gestern mussten wir des Orkans wegen stillliegen und heute geht es furchtbar langsam. Wir sind am Ponylager 14, also nur zwei Ponymärsche vom Ein-Tonnen-Lager entfernt. Hier lassen wir unseren Theodoliten, eine Kamera und Oates' Schlafsäcke zurück. Die Tagebücher usw. sowie die auf Wilsons speziellen Wunsch mitgenommenen Gesteinsproben wird man bei uns oder auf unserem Schlitten finden.

Montag, 18. März. Heute beim zweiten Frühstück sind wir 39 Kilometer vom Depot entfernt. Das Unglück schreitet weiter. Gestern hatten wir wieder Gegenwind, Nordwestwind mit Stärke 4 und der Schnee trieb uns ins Gesicht; wir mussten den Marsch unterbrechen; Temperatur 37 Grad. Kein menschliches Wesen brächte es fertig, solch einem Wetter zu trotzen, und unsere Kraft ist fast ganz erschöpft.

Mein rechter Fuß ist erfroren, beinahe alle Zehen – noch vor zwei Tagen war ich der stolze Besitzer der besten Füße. So brechen wir allmählich zusammen. Ich Esel rührte mir einen kleinen Teelöffel voll Currypulver in meinen flüssig gemachten Pemmikan – er verursachte mir heftige Verdauungsbeschwerden. Die ganze Nacht lag ich mit Schmerzen wach und auf dem Marsche fühlte ich mich kraftlos; mein Fuß erfror und ich merkte es gar nicht. Ein Augenblick Nachlässigkeit – und man hat einen Fuß, den man gar nicht ansehen mag. Bowers ist, was seine Gesundheit anlangt, Nummer eins, aber große Auswahl ist schließlich unter uns nicht mehr. Die anderen glauben noch, dass wir durchkommen – oder stellen sich vielleicht nur so – ich weiß es nicht! Wir haben den Primus noch einmal halb voll gegossen, das letzte Mal, und sonst haben wir nur noch ein wenig Spiritus – dann müssen wir verdursten. Der Wind ist augenblicklich günstig – vielleicht hilft er uns. Die Entfernung bis zum Depot wäre uns auf der Hinreise lächerlich klein erschienen.

Dienstag, 19. März. Zweites Frühstück. Gestern Abend wurde uns das Aufschlagen des Lagers sehr sauer und wir waren fast erstarrt, bis wir unser Abendessen verzehrt hatten; es bestand aus Schiffszwieback, kaltem Pemmikan und einem halben Kännchen Kakao, den wir auf Spiritus kochten. Dann wurden wir wider Erwarten ganz warm und haben alle gut geschlafen. Heute brachen wir in der gewöhnlichen schleppend langsamen Weise auf. Der Schlitten war gräulich schwer. Wir sind 29 Kilometer vom Depot entfernt und könnten in drei Tagen hinkommen. Das sind Fortschritte! Wir haben noch auf zwei Tage Lebensmittel, aber nur noch auf einen Tag Brennmaterial. Alle unsere Füße werden schlimm – die Wilsons sind noch am besten, mein rechter am schlechtesten, nur mein linker ist ganz in Ordnung. Aber wie sollen wir unsere Füße schonen, ehe wir das Depot erreicht haben und uns wieder mit warmem Essen pflegen können? Amputation ist jetzt noch das Mindeste, worauf ich mich gefasst machen muss; aber wird das Übel nicht weitergehen? Das ist die ernste

Frage. Das Wetter bietet uns keine Erleichterung – der Wind weht heute aus Nord und Nordwest und die Temperatur beträgt 40 Grad.

Donnerstag, 21. März. Lager R 60. Montagabend waren wir noch 20 Kilometer vom Depot entfernt; gestern konnten wir den ganzen Tag eines wütenden Orkans wegen nicht weiter. Heute wieder eine verlorene Hoffnung – Wilson und Bowers wollen zum Depot gehen, um Brennmaterial zu holen.

Freitag, 22., und Sonnabend, 23. März. Der Orkan wütet immer fort – Wilson und Bowers konnten sich nicht hinauswagen – morgen ist die letzte Möglichkeit – kein Brennstoff mehr und nur noch auf einen, höchstens zwei Tage Nahrung – das Ende ist nahe. Wir haben beschlossen eines natürlichen Todes zu sterben – wir wollen mit unseren Sachen oder auch ohne sie zum Depot marschieren und auf unserer Spur zusammenbrechen.

Freitag, 29. März. Seit dem 21. hat es unaufhörlich aus Westsüdwest und Südwest gestürmt. Wir hatten am 20. noch Brennstoff, um jedem zwei Tassen Tee zuzubereiten, und trockene Kost auf zwei Tage. Jeden Tag waren wir bereit, nach unserem nur noch 20 Kilometer entfernten Depot zu marschieren, aber draußen vor der Zelttür ist die ganze Landschaft ein durcheinander wirbelndes Schneegestöber. Ich glaube nicht, dass wir jetzt irgendwie auf Besserung hoffen können. Aber wir werden bis zum Ende aushalten; freilich werden wir schwächer und der Tod kann nicht mehr fern sein.

Es ist ein Jammer, aber ich glaube nicht, dass ich noch weiter schreiben kann.

R. Scott.

Letzte Eintragung

Um Gottes willen – sorgt für unsere Hinterbliebenen!

Wilson und Bowers wurden in ihren Schlafsäcken gefunden, die sie über dem Kopf geschlossen hatten, wie stets, wenn sie sich schlafen legten.

Das Grab von Scott, Wilson und Bowers

Scott starb später. Er hatte die Klappen seines Schlafsacks zurückgeworfen und seinen Rock geöffnet. Die kleine Tasche mit den drei Tagebüchern lag unter Schultern und Kopf und sein Arm umschlang Dr. Wilson.

So wurden sie acht Monate später gefunden.

ABSCHIEDSBRIEFE

Bei den Tagebüchern im Zelt fanden sich folgende Briefe:

Meine liebe Mrs. Wilson!

Wenn dieser Brief Sie erreicht, werden Bill und ich gemeinsam aus der Welt gegangen sein. Der Augenblick steht nahe bevor, und ich möchte gern, dass Sie erführen, wie großartig er bis zuletzt gewesen ist – immerfort heiter und bereit sich selbst für andere aufzuopfern, und nie hat er mir einen Vorwurf darüber gemacht, dass ich ihn in dieses Elend brachte. Er leidet zum Glück nicht, wenigstens können seine Schmerzen nicht groß sein.

Seine Augen haben einen zufriedenen blauen Hoffnungsblick und sein Gemüt ist ruhig durch den Trost, den ihm sein Glaube gibt; er lehrt ihn sich nur als einen Teil des großen Plans des Allmächtigen zu betrachten. Ich weiß keinen anderen Trost für Sie, als dass ich Ihnen sage: Er ist gestorben, wie er gelebt hat, als ein tapferer, treuer Mensch – als der beste Kamerad und der zuverlässigste Freund.

Mein ganzes Herz wendet sich Ihnen in Mitleid zu.

Ihr

R. Scott.

Meine liebe Mrs. Bowers!

Diese Zeilen erreichen Sie nach einem der schwersten Schicksalsschläge, die je Ihr Leben getroffen haben.

Jetzt, wo ich dies schreibe, nähern wir uns dem Ende unserer Reise und ich werde sie im Verein mit zwei tapferen, edlen Männern zum Abschluss bringen. Einer dieser beiden ist Ihr Sohn. Er ist mir einer meiner herzlichsten und aufrichtigsten Freunde geworden und ich schätze seinen wunderbar rechtlichen Charakter, seine Begabung und seine Energie. Als die Not sich immer dichter um uns zusammenzog, glänzte sein furchtloser Mut immer heller; er ist bis zum letzten Augenblick heiter, hoffnungsfreudig und unbesiegbar geblieben.

Die Wege der Vorsehung sind unerforschlich – sie wird den

Grund kennen, weshalb ein so junges, kräftiges und viel versprechendes Leben hingerafft wurde.

Mein ganzes Herz quillt über vor Mitleid mit Ihnen.

Ihr

R. Scott

Bis ans Ende sprach er von Ihnen und von seinen Schwestern. Was für ein glückliches Leben muss er daheim geführt haben! Und vielleicht ist es gut, auf nichts anderes als glückliche Tage zurückzublicken!

Er blieb bis zuletzt selbstlos, zuversichtlich und großartig hoffnungsfreudig, da er hofft, dass Gott Ihnen gnädig sein werde.

Herrn J. M. Barrie.

Mein lieber Barrie!

Mit uns geht es an dem trostlosesten Ort dieser Welt zu Ende. Da man hoffentlich diesen Brief finden und Ihnen senden wird, schreibe ich ein Wort des Abschieds … Noch dringender möchte ich Sie bitten meiner Witwe und meinem Jungen – Ihrem Patenkind – beizustehen. Wir zeigen, dass Engländer noch kühnen Mutes zu sterben wissen, den Kampf bis ans Ende ausfechtend. Man wird erfahren, dass unser Plan, den Pol zu erreichen, gelungen ist, und dass wir alles, was möglich war, getan haben, ja so weit gegangen sind uns selbst zu opfern, um kranke Gefährten zu retten. Den Engländern der Zukunft mag dies ein Vorbild sein und ich hoffe, dass unser Vaterland denen helfen wird, die zurückbleiben, um uns zu betrauern. Ich hinterlasse meine arme Frau und Ihr Patenkind. Wilson hinterlässt eine Witwe und Edgar Evans auch eine Witwe in dürftigen Verhältnissen. Tun Sie, was Sie können, um ihren Ansprüchen Anerkennung zu verschaffen. Leben Sie wohl! Ich fürchte den Tod nicht, aber ich bin traurig darüber, dass mir nun manches bescheidene Vergnügen entgehen wird, das ich mir von unserem künftigen langen Märschen versprochen hatte. Ich habe mich vielleicht nicht als großer Entdecker erwiesen, aber wir haben den läng-

sten Marsch gemacht, der je zurückgelegt wurde, und standen dicht vor einem großen Erfolg. Leben Sie wohl, mein lieber Freund,

stets Ihr
R. Scott

Wir sind in einer verzweifelten Lage, die Füße erfroren usw., kein Brennmaterial und weit von Lebensmitteln entfernt, aber es würde Ihr Herz erfreuen, wenn Sie in unserem Zelt sein könnten, um unser Singen und die heiteren Gespräche mit anzuhören über das, was wir tun werden, wenn wir wieder nach der Hüttenspitze gelangt sind.

Später. Wir sind dem Ende sehr nahe, haben aber unseren Mut nicht verloren und wollen ihn auch nicht verlieren. Wir haben seit vier Tagen Sturm um unser Zelt herum und nirgends ist Speise oder Brennmaterial. Wir hatten die Absicht unserem Leben ein Ende zu machen, falls wir in eine solche Lage geraten sollten; aber wir haben jetzt beschlossen in den Sielen zu sterben.

Als Sterbender bitte ich Sie, lieber Freund, gut zu meiner Frau und meinem Kinde zu sein. Verschaffen Sie dem Knaben die Möglichkeit sich fürs Leben auszubilden, wenn der Staat sie ihm nicht gewähren will. Er müsste doch wohl gut veranlagt sein … Ich bin in meinem Leben nie einem Menschen begegnet, den ich so bewundert und geliebt habe wie Sie, aber ich konnte Ihnen niemals zeigen, was Ihre Freundschaft für mich bedeutete, denn Sie hatten viel zu geben und ich nichts.

Sr. Hochwohlgeboren Sir Edgar Speyer, Baronet.
16. März 1912. Auf 79° 5′ südl. Breite.

Mein lieber Sir Edgar!

Ich hoffe, dass dieser Brief Sie erreichen wird. Wir müssen, wie ich fürchte, aus dem Leben scheiden, und dies wird die ganze Expedition in große Verwirrung bringen. Aber wir sind am Pol gewesen und werden als Männer sterben. Mein einziger Schmerz sind die Frauen, die wir zurücklassen.

Ich danke Ihnen tausend Mal für all Ihre Hilfe und Unterstützung und für Ihre große Güte. Sollte mein Tagebuch gefunden werden, so wird es zeigen, wie treu wir zu unseren sterbenden Gefährten gehalten haben und dass wir den Kampf mit dem Schicksal tapfer bestanden.

Wilson, der beste Mensch, der je durchs Leben gegangen ist, hat sich immer wieder den Kranken unserer Abteilung geopfert ...

Ich schreibe an viele Freunde, da ich hoffe, dass die Briefe sie bald erreichen werden, wenn man uns im nächsten Jahr gefunden hat.

Wenig fehlte, und wir wären noch durchgekommen, und es ist zu schade, dass es nicht gelang; aber in der letzten Zeit hatte ich das Gefühl, dass wir übers Ziel hinausgeschossen seien. Keiner ist deswegen zu tadeln und hoffentlich wird niemand versuchen Vermutungen auszusprechen, als ob es uns an Unterstützung gefehlt habe.

Ein Lebewohl Ihnen und Ihrer lieben, guten Frau.

Stets Ihr aufrichtiger

R. Scott

An Vizeadmiral Sir Francis Charles Bridgeman,
Ritter des Viktoriakreuzes und des Bathordens.

Mein lieber Sir Francis!

Ich fürchte, wir sind gestrandet! Ich schreibe einige Briefe, die, wie ich hoffe, eines Tages ankommen werden. Ich möchte Ihnen danken für die Freundschaft, die Sie mir in den letzten Jahren bewiesen haben, und Ihnen sagen, wie außerordentlich angenehm es mir gewesen ist, Sie als Vorgesetzten zu haben. Ich möchte Ihnen sagen, dass ich nicht zu alt für dieses Unternehmen war. Die jüngeren Leute sind zuerst erlegen ... Schließlich geben wir doch unseren Landsleuten ein gutes Beispiel, wenn auch nicht dadurch, dass wir in diese Lage geraten sind, so doch dadurch, dass wir unserem Schicksal wie Männer entgegensahen, als wir uns in der Not befanden. Wir wären durchgekommen, wenn wir die Kranken im Stich gelassen hätten.

Leben Sie wohl, und auch der verehrten Lady Bridgeman ein Lebewohl!
Stets Ihr
R. Scott

Entschuldigen Sie die Schrift – es sind 40 Grad Kälte und so ist es schon seit fast einem Monat.

An Vizeadmiral Sir George le Clerc Egerton,
Ritter des Bathordens.

Mein lieber Sir George!

Ich fürchte, dass unser Pulver verschossen ist – aber wir waren am Pol und haben die längste aller bekannten Reisen gemacht.

Ich hoffe, dass diese Briefe eines Tages an ihren Bestimmungsort gelangen werden.

Ein Grund, der zum Misslingen unserer Rückkehr beitrug, war die Erkrankung mehrerer Mitglieder unserer Abteilung. Aber was uns wirklich Halt gebot, ist das fürchterliche Wetter mit der unerwarteten Kälte, das uns während des letzten Teils der Reise überfiel.

Unser Marsch über die Barriere war gewiss drei Mal so schwer, wie die schlimmsten Erfahrungen auf der Höhe.

Es lässt sich nicht erklären, aber das Resultat hat all meine Berechnungen umgestoßen, und hier sitzen wir nun, kaum 200 Kilometer von unserem Winterquartier entfernt und sehen dem Ende entgegen.

Leben Sie wohl. Bitte, dringen Sie darauf, dass, so weit wie die Admiralität in Betracht kommt, für meine Witwe gesorgt wird.
R. Scott

Meine herzlichste Empfehlung an Lady Egerton. Ich kann all ihre Güte nie vergessen.

An Herrn J. J. Kinsey – Christchurch.
24. März 1912

Mein lieber Kinsey!

Mit uns wird es, wie ich fürchte, wohl vorbei sein – vier Orkantage gerade jetzt, da wir auf dem Wege nach dem letzten Depot sind. Meine Gedanken haben oft bei Ihnen geweilt. Sie waren ein Prachtmensch und werden die Expedition aus der Verlegenheit ziehen, des bin ich sicher.

Ich denke an meine Frau und meinen Jungen. Tun Sie für beide, was Sie können, wenn mein Vaterland es verweigert. Ich möchte, dass der Junge die Möglichkeit zum Vorwärtskommen in der Welt hat, aber Sie kennen ja meine Verhältnisse ganz genau.

Wenn ich wüsste, dass meine Frau und mein Sohn in gesicherter Lage zurückblieben, würde es mir wenig Kummer machen, aus der Welt zu scheiden, denn ich fühle, dass unser Vaterland sich unser nicht zu schämen braucht – unsere Reise war die größte aller bisherigen und nichts hätte unsere Rückkehr verhindert, wenn wir nicht zum Schluss noch das ungewöhnlichste Missgeschick gehabt hätten. Wir sind, wie wir es planten, am Südpol gewesen.

Gott segne Sie und die liebe Frau Kinsey. Es tut mir wohl, Ihrer und all Ihrer Freundlichkeit zu gedenken.

Ihr Freund
R. Scott

Außer diesen Briefen wurden andere an seine Mutter, seine Gattin, seinen Schwager (Sir William Ellison Macartney), Admiral Sir Lewis Beaumont und Reginald Smith nebst Gemahlin gefunden, aus denen folgende Stellen mitgeteilt seien:

»Gott hat mich abberufen. Dies ist noch ein fürchterlicher Schlag zu all dem Schweren, was Euch während meines Lebens schon getroffen hat. Doch tröstet Euch damit, dass ich in Frieden mit der Welt und mir selber sterbe – und ohne Furcht.«

»Wir hatten wirklich das ungewöhnlichste Missgeschick,

denn das Risiko, das ich übernommen hatte, ist mir niemals zu groß erschienen.«

»... Wir haben unser Ziel um eine so kleine Spanne verfehlt, dass wir berechtigt waren sie bei dem Risiko einer solchen Reise nicht zu berücksichtigen ... Wir haben tatsächlich die längste aller bekannten Reisen gemacht und sind die ersten Engländer am Pol gewesen.«

»Es ist zu kalt, um viel zu schreiben.«

»... Schade, dass das Glück uns abgewandt blieb, denn jede Einzelheit unserer Ausrüstung war richtig.«

»Ich werde keine Schmerzen zu leiden haben, sondern die Welt frisch von der Arbeit weg, in guter Gesundheit und voller Kraft verlassen.«

»Seit ich das Obenstehende schrieb, sind wir mit einer warmen Mahlzeit und zweitägigem kalten Essen bis auf 20 Kilometer an unser Depot gelangt. Wir wären bis dorthin gekommen, hätte uns nicht vier Tage lang ein entsetzlicher Sturm gefangen gehalten. Es ist vorbei! Wir haben beschlossen uns nicht zu töten, sondern bis zum letzten Atemzug um jenes Depot zu kämpfen – im Kampf findet man ein schmerzloses Ende.«

»Interessiere unseren Jungen für Naturgeschichte, wenn es dir möglich ist; das ist besser als Spiele; in einigen Schulen wird sie gepflegt. Dass du ihn viel im Freien sein lassen wirst, weiß ich.

Vor allem soll er sich vor Schlaffheit hüten und auch du musst ihn davor bewahren. Mache ihn zu einem strebsamen Menschen. Ich musste mich, wie du weißt, zwingen strebsam zu werden – ich hatte immer Neigung zu Trägheit.

In dem Sack mit meiner persönlichen Habe steckt ein Stück der britischen Flagge, die ich am Südpol gehisst habe, sowie auch Amundsens schwarze Fahne und andere Kleinigkeiten. Sende ein kleines Stück des Union Jack an den König und ein kleines Stück an Königin Alexandra.

Was könnte ich dir alles von dieser Reise erzählen! Wie viel besser war sie, als daheim sitzen in zu großer Bequemlichkeit. Was für Geschichten hättest du dann für den Jungen! Aber welch ein Preis muss dafür bezahlt werden!

Sage Sir Clements, dass ich viel an ihn gedacht und es nie bereut habe, von ihm das Kommando der ›Discovery‹ erhalten zu haben.«

BOTSCHAFT AN DIE ÖFFENTLICHKEIT

Die Gründe unseres Unterganges sind nicht auf fehlerhafte Organisation zurückzuführen, sondern auf Unglücksfälle, die uns bei allem, was wir wagen mussten, verfolgt haben.

1. Der Verlust der Ponys im März 1911 zwang mich später aufzubrechen, als ich beabsichtigt hatte, und die Menge des mitzunehmenden Proviants einzuschränken.

2. Das schlechte Wetter auf dem ganzen Marsch zum Pol und besonders der lang anhaltende Sturm auf dem 83. Grad hemmten uns.

3. Der weiche Schnee in den unteren Regionen des Beardmoregletschers verlangsamte ebenfalls das Marschtempo.

Wir haben diese unvorhergesehenen Ereignisse mit Energie bekämpft und haben sie besiegt, aber auf Kosten unseres Reserveproviants.

Jede Einzelheit unserer Lebensmittel, unserer Kleidung und aller Depots auf dem Inlandeis und auf dem ganzen 1300 Kilometer langen Weg zum Pol hin und zurück funktionierte aufs Vollkommenste. Die Polabteilung wäre in bester Gesundheit und mit Überfluss an Lebensmitteln nach dem Gletscher zurückgekehrt, wenn nicht erstaunlicherweise gerade der Mann zusammengebrochen wäre, von dem wir es am wenigsten erwarten durften: Edgar Evans galt als der kräftigste Mann der Abteilung.

Der Beardmoregletscher ist bei gutem Wetter nicht schwer zu überschreiten, aber bei der Rückkehr hatten wir nicht einen einzigen vollkommen schönen Tag; dies und ein kranker Gefährte verschlimmerten unsere böse Lage bedeutend.

Wir gerieten, wie ich an anderer Stelle gesagt habe, in schrecklich höckriges Eis hinein und Edgar Evans erlitt eine Gehirnerschütterung – er starb eines natürlichen Todes, ließ uns aber schwer getroffen zurück, bei schon gefährlich weit vorgerückter Jahreszeit.

Doch all das war nichts gegen die Überraschung, die uns auf der Barriere erwartete. Ich behaupte, dass unsere Vorkehrungen für den Rückmarsch durchaus richtig waren und dass kein Mensch auf der Welt solche Temperaturen und Oberflächen, wie wir sie zu dieser Jahreszeit antrafen, dort erwartet haben würde. In der Breite von 85° 86′ hatten wir auf dem höchsten Punkt 29 bis 34 1/2 Grad Kälte, auf der 3000 Meter tiefer liegenden Barriere auf dem 82. Breitengrad fast regelmäßig 34 Grad am Tage und 44 Grad in der Nacht, und dabei beständig Gegenwind auf unseren Tagemärschen. Es ist klar, dass derartige Umstände sehr plötzlich eintreten, und ich schreibe unseren Zusammenbruch hauptsächlich diesem plötzlichen Überfall durch schlechtes Wetter zu, das keine vernünftige Ursache zu haben scheint. Ich glaube nicht, dass je ein menschliches Wesen solch einen Monat durchgemacht hat wie wir und doch hätten wir ihn trotz des entsetzlichen Wetters überstanden, wenn nicht ein zweiter unserer Kameraden, Rittmeister Oates, erkrankt wäre, wenn sich nicht in unseren Depots ein mir unerklärlicher Fehlbetrag an Petroleum herausgestellt hätte und wenn uns nicht schließlich 20 Kilometer vor dem Depot, wo wir unsere letzten Vorräte finden mussten, der Orkan überfallen hätte. Schlimmer konnte uns das Unglück schlechterdings nicht mitspielen. Wir sind nur 20 Kilometer von unserem alten Ein-Tonnen-Lager, mit Brennmaterial zu einer einzigen letzten Mahlzeit und Lebensmitteln auf zwei Tage. Vier Tage lang können wir das Zelt überhaupt nicht verlassen – so heult der Sturm um uns herum. Wir sind schwach, das Schreiben wird schwer, aber meinetwegen bereue ich diese Reise nicht, die gezeigt hat, dass Engländer Schweres erdulden, einander helfen und dem Tod mit ebenso großer Festigkeit entgegensehen können, wie je in vergangenen Zeiten. Wir haben es gewagt und wir wussten, was wir wagten; das Glück hat sich gegen uns entschieden, wir dürfen uns deshalb nicht beklagen, sondern wir beugen uns vor dem Willen der Vorsehung und sind entschlossen bis zuletzt auszuharren. Doch wenn wir bereit sind unser Leben zu lassen bei diesem Unternehmen, das unser Vaterland ehrt, so appelliere ich an unsere Landsleute zu sorgen für diejenigen, die von uns abhängen.

Blieben wir am Leben – ich hätte viel zu erzählen von Uner-

schrockenheit, Ausdauer und Heldenmut meiner Kameraden, was das Herz jedes Engländers tief bewegen würde. Statt meiner müssen diese kurzen Aufzeichnungen und unsere Leichen reden. Aber gewiss, gewiss wird unser großes, reiches Vaterland die nicht im Stiche lassen, die auf uns angewiesen sind.
R. Scott

Auf der ersten Seite des letzten Tagebuchheftes steht die Bitte: »Schickt dieses Tagebuch meiner Frau!
R. Scott«

Das Wort »Frau« ist ausgestrichen und »Witwe« darüber geschrieben.

NACHWORT

Für lange Zeit blieb die Antarktis ein vernachlässigtes Forschungsgebiet. Walfänger und Robbenschläger waren, von vereinzelten Expeditionen abgesehen, die Einzigen, die in die entlegenen antarktischen Gewässer eindrangen. Dies sollte sich mit dem Ende des 19. Jahrhunderts ändern. Auf den internationalen Geographiekongressen 1895 in London und 1899 in Berlin wurde eine Intensivierung der Südpolarforschung beschlossen. Mehrere europäische Staaten wurden aufgefordert Expeditionen zur geographischen, erdmagnetischen und meteorologischen Erforschung der Antarktika zu entsenden.

Die umfangreichste dieser Expeditionen kam aus Großbritannien. Sie stand unter dem Kommando des 33-jährigen Kapitäns der Royal Navy Robert Falcon Scott. Im August 1901 verließ das Expeditionsschiff »Discovery« England, durchstieß nach langer Fahrt von Neuseeland aus den Packeisgürtel und fand im McMurdo-Sund, im Süden der Ross-See, einen Hafen zum Überwintern. Das gegenüberliegende Festland nannte Scott zu Ehren seines Königs »Edward-VII.-Land«.

Noch bevor die lange Polarnacht hereinbrach, unternahm Scott den ersten Ballonaufstieg in der Antarktis. Doch mit seinem Fernglas nach Süden schauend, sah er nichts als endlose Eisfelder.

Da sich die »Discovery« im folgenden antarktischen Sommer nicht aus der Eisumklammerung freimachen konnte, war Scott zu einer zweiten Überwinterung gezwungen. Im Kampf gegen orkanartige Schneestürme drang Scott mit zwei Begleitern, dem Leutnant Ernest Henry Shackleton und dem Zoologen Edward Adrian Wilson bis 82° 17′ nach Süden vor. Im September 1904 traf nach dreijähriger Abwesenheit die »Discovery« wieder in England ein und Scott veröffentlichte im folgenden Jahr seine Entdeckungen und Erfahrungen unter dem Titel: »The Voyage of the Discovery«.

Scotts Gefährten Ernest Henry Shackleton hält es nicht lange in seiner britischen Heimat. Er hat das ehrgeizige Ziel sowohl den magnetischen als auch den geographischen Südpol zu erreichen. Mit einer Anzahl englischer und australischer Wissenschaftler sowie zehn sibirischen Ponys an Bord überquert sein Expeditionsschiff, die »Nimrod«, im Jahr 1908 den südlichen Polarkreis und überwintert im McMurdo-Sund.

Am 10. März 1908 besteigen sechs seiner Begleiter den in der Nähe liegenden über 4000 Meter hohen tätigen Vulkan Erebus, ein erster Erfolg der Expedition. Während eine kleine Spezialexpedition, die aus den Professoren David und Mawson und Dr. Mackay besteht, sich auf die Suche nach dem Magnetpol begibt, bricht Shackleton mit drei Begleitern und vier Ponys, die die vier Schlitten ziehen, zu dem mehr als 1300 Kilometer entfernten Südpol auf.

Bald stehen sie vor einem gigantischen Gletscher, den Shackleton nach einem seiner Sponsoren den Namen »Beardmore-Gletscher« gibt. Die entkräfteten Ponys müssen eines nach dem anderen erschossen werden. Noch liegen zwei Drittel des Weges vor ihm; aber Shackleton gibt nicht auf. Die Männer spannen sich vor die Schlitten, und der Pol rückt täglich näher. Bei 88° 23′ müssen sie am 9. Januar 1909 nur 178 Kilometer vor dem Pol völlig erschöpft aufgeben. Sie haben ihr Ziel nicht erreicht, doch sie haben den Weg gewiesen.

Fast zur gleichen Zeit bezwang der Amerikaner Robert Edwin Peary den Nordpol. Der Südpol aber war noch immer unbesiegt. Eine ungeheure Herausforderung für die Polarforscher aller Nationen.

Wieder wurde in England eine Südpolarexpedition ausgerüstet und wieder stand Robert Falcon Scott an ihrer Spitze. Ein großer Stab von Wissenschaftlern mit dem modernsten wissenschaftlichen und technischen Gerät, darunter drei Motorschlitten begleitete ihn. Die »Terra Nova« diente als Expeditionsschiff. Journalisten bezeichneten sie scherzhaft als Arche Noah, denn an Bord befanden sich neben 33 sibirischen Schlittenhunden 19 mandschurische Ponys. Nach der mühseligen Durchquerung des mehrere hundert Kilometer breiten Packeisgürtels fuhr die »Terra Nova« im Januar 1911 in das Ross-Meer ein und ging am McMurdo-Sund vor Anker, nur 20 Kilometer vom alten Winterquartier der »Discovery« entfernt. Beim Ausladen passierte das erste Unglück: Einer der Motorschlitten versank auf den Grund des Meeres.

Schnell wurde eine geräumige, winterfeste Hütte errichtet und das Anlegen von Versorgungsdepots in Richtung Pol konnte beginnen. Am 22. Februar erhielt Scott einen Briefbeutel des Expeditionsteilnehmers Leutnant Victor Campbell, der auf einer Exkursion eine seltsame Entdeckung gemacht hatte. Scott schreibt darüber in seinem Tagebuch: »Aber jede Begebenheit des heutigen Tages verblasste vor dem überraschenden Inhalt des Briefbeutels, den mir Atkinson übergab: Er enthielt einen Brief von Campbell, der mir über seine Tätigkeit Bericht erstattete und mir unter anderem mitteilte, dass er in der Walfischbucht Amundsen im Winterquartier gefunden habe! Zweifellos ist Amundsens Erscheinen für meine Pläne eine ernstliche Störung ... Aber gleichviel: Ich darf mich durch Amundsens Vorgehen nicht beirren lassen und bleibe bei meinem ursprünglichen Plan, als wenn ich nichts von Amundsen wüsste.«

Der Norweger Roald Amundsen war in der Polarforschung kein Unbekannter. Durch die erste Durchfahrung der Nordwestpassage an der Nordspitze Amerikas mit der »Gjöa« hatte er sich nicht nur in Fachkreisen einen Namen gemacht. Im Juni 1910 verließ er mit der »Fram«, dem Schiff seines berühmten Landsmannes Fridtjof Nansen, Oslo, angeblich zu einer weiteren Nordpolarfahrt. Als die »Fram« unerwartet Funchal, die Hauptstadt Madeiras, anlief, fragten ihn erstaunte Journalisten, was er so weit im Süden wolle, wo er doch zur Arktis unterwegs sei. Kaltblütig erwiderte er ihnen, man könne auch um das Kap Hoorn zum Nordpol gelangen. Als die Journalisten gegangen waren, sammelte Amundsen die kleine Schar seiner Expeditionsteilnehmer um sich und teilte den Verblüfften mit, dass er gar nicht daran denke, in die nördlichen Polargebiete zu fahren, sein Ziel sei der von noch keinem Menschen betretene Südpol. Wem dies ungelegen komme, der solle sich melden. Niemand meldete sich.

Am 13. Januar 1911 ging die »Fram« in der Walbucht der Ross-Eisbarriere vor Anker. Amundsens Expedition unterschied sich wesentlich von der Scotts. Sie umfasste nur 18 Teilnehmer, während Scott über das Doppelte an Mitarbeitern verfügte. Scott verließ sich weitgehend auf seine mandschurischen Ponys, Amundsen auf seine grönländischen Schlittenhunde, von denen er über hundert mit sich führte und die er ausschließlich von Robbenfleisch ernährte. Wie Scott legte auch Amundsen Verpflegungsdepots in Richtung Pol an, wobei sich seine Hundegespanne hervorragend bewährten. Sehnsüchtig warteten beide auf die ersten Sonnenstrahlen, die den Polarsommer ankündigten. Dann konnte der Wettlauf zum Pol Scott contra Amundsen, Ponys contra Schlittenhunde beginnen.

Ende August zeigen sich die ersten Sonnenstrahlen. Den ungeduldigen Amundsen hält es nun nicht länger. Am 8. September macht er sich mit sieben Begleitern und sechs von Hunden gezogenen Schlitten auf den Weg zum Pol. Doch er hat sich verrechnet. Die Tage werden noch einmal kälter. Das Thermometer sinkt unter –56°. Enttäuscht sieht sich Amundsen zur Umkehr gezwungen. Am 20. Oktober ist er erneut unterwegs, diesmal mit nur fünf Männern, vier Schlitten und 52 Hunden. Die Fahrt geht reibungslos. Munter jagen die Hunde dahin. Anfangs sitzen die Männer noch auf den Schlitten, später lassen sie sich auf ihren Skiern von den Schlittengespannen ziehen.

Zur gleichen Zeit wartet Scott noch in seinem Winterquartier auf wärmere Tage für die Ponys. Am 11. November bricht er auf. Schon in den ersten Tagen versagen die beiden Motorschlitten, wenig später die Ponys. Wie Shackleton vor ihm müssen Scott und seine vier Begleiter die schweren Schlitten selbst ziehen. Während sie sich noch mit den Spalten des Beardmore-Gletschers abmühen, erreicht Amundsen am 15. Dezember 1911 den Südpol. Von seinen Rivalen ist weit und breit nichts zu sehen. Nach sorgfältiger Vermessung errichten sie ein schwarzes Zelt und hissen die norwegische Flagge. Dann treten sie den Rückmarsch an. Mit ihren flinken Hunden erreichen sie mehr als die doppelte Tagesmarschleistung wie Scott. Die meisten Hunde hatte Amundsen bereits beim Anmarsch schlachten lassen, um ihr Fleisch in Depots für die Rückkehr zu verwenden. Mit 18 Hunden kommt er nach 99-tätiger Abwesenheit wohlbehalten in seinem Ausgangslager an.

Scott erreichte erst vier Wochen später, am 18. Januar 1912, den Südpol. Furchtbar enttäuscht schrieb er in sein Tagebuch:

»Die Norweger sind uns zuvorgekommen – Amundsen ist der Erste am Pol! ... Mir graut vor dem Rückweg!« Und der Rückweg wird tatsächlich grauenvoll. Tag für Tag kämpfen sich die Erschöpften, vor ihre zwei Schlitten gespannt, nordwärts. Die Temperaturen sinken und die Schneestürme nehmen zu. Zwei der Begleiter Scotts, Evans und Oates, fallen der Kälte und den Strapazen zum Opfer. In der zweiten Märzhälfte kommt es zu einem schrecklichen Wetterumsturz. Die Temperaturen sinken unter –40°, und ein Schneesturm weht ununterbrochen, sodass die restlichen Expeditionsteilnehmer Scott, Wilson und Bowers ihr Zelt nicht mehr verlassen können, kaum 20 Kilometer von dem rettenden Depot entfernt. Bis ihm die Kräfte versagen, arbeitet Scott an seinem Tagebuch.

Zur selben Zeit ruht Amundsen in der Sonne Tasmaniens und schreibt: »Ich sitze im Schatten der Palmen, umgeben von einer üppigen Vegetation, schwelge im Genuss herrlicher Früchte ...«

Acht Monate später entdeckte ein Suchtrupp das Zelt mit den drei toten englischen Forschern und den unversehrten, wertvollen Tagebüchern. Nach der Rückkehr in seine norwegische Heimat wurde der Sieger nicht nur mit Glückwünschen überhäuft. Es gab auch öffentliche Anschuldigungen. Einige Zeitungen forderten Amundsen sogar vor ein Gericht, weil er gegen den »ungeschriebenen Ehrenkodex der Polarforscher« verstoßen habe.

Der österreichische Dichter Stefan Zweig hat Scott und seinen tapferen Gefährten in seinen »Sternstunden der Menschheit« ein literarisches Denkmal gesetzt. 75 Jahre nach den tragischen Ereignissen brachen am 2. November 1985 die drei Engländer Roger Mear, Robert Swan und Gareth Wood mit Skiern auf, um auf den Spuren Scotts den Südpol zu erreichen, was ihnen auch gelang.

Der vorliegenden Ausgabe liegt Kapitän Scott »Letzte Fahrt«, Leipzig F. A. Brockhaus 1913, zugrunde. Im ersten Teil, in dem die lange Wartezeit im Winterquartier beschrieben wird, wurden einige Kürzungen vorgenommen. Die Fotos der Expeditionsteilnehmer entstammen der obigen Ausgabe.

Dr. Ernst Bartsch

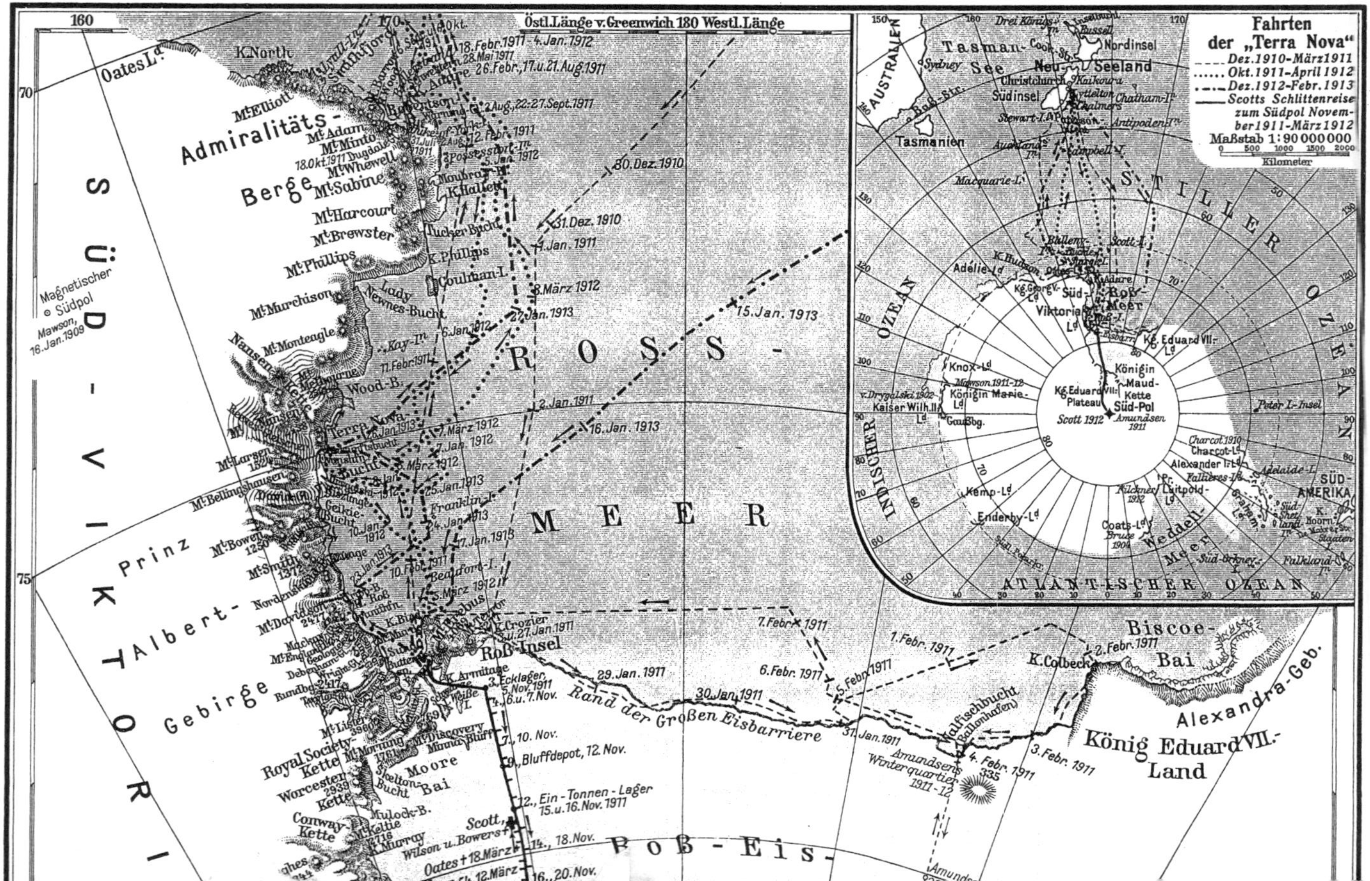

Östl. Länge v. Greenwich 180 Westl. Länge
Fahrten der „Terra Nova"
Dez. 1910–März 1911
Okt. 1911–April 1912
Dez. 1912–Febr. 1913
Scotts Schlittenreise zum Südpol November 1911–März 1912
Maßstab 1:90 000 000
Kilometer
SÜD-VIKTORIA
Admiralitäts-Berge
Prinz Albert-Gebirge
ROSS-MEER
Roß-Insel
Rand der Großen Eisbarriere
ROß-EIS-
Biscoe-Bai
Alexandra-Geb.
König Eduard VII.-Land
Amundsens Winterquartier 1911–12
Walfischbucht (Ballonhafen)
K. Colbeck
Moore Bai
Royal Society-Kette
Worcester-Kette
Conway-Kette
Magnetischer Südpol Mawson, 16. Jan. 1909
Oates Ld.
K. North
Mt. Elliott
Mt. Adam
Mt. Minto
Mt. Whewell
Mt. Sabine
Mt. Harcourt
Mt. Brewster
Mt. Phillips
Mt. Murchison
Mt. Monteagle
Nansen-Kette
Lady Newnes-Bucht
Wood-B.
Terra Nova-B.
Coulman-I.
K. Hallett
K. Phillips
Franklin-I.
Beaufort-I.
Mt. Bellingshausen
Mt. Bowen 1250
Mt. Smith 1372
Mt. David 2477
Mt. Larsen 1520
Geikie-Bucht
K. Crozier
K. Armitage
Minna-Bluff
Mulock-B.
Skelton-Bucht
Scott, Wilson u. Bowers † 1912
Oates † 18. März
3. Ecklager, 5. Nov. 1911
6. u. 7. Nov.
7. 10. Nov.
9. Bluffdepot, 12. Nov.
12. Ein-Tonnen-Lager 15. u. 16. Nov. 1911
14. 18. Nov.
16. 20. Nov.
30. Dez. 1910
31. Dez. 1910
1. Jan. 1911
2. Jan. 1911
8. März 1912
27. Jan. 1913
15. Jan. 1913
16. Jan. 1913
29. Jan. 1911
30. Jan. 1911
31. Jan. 1911
1. Febr. 1911
2. Febr. 1911
3. Febr. 1911
4. Febr. 1911
5. Febr. 1911
6. Febr. 1911
7. Febr. 1911
18. Febr. 1911 – 4. Jan. 1912
26. Febr., 17. u. 21. Aug. 1911
Tasman-See
Neu-Seeland
Nordinsel
Südinsel
Christchurch
Tasmanien
AUSTRALIEN
Macquarie-I.
Auckland-In.
Campbell-I.
Antipoden-In.
Chatham-In.
STILLER OZEAN
INDISCHER OZEAN
ATLANTISCHER OZEAN
Adélie-Ld.
Knox-Ld.
Königin Marie-Ld.
Kaiser Wilh. II. Ld.
Kemp-Ld.
Enderby-Ld.
Coats-Ld.
Weddell-Meer
Kg. Eduard VII.-Ld.
Königin Maud-Kette
Süd-Pol
Kg. Eduard VII.-Plateau
Scott 1912
Amundsen 1911
Peter I.-Insel
Charcot-Ld.
Alexander I.-Ld.
Graham-Ld.
SÜD-AMERIKA
Falkland-In.
Süd-Orkney
Süd-Viktoria-Ld.
Roß-Meer